Pacte diabolique

Crime Story

Pacte diabolique (L'affaire Gwen Graham)

Première édition J'ai Lu

6, route de Compois
1222 Vésenaz / Suisse
Tél. 022 / 722 06 46
Fax 022 / 722 06 49
E-mail : dany.goldstein@axions.ch
Droits : Steven Goldstein
E-mail : steven.goldstein@axions.ch
ISBN : 978-2-940-349-39-5

Web : www.scenes-de-crimes.com

Design de la couverture : Séverine Collé

Crédit photo de la couverture : DR

Imprimé en Allemagne

Pacte diabolique

L'affaire Gwen Graham

Lowell Cauffiel

Traduit de l'américain
par Liliane Trémolières

CRIME STORY

Pour Deborah

Prologue

La charité ne se réjouit point de l'injustice
mais elle se réjouit de la vérité.

I Corinthiens, 13

Mercredi 30 novembre 1989

Les coups de marteau résonnaient fort dans l'entrepôt et, sous le choc, quelques mottes de terre se détachaient. Les fossoyeurs avaient du mal à briser les scellés du coffre en béton qui contenait le cercueil de cette pauvre femme.

En cette fin d'après-midi, l'entrepôt du cimetière de *Rosedale Memorial Park* était glacé et rempli d'ombres. Il y régnait une odeur de terre, d'humus et d'huile de moteur mélangés. Tout le monde était transi. L'entrepreneur des pompes funèbres, le gardien du cimetière, le marbrier ainsi que les deux détectives du bureau de police de Walker près de Grand Rapids, tous battaient la semelle en attendant la fin de ce travail macabre.

Il faisait encore plus froid dedans que dehors. Quelques instants auparavant, ils étaient tous rassemblés autour d'une tombe, sous un érable. L'espace était délimité par du ruban adhésif jaune utilisé habituellement dans les affaires criminelles. Le soleil commençait à décliner lorsqu'on avait attaqué les premières couches de terre. Finalement, les travaux d'excavation s'étaient achevés sous l'éclairage éblouissant et bleuâtre de spots halogènes. Dans le caveau, les fossoyeurs avaient dégagé à coups de pelle le coffre contenant le cercueil. Ils l'avaient ensuite ceint de chaînes. Lorsqu'on parvint à le hisser hors de la sépulture, les premiers flocons de neige commençaient à tomber. Il fut déposé à l'arrière d'une camionnette puis transporté dans l'entrepôt.

Quelques journalistes et photographes attendaient dehors dans l'obscurité, tandis qu'on achevait le travail. Ils étaient tous accourus en apprenant que le tribunal avait donné l'autorisation d'exhumer le corps de cette femme de soixante ans et de pratiquer l'autopsie – la défunte avait été embaumée et enterrée presque deux ans auparavant. C'était, en soi, un véritable événement !

Les médias avaient déjà en main quelques éléments d'une incroyable histoire. Des informateurs leur avaient signalé que la police menait une enquête dans une maison de santé appelée Alpine Manor. En temps normal, on comptait environ quarante décès par an dans cet établissement situé à la périphérie de Walker.

– Ici, la mort est notre triste lot, avait déclaré la direction afin de calmer les inquiétudes. Il faut bien s'attendre que nos pensionnaires meurent un jour ou l'autre de mort naturelle.

Cependant, qui pouvait s'attendre qu'ils meurent… Par étouffement ? La police n'écartait pas l'hypothèse du meurtre et l'on prétendait, même que des soupçons pesaient sur certains employés de la maison. L'une des victimes était atteinte de la maladie d'Alzheimer, une autre souffrait de la jambe. Ces crimes avaient-ils été perpétrés dans le but de libérer les malades de leur calvaire ou bien uniquement « par plaisir » ?

Plus tard, le journal annonça que l'identité de huit victimes éventuelles avait été établie. Ce chiffre suffit à mettre la population de Grand Rapids en état de choc. Une ville si tranquille de l'Amérique profonde qui abritait le musée présidentiel de son enfant chéri, Gerald Ford. Pour l'année 1989, on ne dénombra pas moins de six homicides à Grand Rapids. Bientôt, le bruit allait courir que cette série de meurtres était la clause secrète d'un pacte d'amour, un lien très profane entre le plaisir et la mort.

Grand Rapids avait toujours été à l'abri de ce genre d'histoires. C'était une ville puritaine qu'un prêtre du coin avait même baptisée la «capitale de la chrétienté». Certes, l'achat d'alcool était autorisé le dimanche, mais encore fallait-il trouver une épicerie ouverte ce jour-là. A Grand Rapids, on comptait une église protestante pour mille habitants.

Au cimetière, les fossoyeurs poursuivaient leur tâche prosaïque en présence des détectives. L'enquête avait été difficile à mener: témoignages récusables, faits dissimulés, horaires invérifiables. Le contenu de ce cercueil révélerait-il enfin la vérité?

Quand enfin on parvint à dégager la lourde dalle de béton à l'aide de leviers, l'atmosphère changea brusquement. Le cercueil fut rapidement hissé dans le fourgon du médecin légiste qui fila sans plus attendre en direction de l'un des hôpitaux de Grand Rapids, laissant derrière lui l'âcre et lourde odeur de la mort.

Moins d'une demi-heure plus tard, on procéda à l'ouverture du cercueil dans la salle d'autopsie. Le corps de la femme était revêtu d'un tailleur rose, elle portait un chemisier à jabot et des chaussures. Sa coiffure était encore impeccable.

Un détail horrible pourtant contrastait avec le soin qui avait été apporté à sa dernière toilette. Certaines personnes dans l'assemblée s'en étaient doutées lorsqu'on avait dégagé le cercueil. L'une d'entre elles avait senti l'odeur fétide de l'humidité. Le dernier repos de la femme n'avait pas été total. Pendant vingt-deux mois, l'eau avait réussi à s'infiltrer dans le cercueil. Le visage de la morte était recouvert d'une moisissure bleu-vert, de même que son cou et une partie de ses mains.

A 7 heures du soir, le médecin légiste saisit ses scalpels. Ainsi commença la quête de la vérité.

PREMIÈRE PARTIE

1989

1

J'aimais bien m'occuper de ces vieilles personnes.

Cathy Wood, le 29 décembre 1989

Cela faisait cinq jours qu'elle était sous oxygène et que les antibiotiques combattaient l'infection pulmonaire qui l'empêchait de respirer. Ils cherchaient à tout prix à la soulager, c'était leur préoccupation essentielle et tant que cela lui faisait du bien, il fallait lui administrer des antibiotiques. Ils ne voulaient pas de dispositif compliqué pour la maintenir en vie, ni d'acharnement thérapeutique. Marguerite Chambers n'aurait pas accepté que sa vie soit prolongée artificiellement. Les membres de sa famille refusaient unanimement d'en arriver là.

Aujourd'hui, ils ne pouvaient s'opposer à ce qui était tenté.

– Elle est forte comme un Turc, notre Hollandaise, dit Ed Chambers.

– Tu vois, j'ai l'impression qu'elle pourrait abattre des montagnes, répondit Jan.

Comme elle aurait voulu que cela fût vrai ! Elle scruta le visage de sa mère. Sans son dentier, ses joues semblaient plus creuses, mais son visage n'était pas trop émacié. Le front était grand et le nez bien proportionné. Ses cheveux couleur des blés et ses yeux bleus trahissaient bien les liens ancestraux qui l'unissaient aux familles De Bœr et Van der Sac. Jan parla doucement :

– Bientôt, tu pourras sortir de l'hôpital, m'man.

Jan observa de nouveau le visage de sa mère en espérant y voir un éclair de reconnaissance. Quelquefois, elle y parvenait.

Depuis des mois et des mois, les commentaires sur les feuilles de surveillance suspendues au pied du lit restaient inchangés, seuls le style et l'écriture des infirmières variaient. Jan pouvait même les réciter par cœur : « Marguerite Chambers. Soixante ans. Maladie d'Alzheimer. Incontinence totale. Mouvements incontrôlés des bras. Incapable de communiquer sauf par quelques expressions du visage. »

Elle retrouvait sa mère lovée sur elle-même, presque toujours dans cette position fœtale, sur le dos ou sur le côté. Les mains repliées sous le menton, elle se balançait sans cesse, au rythme d'une prière imaginaire.

On était le 7 avril, et demain Marguerite Chambers allait quitter l'hôpital. Mais elle ne rentrerait pas chez elle, sa fille le savait bien.

A l'extérieur de l'hôpital St. Mary, il soufflait un vent de sud-ouest étrangement chaud. La température, autour de vingt-cinq degrés, contrastait avec le paysage encore hivernal. Dans le comté voisin de Heritage Hill, quelques ormes ayant survécu à un champignon parasite se balançaient, étranges silhouettes filiformes. Les bourgeons pointaient, mais si haut que personne ne pouvait les discerner.

A quelques mètres de là, près du Grand Rapids Junior College, régnait une tout autre animation. Les jeunes étaient venus en masse profiter du beau temps. A vélo, ils se faufilaient entre les voitures le long de Ransom Avenue Hill. Les étudiants s'étaient trouvé des coins au soleil. Certains faisaient l'école buissonnière et d'autres lisaient en appréciant la douceur du printemps précoce.

La mère de Jan Hunderman était tombée malade quatorze ans auparavant. Jamais Jan n'oublierait les premiers symptômes du mal. C'était en 1972, lors d'un repas de fête pour annoncer son mariage. Sa mère avait oublié les serviettes de table, imprimées spécialement aux noms de « Jan et Gary ».

– M'man avait oublié de les amener, raconta-t-elle à une amie. Mais quand elle est arrivée chez elle, elle ne savait plus pourquoi elle avait fait demi-tour.

– Ah, vraiment, ces Hollandais ! Avait dit Ed.

Cette remarque avait fait rire tout le monde. On pouvait facilement passer à côté des premiers symptômes et les imputer à d'autres causes.

Marguerite Chambers aurait très bien pu les dissimuler davantage, s'il n'y avait pas eu son travail. Depuis trente ans, elle réparait et calibrait des instruments de vol pour la compagnie Lear Siegler. Ed Chambers, quant à lui, défendait la cause des ouvriers depuis qu'il avait été nommé président de la section locale du syndicat de l'automobile. Mais lorsqu'il fut question des troubles de mémoire de sa femme, il dut se ranger du côté de la direction.

– Ils m'ont dit qu'il valait mieux qu'elle soit en congé de maladie, le temps qu'on trouve la cause du mal, avait dit Ed.

Après une série d'examens pratiqués à Grand Rapids, sa famille l'emmena au centre hospitalier Mayo où ils apprirent qu'elle était atteinte de la maladie d'Alzheimer, c'est-à-dire de démence présénile. Marguerite n'avait alors que quarante-huit ans et Ed cinquante et un. Jan allait sur ses vingt et un ans et ses deux jeunes frères étaient encore au lycée. Ils assistèrent à l'évolution de la maladie chez leur mère. Ses capacités cérébrales régressaient et elle donnait l'impression de retomber en enfance.

Marguerite avait toujours été active, elle faisait du ski nautique le week-end, chaque fois qu'ils allaient dans leur résidence secondaire. Passionnée de danse, elle avait gardé un tonus incroyable.

Quelle transformation ! A présent, la valse et la polka avaient cédé la place à des tremblements incontrôlables. Elle s'habillait avec des caleçons serrés et des vêtements criards. Elle devint introvertie, boudeuse, puis méfiante à l'égard de son entourage.

– Je ne peux pas le croire, ma mère est en train de retomber en enfance, disait Jan à ses amis.

Lorsque les trous de mémoire s'aggravèrent, il fallut que Ed Chambers lui confisque ses clés. Elle s'était garée au beau milieu d'Alpine Avenue et avait fermé la voiture à clé pour aller faire des courses.

Elle se mit à solliciter l'aide des autres pour les tâches élémentaires. Au fur et à mesure que son vocabulaire se détériorait, il lui devint difficile, puis finalement impossible, de jouer au Scrabble, qui était pourtant son jeu préféré. Quand Jan et elle commençaient une partie, elle ne savait pas quoi faire des lettres et Jan terminait toute seule. Sa mère en était très frustrée. D'autres fois, elle regardait le jeu d'un air amusé, comme si elle ne comprenait pas ce qui se passait. C'était presque pire, pensait Jan.

Au bout de huit ans, son élocution était devenue très hachée. Elle ne prononçait plus que certains mots comme : « j'veux », « ici », « là-bas ». Finalement, elle ne fit plus que répéter des sons incohérents.

Ses proches ressentaient sa frustration et sa colère.

Ed essayait de garder un peu d'humour pour faciliter les choses mais Jan voyait bien que l'état de sa femme le faisait souffrir.

Les derniers mois qu'elle passa à la maison, Marguerite était murée dans son silence. Elle avait vécu dans cet endroit toute sa vie, tout comme ses parents avant elle, à l'époque où cette partie du faubourg de Walker était encore rattachée aux fermes hollandaises. Là, dans cette maison même où Marguerite et Ed Chambers s'étaient installés, la grand-mère de Jan avait été élevée. Plus tard, ils avaient conservé une partie de la vieille ferme des De Boer et avaient vendu le reste.

Jan se rappelait que pendant ce dernier été chez eux, Marguerite faisait parfois signe à son mari de l'accompagner dehors. Il s'asseyait alors sur le porche tandis qu'elle marchait dans les hautes herbes jaunies par le soleil.

Au bout du champ se trouvait une pépinière. Marguerite se dirigeait systématiquement vers les serres et scrutait les jeunes plants à travers les vitres. Elle se plaisait à déam-buler entre les arbustes soutenus par des tuteurs.

Ed la laissait faire à sa guise pendant un moment puis l'appelait en criant son nom, les mains en porte-voix :

– Maaaaaarguiiiiiiiie, Maaaarguiiiiie !

Le père de Jan avait pris une retraite anticipée pour s'occuper d'elle. Il lui donnait à manger et la conduisait aux toilettes. Jan, de son côté, lui rendait visite tous les soirs et lui donnait son bain.

Les derniers jours d'août, Marguerite se mit à hurler, sans raison apparente. On aurait pu penser qu'elle était effrayée, ou blessée peut-être. Trois fois, les voisins appelèrent la police.

Le médecin avait prescrit des calmants pour ses crises.

La première fois qu'Ed lui en donna, il se rendit immédiatement chez sa fille.

– Jan, ta mère ne peut plus marcher !

Jan se précipita à la maison. Une décision s'imposait. Son père ne pouvait physiquement la porter jusqu'aux toilettes. Ils faisaient tout ce qu'ils pouvaient, mais chacun avait ses obligations par ailleurs. Elle avait besoin d'une assistance médicale à domicile vingt-quatre heures sur vingt-quatre. C'était impossible.

Jan et son père l'emmenèrent dans le service psychiatrique d'un établissement public, où l'on accepta de la garder le temps qu'ils trouvent une place dans une maison de santé privée.

Le souvenir de ces derniers instants dans la salle des admissions de l'hôpital faisait encore pleurer Jan.

Sa mère était terrifiée et son regard glissait d'un bout à l'autre de la pièce.

– Non, Janie, non, non, répétait-elle.

Le lendemain, on leur annonça que Marguerite Chambers avait été transférée à l'hôpital de Kalamazoo, un autre centre spécialisé. On l'avait transportée à l'arrière d'une voiture de police qui venait de ramener un meurtrier psychopathe. Un mois plus tard, on fit savoir à la famille Chambers qu'il fallait l'interner.

Jan se rappelait avec angoisse ses quatre visites à Kalamazoo. Il fallait prendre l'autoroute 131 vers le sud et longer des champs de maïs et de soja qui s'étendaient à perte de vue sur tout le trajet. L'asile était situé au sommet d'une colline. Il était facilement reconnaissable, avec sa tour de douze étages, entourée d'un solide parapet crénelé, un peu comme la tour du jeu d'échecs. On aurait dit un décor de film d'horreur.

Marguerite se trouvait au troisième étage de l'immeuble. Il y avait des barres de sécurité à toutes les fenêtres. Les couloirs de circulation étaient délimités par des lignes jaunes sur le linoléum.

D'un côté du service, il y avait une vingtaine de lits séparés par des rideaux. Les malades circulaient en chaise roulante ou bien déambulaient en traînant les pieds. Certains marmonnaient un flot incessant de paroles, perdus dans leurs propres délires, d'autres fixaient du regard Jan et les visiteurs, leur jetant des insultes au passage.

La mère de Jan se trouvait presque toujours parmi eux, en pyjama, les cheveux tressés. À cette époque, elle ne pouvait plus articuler qu'un seul son.

– Bonjour, m'man, disait Jan.

– Med, med, med.

Jan savait ce qu'elle cherchait à dire : « Merde, merde, merde. »

Ce fut effectivement le dernier mot qu'elle prononça.

Ça aurait pu être pire, se disait Jan. En effet, de l'autre côté du service, là où Jan n'allait jamais, il y avait une dizaine de lits grillagés, un peu comme de gigantesques lits de bébé en acier.

Mon Dieu, priait Jan, faites que ma mère ne se retrouve jamais de l'autre côté !

Cela faisait deux ans que le nom des Chambers figurait sur la liste d'attente de plusieurs établissements. Enfin, grâce à l'intervention de l'ophtalmologiste d'Ed, on leur avait proposé une place à Alpine Manor, une maison de santé située à trois pâtés de maisons du domicile des Chambers, dans la ville de Walker. Deux aides-soignantes étaient d'anciennes camarades de classe de Jan. Elle fut encore plus rassurée après avoir parlé avec l'infirmière en chef.

– On prendra bien soin de votre mère, avait dit cette

dernière. Surtout, nous ne voulons pas que vous continuiez à vous inquiéter.

Le contraste entre Alpine Manor et l'hôpital était saisissant. Ici, tout était propre, les chambres étaient moquettées et personne ne criait. Certains malades recherchaient le contact. L'agencement intérieur était rassurant. Les aides-soignantes portaient des blouses de couleurs pastel ; les infirmières, quant à elles, étaient vêtues de blouses blanches impeccables.

Un système d'interphones reliait toutes les chambres à l'infirmerie ; les malades disposaient d'une sonnette d'appel en cas de besoin. Une grande fenêtre, garnie de rideaux et non de barreaux, donnait sur la cour.

– Essayez de lui rendre visite le plus souvent possible pour qu'elle ne se sente pas oubliée, lui avait dit une amie qui travaillait dans l'établissement.

C'est ce qu'ils firent. Ed lui rendait visite tous les jours, Jan et d'autres membres de la famille venaient le soir. Certains jours, elle avait jusqu'à trois visites.

Voilà comment les choses s'étaient déroulées pendant trois ans, jusqu'à ce que l'état de Marguerite empire. Avec cette dernière complication, toute la famille se prépara à sa mort. Tous s'étaient rassemblés autour de son lit à deux reprises, pour la veiller. Mais finalement, la mère de Jan en avait décidé autrement.

– Demain, ils te ramènent à Alpine Manor, m'man.

Sur son lit d'hôpital, le corps de sa mère était agité de mouvements incessants. Voilà longtemps qu'elle n'a pas prononcé une syllabe, pensait Jan. A quoi peut-elle bien penser ? Un petit espoir subsistait encore sur une éventuelle rémission, se disait Jan. Il y avait bien des accidentés souffrant de traumatisme crânien qui récupéraient leur mémoire tout d'un coup.

Jan savait que sa mère la reconnaissait, elle n'en avait

jamais douté, mais quand son père lui rendait visite, sa réaction était très vive. Dès qu'elle entendait la voix d'Ed dans le couloir, ses bras repliés se déliaient brusquement comme ceux d'un pantin sortant de sa boîte. Les yeux écarquillés, elle agitait les mains, et ne se calmait que lorsqu'il la prenait contre lui.

Souvent, il la serrait ainsi et la berçait doucement.

– Ces Hollandaises ! Disait-il alors.

Et ses yeux exprimaient le reste.

Le lendemain, une ambulance quitta l'hôpital St. Mary et s'engagea dans la rue Jefferson. A l'intérieur, se trouvait l'installation médicale mobile.

Marguerite Chambers était allongée sur un brancard, enveloppée dans un drap blanc. Un tube de plastique transparent remontait en serpentant sur sa poitrine et pénétrait dans sa narine droite. La sonde plongeait dans le pharynx pour atteindre l'œsophage.

Cette fois, c'était une affection pulmonaire qui s'étendait à tout son organisme et avait nécessité son transport à l'hôpital cinq jours plus tôt.

C'était une maladie courante, qui affectait deux millions d'Américains par an, mais n'en tuait qu'un sur dix. Beaucoup de personnes âgées contractaient cette maladie en maison de retraite. Marguerite venait de survivre à sa deuxième attaque en trois ans. Elle avait quitté l'hôpital à 10 heures, et l'ambulance la ramenait maintenant à Alpine Manor.

L'autoroute 131 longe le fleuve Grand River et ses fameux rapides qui ont donné son nom à la ville. Une centaine d'années plus tôt, d'énormes trains de flottage restaient bloqués à cet endroit et l'eau du fleuve ne suffisait pas à charrier les troncs d'arbres sciés par les scieries de Grand Rapids. C'était l'époque où tous les vieux arbres du Michigan tombaient sous les coups des bûcherons.

Marguerite ne pouvait voir le paysage et personne ne pouvait dire si elle en avait gardé quelque souvenir. Son cerveau ne pesait plus que huit cents grammes, à peu près les trois quarts du poids moyen normal chez une personne de soixante ans. La maladie d'Alzheimer avait détruit le reste.

A sept kilomètres du centre-ville, l'ambulance quitta l'autoroute et prit Alpine Avenue puis la route Four Miles. Elle s'arrêta devant la maison de santé et des brancardiers transportèrent Marguerite jusqu'à son lit. Elle se retrouva dans sa chambre à Alpine Manor. Mais pour elle tout était différent.

Le médecin avait prescrit une alimentation par sonde gastrique, que Marguerite ne semblait pas du tout apprécier. Elle chercha à s'en débarrasser et après plusieurs tentatives réussit à l'arracher. Dans ce cas-là, le règlement médical de la maison stipulait qu'on installe le « dispositif de sécurité » : des bracelets aux poignets et aux chevilles fixés aux montants du lit.

Ce système mis en place, Marguerite pouvait être alimentée. Pour les autres fonctions, on lui mettait des couches pour adultes. Le goutte-à-goutte s'écoulait dans son estomac, ses yeux vides de toute expression se mettaient à luire, on aurait pu croire qu'elle pleurait. Toutes les heures, pour éviter que ses yeux ne se dessèchent, le personnel soignant lui administrait une solution destinée à réguler ses fonctions lacrymales. Des larmes artificielles…

2

Ken avait bien failli attraper la balle. Il se tenait prêt à la saisir au vol mais elle atterrit non loin derrière eux, dans les gradins du Tiger Stadium. Puis, elle roula jusqu'au bas des tribunes.

– Oh ! la ! la ! S'exclama-t-il en se tournant vers Cathy.

Sa femme se tenait recroquevillée sur son siège, les yeux écarquillés. Cachée derrière le dos de sa fille âgée de treize mois, elle coula un regard vers son mari. Cathy avait utilisé sa fille comme bouclier pour se protéger de la balle.

– Bel instinct maternel, Cath ! Constata-t-il.

Quand Ken réfléchissait à la présence de l'instinct maternel chez sa femme, cet incident survenu lors d'un voyage à Detroit lui revenait aussitôt en mémoire. Sur les trois heures de trajet de retour vers Grand Rapids, il finit par en rire. A cette époque, Ken expliquait le comportement de sa femme par son inexpérience. Elle n'avait que dix-neuf ans.

Mais avec le temps, il finit par analyser l'incident autrement. Maintenant, cinq ans s'étaient écoulés, et un conflit permanent opposait la mère et la fille.

– Jamie est toujours en train de se rebiffer contre mon autorité, disait Cathy.

Elle se tenait debout dans le salon, les mains croisées devant elle comme si elle allait faire un discours officiel. L'immobilité de son corps contrastait avec l'expression de son visage. Cathy couvait une de ses colères froides, comme il les appelait.

Elle pencha la tête d'un côté.

– Tu ne punis pas assez Jamie, et elle agit comme ça exprès pour me faire du mal.

Sa voix était douce, et ne trahissait rien d'autre qu'un certain dépit. Elle pencha la tête de l'autre côté et fixa son mari du regard.

– Ken, *elle* se prend pour le chef.

Ken les observa l'une après l'autre. La différence de taille était si saisissante qu'il secoua la tête, navré.

– Cath, elle n'a que six ans, bon sang ! Elle pose des questions, c'est tout.

Des questions normales pour son âge, pensait-il. Seule la curiosité la pousse à agir ainsi. Jamie défiait un peu sa mère, il fallait le reconnaître, mais les enfants n'étaient-ils pas tous un peu comme ça ? Ils aiment tester les limites de leurs parents.

Cathy, cependant, interprétait son rôle de mère comme une partie de bras de fer, dont l'enjeu était l'autorité ou la soumission. Sa fille la rendait nerveuse et ne voulait pas céder. Jamie lui manquait de respect mais Ken ne pouvait comprendre pourquoi Cathy se sentait aussi menacée.

Cette tension rendait un peu étouffante l'atmosphère de leur petite maison d'Effie, un quartier situé au nord-ouest de Grand Rapids. Elle comportait une chambre, un salon, une cuisine et une petite salle de bains à l'étage, avec une douche au sous-sol. Ils auraient pu s'installer dans une maison plus grande – Ken travaillait à la production chez General Motors – s'ils n'avaient pas inconsidérément jeté leur argent par les fenêtres pendant leurs premières années de mariage.

La dernière chose dont Ken avait besoin, était cet affrontement entre la mère et la fille ; au fil des jours, il prenait conscience que Cathy comptait sur lui pour régler le conflit.

– Ken, essaie de lui faire comprendre que c'est moi qui commande.

– Non, Cathy, je ne peux pas. Elle te défie tout simplement parce que tu la laisses faire. Elle n'est pas comme ça avec moi car je ne lui permets pas. Je ne peux pas régler ça à ta place.

En fait, c'était Cathy qui se comportait comme une enfant. Il se rappelait la fois où elle avait exigé que Jamie soit punie pour une faute qu'elle n'avait peut-être pas commise. Ils étaient installés tous les trois dans le salon.

– Je t'avais prévenue que ton père te punirait, dit-elle sèchement.

Ken faisait face à Jamie et Cathy était derrière lui. La gosse devint presque folle de peur :

– Papa, tu ne vas pas me donner une fessée, dis, tu ne vas pas me donner une fessée !

Il ne comprenait pas pourquoi elle était aussi terrifiée. Il n'avait même pas levé le petit doigt. C'est alors qu'il s'aperçut que derrière son dos, Cathy était en train de narguer sa fille. Elle montrait Jamie du doigt et grimaçait.

Ken en avait conclu que Cathy était complètement dépourvue du bon sens naturel d'une mère. Elle semblait incapable de consoler sa fille, ou de la soigner si celle-ci était malade. Calée dans son grand fauteuil, elle restait le nez plongé dans un roman.

– Essaie de dormir, lui disait-elle froidement. Essaie donc de dormir.

Mais Cathy possédait par ailleurs bien d'autres qualités que Ken admirait. Douée d'intuition, elle jaugeait les gens sur-le-champ. Elle pouvait anticiper les réactions des autres et montrait dans les discussions une réelle vivacité d'esprit, qu'elle entretenait par des lectures quotidiennes. Ken, quant à lui, ne pouvait se souvenir de la dernière fois où il avait lu un livre du début jusqu'à la fin. En revanche, Cathy en avait des centaines entreposés au sous-sol.

Cathy savait vraiment flatter les gens, et même sa fille : pour aller se promener, elle lui mettait ses plus beaux vêtements et la faisait poser, prenant quantité de photos. Devant ses amis, elle disait à haute voix, pour s'assurer que l'enfant entende bien, combien elle était jolie. Jamie allait chercher des sodas, des paquets de chips et des livres pour sa mère. Cathy l'appelait son « petit gâteau » ou alors « Burger ».

– Oh ! Burger, tu me fais tellement plaisir !

Elle avait également trouvé des petits noms pour Ken, « chéri doux » ou « sexy man ». Il aimait cela, et puis elle avait un timbre de voix si suave quand elle les lui murmurait… Quand il appelait chez lui, profitant d'une pause dans son travail, elle était généralement occupée à lire et quelquefois elle lui roucoulait à l'oreille :

– Oh, Ken, ce livre est tellement romantique. Sexy man, rentre vite du travaiiiiil !

Souvent, sa voix traînait sur la dernière syllabe.

Au début, c'est-à-dire quelques années auparavant, Ken rentrait directement à la maison. Mais il n'était pas rare qu'il la trouve endormie au lit, alors qu'elle venait de lui susurrer des propos érotiques au bout du fil. Ou alors, elle regardait une émission de variétés à la télévision, quand elle n'était pas plongée dans un livre.

Cathy savait très bien amadouer les gens mais, pour le concret, il n'y avait plus personne.

Ce trait de caractère s'appliquait aussi au rangement. On pouvait tolérer un peu de désordre dans un foyer, mais si lui ne rangeait pas un peu tous les jours, leur maison se transformait en dépotoir, une vraie tanière irrespirable où s'entassaient des piles d'assiettes sales et des montagnes de détritus. Il aurait pu attribuer cela au travail de nuit de Cathy, mais cette négligence remontait à bien plus loin.

Souvent, elle accusait son père d'être responsable de ce défaut, sous prétexte qu'il la forçait à faire le ménage quand elle était plus jeune et que c'était vraiment très pénible. C'était son excuse pour ne rien faire maintenant. Ken savait déjà ce qu'elle allait lui répondre lorsqu'une fois il rentra avec le produit de sa pêche :

– Mon père m'a forcée à nettoyer le poisson, un jour, et jamais plus je ne mettrai les mains là-dedans !

Ken n'avait jamais douté que son enfance ait pu être douloureuse. Mais il était las d'entendre cette excuse. Il essaya l'humour, le sarcasme, il suggéra de partager les tâches ménagères, rien n'y fit.

Parfois, il se demandait si la négligence de Cathy ne reflétait pas plutôt la vraie nature de ses sentiments à son égard. En 1984, ils se séparèrent pendant six mois. Elle se mit à décorer le salon et acheta même une étagère pour ses livres. Une vraie fée du logis ! Mais du jour où ils se réconcilièrent, tout recommença comme avant.

Les derniers mois, elle ne se levait même plus pour débarrasser la table. Elle était vautrée devant la télé dans son grand fauteuil inclinable, à son « poste de commande », comme elle disait.

Au bout du compte, il finit par ne plus se plaindre. Les sept années de leur mariage n'avaient pas transformé Cathy en femme au foyer ni en mère traditionnelle. Il ne pouvait plus attribuer cela à son jeune âge : elle allait avoir vingt-quatre ans.

Il fut content quand elle accepta enfin de prendre des responsabilités dans d'autres domaines. Elle suivait des cours de gestion commerciale au Davenport College, et cela ferait un an en août qu'elle travaillait à Alpine Manor. Elle ne gagnait que trois dollars cinquante-cinq l'heure, mais ce travail à la maison de santé présentait bien d'autres avantages. Elle travaillait de nuit et lui l'après-midi : il y avait toujours quelqu'un pour garder Jamie. Cathy avait toujours été un oiseau de nuit, et le fait d'être occupée à ces heures-là l'empêchait de lire des romans policiers ou de regarder des stupidités à la télévision. On avait demandé à Ken d'être l'entraîneur de l'équipe féminine de soft-ball d'Alpine Manor. Cathy voulait bien le seconder, et peut-être même faire partie de l'équipe.

Elle semblait sortir de ce cocon dans lequel elle s'était enfermée après la naissance de Jamie et s'était même acheté sa voiture, un 4 x 4 Chevrolet.

– Ken, elle est vraiment géniaaaaale, disait-elle en laissant traîner sa voix, j'adore le noir ! Oh, Ken, j'adore conduire cette voiture, on se sent au-dessus des autres !

3

Gwen jeta un regard anxieux par le hublot. Après deux heures de vol, son esprit restait obsédé par deux petites pièces métalliques rivetées sur l'aile de l'avion. Il s'agissait d'un avion parfaitement normal mais à ses yeux, c'était plutôt un assemblage métallique, un vrai patchwork. Pourvu que tout tienne en place en l'air et à l'atterrissage ! Pensait-elle.

Gwen avait enregistré dix fois trop de bagages, les siens et ceux que sa copine Fran Shadden avait laissés derrière elle dans leur appartement. Elle avait tout mis dans des cartons et les avait chargés dans la voiture de sa mère. « Tyler, c'est sympa et tranquille », avait-elle expliqué à sa mère pendant les deux heures de trajet jusqu'à l'aéroport de Dallas-Fort Worth, mais on s'y ennuie à mourir.

Fran aussi en avait eu assez du Texas, et c'est pourquoi elle était repartie dans le Michigan.

– Faut que j'y aille, maman, tu sais. Il le faut !

Gwen n'avait que onze dollars en poche quand elle prit l'avion. Sa mère lui avait payé le billet.

Gwendolyn Gail Graham n'avait que vingt-deux ans mais déjà elle avait vu du pays. Elle était née à Santa Monica, en Californie. Sa famille avait par la suite déménagé à Connersville, dans l'Indiana, puis ils étaient revenus vivre en Californie, avant de s'installer à Tyler quand Gwen avait neuf ans. A quinze ans, elle était partie sur la côte Est avec un groupe d'adolescents, puis elle avait suivi de jeunes missionnaires en Afrique. L'année de ses dix-sept ans, ses parents avaient divorcé et elle était retournée vivre en Californie avec son père. Après trois mois de lycée, alors qu'elle était en terminale, elle avait tout plaqué. Elle était partie en stop jusqu'en Oregon, puis avait traîné quelque temps à Santa Rosa, au nord du Golden Gate. A vingt ans, elle était revenue à Tyler, et c'est là qu'elle avait rencontré Fran.

C'était sans doute de son père qu'elle tenait son goût pour les voyages. Il avait roulé sa bosse un peu partout : cheminot en Louisiane, imprimeur à Santa Maria, shérif adjoint dans le comté de Los Angeles et soudeur dans l'Indiana. Quand il posa son sac, ce fut derrière le volant d'une semi-remorque. Il était routier depuis 1972.

A l'âge de vingt ans, Gwen avait déjà cumulé les petits boulots. Elle avait participé à des chantiers de construction pour une mission à Monrovia, au Liberia, livré des pizzas en Californie, distribué le *Dallas Morning News* au Texas, était devenue caissière dans un magasin à Flint puis gérante du *Dixie Kwick Stop*, sur l'autoroute 64 à Tyler.

Elle aurait voulu être vétérinaire mais, comme lui disait son père : les études étaient trop longues. Avec l'équivalent d'un diplôme de fin d'études secondaires en poche, elle s'inscrivit à l'école d'infirmières de Tyler mais abandonna assez vite. Trop de travail, sans doute, un peu de malchance, aussi.

Quand Fran partit, elle décida de s'acheter une Honda 450 rouge et passa des heures à la bichonner et à la bricoler. Elle adorait pousser les vitesses sur les autoroutes toutes droites du Texas, à l'extérieur de la ville.

Un jour, en feuilletant un magazine, elle vit une annonce sur les professions paramédicales – une publicité du Davenport College qui proposait son programme de formation. L'école se trouvait dans le Michigan, à Grand Rapids. Elle appela Fran pour lui expliquer son intention de s'y inscrire ; les soins, les urgences, c'était encore mieux que le métier d'infirmière. Une chance de carrière s'offrait à elle. Il fallait la saisir !

L'aiguille de la boussole pointait vers le nord.

Grand Rapids avait la réputation d'être une ville propre, animée sur le plan culturel et épargnée par la corruption. Les honnêtes gens s'y sentaient bien. A la fin des années soixante-dix, cette ville de deux cent mille habitants exerçait une véritable attraction et une population nombreuse affluait pour s'y installer. Le chômage était très faible et les spécialistes ne discernaient aucun signe de récession future.

Sur le plan religieux, elle ressemblait un peu à Tyler, qui comptait dans sa population une forte communauté baptiste. Dans cette partie occidentale du Michigan, l'esprit protestant régnait et rien n'influençait davantage la vie publique que l'Eglise réformée. Les calvinistes avaient pour dogme la prédestination, la doctrine selon laquelle Dieu tout-puissant aurait, par avance, élu certaines de ses créatures. La charité et les bonnes œuvres pouvaient permettre aux hommes d'atteindre à ce statut. Chassés de Hollande, ils avaient trouvé refuge en Afrique du Sud et dans le Michigan. Plus tard, les catholiques hollandais s'y installèrent également. A la fin du XIXe siècle, plus d'un tiers de la communauté de Grand Rapids était d'origine hollandaise.

C'était à eux que Grand Rapids devait sa réputation de ville ultraconservatrice. Il n'était pas rare de voir, dans un restaurant, une famille entière en train de réciter le bénédicité, tête baissée. Les habitants de Grand Rapids entretenaient leur image en racontant des histoires plus imaginaires que vécues.

Les plaisanteries sur l'austérité des Hollandais allaient bon train. On racontait qu'il fallait se méfier des repas d'affaires avec les businessmen grands et blonds car on se retrouvait partager la note ! Dans la presse locale, un journaliste avait écrit que Grand Rapids était le seul coin des Etats-Unis où l'on pouvait acheter des sous-vêtements d'occasion.

Ce n'était rien de dire que les habitants de Grand Rapids prisaient l'entreprise individuelle. Beaucoup de familles d'ouvriers s'occupaient également de petites agences immobilières, louaient des appartements et des studios. L'ambition allait même plus loin. Deux habitants de Grand Rapids avaient créé la société Amway Corporation, un géant du savon dont la politique de marketing s'inspirait du prosélytisme religieux. Certains responsables finançaient généreusement le parti républicain ainsi que des projets municipaux.

Des fonds importants étaient alloués à la culture, le musée des Beaux-Arts comptait sept mille tableaux, gravures et sculptures. La ville avait aussi sa propre compagnie de danse, la *Civic Ballet Company*, son orchestre, dirigé par la première femme chef d'orchestre régional, d'origine française et de renom national.

Cependant, cet intérêt pour la culture n'était pas forcément synonyme de tolérance. On condamnait régulièrement, dans le courrier des lecteurs du *Grand Rapid Press*, les avortements, l'homosexualité, les revendications des minorités ethniques et le laxisme en général. Ces questions étaient débattues avec véhémence et l'on racontait qu'un quartier avait même décidé d'interdire les fêtes d'Halloween et de la Saint-Valentin parce qu'elles étaient trop superficielles. Ailleurs, certaines écoles avaient interdit un recueil de poésies moderne sur le racisme et la pauvreté, et un livre d'E. E. Cummings. Des parents d'élèves avaient demandé le renvoi d'un professeur à cause de son homosexualité.

La communauté homosexuelle de Grand Rapids était assez importante et s'exprimait publiquement depuis 1986, en organisant des manifestations de rue qui suscitaient beaucoup de controverses. Une sociologue homosexuelle voyait dans ce mouvement l'expression d'un ras-le-bol vis-à-vis des rôles stéréotypés des hommes dominateurs et des femmes passives. Selon son analyse, la religion chrétienne avait étouffé les femmes de ce pays et l'homosexualité était une des façons de s'émanciper.

La criminalité était presque aussi rare qu'une éclipse de lune, disait-on, et le moindre crime faisait la une des journaux locaux. La prostitution et le meurtre sévissaient uniquement dans les quartiers noirs du sud-est et sur Division Avenue, là où se trouvaient certains des bars gays de la ville.

Cette ville s'était donné une devise que l'on entendait partout :

Grand Rapids, la ville idéale pour élever une famille.

Parmi les « élus de Dieu », rares étaient ceux qui la contestaient.

Avec ses soixante-quatre kilos pour un mètre cinquante-sept, Gwen n'avait rien d'une Hollandaise mais sa corpulence lui donnait de l'assurance. Ses cheveux roux et ses taches de rousseur trahissaient son origine irlandaise. Elle avait hérité du nez retroussé de son père et d'une mâchoire inférieure assez carrée. Elle avait l'air tantôt d'un garçon manqué, avec ses sourcils épais, tantôt d'une gamine intimidée et oscillait entre ces deux extrêmes.

Elle ne connaissait pas grand-chose à la vie de cette ville et ne s'en préoccupait guère. Seuls l'intéressaient Fran et la vie qu'elle menait là-bas. Son amie lui avait dit qu'elle travaillait pour un grand journal de Detroit et qu'elle habitait dans un appartement très confortable.

Elles avaient parlé au téléphone avant qu'elle ne prenne l'avion.

– Si je ne me sens pas bien au bout de trois mois, je reviendrai à Tyler, lui avait dit Gwen. Et on pourra rentrer ensemble.

Gwen jeta un dernier regard par le hublot quand l'avion piqua du nez et amorça un virage pour se préparer à l'atterrissage. On approchait de la piste de l'aéroport du comté de Kent. Elle put admirer, derrière l'aile de l'avion, la vue superbe sur la ville et la vallée de Grand River. La nature vert tendre resplendissait en ce mois de mai. Gwen remarqua la couleur brune de la rivière. Plus tard, elle se demanderait si elle était vraiment profonde.

4

John, un vieux schizophrène, avait accroché à la porte du grand réfectoire d'Alpine Manor, un écriteau sur lequel on pouvait lire :

NOUS SOMMES À GRAND RAPIDS, MICHIGAN
AUJOURD'HUI C'EST MARDI
LE 20 MAI 1986
PROCHAINES VACANCES : MEMORIAL DAY
PROCHAIN REPAS : DÉJEUNER

Dans la chambre 207, Marguerite Chambers n'était plus attachée, ni alimentée de force. Sa famille avait demandé qu'on lui enlève la sonde et le docteur avait donné son accord. Les aides-soignantes lui redonnaient à manger normalement.

Aujourd'hui, elle se berçait dans son lit en se balançant d'avant en arrière tandis que deux aides-soignantes essayaient de la soulever. Brusquement, elle se jeta en avant de toutes ses forces et sa tête heurta la barre métallique du lit. On lui mit un pansement sur la plaie ouverte de son arcade sourcilière.

Une infirmière écrivit sur la feuille de surveillance : « Présente une agitation convulsive, difficile à soigner. » Elle demanda le transfert de Marguerite à l'hôpital Butterworth pour des points de suture.

Dehors, le vent soufflait par rafales et faisait claquer le drapeau américain. Le bâtiment d'Alpine Manor était de plain-pied et donnait au sud sur une petite clairière et un bois. A l'ouest, quelques constructions dans la verdure annonçaient le développement d'une zone d'activité. A l'est, des immeubles d'habitation s'étaient construits et cachaient un peu la vue et puis, au nord, on pouvait voir le château d'eau baptisé « Alpine » surgir au milieu des arbres, de l'autre côté de la Four Miles Road. C'était la limite entre le faubourg de Walker et la commune d'Alpine.

Quand l'établissement fut créé en 1973, il s'appelait English Hills. Les nouveaux propriétaires le débaptisèrent mais gardèrent les noms des sections : Abbey Lane, Buckingham, Camelot et Dover et, fort commodément, leurs initiales correspondaient à l'ordre alphabétique.

A part cela, rien d'autre, dans Alpine Manor n'évoquait un « manoir ». C'était une construction classique en brique et béton qui ressemblait à un collège des années cinquante. L'immeuble était composé de deux blocs carrés, mitoyens, comportant chacun une cour intérieure. Les deux bâtiments contenaient une centaine de lits, la capacité d'accueil totale étant de deux cent sept lits. Dans chaque bloc, il y avait environ seize chambres à deux lits.

Les noms anglais désignaient les couloirs et les chambres : Abbey Lane désignait les couloirs 100 et 200 ; Buckingham, les couloirs 300 et 400, etc. Dans chaque chambre, le lit n° 1 près de la fenêtre et le lit n° 2 près de la porte étaient séparés par un rideau.

On avait peint les murs de couleurs différentes dans chaque pavillon : rose pour Abbey Lane ; jaune pour Buckingham ; bleu pâle pour Dover et vert pour Camelot.

– Parfois, le malade ne se rappelle plus le numéro de sa chambre mais il n'oublie pas la couleur, expliquait Jackie Cromwell, l'infirmière en chef.

Elle portait le même nom de famille que la directrice de l'établissement, bien qu'elles n'eussent aucun lien de parenté. Jackie Cromwell travaillait à Alpine depuis plus de dix ans.

Elle faisait régulièrement visiter la fondation aux familles des futurs pensionnaires, et les demandes affluaient. A l'échelle nationale, une femme sur deux et un homme sur trois à l'approche de la soixantaine étaient susceptibles de se retrouver un jour ou l'autre dans une maison de santé. A Alpine, les pensionnaires souffraient de toutes sortes de maladies : cancer, maladie d'Alzheimer, ramollissement cérébral, incontinence, insuffisance respiratoire, maladies musculaires, arthrose aiguë, et autres troubles de la vieillesse. Un malade sur cinq présentait des troubles psychiatriques – schizophrénie pour la plupart –, et était envoyé là par des centres spécialisés lorsque Alpine Manor avait des lits vides.

Il ne s'agissait pas d'une maison de retraite. L'état de santé de chaque malade nécessitait des soins plus ou moins intensifs, qui allaient de la simple administration de médicaments aux régimes diététiques particuliers, en passant par l'assistance médicale complète. C'était le cas de Marguerite Chambers, qui dépendait de l'aide des infirmières et des aides-soignantes à cent pour cent, mis à part ses fonctions respiratoire et cardiaque.

Cromwell se demandait parfois qui, des malades ou de leurs proches, souffrait le plus. L'état de santé des pensionnaires était variable mais leur entourage nourrissait souvent un violent sentiment d'échec ou de culpabilité. En leur faisant visiter le centre, elle s'efforçait de les réconforter.

– Nos patients se lèvent et s'habillent tous les matins, disait-elle. Nous voulons qu'ils se sentent un peu comme chez eux, et non dans un hôpital. S'ils restent en pyjama ou en robe de chambre toute la journée, ils ont tendance à aller plus mal.

Elle leur montrait le salon de coiffure, la salle de massage, les trois salles d'activités, la salle à manger et les deux cours intérieures. Elle leur détaillait également l'organisation du personnel, le nombre de surveillants, d'infirmières diplômées, d'infirmières spécialisées et d'aides-soignantes. L'effectif global était de soixante-dix employés répartis en trois équipes, avec une assistante sociale, une responsable de l'animation et son assistante.

En 1986, le séjour dans cet établissement coûtait environ soixante dollars par jour pour ceux qui payaient de leur poche, à cinq dollars près, suivant la complexité des soins à dispenser. Ceux qui bénéficiaient de l'assistance médicale publique *Medicaid* ou de la Sécurité sociale payaient vingt dollars de moins. Ils étaient regroupés dans les sections Abbey Lane et Buckingham, mais « à Alpine, insistait Jackie Cromwell, la même qualité de soins est délivrée à tous ».

Pour ceux qui visitaient Alpine Manor ou tout autre institut hospitalier pour personnes âgées, l'expérience pouvait être traumatisante.

Dans la salle d'activités de Dover se tenaient une

douzaine de personnes attablées, le regard fixe. Ni livres ni magazines, pas même le traditionnel damier. Les vieux scrutaient les murs, ou restaient immobiles à regarder leur table. Ils portaient des vêtements mal assortis et plusieurs femmes avaient les cheveux défaits.

A quelques mètres de là, cependant, des vieilles dames étaient installées autour d'une table, assises sur leurs chaises, habillées avec soin et les cheveux permanentés. On aurait dit qu'elles s'étaient regroupées pour mieux lutter contre la dégradation de ceux qui les entouraient.

– Ce groupe-ci se réunit le lundi et le mercredi, et décide de ce qu'on va faire, n'est-ce pas ? Dit Jackie Cromwell en s'adressant aux femmes.

– Oui, on aime bien ça, nous autres, les vieux, dit l'une d'entre elles.

– Allons, allons, vous en avez encore pour cent ans ! Lui répondit le chef du personnel.

– Oui, mais avec un pied dans la tombe, dit une autre.

Certes, la menace d'une fin proche et inévitable planait sur Alpine. Dans le grand réfectoire où les personnes valides prenaient leurs repas, l'atmosphère ressemblait à celle de la salle de Dover. Une centaine de personnes attendaient, sans parler ni lire. A une extrémité de la salle, il y avait un orgue et de l'autre côté, un piano demi-queue. Parfois un des pensionnaires s'y installait et jouait pour les autres.

– Nous avions une dame qui jouait tous les grands airs connus, dit une femme, brisant ainsi le silence. Elle a fait une chute, poursuivit-elle, et s'est malheureusement cassé le bras. On espère qu'elle va revenir. Elle jouait toutes nos chansons préférées.

Les salles d'activités étaient aussi prévues pour les repas des handicapés. Les aides-soignantes les y emmenaient dans leur chaise roulante et ils attendaient dans des positions différentes. Une vieille femme mordillait son poing, comme si elle faisait ses dents. Une autre se tenait la figure dans les mains et gémissait. Elles avaient toutes des queues-de-cheval ou des nattes, par souci de commodité sans doute, mais cela ne seyait guère à leurs traits marqués par le temps. Un vieil homme au visage émacié et aux mâchoires saillantes se mordait l'intérieur des joues et clignait de l'œil sans arrêt. Il oscillait à la façon d'un coq, attentif à la moindre alerte.

Ceux qui pouvaient mâcher mangeaient les plats préparés par la diététicienne, les autres avalaient des purées et des petits pots pour bébés.

Au bas de l'échelle diététique restaient ceux qui étaient sous perfusion ou alimentés par une sonde parce qu'ils s'étouffaient facilement ou ne pouvaient plus avaler. Il y avait aussi ceux qui refusaient de s'alimenter pour faire pression sur leur entourage.

Une fois la famille consultée, le docteur ordonnait l'alimentation par sonde gastrique, et cela mettait un terme à la plupart des grèves de la faim.

Le personnel faisait de son mieux pour soulager les malheurs de la vieillesse. Des distractions étaient prévues, cinéma le vendredi, bingo le samedi. Le dimanche, il y avait un service religieux. Certains pensionnaires avaient un poste de télévision et un téléphone dans leur chambre, fournis par la famille. On leur proposait également des cours de sociologie ou des débats autour de sujets d'actualité.

A Alpine, beaucoup d'activités avaient un caractère enfantin ; on faisait du découpage, du coloriage, des pliages et de la décoration avec des rubans de papier. En automne, les pensionnaires collaient des feuilles mortes et des trèfles au printemps. Il y avait aussi un calendrier des anniversaires affiché dans le hall, entre Abbey Lane et Buckingham : Lester, soixante-neuf, Lena, soixante-treize, Mary, quatre-vingt-trois, et la liste était longue. Devant chaque nom, une photo récente était collée.

Pendant la formation des aides-soignantes, on insistait sur le fait qu'il ne fallait pas s'adresser aux patients comme s'ils étaient des enfants.

Entre les repas les malades se promenaient, ou plutôt déambulaient, selon l'expression employée par le personnel, et ceux qui avaient des difficultés utilisaient des déambulateurs ou s'accrochaient aux barres fixées le long des murs. Dans les haut-parleurs, la radio locale WOOD FM débitait un flot ininterrompu de musique.

Les pensionnaires erraient dans les couloirs. Les infirmières et les aides-soignantes s'affairaient d'une chambre à l'autre en poussant leur chariot de médicaments ou de produits de toilette.

Toutes les trente secondes, la musique de WOOD était interrompue par une sonnette d'appel. Au-dessus de la porte de la chambre d'où provenait l'appel, une lumière rouge s'allumait. Si la sonnerie était insistante, c'était signe d'urgence.

Selon Jackie Cromwell, cet établissement dépassait les autres sur le plan de la qualité des soins et de la propreté. On était très loin des hôpitaux publics infestés de cafards. Selon les statistiques officielles de l'Etat sur la santé, Alpine Manor figurait parmi les meilleures institutions hospitalières, et l'on n'avait enregistré aucune plainte.

Du moins selon les normes officielles.

5

Parmi tous ceux à qui vous parle
méfiez-vous de Ken.
Je crois qu'il est un peu cinglé.
Catherine Wood, le 24 octobre 1990

Ken aurait dû s'en douter. Cathy avait été très studieuse mais maintenant, à deux doigts de l'examen final en gestion commerciale, elle voulait tout plaquer.

– J'ai envie de faire des études d'infirmière, dit-elle à Ken.

– Mais tu n'as plus que deux examens à passer pour ton diplôme, répondit-il. Termine ça une fois pour toutes et tu feras ce que bon te semble. Ce serait vraiment génial d'avoir un bagage pareil pour une infirmière. Réfléchis !

Elle se refusait à discuter avec lui. C'était la fin du troisième trimestre et elle allait être en vacances tout l'été.

La vie quotidienne avec Cathy avait préparé Ken. Il s'attendait à tout. Elle était très lunatique. Il savait également que de temps à autre, Cathy se mettait à dérailler sérieusement. Il espérait que ça n'allait pas la reprendre encore une fois.

– Cathy, si tu quittes Davenport, t'es vraiment timbrée.

Il se disait qu'elle avait sérieusement besoin d'aide.

Depuis quelques années, il en était convaincu, et ce n'était pas simplement une vue de l'esprit. Cathy était allée voir un psychologue deux ou trois fois en 1984, à l'époque où leur couple ne marchait plus. D'abord, ils l'avaient consulté séparément et puis le psychologue leur avait demandé de venir ensemble. Cathy était ressortie comme une furie dix minutes après le début de l'entretien. Elle n'y retourna jamais.

– Vous étiez tous les deux ligués contre moi, avait-elle prétendu.

Il ne reconnaissait plus la jeune fille d'autrefois. Catherine Carpenter n'avait pas cet esprit vindicatif quand il l'avait connue. Elle était passée chez lui pour rendre visite à son petit frère Terry, qu'elle avait rencontré au Riverside Park, sur les bords de la Grand River. Terry était absent, alors Cathy et lui s'étaient mis à bavarder. Durant cinq heures, ils s'étaient raconté leur vie.

Ken travaillait sur des presses chez General Motors, son père, sa mère et presque toute sa famille y étaient également employés. Cathy, quant à elle, était encore au lycée. Son père était cariste dans un entrepôt alimentaire, sa mère était libraire. Ken habitait Kentwood, un quartier sud. La maison de Cathy était située à Comstock Park, au nord de la ville.

– Dans quel état sont tes dents ? Lui demanda-t-elle.

– Quoi ?

– Est-ce que tu as de bonnes dents ?

Il se mit à rire. La question était si incongrue. C'était idiot ! Mais Cathy était très vive et souvent insolente. Elle pouvait discuter de n'importe quel sujet et même de sport, domaine dans lequel Ken se considérait comme un spécialiste. Il fut très surpris en apprenant qu'elle terminait ses études secondaires. En fait, elle allait avoir dix-sept ans, il en avait vingt.

Il devint son petit ami.

Ken et son frère allèrent un jour la chercher en voiture à la sortie du Comstock Park College. Cathy avait dit à Ken de l'attendre là, juste à côté de chez elle. Ne la voyant pas devant le collège, il demanda à son frère d'aller se renseigner auprès d'un garçon, de l'autre côté de la rue.

Son frère revint accompagné du garçon en question.

– Alors comme ça, tu me prends pour un garçon, hein ? Lui lança Cathy en passant sa tête par la vitre ouverte.

Elle portait un gros parka, et tous ses cheveux étaient camouflés par le col en fourrure. Ken était confus, il aurait voulu disparaître sous le siège. Il essaya de plaisanter. Son trouble ne fit qu'augmenter quand il put mieux l'observer. Elle avait les traits fins et un joli visage souriant.

Ils allèrent au cinéma voir un film avec Clint Eastwood et Ken commit gaffe sur gaffe. Il l'appela Mary, renversa son jus d'orange sur elle et quand, au moment de se quitter, il essaya de l'embrasser, le baiser romantique atterrit malencontreusement sur sa mâchoire.

– Appelle-moi plus tard, lui dit-elle.

Ce fut une réelle surprise car il pensait qu'elle ne voudrait plus le revoir.

– Merci, c'était super, lui dit-elle au téléphone dans la soirée.

Pendant cette première semaine de l'année 1979, il découvrit une Catherine Carpenter adorable, « un don du ciel », dit-il à un ami. Deux jours avant Noël, son grand-père mourut d'un infarctus. Il en fut très malheureux.

Cathy était beaucoup plus grande que ses copines. Elle mesurait un peu moins d'un mètre quatre-vingt et pesait quatre-vingt-dix kilos. Elle était forte mais pas obèse. Ken était un peu plus grand qu'elle et pesait environ cent dix kilos.

Ils avaient beaucoup de points communs. Tous deux aînés de leur famille, ils avaient eu une enfance malheureuse et avaient dû s'occuper de leurs jeunes frères et sœurs. Ken lui parla de sa grand-mère qu'il vénérait. C'était elle qui lui avait enseigné l'amour de Jésus, les valeurs chrétiennes et la charité.

Ils adoraient rire, faire les clowns. Il avait été le pitre

de sa classe. Elle était bon public. Ils se moquaient des shows télévisés et des publicités. Tout était prétexte à rire.

Au début, ils se voyaient en cachette, puis Ken rencontra les parents de Cathy. Pat, sa mère, fit tous les frais de la conversation. Il essaya de disserter sur le bien et le mal. En réalité, ils passaient beaucoup de temps chez Ken, et les soirées s'écoulaient à bavarder. Puis ils en vinrent à se raconter leurs craintes et leurs secrets.

Cathy posait beaucoup de questions, et au bout de quelque temps, Ken s'aperçut que l'une d'elles revenait souvent.

– Tu dis que tu m'aimes, mais ce n'est pas vrai, en fait ? Lui demanda-t-elle un jour.

– Mais si, je t'aime.

– Non, les gens ne m'aiment pas parce qu'ils ne me connaissent pas.

– Mais moi je t'aime et je te connais bien.

– On ne le dirait pas d'après ta façon d'agir parfois.

– Tu as raison, finit-il par lui avouer. Il y a des moments où je ne t'aime pas.

Cathy sautait du coq à l'âne au fil de la conversation, posait des questions sans écouter les réponses, racontait des histoires pour se mettre en valeur, riait de ses mensonges et se mettait à bouder sans raison. Elle le mettait à l'épreuve et c'était à lui de deviner pourquoi elle n'avait pas le moral. Il s'agissait parfois de paroles anodines prononcées plusieurs jours auparavant, qu'elle avait interprétées à tort comme une menace ou une agression. Il lui arrivait de ne plus bien savoir où il en était, et même de se sentir coupable en s'interrogeant sur ce qu'il avait dit.

– Je n'aime pas certaines choses que tu fais parfois, lui dit-il. Ce n'est pas que je ne t'aime pas.

Il découvrit qu'elle aimait ce genre de devinettes. Cette

façon qu'elle avait de jouer avec le feu lui déplaisait au plus haut point.

Mais quelle naïveté cependant ! Et ce plan qu'elle concocta et exécuta à son insu…

Pendant plusieurs semaines, Ken avait reçu d'étranges coups de fil de jeunes filles qui prétendaient être d'anciennes petites amies. En fait, il s'agissait de copines de Cathy.

– Je ne me rappelle pas de vous, disait Ken.

Mais la mise en scène était suffisamment crédible et documentée pour qu'il se mette à douter de sa propre mémoire. Plus tard, il découvrit le pot aux roses : Cathy écoutait sur un autre poste. Elle voulait savoir comment il se comportait en son absence.

Ken en conclut qu'elle n'avait jamais été aimée. Si on aime vraiment, on ne peut pas faire des choses pareilles.

Ce qu'elle voulait, finit-elle par lui avouer en pleurant, c'était l'« Amour inconditionnel ». Sa mère ne l'avait jamais aimée, quant à son père, un vétéran du Viêt-nam, non seulement il ne lui manifestait aucune affection, mais il buvait et la martyrisait. Elle aidait ses parents pourtant, et s'occupait de son petit frère et de sa sœur, mais « jamais ils n'étaient contents. Ils étaient froids et sans cœur », d'après elle.

Il en arriva à se demander si quelqu'un pouvait vraiment combler ce vide affectif.

– Qui a le plus d'importance à tes yeux ? Lui demanda-t-elle un soir.

Il répondit en y réfléchissant à deux fois :

– Je ne suis pas une grenouille de bénitier mais je crois en Dieu depuis mon enfance. Je mettrais Dieu en premier.

Elle sembla blessée, déçue en quelque sorte. Il comprit qu'elle aurait voulu qu'il la place au-dessus des autres et même du Créateur.

Cathy revendiquait souvent la première place. Les amis de Ken, sa famille et même ses loisirs devaient passer après. En 1979, comme tous les habitants du Michigan, il se passionna pour l'épreuve de force qui opposa Larry Bird et Magic Johnson, lors des finales NCAA de basket-ball. Cathy bouda et aurait voulu qu'il laisse tomber les matches.

– J'en ai marre d'être le numéro trois, dit-elle. D'abord Magic, ensuite Bird, et moi derrière.

Il s'excusa.

– Ecoute, Cathy, des matches comme ça, il n'y en a pas tous les jours.

Quelques semaines plus tard, elle cessa brusquement de l'appeler. Quand il se décida à lui téléphoner, elle lui parla d'un ton froid et hésitant.

– Cathy, qu'est-ce qu'il y a ?

– Mes parents m'ont interdit de te voir.

– Pourquoi ? J'ai fait quelque chose de mal ?

– Tu prends de la drogue.

Vraiment, cela n'avait aucun sens ! En fait, c'était lui qui l'avait prévenue que si un jour elle ramenait de la drogue chez lui, ce serait la fin de leur relation. Il sentit la colère monter quand elle lui expliqua toute l'affaire.

Cathy n'avait jamais eu confiance en son père et craignait qu'un jour, il ne la batte ou ne lui fasse des avances. Elle fondait cette appréhension sur les surnoms qu'il lui donnait tout le temps, « ma petite princesse » ou « ma poupée ».

Récemment, ils étaient allés se promener en voiture et elle avait eu l'impression qu'il avait failli s'approcher d'elle. En fait, il lui avait demandé si elle pouvait se procurer de la marijuana pour lui. Elle en trouva auprès d'un dealer, au collège. Sa mère était tombée dessus en cherchant quelque chose dans sa chambre.

– Elle s'est mise tout de suite à t'accuser, dit Cathy. Elle s'imagine que c'est toi qui m'en as donné. Voilà, je n'ai plus le droit de te voir.

Ken était furieux : dire que son père n'avait pas eu le courage de la défendre et de dire la vérité à sa femme ! Les salauds ! Il commençait vraiment à détester les Carpenter. Pas étonnant que Cathy soit dans cet état-là.

Il réussit à se calmer et réfléchit. Il ne voulait pas la perdre.

– Cath, on en a déjà parlé, lui dit-il. Je ne pensais pas que ce serait si rapide mais, si tu veux, tu peux venir habiter chez moi.

– Vraiment ?

A peine installée chez lui, elle lui annonça qu'elle était enceinte.

Ils n'avaient fait l'amour que cinq ou six fois.

– Comment sais-tu que le bébé est de moi ? Lui demanda-t-il.

Jamais elle ne devait lui pardonner ce qu'il venait de dire.

Du point de vue sexuel, les choses avaient mal démarré. La première fois qu'il l'avait pénétrée, elle avait paniqué.

– Retire-toi, laisse-moi, dit-elle. Il faut que tu te retires !

Pourtant, par la suite, elle ne s'était plus jamais plainte. C'était pour tous deux la première fois. Voilà pourquoi ils avaient eu un problème au début, expliqua-t-elle.

Il s'attendait toujours à des péripéties incroyables avec elle. Une fois, au début de leur relation, elle lui avait téléphoné en pleine nuit, en larmes. Elle semblait avoir perdu la tête.

– Il est de retour ! Ô mon Dieu, Ken, il est revenu !

– Qui est de retour ?

– Je ne l'ai pas vu. Je le connaissais avant. Il est revenu.

De qui parlait-elle donc ? Se demandait-il, en essayant de s'arracher au sommeil. On aurait dit que quelqu'un lui pointait un pistolet sur la tempe.

– Est-ce qu'il te veut du mal ? T'a-t-il menacée ?

– Non, il me cherche, il essaie de m'attraper.

Ken voulut la calmer ; si quelqu'un l'embêtait, il s'en chargerait. Il raccrocha et se précipita chez elle.

Et il la trouva apparemment calmée.

– Tu n'aurais pas dû venir.

– Mais enfin ! Je me suis inquiété !

Sa mère était assise dans le salon.

Finalement, il réussit à lui extorquer le fin mot de l'histoire. Cathy devait avoir quatorze ou quinze ans lorsqu'elle rencontra un adolescent appelé David. Il avait les cheveux courts, un joli sourire enfantin et adorait les jeans et les sweaters larges. Elle sortit avec lui pendant un an et demi environ. Il n'habitait qu'à une demi-heure de chez elle, dans une petite ville appelée Lowell.

Un jour que Madame Carpenter était allée chercher sa fille chez David, elle rencontra la mère du jeune garçon. Les deux femmes échangèrent quelques mots sur le perron.

– Il n'y a pas de David ici, mais seulement ma fille, Debbie !

C'est ainsi que Madame Carpenter apprit que Debbie aimait se faire passer pour un garçon.

– Elle m'a dit que si jamais je la revoyais, elle me mettrait dans un asile, sanglota Cathy. Depuis, j'ai très peur de ces institutions.

Elle lui avoua qu'elle n'avait pas pu accepter que le premier amour de sa vie ait pu la tromper à ce point. Les deux adolescentes s'étaient revues, et par la suite se retrouvèrent en cachette, dans une vieille ferme habituée par un ermite. Là, dans une pièce sombre, « David » lui avait conseillé de ne pas le toucher en dessous de la ceinture et, quand il l'avait pénétrée, elle avait eu mal. Elle découvrit plus tard qu'il l'avait fait avec un godemiché. Et puis David avait fini par admettre qu'il était Debbie.

David / Debbie. Voilà pourquoi elle avait paniqué quand ils avaient fait l'amour la première fois. Le sexe était synonyme de souffrance, physique et morale. Il comprenait pourquoi elle l'avait mis à l'épreuve. Tous ceux qui auraient dû lui apporter de l'amour l'avaient fait souffrir : sa mère, son père, et son premier amour.

– Maintenant, tu ne m'aimes plus, dit-elle, une fois sa confession terminée. Maintenant que je t'ai tout dit.

Elle pleurait à chaudes larmes.

– Non, ce n'est pas vrai.

– Voilà pourquoi je ne t'avais rien dit ! Je savais que tu ne pourrais plus m'aimer.

Il l'enlaça. Elle était plus grande que la plupart de ses amis. Mais, à l'entendre pleurer, elle lui sembla si petite, si fragile et si vulnérable que cela lui fit peur.

Il lui raconta quelques histoires personnelles pour lui montrer que personne n'avait un développement sexuel vraiment normal. On fait tous plus ou moins de drôles de choses à un moment ou à un autre. Non, elle ne devait pas avoir honte de l'épisode David / Debbie.

– Alors, tu ne me détestes pas ?

– Cath, je ne vais pas te juger pour quelque chose qui fait partie du passé. Ce n'était même pas ta faute, c'était toi la victime !

Il le pensait vraiment. On s'était servi d'elle et elle avait été maltraitée. Son passé pesait lourd, pensait-il, et il ne la connaissait que depuis deux mois. Il l'aimait vraiment et voulait faire tout ce qui était en son pouvoir pour qu'elle se sente bien… pour la première fois de sa vie.

Leur mariage fut célébré en août et la fête eut lieu dans une salle du syndicat UAW. Elle s'occupa avec lui des préparatifs malgré les nausées du matin qui lui empoisonnaient la vie.

La grand-mère de Ken lui prêta de l'argent pour le mariage et les parents de Cathy offrirent le gâteau. Le père de Cathy donna cinquante dollars à Ken pour acheter de l'alcool et lui dit de garder la monnaie, mais il la réclama par la suite, ainsi que les bouteilles qui restaient après la fête. C'étaient les pires radins qu'il avait jamais vus.

Cathy avait raison à propos de ses parents, et Ken ne devait pas compter sur eux pour les aider, financièrement ou de quelque autre manière. A leurs yeux, il n'était qu'un étranger, de toute façon. Mais leur jugement lui importait peu.

Les sentiments ambivalents de Cathy pour les siens ne tardèrent pas à peser. Depuis qu'elle avait quitté le domicile de ses parents, son humeur était de plus en plus maussade. Elle lui parlait durement le matin, et le soir restait murée dans le silence quand il rentrait du travail. Il finit, à force de cajoleries, par lui faire dire ce qui n'allait pas.

– Ken, ma mère me manque.

Ils déménagèrent à Comstock Park, tout près de chez les Carpenter. La grand-mère de Cathy habitait de l'autre côté de la rue. La mère et la fille avaient conclu un accord. Les parents de Cathy étaient propriétaires de la maison et Ken leur reversait un loyer.

Ken ne tarda pas à étouffer dans cette ambiance mais il était seul à en souffrir. Ses beaux-parents ne franchirent jamais le seuil de la maison. Quand Cathy n'était pas dans un institut spécial pour futures mamans, elle était chez sa mère ou chez des amis. A cause de cette proximité, Ken n'avait plus guère d'intimité. Il souffrait aussi de constater que sa femme dévoilait tout ce qui les concernait. Un soir, il but plus que de raison et s'évanouit dans la salle de bains. Ses beaux-parents l'apprirent.

– Ils croient que tu es alcooliiiique, dit-elle en insistant volontairement sur le dernier mot.

– Eh bien, pourquoi ne leur dis-tu pas que ce n'est pas vrai, cela peut arriver à n'importe qui ?

Elle n'hésitait plus à lui dire les choses en face.

– De toute façon, ils te détesteront toujours.

Si elle ne rendait pas visite à quelqu'un, elle passait son temps à manger. Pendant sa grossesse, elle prit cinquante kilos. Un jour, il aborda le sujet :

– Cathy, le médecin ne t'a rien dit là-dessus ?

– Oh ! Non.

Elle eut l'air stupéfaite.

Elle pesait presque cent cinquante kilos quand on l'hospitalisa, trois semaines avant la date prévue pour l'accouchement : sa tension était trop élevée. Jamie vint au monde par césarienne, après trois jours de travail douloureux et vain. Quand Cathy fut remise sur pied, Ken réussit à la convaincre qu'il fallait déménager. C'est ainsi qu'ils vinrent habiter un joli appartement, dans une résidence appelée Sutton Club, donnant sur Hidden Valley Road, au sud-est de Grand Rapids.

De retour à la maison, Cath devint boulimique ; elle dévorait également les livres. Au collège de Comstock Park, malgré son indiscipline, elle obtenait d'excellents résultats.

Après la naissance, elle se mit à dévorer des romans noirs. Elle raffolait également des livres d'horreur et connaissait tout Stephen King. Elle avait chez elle les œuvres de William Shakespeare, de Washington Irving et tous les livres de Harriet Beacher Stowe. Elle avait lu, par ailleurs, une collection de grands classiques américains : *Autant en emporte le vent, Moby Dick, Catch 22.*

Sa bibliothèque comportait également trois livres de Scott Fitzgerald, dont *Gatsby le Magnifique*.

Elle collectionnait les ouvrages d'auteurs contemporains, comme James A. Michener et bien d'autres, mais lisait surtout des histoires criminelles aux intrigues compliquées, assorties d'un imbroglio de vengeances et de trahisons. Son préféré était l'ouvrage de Mary Higgins Clark, *La Clinique du docteur H.*, l'histoire d'un médecin qui trucide ses patients.

Cathy lisait aussi des récits de meurtres authentiques et des biographies de personnages historiques qui la fascinaient, comme *La Vie de Raspoutine*, ce prêtre psychopathe qui manipulait la cour de Russie avec de soi-disant pouvoirs surnaturels.

Cathy débordait d'imagination. Un soir, elle avait confié à Ken qu'elle avait toujours voulu savoir quel effet cela faisait de « poignarder quelqu'un ». Ce fantasme, parmi d'autres, la perturbait énormément.

– Cath, tout le monde peut avoir ce genre de pensées passagères, lui dit Ken. C'est une preuve de curiosité, c'est tout.

Cette inquiétude ne freinait pas sa consommation de livres d'horreur. Elle pouvait lire toute la nuit et dévorer en même temps tacos, chips et pop-corn, et même du poulet froid ou des parts de pizza réchauffées. Ensuite, elle avalait des pilules coupe-faim.

Ken avait conscience qu'il était en partie responsable de ses habitudes alimentaires. Elle détestait faire la cuisine ou les courses, alors, il ramenait souvent des plats tout prêts du fast-food. En deux ans, son poids doubla et Ken atteignit cent trente kilos.

– Je m'étais juré que je ne quitterais pas Cathy à cause de son poids, confia-t-il plus tard à un ami. Et puis, gros comme je suis, j'étais mal placé pour la juger.

Cathy n'avait plus envie de sortir et se terrait chez elle. Elle attendait minuit pour aller laver son linge à la laverie automatique du quartier. Ken lui achetait des vêtements au *Roger's Big Men Shop*, un magasin spécialisé. On ne trouvait rien d'autre à sa taille. Elle se plaignit au médecin qu'il n'y avait pas de balance assez puissante pour la peser. Ce type avait osé lui dire d'utiliser une bascule pour marchandises, dans un supermarché, raconta-t-elle à Ken.

Avec des conseils pareils, rien d'étonnant si elle s'enferme chez elle ! Pensa Ken.

Comme elle craignait d'affronter le monde extérieur, elle devint experte dans les jeux de société comme les cartes ou les échecs. Faire échec et mat avec le fou, c'était son coup préféré : un gambit pour coincer l'adversaire et le mettre en échec en deux coups.

Cathy adorait la compétition et elle éprouvait un malin plaisir à se moquer des autres lorsqu'ils perdaient ou commettaient des fautes.

Au fil des années, Ken essaya de passer outre à ses sautes d'humeur, à ses mensonges et à ses mesquineries. Et puis, il n'était pas un saint lui-même. Cependant, il n'aurait jamais voulu revivre ses années de réclusion à Sutton Club.

Pour toutes ces raisons, le Davenport College et Alpine Manor étaient tombés à point nommé. Cathy avait fini par maigrir et, de deux cents kilos, elle était passée à cent trente. Obèse ou pas, il était toujours attiré par elle. Il espérait qu'un jour il parviendrait à lui faire oublier non seulement son poids, mais aussi les erreurs du passé. Son vœu le plus cher était de la rendre heureuse.

Après sept ans de mariage, c'était un pari qu'il voulait encore tenir. Il l'estimait toujours pour son intelligence et lui reconnaissait un certain charisme. L'obésité ne se lisait pas sur son visage joliment encadré par des cheveux châtains mi-longs ; ses yeux bleus ou verts suivant l'humeur l'intriguaient beaucoup. Elle avait le don de marcher avec légèreté et son allure était celle des femmes qui se savent jolies. Parfois, elle arrivait à pas feutrés juste derrière lui sans qu'il l'ait entendue.

Elle connaissait ses limites et avait choisi de travailler la nuit car il y avait moins de malades à soulever.

– Ce boulot est vraiment *duuur*, disait-elle de sa voix traînante. Mais ça me plaît, Ken.

Au tout début, elle lui racontait le côté médical de son travail, mais très vite, les commérages l'emportèrent. La plupart des aides-soignantes étaient des femmes et Cathy avait toujours des anecdotes à rapporter sur la vie privée des unes et des autres. Celle qui quittait son mari, celle qui ne supportait plus que son époux veuille s'asseoir à table pour le dîner, celle qui se plaignait que le sien ait envie de faire l'amour tous les soirs.

– Eh bien, fulmina-t-elle un matin, je peux te dire qu'aucun homme ne pourrait exiger ça de moi !

Il se sentit attaqué personnellement.

Cathy, pourquoi te mets-tu en colère contre moi ? Je ne t'ai jamais obligée à faire ça.

Ken comprit que ces commérages étaient nouveaux pour elle. A General Motors, les gars de l'atelier râlaient sans arrêt contre leurs femmes. Mais quand il les rencontrait accompagnés de leurs épouses, ils avaient tous l'air de filer doux.

Les discussions sur la vie conjugale des uns et des autres se transformèrent petit à petit en ragots sur les pen-chants sexuels des collègues de travail. Avec le temps, Cathy lui avait peint toute une galerie de personnages travaillant à Alpine. Parfois, elle ne pouvait attendre d'être de retour chez elle pour lui faire part des derniers scoops :

– Un tel est bisexuel. Machine est mariée, mais en fait elle est lesbienne, etc.

Petit à petit, il apprit des tas de choses sur des gens dont il ne se souciait guère. Il supposait que cet intérêt nouveau manifesté par Cathy s'expliquait par l'isolement excessif dans lequel elle avait vécu toutes ces années, à Sutton Club.

Il nourrissait cependant quelques inquiétudes sur Alpine Manor.

– Mais dis-moi, Cath, est-ce que c'est écrit dans le contrat ?

– Quoi ? Qu'est-ce que tu veux dire ?

– Eh bien, il faut être homo pour travailler là-bas ou quoi ?

En juin, Ken rencontra pour la première fois des employés d'Alpine Manor. Il venait régulièrement à Alpine entraîner l'équipe féminine de soft-ball, et la plupart des aides-soignantes lui semblaient très sympathiques, même si certaines étaient vraiment bêtes, d'accord.

Mais il prenait son rôle d'animateur au sérieux et cette expérience devint bientôt assez fatigante. En effet, les joueuses arrivaient en retard ou ne l'écoutaient pas. D'autres se présentaient dans la salle, une canette de bière à la main et le gant de soft-ball dans l'autre. Ken en conclut que certaines de ces femmes avaient un grain.

Cathy s'était beaucoup impliquée dans cette activité, sans doute trop. Mais cela prouvait aussi que ses craintes de la voir encore une fois abandonner en route n'étaient plus fondées. Tout de même, l'organisation interne de l'équipe l'obsédait.

Le téléphone sonnait à 4 ou 5 heures du matin et l'arrachait brutalement au sommeil le plus profond.

– Allô, Ken ? C'est Cathy ! Je te réveille ?

Il savait qu'elle le faisait sciemment. Elle n'ignorait pas

qu'il était de la deuxième équipe au travail.

– Il faut absolument faire quelque chose à propos des attaquantes.

– Cath, nom d'un chien ! Il est 5 heures du mat' !

– Je sais, je sais, mais c'est très important.

Il était si épuisé qu'il ne se souvenait plus des noms qu'elle avait cités. Elle avait toujours une idée précise derrière le crâne : une telle voulait le voir après l'entraînement et elle voulait qu'il soit au courant. En fait, c'était un changement de joueuse ou de place qu'elle voulait faire passer.

– Bon, dis-moi, Ken, il ne faut pas qu'elle soit au courant de notre discussion.

Une nuit, il ne put réprimer sa colère. Il l'interrompit alors qu'elle l'avait appelé à une heure indue.

– Cathy, nom de Dieu ! Qu'est-ce qui se trame dans cette boîte ?

6

Peu après son arrivée à Grand Rapids, Gwen retrouva Fran et toutes deux se rendirent à une braderie dans le centre-ville, dégustèrent des gâteaux aux étalages et se baladèrent entre les stands de produits artisanaux. Gwen appréciait la fraîcheur de l'été dans le Michigan.

Puis elles allèrent jusqu'au bord de la Grand River. Ce n'est qu'en s'approchant que Gwen distingua les tourbillons et les traînées d'écume laissées par le courant, mais au-delà, tout était flou. Le fleuve lui apparaissait comme un grand gouffre sombre qui traversait la ville de part en part.

Elle était myope et refusait de porter des lunettes, malgré les conseils de ses amis et de sa famille. A dix-sept ans, sa vue avait commencé à baisser, à la suite d'un accident de moto. Elle avait dérapé sur du gravier et s'était retrouvée sur le dos, allongée par terre ; l'arrière de sa tête avait heurté le sol à plusieurs reprises. Elle n'avait pas consulté de médecin, jusqu'à ce qu'elle passe de cinquante-trois à quatre-vingt-dix kilos. Elle apprit alors que l'accident avait entraîné un dérèglement de sa glande thyroïde. Les médicaments lui ayant donné des nausées, elle les jeta à la poubelle et réussit à perdre tous ses kilos superflus en marchant plus de cinq kilomètres par jour.

Ce n'était pas son premier accident. Elle avait été renversée par un chauffard et était restée deux jours dans le coma. Les médecins consolidèrent les os de son bras gauche à l'aide de vis et de plaques. Trois mois plus tard, alors qu'elle emmenait sa tante faire des courses, elle heurta de plein fouet une voiture en stationnement. Elle réussit à se dégager de la voiture accidentée et à en extraire sa tante par la vitre brisée, juste avant que la voiture accidentée ne prenne feu. Ses dents de devant furent remplacées peu de temps avant son départ de Tyler.

– Et vous êtes venue jusqu'ici en voiture ? s'étonna l'ophtalmologiste qui lui examinait les yeux.

Gwen n'aimait pas les lunettes. Sa perception limitée du monde ne semblait pas la déranger ; elle pensait que la vie était bien assez compliquée comme cela. Par contre, ce handicap alimentait une de ses phobies. La vue de grandes étendues d'eau comme la Grand River l'effrayait.

– Il doit y avoir plein de cadavres là-dedans, dit-elle en regardant pour la première fois l'eau sombre du fleuve.

Quelques jours suffirent pour que Gwen se rende compte que Fran l'avait trompée sur la vie qu'elle menait à Grand Rapids. En fait, elle livrait des journaux. L'appartement, situé au-dessus d'un bureau de vente de voitures d'occasion, sur Michigan Avenue, était exigu et très encombré. Un dénommé Billy habitait au rez-de-chaussée – un vrai fêtard. A peine Gwen avait-elle posé ses valises qu'il avait débarqué chez elle, des bières à la main. Il revint tous les soirs.

Cette vie ne leur convenait pas, à toutes les deux. Elles étaient fauchées. Fran, de six ans l'aînée de Gwen, avait jusqu'à présent largement contribué financièrement à leur vie commune. Mais elle avait perdu toute confiance en elle et rechignait au travail à présent.

Fran a changé, songea Gwen.

Finalement Fran se décida à tout lui avouer. Elle avait été violée à la sortie d'un bar à Grand Rapids. Elle ne lui dit rien de plus. Elle suivait une psychothérapie et se rendait deux fois par semaine à l'hôpital psychiatrique de Kent Oaks.

– Vraiment ? Avec tous les tarés ? Lui demanda Gwen.

Gwen ne tarda pas à recevoir plusieurs propositions de travail. Elle décida de tenter sa chance à Alpine Manor, comme Fran le lui suggérait. Selon elle, ils recrutaient souvent car il y avait du roulement de personnel.

Gwen posa sa candidature et obtint un rendez-vous quelques jours plus tard. Le 11 juin, elle mit un pantalon et un chemisier à manches courtes pour se rendre à l'entretien. Avec le temps, elle avait appris qu'il valait mieux se voir poser, tout de suite, les inévitables questions sur ses cicatrices aux bras.

7

– Qu'est-ce qui vous est arrivé aux bras ? Lui demanda Margaret Widmaier, la sous-directrice de l'établissement.

Ces cicatrices rondes et régulières sur les deux avant-bras ressemblaient à d'étranges marques de vaccins. La direction devait écarter tout risque de maladie grave.

– Mon père avait une vision particulière de la discipline, dit-elle, le regard rivé au sol.

Madame Widmaier n'insista pas.

Gwen lui sembla calme et sincère.

– Elle a manifesté un réel enthousiasme à l'idée de travailler, raconta Madame Widmaier plus tard.

Elle avait aussi apprécié les réponses de Gwen au questionnaire joint à sa candidature.

– Pourquoi désirez-vous travailler à Alpine Manor ?

– J'essaie ou plutôt je voudrais poursuivre mes études et ce travail me donnera une bonne expérience puisque je souhaite faire carrière dans le paramédical.

– Qu'avez-vous à proposer ? Quels sont vos atouts ?

– Je sais écouter, apprendre et travailler sérieusement.

– Qu'attendez-vous de cet établissement ?

– Je n'attends rien, comme ça je ne serai pas déçue.

Cette candidate semblait avoir le profil requis pour continuer dans cette voie.

Quant aux cicatrices, Madame Widmaier n'en fit pas mention dans le dossier. Il y en avait trente et une au total, dix-neuf sur le bras gauche et douze sur le bras droit. Elle n'avait pas pu voir une douzaine d'autres traces moins visibles, aussi fines qu'une lame de rasoir.

Elle nota sur sa fiche le 23 juin 1986, la date de début d'activité, au taux horaire de trois dollars trente-cinq, et remplit la rubrique santé : pas de problème connu.

8

Dawn Male zigzaguait sur la route concentrée sur son objectif principal : écraser le mégot de sa Camel dans le cendrier de sa voiture. Il ne lui vint pas à l'esprit, même à soixante-quinze kilomètres à l'heure, de tenir le volant.

Sous le choc, elle crut que la voiture était embourbée dans un fossé, quelque part du côté de Comstock Park, tant son esprit était noyé dans les vapeurs d'alcool. Elle appuya désespérément sur l'accélérateur mais le vieux break ne bougea pas. Elle se trouvait en fait à Rockford et il n'y avait pas de fossé. Une fois qu'elle se fut extirpée de la voiture, les policiers lui montrèrent l'arbre contre lequel la voiture s'était écrasée.

Elle souffla dans le ballon qui révéla une alcoolémie largement au-dessus du taux acceptable et passa la nuit du dimanche 22 juin en garde à vue, au poste de police.

Bienvenue à Grand Rapids !

Elle aurait pu prétendre qu'elle fêtait un nouveau boulot dans une nouvelle ville, mais qu'aurait-elle trouvé d'autre comme excuse pour s'être soûlée la semaine dernière et encore celle d'avant ? Avait-elle besoin de préciser qu'elle ne vivait plus chez ses parents… Mais chez sa grand-mère ? Tout était bon pour quitter Lakeview, la petite ville de son enfance située à cent kilomètres de là, et tourner la page de son passé.

A Lakeview, la mentalité des gens était tellement conventionnelle, et puis, elle ne les supportait plus depuis le collège, quand elle commença à aimer les *B 52's*, les *Dead Kennedys* et *Adam & the Ants*, à porter des vêtements de cuir et un béret noir. Plus que tout, elle adorait Marilyn Monrœ et collectionnait ses biographies. En fait, la lecture était sa passion, surtout accompagnée d'un verre de vin, et en particulier de Wild Irish Rose.

Dawn avait été renvoyée du collège de nombreuses fois pour diverses raisons qui allaient de l'usage de marijuana jusqu'à l'insubordination complète. Elle avait suivi des cours du soir, des cours par correspondance mais n'avait jamais pu rattraper le temps perdu.

Dans cette petite commune du Michigan, elle était déjà qualifiée de marginale, d'inadaptée sociale. Mais Dawn Male était également lesbienne, un jules comme disaient les gens de Lakeview avec mépris. S'appeler Male ajoutait encore à sa réputation, surtout auprès de ces esprits rétrogrades.

Les gens me demandent pourquoi je n'aime pas baiser avec des mecs, songeait-elle, mais ici, les mecs sont tous ignorants, grossiers, répugnants ! Comme son père qui l'avait abandonnée quand elle avait un an. Elle ne l'avait revu que quatre fois depuis.

« Je les emmerde, tous autant qu'ils sont ! » avait-elle déclaré en quittant Lakeview. Jamais plus elle ne mettrait les pieds dans cette ville.

A Grand Rapids, les choses étaient différentes. Elle avait été embauchée sur-le-champ. Pour la première fois de sa vie, personne ici, dans cette maison de santé appelée Alpine Manor, ne semblait s'occuper de son aspect physique.

Du haut de ses dix-huit ans, elle se sentait terriblement en avance sur son temps. Ses oreilles étaient percées chacune en cinq endroits, et juste avant de déménager elle se fit percer le nez. Ses cheveux étaient teints en blanc, mais parfois, elle conservait quelques mèches noires ou se rasait la moitié du crâne, suivant son humeur.

Dawn Renee Male adorait transformer son image. Mais en cet été 1986, les « effets spéciaux » mis à part, il y avait un vrai problème chez elle. Rien à voir avec ce séjour derrière les barreaux ou ses penchants sexuels, c'était quelque chose de bien plus profond.

Elle se détestait jusqu'au plus profond de son être, et ce n'est que plus tard, en arrêtant de boire, qu'elle s'en rendit compte.

Pour l'heure, elle roulait comme une folle et ingurgitait d'énormes quantités d'alcool, pour se distinguer des autres, tout simplement.

Dawn rencontra Cathy pour la première fois à la cafétéria, autour de minuit, alors que la troisième équipe était en place. On y bavardait en prenant une tasse de café, ou en grignotant du pop-corn. Cathy était assise avec un groupe d'aides-soignantes. Dawn se tenait à l'écart et elle l'invita à se joindre à elles.

– Tu peux venir avec nous, si tu veux, Dawn.

– Non merci, j'suis bien ici.

– Allons ! Répliqua-t-elle en allongeant la dernière syllabe.

Plus tard, Cathy et Dawn se retrouvèrent toutes les deux autour d'une table vide dans la salle de repos de Camelot.

– Tu as un petit copain ? Lui demanda Cathy.

– Non, pas un en particulier.

– Tu en as beaucoup ?

– Ça dépend.

– Qu'est-ce que tu fais pour t'amuser ?

– Ça dépend.

Dawn se demanda pourquoi cette Cathy tournait ainsi autour du pot. Elle veut savoir si je suis homo, ou quoi ? Se demanda-t-elle. Pourquoi ne le lâche-t-elle pas ? Dawn devina que Cathy prenait plaisir à jouer aux devinettes.

Ses premières impressions sur Cathy étaient contradictoires. Elle lui paraissait à la fois étourdie et très vive. Au fil de leurs rencontres à la cafétéria, sa personnalité l'intrigua encore plus. L'intelligence de Cathy ne faisait pas de doute, et l'on pouvait discuter avec elle de tous les sujets : le sport, les stars de cinéma, la politique, les gros titres des journaux. Son vocabulaire était soigné et elle avait un réel talent pour critiquer Alpine Manor.

– Ils emploient toujours cette expression : un patient nous a quittés, avait-elle remarqué. Ils aiment tellement les euphémismes ici.

Euphémisme ! Cathy utilisait beaucoup de mots comme ça.

Quelle vivacité d'esprit ! Dawn voulait rencontrer des gens cultivés. Cathy était la fille la plus intelligente qu'elle ait jamais rencontrée.

Elle avait remarqué sa gentillesse mais aussi sa vulnérabilité. Par exemple, elle demandait toujours la permission avant de poser une question. Elle ne pouvait pas s'adresser à quelqu'un de plus âgé qu'elle sans enrober ses phrases de « voudriez-vous », « auriez-vous l'obligeance », « merci mille fois », « cela ne vous dérangerait-il pas », etc.

Elle se confondait en excuses au moindre faux pas.

Petit à petit, Dawn constata que Cathy avait fini par rassembler toute une cour autour d'elle. Les gens recherchaient sa compagnie mais personne ne l'égalait. Elle était toujours la première au courant du dernier commérage d'Alpine. Elle savait transformer ou amplifier la réalité, de sorte que sa version des faits semblait plus authentique encore.

– C'était comme à l'école, confia-t-elle à un ami plus tard, c'était la fille la plus populaire, et on aurait fait n'importe quoi pour obtenir ses faveurs. Et quand on était son amie, on en était fière !

La première nuit où Dawn se retrouva avec Cathy et les autres à la cafétéria, elle lui fit des compliments :

– Oh ! Dawn, tu es vraiment géniaaaale, dit-elle en laissant traîner sa voix.

C'était l'éloge préféré de Cathy. Il ne portait pas sur son aspect physique mais sur le fait que Dawn correspondait à ses critères. Elle disait toujours ça à ceux qui faisaient ou disaient des choses qui lui plaisaient.

– Dawn, tu t'es occupée de Marguerite, tu es géniale.

Cathy commença à lui confier ses histoires personnelles, ses problèmes conjugaux. Elle disait que son mari s'était transformé en tyran, qu'il lui avait gâché sa vie. Elle aurait souhaité être une meilleure mère pour sa fille. Son enfance, auprès d'un père alcoolique, avait été malheureuse. Sa mère, incapable de lui donner confiance en elle, n'avait fait qu'aggraver ses complexes : elle s'était sentie grosse et repoussante. Pendant sa scolarité, elle passait le plus clair de son temps enfermée chez elle.

Elle faisait toujours confiance aux gens malgré le sentiment de rejet qu'elle sentait chez les autres. Peut-être était-ce là le problème, car eux en profitaient.

Elle reste malgré tout très solide, se disait Dawn.

– Je ne veux pas que les gens aient pitié de moi, répétait-elle sans cesse. Je me débrouille très bien toute seule.

Dawn avait remarqué cette incroyable légèreté dans la démarche de Cathy, qui lui donnait plus de grâce que nombre de femmes moitié moins fortes. On aurait dit qu'une danseuse svelte et élancée était prisonnière de ce corps de géante.

Oui, elle lui faisait penser à Norma Jean, prisonnière de son image. Et comme Marilyn, personne ne semblait capable de rendre Cathy heureuse. Elle avait surtout besoin d'amour.

Très vite, Dawn comprit qu'elle s'était acquis la confiance de Cathy.

Un soir, dans la salle de repos, elle se surprit à observer le visage de son amie. Ses traits fins et ses pommettes hautes lui faisaient penser à un bouddha. Elle avait un regard bleu, brillant et pénétrant.

Cathy était très belle, peut-être même la fille la plus belle qu'elle ait jamais rencontrée.

9

Linda Engman ne pouvait retenir ses larmes en suivant l'ambulance sur laquelle on lisait le mot LIFE écrit en grosses lettres.

Pauvre maman ! C'est vraiment triste d'en arriver là à soixante-dix-huit ans. Et dire que la marche était sa passion, pensait-elle. Jamais elle n'aurait dû se casser la hanche, pas elle ! Rien n'aurait pu l'empêcher de marcher, ni la maladie d'Alzheimer, ni Alpine Manor : dix jours encore avant l'accident, elle parcourait des kilomètres dans les couloirs.

L'opération de la hanche effectuée, l'ambulance la ramenait à Alpine, en ce lundi de juin. Linda avait tenu à suivre l'ambulance depuis le Metropolitan Hospital. Du jour où elle avait trouvé sa mère attachée sur son lit et abrutie de médicaments, dans ce premier centre de soins où elle l'avait placée un an auparavant, elle avait perdu toute confiance dans le corps médical.

Elle serra plus fort le volant de sa Cadillac et sentit l'amertume l'envahir. Sa mère, Mae Mason, Maisy comme on l'appelait, devait ressentir la même chose. Quelques années avant, une fracture de la hanche l'aurait à peine ralentie, juste de quoi permettre la guérison.

Cela lui fit penser à son père, et elle se sentit encore plus déprimée. Maisy avait dû se résigner à le mettre en centre de soins, il souffrait de la maladie de Parkinson et s'était fracturé le col du fémur. Il y mourut en 1965, et des années et des années plus tard, elle s'en voulait encore.

Linda s'était juré que rien de tel n'arriverait à sa mère. Elle lui en avait fait le serment à maintes reprises. Maintenant, ces promesses venaient la hanter.

Ils avaient tous les deux tellement donné dans leur vie !

Son père possédait deux grands magasins à Tulsa dans l'Oklahoma, ce qui leur avait permis, à elle de venir dans le Michigan et à son frère de poursuivre des études de droit. Mais c'est surtout la très forte personnalité de Maisy qui les avait soutenus.

– Toute sa vie, elle est restée active, raconta Linda plus tard à un ami.

Elle gardait toujours présent le souvenir de ses robes faites par sa mère, quand elle était collégienne.

– Tu as besoin d'une nouvelle robe, disait sa mère comme tout le monde était sur le point d'aller se coucher.

En s'endormant, Linda entendait le cliquetis de la machine à coudre. Le lendemain matin, il y avait une nouvelle robe toute repassée suspendue dans l'armoire. Sa mère n'utilisait jamais de patrons.

On ne pouvait pourtant pas dire qu'elle incarnait le modèle de la femme au foyer. Elle négligeait les tâches ménagères pour d'autres priorités comme le théâtre, l'opéra ou les arts en général. Linda la suivait partout, et elle écoutait sa mère lui raconter comment, un jour, quand elle était jeune, un agent lui avait proposé un engagement pour aller jouer la comédie à Hollywood.

Le père de Linda avait laissé à sa veuve une pension très confortable et pendant plus de vingt ans, Maisy avait vécu dans un quartier résidentiel très chic à l'est de Grand Rapids. Sa maison était pleine de plantes vertes –

Maisy les préférait aux objets inanimés. Elle avait une véritable passion pour le jardinage.

A soixante-cinq ans, elle décida de se mettre à la décoration intérieure pour chasser l'ennui et mentit sur son âge. Elle conçut des intérieurs pour *De Koren Ethan Allen Galleries* et le magazine *Dream House*. Son charisme en faisait une excellente commerciale.

Linda avait l'habitude de dire qu'elle aurait pu vendre de la glace aux Esquimaux !

Linda Engman menait une existence paisible. Elle habitait une maison spacieuse dans la vallée de Thornapple River, avec son mari, un avocat célèbre, et ses deux jolies filles Stéphanie et Sari. « Nana », comme ses deux petites-filles avaient appelé Maisy, avait eu également sur elles une influence magique. En grandissant, elles passaient trois week-ends sur quatre chez elle.

– Allez, on va à la bibliothèque ! Disait Nana.

La première fois, les deux petites s'étaient dirigées vers la voiture.

– Oh, mais non ! Dit-elle. Nous y allons à pied !

Et elle démarra la première d'un bon pas. Les enfants traînaient un peu derrière : la balade faisait plus de cinq kilomètres et ce n'était pas facile, les bras chargés de livres.

Tous les dimanches soir, quand leur mère venait les chercher, elle les trouvait en pleine partie de cartes : il y avait Stéphanie et Sari, Nana et plus tard Gerry, son ami.

Elle l'avait rencontré à soixante-neuf ans. Gerry venait la chercher tous les vendredis soir pour aller danser. Un soir, ils étaient partis sous la neige, Gerry était venu en scooter des neiges et, malgré sa robe de soirée, elle avait enfourché l'engin comme si de rien n'était.

Même à Alpine, Gerry continua à venir la chercher, et un mois plus tôt, ils allaient encore danser.

Il fut le premier à les prévenir de l'état de Maisy, alors qu'ils vivaient ensemble.

– Linda, je ne peux plus m'en sortir tout seul, lui avait-il dit au téléphone un soir. Maisy déambule toute la nuit. Si elle arrive à dormir, c'est enveloppée dans une couverture et allongée sur le carrelage de la salle de bains.

Il leur apprit que, dans son délire, elle croyait que son lit était envahi d'animaux.

Deux semaines plus tard, Maisy vint vivre dans leur maison de Thornapple. Quand le diagnostic tomba, on aurait dit qu'elle voulait échapper à la maladie. Ils prirent un berger allemand pour la guider dans ses promenades autour de la maison. Une voiture de police qui patrouillait la ramena un jour de Kentwood, à quinze kilomètres de là.

Linda ne se serait jamais crue capable de revenir sur sa promesse, mais l'heure n'était plus à l'héroïsme. Petit à petit, non sans mal, elle dut se rendre à l'évidence. Un jour, la police lui annonça que sa mère avait failli être écrasée par une voiture. Elle perdit tout espoir lorsque Maisy mit des torchons à cuire dans le four. Ce fut la panique quand, quelque temps après, John, son gendre, la trouva tout près de la rivière en train de parler de façon incohérente. Ses meilleures résolutions s'évanouirent.

Pour rien au monde, elle n'aurait voulu revivre de pareils moments. La maladie de sa mère était bien plus grave qu'elle ne se l'était imaginé. Le jour où ils l'emmenèrent dans une maison de retraite, sa mère, dans un éclair de lucidité, facilita les choses en lui disant :

– C'est sans doute mieux que je ne vive plus avec vous.

Plus tard, Maisy se retrouva dans plusieurs maisons de repos. Elle était devenue incontinente. C'était Linda maintenant qui connaissait les difficultés de cette séparation et se culpabilisait de n'avoir pas su s'occuper de sa mère.

Linda Engman gara sa Cadillac devant l'entrée de la fondation Alpine Manor.

Sa mère, elle en était consciente, ne sortirait plus de là. Elle essaya de ne pas penser à ce qu'elle deviendrait le jour où Maisy mourrait.

10

Le jour où Mae Mason revint à Alpine Manor, Gwen Graham commençait sa formation de cinq jours avec douze autres élèves aides-soignantes.

L'infirmière diplômée responsable de la formation insista sur l'importance du travail. A Alpine, une aide-soignante se voyait confier la responsabilité d'un groupe de malades pendant tout son service et devait s'occuper d'eux, conformément aux instructions de la feuille de surveillance. L'aide-soignante dispensait à la fois les soins et le réconfort afin de soulager les souffrances physiques et morales. Elles étaient les moins bien payées, et pourtant c'étaient elles qui avaient le plus de contacts avec les malades.

Les élèves apprirent la routine en écoutant les instructeurs et en regardant les montages vidéo. Il fallait savoir retourner un malade sur son lit toutes les deux heures pour lui éviter les escarres, reconnaître les différents stades de nécrose cutanée, savoir à quel moment appliquer un baume calmant ou vaporiser les plaies à vif avec un aérosol spécial. Elles apprirent à soulever les personnes alitées, à les nourrir et à fixer les sangles aux poignets et autour de la taille.

L'instructeur détailla les soins d'hygiène à dispenser aux malades. Les aides-soignantes faisaient la toilette des malades une fois par jour et, une fois par semaine les installaient sous la douche, assis sur une chaise spéciale. Pendant la toilette, le malade était nu, et attaché si nécessaire.

Il fallait connaître les manières de soulever un malade plus facilement afin de lui faire avaler sa nourriture. Il valait mieux qu'elles aient une serviette roulée à portée de la main pour la glisser dans les paumes des patients, afin d'éviter qu'ils ne se blessent parfois avec leurs ongles.

Pendant la deuxième et dernière semaine de formation, les aides-soignantes délaissèrent les salles de cours pour rejoindre Abbey Lane, Buckingham, Camelot et Dover. Il était temps de passer à la pratique.

Début juillet, Gwen se retrouva pour la première fois seule devant un malade. Elle était d'après-midi et avait le trac. Certains des malades lui faisaient penser à des morts-vivants.

– J'avais vraiment la trouille, raconta-t-elle plus tard. Je n'avais jamais vu autant de vieux. Sur les cassettes, on nous montrait des malades à l'article de la mort. Mais dans la réalité, c'était tout autre chose.

Une vieille femme nommée Marjorie le lui prouva à sa manière. En entrant dans sa chambre, Gwen lui proposa d'abord à boire. La malade ne lui répondit pas. Gwen remplit un verre d'eau et le lui donna. Marjorie regarda dans le verre puis leva les yeux vers Gwen :

– Vous en avez plus besoin que moi !

Et elle lui jeta l'eau glacée au visage.

Ce ne fut pas facile non plus, la première fois qu'elle donna son repas à une pensionnaire. Cela se passait à Camelot. La malade était assise dans la salle, parmi les autres invalides. Elle portait un dentier et devait avaler de la purée ; Gwen était assise à ses côtés et la lui donnait à la petite cuillère.

– Voilà, c'est bien, disait Gwen. J'espère que c'est bon.

C'était plutôt un monologue. La femme ouvrait la bouche lentement et Gwen enfonçait la cuillère. Elle déglutissait sans problème. Puis de nouveau ouvrait la bouche, dévoilant son dentier inutile.

– Je ne sais pas comment vous faites pour avaler ça, dit Gwen.

Et tout d'un coup, sans crier gare, la purée jaillit de la bouche de la malade sur le visage de Gwen. En quelques secondes, la pauvre femme fut en crise, surexcitée, les yeux exorbités ; elle se trémoussait sur sa chaise comme si elle s'était assise sur un objet brûlant. Le reste de la purée dégoulinait de sa bouche.

Gwen la saisit par les épaules pour essayer de la calmer. C'est alors qu'elle vit les gencives à nu et, dans la purée verte, le dentier rose et blanc.

Gwen le saisit avec ses doigts mais la femme ne se laissa pas faire et essaya de la repousser. Elle dut avancer les doigts plus loin dans la bouche, c'est alors que la malade referma ses mâchoires.

Enfin, Gwen réussit à sortir le dentier. Une fois celui-ci nettoyé, la malade remercia Gwen d'un geste de la main et le dîner fut écourté. Elle voulait retourner dans sa chambre.

Gwen raconta l'incident à Fran. Elle était tellement énervée qu'elle en avait oublié le nom de la pensionnaire. Elle s'en voulut un peu et, dans les jours qui suivirent, ne fut guère à son aise pour donner à manger aux autres. Gwen avait frôlé l'accident, mais elle avait su néanmoins garder son sang-froid.

11

Ken Wood n'aurait jamais soupçonné qu'une prière puisse être exaucée aussi rapidement.

– Mon Dieu, faites qu'il se passe quelque chose, cela ne peut plus durer. Que les choses s'arrangent ou que Cathy me quitte !

Il récitait des prières le soir sur les conseils d'un collègue de travail, chrétien convaincu.

– Ken, le problème ne vient pas de ta femme mais de toi. Tu ne pourras pas la changer, c'est à toi de faire les concessions et de changer au fond de toi.

Il proposa à Ken de participer avec Cathy aux rencontres qu'il organisait chaque dimanche à l'église de New Wine. On devait y aborder le thème du mariage. Cathy refusa de venir mais Ken s'y rendit quand même.

– Vous devez pardonner à votre femme, comme Jésus a su accorder Son pardon à Ses fidèles. Il faut essayer de comprendre et de pardonner.

En revenant d'une des réunions, Ken alla vers sa femme pour tenter de se faire pardonner ces années de tension et d'incompréhension :

– Cath, je suis désolé pour tout ce que j'ai pu te dire ou te faire, pour avoir exigé tant de toi. Je suis désolé de ne pas être un meilleur époux. Je voudrais que tu me pardonnes toutes les méchancetés que j'ai pu te dire.

Cathy en resta bouche bée.

– Eh ben dis donc, fit-elle avec un demi-sourire.

Il se mit alors à prier tous les jours.

« Veille au contenu de tes prières, elles pourraient bien être un jour exaucées », dit le proverbe.

En août, pour le septième anniversaire de leur mariage, Ken Wood se demandait si ce proverbe n'allait pas se réaliser.

Cathy était de plus en plus lunatique. Sa mère et elle se querellaient souvent. Le conflit entre elles ne serait jamais résolu, Ken en était persuadé depuis l'époque de Sutton Club. Cathy rendait visite à sa mère moins souvent qu'avant. Leur relation était en dents de scie, et jamais on ne pouvait prévoir ce qui allait se passer. Parfois, Cathy revenait de chez sa mère enchantée de sa visite. A d'autres moments, elle était d'humeur massacrante et accusait sa mère de tous les maux.

– Elle doit avoir la maladie d'Alzheimer, ce n'est pas possible !

Ken avait remarqué que sur certains sujets, Cathy radotait carrément, elle donnait l'impression de vouloir cacher quelque chose d'enfoui au plus profond d'elle-même. Elle répétait constamment qu'elle était « méchante ».

– Ken, je suis méchante. Tu ne sais pas combien je peux être méchante.

– Pourquoi dis-tu ça, Cathy ?

– Je suis comme ça. Tu n'as pas idée.

Ou alors, elle déclarait tout d'un coup qu'elle était « dégueulasse ».

Ken avait beau lui demander de s'expliquer, elle restait dans le vague.

Cathy remontait parfois à certains événements du passé. Un jour, elle devait avoir huit ans, elle avait demandé à un garçon d'enlever son pantalon. Elle racontait que David/Debbie et elle avaient prévu de fonder un club où les filles devraient accepter de faire des choses interdites pour être élues membres.

– Cath, mais de quoi parles-tu ? Qu'est-ce qui te pousse à raconter ces sornettes ?

– Ce n'est rien, je réfléchissais.

Cathy a une perception très floue du bien et du mal, se disait-il. Il se demandait si son rejet de la moralité n'était pas dû à sa difficulté à assumer la culpabilité. Elle s'arrangeait toujours pour rejeter la faute sur autrui. Elle lui raconta qu'un jour, alors qu'elle venait de rompre avec David/Debbie, et se promenait le long de la Grand River, près des chutes de Riverside Park, elle entendit une voix. Elle ne pouvait dire si cette voix venait du ciel ou d'ailleurs, mais elle entendit :

– Dieu n'existe pas. Le diable n'existe pas. Il n'y a que MOI.

La première fois que Cathy lui raconta cette histoire, Ken fut paniqué par l'expression qui se peignit sur son visage. Elle avait les pupilles dilatées. En un instant, ses yeux s'assombrirent. Dans son regard fixe, il n'y avait plus aucune trace d'émotion. On aurait dit qu'elle était sortie d'elle-même, qu'elle ne savait plus qui elle était. Il en avait gardé un souvenir très pénible.

– Cath, tout ça, c'est dans ta tête.

Elle ne répondit pas puis, brusquement, se tourna vers lui :

– Ken, promets-moi que tu ne diras jamais ça, à personne !

Jusqu'à présent, il avait tenu parole. Il avait aussi gardé secrète cette idée saugrenue de cadeau que Cathy avait eue pour son anniversaire, en octobre. Il n'en dirait sûrement rien à cet ami chrétien, à l'usine.

Jamie avait mis le sujet sur le tapis en demandant à haute voix ce qu'il voulait pour ses vingt-huit ans. Cathy s'était alors approchée de lui et lui avait glissé à l'oreille :

– Je sais ce que tu veux.

Il sourit et demanda :

– Quoi ?

Alors, en le lorgnant du coin de l'œil :

– Tu voudrais bien voir deux femmes en train de faire ça, hein ? T'aimerais pas voir comment elles font ? Ou alors, c'est moi que tu veux voir faire l'amour avec une autre ?

Il fut complètement abasourdi. Jamais il ne l'avait entendue parler ainsi. De surcroît, depuis des années, leur vie sexuelle était réduite au minimum. Ils ne faisaient l'amour que deux fois par mois tout au plus, et toujours à sa convenance à elle.

Il avait été choqué de l'entendre. Et cette idée qu'elle avait eue, une fois, pour le cinéma ! Elle lui avait dit qu'elle voulait voir quelque chose de nouveau.

– Quel genre ? Avait-il demandé.

– On va au *Velvet Touch*.

Elle plaisante, pensa-t-il. Le *Velvet Touch* était un cinéma pornographique sur la 28e Rue. Il y avait aussi des *peep shows* et un magasin d'accessoires porno. Les clients, presque toujours des hommes, s'y faufilaient, les mains dans les poches et le regard fuyant.

C'était hors de question ! Il n'irait pas au *Velvet Touch*.

Furieuse, elle lui dit qu'elle irait seule.

Etait-ce vraiment la même femme qui, trois ans auparavant, ne voulait pas sortir de chez elle ?

Elle lui dit alors d'un ton méprisant :

– J'irai avec mes amies. Avec elles ou toute seule.

Quelques semaines plus tard, elle lui avoua qu'elles y étaient allées.

Ses amies ! Il se demandait vraiment de qui il pouvait bien s'agir. Cathy était de plus en plus impliquée dans ce « club » d'Alpine Manor. Les histoires qu'elle racontait étaient étranges. Elle avait rencontré une jeune personne du nom d'Angie Brozak. Ken avait fait la connaissance d'Angie et de son mari, et le couple lui avait semblé sympathique.

Mais Cathy avait constaté un changement total de comportement chez Angie, depuis qu'elle avait subi une mammectomie. Elle se jetait à la tête de tous les hommes du service, et avait offert ses charmes à un auxiliaire. Quand elle apprit qu'il était homo, elle lui proposa d'essayer à trois.

Ken entendit également parler de Dawn Male, une nouvelle amie, aide-soignante à Alpine.

– Ken, j'ai l'impression que Dawn va m'annoncer qu'elle est lesbienne. Qu'est-ce que je dois faire ? demanda-t-elle un soir.

Comment voulait-elle qu'il le sache, lui ? Qui étaient ces gens qui travaillaient à Alpine Manor ? C'était un centre de soins où de vieilles gens venaient se reposer en attendant la mort, soi-disant. Ça ressemblait plutôt à un théâtre où l'on aurait joué une pièce de boulevard de très mauvais goût, oui !

Ken voyait de moins en moins sa femme. Elle insistait pour qu'ils prennent deux voitures pour aller à l'entraînement de soft-ball. Juste après, elle quittait la salle sans attendre, quelquefois avec une amie, et démarrait en trombe, en appuyant sur son klaxon musical. Ken et la petite Jamie, restés seuls, rassemblaient le matériel et chargeaient la voiture. Ils rentraient ensemble à la maison et souvent n'y trouvaient personne.

Ken se posait des questions. Elle lui disait qu'elle retrouvait les autres filles de l'équipe.

– Pourquoi ne m'invites-tu jamais ? Demanda Ken une fois.

– Oh ! Non, tu ne les aimerais pas du tout !

12

Belle Burkhard était sous oxygène. Ce matin-là, le soleil pénétrait dans sa chambre d'Abbey Lane par la fenêtre qui donnait sur la cour. Elle avait moins de mal à respirer maintenant.

Le mois d'août avait été un cap difficile pour elle. La première semaine, elle avait eu plusieurs crises, et la troisième semaine elle avait contracté une affection pulmonaire. Maintenant, son état s'améliorait. A soixante-quatorze ans, elle avait encore quelques ressources.

Son arrivée à Alpine Manor remontait à 1979. Les services sociaux avaient facilité les démarches pour son admission. Elle vivait auparavant dans un appartement à Grand Rapids et c'est son frère qui, habitant tout près, avait déclaré qu'elle ne pouvait plus s'occuper d'elle-même. Sa fille vivait à trois heures de là. Belle marchait difficilement, avec une canne. Elle était arrivée par une froide journée de décembre, les cheveux gras et les ongles sales.

Elle mesurait environ un mètre cinquante-quatre, ses yeux sombres et ses cheveux noirs comme de l'ébène révélaient ses trois quarts de sang indien chippewa. Elle avait grandi dans la partie la plus reculée du Michigan, au nord de la péninsule, tout près des eaux turbulentes du détroit de Mackinac. Des années durant, elle avait vécu dans une maison en pierre avec une vue extraordinaire sur le lac Silver.

Plus tard, en 1935, quand elle s'installa à St. Joseph, au sud de l'Etat, les choses avaient bien changé. Elle s'était mariée, avait élevé sa petite fille. A l'âge de cinquante-cinq ans, elle avait connu deux veuvages. Elle travaillait comme cuisinière et rêvait de retourner là-haut, dans le Nord. Lorsqu'elle y parvint, elle critiqua tout ce qui l'entourait. Elle buvait, tout comme ses deux maris. Rien de bien sophistiqué, mais elle ne pouvait vivre sans bière.

Selon le diagnostic d'admission à Alpine Manor, elle souffrait d'un durcissement des artères, d'arthrose et de ramollissement cérébral. Les proches de Belle pensaient que l'alcool avait fait son chemin, bien qu'elle eût arrêté de boire pendant une période.

A l'âge de Belle, ces symptômes accompagnés de confusion mentale pouvaient être causés par des problèmes thyroïdiens ou une hémorragie cérébrale. Seuls le scanner et d'autres examens auraient pu permettre de déceler l'origine du ramollissement cérébral. Mais Belle n'avait ni l'argent ni la volonté pour exiger des examens plus approfondis. Quand elle arriva à Alpine, elle ne savait plus écrire.

Elle avait la jambe droite plus courte que la gauche. Des années auparavant, lorsqu'une voiture l'avait renversée, un médecin lui avait dit qu'elle ne pourrait plus marcher. Mais Belle en avait décidé autrement.

Son dossier médical, au bout de sept années passées à Alpine, reflétait également son désaccord avec la médecine scientifique. La première fois qu'on évalua son état, on la trouva « communicative », « coopérative », et seulement « parfois étourdie ». Trois jours plus tard, on la retrouva, sans manteau, égarée sur le parking. On l'attacha pour les repas du soir. Dans les mois qui suivirent, elle parvint à plusieurs reprises à s'échapper de l'établissement, en boitant. Elle en fut quitte pour de plus longues périodes attachée sur sa chaise ou sur son lit.

Elle ne s'enfuit plus mais devint de plus en plus agressive. Elle jurait comme un charretier, insultant les aides-soignantes lorsqu'elles la réveillaient ou lui san-glaient les poignets. Elle était toujours assise à part pour regarder les films ou assister à la messe du dimanche. Elle frappait les autres avec sa canne, personnel compris. Parfois on la surprenait en train de chaparder de la nourriture ou des chocolats dans la chambre des autres malades.

Un masseur de l'équipe médicale d'Alpine lui apprit à

marcher avec une chaussure orthopédique et un déambulateur. C'était moins facile à manier qu'une canne, alors elle s'en servit pour faire tomber les autres. Elle rôdait dans les couloirs en attendant que quelqu'un passe.

Trois mois après son arrivée, elle finit par griffer un pensionnaire. Cette fois-là, elle reçut un autre traitement. On lui administra des calmants, à raison de dix milligrammes trois fois par jour. On lui donnait également du Bénadryl, un sédatif et antihistaminique, pour contrecarrer les effets secondaires du Mellaril.

Ce traitement n'eut pas d'effets immédiats, bien au contraire. Les premières semaines le personnel constata un regain de combativité. Belle fut de nouveau attachée. Malgré cela, elle réussissait souvent à s'échapper et on la retrouvait dans les couloirs, fière de pouvoir marcher librement.

D'après sa fiche médicale de la première année, Belle était prise entre deux feux : d'un côté les médecins qui l'encourageaient à marcher et de l'autre, les infirmières qui l'attachaient. Les médicaments comblaient le vide entre ces deux extrêmes.

Au quatrième mois, elle avait remplacé le déambulateur par une tablette à roulettes et marchait parfois jusqu'à l'épuisement. Une infirmière s'en inquiéta. On l'attacha de nouveau, non pas pour mauvaise conduite cette fois-ci, mais pour l'empêcher de se fatiguer.

Durant ses dix premiers mois à Alpine, la dose de Mellaril fut triplée et l'on nota sur les fiches : « A perdu la notion d'espace et de temps, ne montre plus de combativité. » Au terme de la première année, son médecin avait noté : « Ne marche plus aussi souvent qu'avant. »

Et puis une autre année s'écoula. Malgré sa chaussure orthopédique, elle ne marchait plus guère et, selon une infirmière : « Elle devait être stimulée pour se déplacer. »

Entre 1983 et 1984, son espace vital continua à se rétrécir. Elle ne participait plus aux activités de groupe. Un jour, au cours de l'année 1985, elle mit de côté la tablette qui lui servait de support et s'assit dans un fauteuil roulant. Il était courant d'entendre dire, là comme ailleurs, qu'une fois qu'un malade s'était assis dans un fauteuil roulant, il ne s'en relevait plus. Cette affirmation se vérifia pour Belle.

Fin 1985, un nouveau médecin s'occupa d'elle, parmi de nombreux autres patients. Il supprima le Mellaril et la mit sous Dilantin, un antispasmodique car elle avait, selon son diagnostic, « des convulsions ». Jamais il n'avait été question de lui faire passer un scanner afin de déceler l'origine de ses symptômes.

En 1986, Belle ne quittait plus son fauteuil roulant, où elle était toujours attachée. On disait qu'il fallait l'empêcher de tomber. Son frère lui rendait visite de temps en temps, mais on n'avait pas vu sa fille depuis des années.

La responsable des activités avait noté récemment sur sa fiche : « Belle ne communique plus avec le personnel soignant. Ses propos n'ont plus de sens. Elle passe son temps à regarder la télévision, dans la salle d'activités. »

Belle parlait pourtant, même si elle n'arrivait pas à se faire comprendre. Son élocution était confuse et ses propos illogiques. Cependant, une aide-soignante – une nouvelle dans le service – prétendait qu'elle la comprenait. Ses collègues l'appelaient à Abbey Lane pour qu'elle leur explique ce que Belle voulait dire.

Certains avaient remarqué qu'elle avait un contact privilégié avec la malade. Elle regardait la vieille Indienne droit dans les yeux, faisait une sorte de grimace et toutes les deux éclataient de rire.

Elles formaient une sacrée paire, Belle et cette nouvelle venue du Texas qui s'appelait Gwen !

13

Ken alluma la télévision pour sa fille et s'affala sur le lit du motel. Il était mort de fatigue, physiquement et moralement. Il connaissait maintenant la vérité mais n'en était pas réconforté pour autant.

– Voilà comment mes prières ont été exaucées !

Il se répétait ça tout le temps depuis plusieurs jours et s'adressait également à Celui qui, là-haut, était peut-être en train de l'écouter.

C'en était fini de son mariage, de son couple, de sa famille. Il venait de quitter Effie avec Jamie. Il était impossible de laisser sa fille à sa mère, en tout cas pas maintenant. C'est pourquoi ils se retrouvaient tous les deux dans ce motel sur la 68e Rue. On était vendredi soir, début septembre, et la rentrée des classes était pour bientôt.

Mais il y avait plus grave.

Les événements de ces derniers jours lui revenaient en tête, et Ken se demandait quelle était la part de vérité et celle de simulation dans cette histoire. L'honnêteté n'avait jamais été le fort de Cathy mais ses mensonges n'étaient jusqu'à présent pas bien méchants. Aujourd'hui, cependant, elle voulait cacher quelque chose de vraiment grave.

Il se rappelait ces prétendues réunions importantes à Alpine Manor. Un soir, elle lui avait raconté qu'un membre du personnel avait abusé d'une malade. Le coupable n'était pas encore identifié et la direction était convaincue qu'il avait un complice. Tout le personnel avait été convoqué. C'est du moins ce qu'elle lui avait dit.

Au début, Ken y avait cru, prenant cela pour une des histoires fumeuses d'Alpine Manor. Mais les réunions se multiplièrent et Ken se plaignit à Cathy que la direction profitât des employés en les gardant après leur temps de travail.

– Ils essaient de découvrir le pot aux roses, tu comprends, il faut que j'y aille, dit Cathy.

A l'issue d'une de ces réunions, Kent entrevit pour la première fois cette fille nommée Dawn Male. Cathy s'arrêta devant la maison pour lui dire qu'elle raccompagnait une amie chez elle. Elle montra Dawn qui se tenait debout près de la voiture, habillée tout en noir avec ses bracelets en cuir.

– Elle fait un peu peur, tu ne trouves pas ? Dit Cathy, énervée.

– Un peu, dit-il. Le genre punk, quoi !

Un soir, après une de ces réunions, Cathy ne rentra pas à la maison. Il téléphona tôt le lendemain matin à Angie Brozak, qui lui dit qu'elle avait vu Cathy pour la dernière fois, en train de boire un verre avec Dawn, au café *Cheers*, à deux pas d'Alpine Manor.

Le lendemain, elle n'avait toujours pas réapparu. Ken emmena Jamie chez sa belle-mère. Quand il arriva chez lui, il trouva Cathy allongée sur le sofa, complètement endormie. Une dispute éclata. Il menaça de la quitter mais elle le supplia de rester.

– Cathy, je peux supporter beaucoup de choses, lui dit-il. Mais si tu découches alors que tu dois t'occuper de ta fille et qu'il me faut aller au travail, c'en est trop !

Quand il rentra du travail, elle fit amende honorable.

– Ken, je ne verrai plus mes amies.

Le lendemain, un samedi, Cathy lui demanda si elle pouvait sortir un soir de la semaine suivante avec son amie Ladonna Sterns, une autre aide-soignante d'Alpine. Elle lui déclara qu'elle n'accepterait cette invitation qu'avec son accord.

Ce soir-là, elle voulut faire l'amour avec lui. Depuis quelque temps, sa femme retrouvait une certaine libido et voulait faire l'amour deux fois par semaine, au lieu de deux fois par mois. Il ne comprenait pas ce regain d'intérêt.

Le dimanche matin, elle avait changé d'avis et lui annonça qu'elle sortirait avec Ladonna, qu'il le veuille ou non.

Le lundi, 1er mai, elle lui fit part d'une autre résolution. Debout, encore en chemise de nuit, les mains croisées, elle lui annonça brutalement :

– Ken, je n'ai pas l'impression d'avoir fait quelque chose de mal. Je veux faire ce que je veux, quand je veux. Aussi, tu ferais mieux de partir.

Après un bref silence, elle poursuivit :

– Ken, je veux divorcer.

Jusqu'à ce jour, au cours de leurs disputes, ils n'avaient jamais prononcé ce mot.

Elle ne veut pas reconnaître ses torts pour cette nuit passée dehors. Elle me parle comme ça pour que je sois sur la défensive, se dit-il. Ce soir-là, il dormit dans sa voiture, sur le parking de l'usine, s'imaginant qu'elle reviendrait à la raison quelques jours plus tard.

Le lendemain, elle n'en démordit pas. Elle lui demanda au téléphone si sa mère pouvait garder Jamie pendant qu'elle serait au travail. Il alla chercher Jamie et la déposa chez sa grand-mère. Puis il alla à l'hôtel.

Cette nuit-là, le climatiseur ne fonctionnait pas et il ne parvenait pas à s'endormir. Alors, il se rappela qu'il y avait deux gros ventilateurs chez lui, et décida d'aller en chercher un.

Ce fut la première chose qu'il remarqua en arrivant : toutes les lumières étaient allumées, et la voiture de Cathy n'était pas dans l'allée. A peine eut-il franchi la porte qu'il entendit un moteur s'arrêter. Cathy s'était garée sous un réverbère et l'on pouvait voir à l'intérieur de la voiture.

Il reconnut Dawn Male près de Cathy et la vit poser sa tête sur l'épaule de sa femme.

Mon Dieu ! Pensa-t-il, qu'est-ce que ça veut dire ?

Quand Cathy passa la porte, il vit qu'elle avait une trace de suçon dans le cou. Un suçon, c'est incroyable ! Pensa-t-il. Elle m'aurait giflé si je lui en avais fait un.

– Hé ! Cathy, qui t'a fait ça, hein ? Dis-moi, ce n'est pas Dawn ! Nom de Dieu ! Est-ce que c'est Dawn qui t'a fait ça ?

Il s'entendit lui demander cela et son cœur se brisa.

– Non, ce n'est pas Dawn.

– Alors, qu'est-ce qu'elle faisait si près de toi ?

– Elle avait renversé de la bière sur mes genoux.

Il regarda le pantalon de Cathy et ne vit aucune trace.

– Dawn a perdu la tête, dit-elle sans réfléchir.

– Alors, pourquoi ne l'as-tu pas ramenée à la raison ? Pourquoi l'as-tu laissée faire ?

Ses pensées s'emballaient, tout lui revenait... Toutes ces conversations sur les homosexuels d'Alpine... Son amie Angie... L'histoire avec Dawn... David/Debbie... Le feutre qu'il avait trouvé un jour sur leur lit... Il n'avait jamais pu se débarrasser de ce sentiment que Cathy avait eu quelqu'un à la maison, ce jour-là. Maintenant il imaginait la scène, toutes les deux, nues, se pavanant chez lui.

Qu'est-ce qui a pu se passer chez moi tout ce temps-là ?

Il scruta le visage de sa femme. Son regard était vide.

– C'est comme ça que tu fous en l'air sept ans de mariage ? Pour pouvoir te retrouver avec ta copine ?

En partant, il glissa deux mots à Dawn qui la laissèrent pantoise :

– Elle vaut le coup, au moins ?

Il quitta Effie en trombe, faisant crisser les pneus de sa voiture. Quand il se retrouva sur l'autoroute, il ne put retenir ses larmes.

Jamais il ne s'était senti bafoué de la sorte. Quel imbécile il avait été ! Supporter pendant sept ans ses humeurs, ses mensonges, son irresponsabilité, son obésité... Tous ses efforts avaient été dérisoires. Toute tentative était vouée à l'échec.

Les phares des voitures venant en sens inverse éclairaient son visage.

Ma femme m'a quitté. Elle m'a quitté pour une *femme.*

Elle fait n'importe quoi ! Tout est possible pour retenir l'attention des autres ! Se dit-il. Elle ne m'aime pas, elle en est incapable.

Ken se demandait si elle était vraiment capable d'aimer quelqu'un.

L'Amour inconditionnel !

De la merde, oui !

Le lendemain, il se présenta à son travail dans un brouillard total. A la fin de la journée, il était ulcéré ; il s'en était pris au contremaître mais celui-ci lui sauva la mise en lui conseillant d'aller voir le médecin, lequel lui prescrivit quelques jours de repos.

Cependant, Ken n'était pas du genre à se laisser mourir de chagrin. Il se rappela les derniers tête-à-tête avec sa femme, quand il pensait que les choses allaient s'améliorant. Il fallait qu'ils soient honnêtes l'un envers l'autre, s'étaient-ils dits alors.

– Ken, je ne te mentirai plus, avait-elle promis. Il n'y aura plus de mensonges à la maison.

Elle semblait si sincère, à ce moment-là, si convaincue de ce qu'elle disait...

Plus tard, il constaterait à quel point elle l'avait

trompé. Il n'y avait jamais eu de réunions générales du personnel à Alpine. Pas de viols de malades, non plus. Pas de coupable, pas de complice. En fait, la plupart de ces histoires sur Alpine n'étaient que le fruit de son imagination. Angie n'avait jamais été une débauchée. Et Dawn ne s'était jamais confessée à elle.

Même leur vie commune avait débuté sur un mensonge ! L'histoire qui l'avait poussé à demander Cathy en mariage avait été en partie inventée. Elle avait effectivement acheté de la marijuana pour son père, mais cela s'était passé plusieurs mois avant leur rencontre. Le temps apporterait son lot de révélations.

Pour l'heure, Ken devait penser à son avenir proche. Il fallait qu'il se décide vite et organise sa vie avec Jamie. Il la regarda dormir un moment. Pourrait-elle comprendre un jour ce qui était arrivé ?

De quoi Cathy serait-elle capable, se demandait-il, maintenant qu'elle n'avait plus la responsabilité de sa fille ?

14

Cela allait faire bientôt cinq ans qu'elles étaient amies, qu'elles partageaient le même appartement, qu'elles dormaient ensemble. Parfois, Fran se disait qu'elle était un peu la mère de Gwen. Un rôle précaire, songeait-elle.

Fran Shadden n'avait plus assez d'énergie pour assumer ce genre de relation. Elle avait mis Gwen en garde avant qu'elle ne vienne à Grand Rapids. Elle lui avait dit ce que la trentaine signifiait pour elle. Il fallait qu'elle trouve sa voie. Elle lui avait parlé des conséquences du viol et expliqué qu'elle désirait retrouver ce que la violence lui avait enlevé.

– Il faut que je me concentre sur mon avenir, dit-elle. Et toi aussi, tu dois essayer de trouver un sens à ta vie.

Elle n'était pas sûre que pendant ces trois mois de vie commune à Grand Rapids, Gwen ait compris ce qu'elle voulait lui dire. Gwen se sentait rejetée, sans raison. Et maintenant, les choses pouvaient évoluer de deux façons diamétralement opposées : l'amour inconditionnel ou la colère. Gwen fonctionnait comme ça. Il n'y avait pas de juste milieu dans sa vie sentimentale.

Au cours de sa vie avec Gwen, Fran avait remarqué chez sa compagne la cœxistence de deux personnalités distinctes. Elle pouvait être l'innocence incarnée ou se comporter de façon complètement cynique. Ange ou démon, elle pouvait être aussi vulnérable qu'un agneau ou dure comme la pierre.

Cette dualité avait touché le cœur de Fran. En 1976, elle nourrissait de grandes aspirations religieuses et avait même rejoint, à Tyler, le courant religieux des fondamentalistes protestants du Texas. Mais, cinq ans plus tard, elle avait perdu ses illusions et laissé derrière elle les querelles d'Eglises et les œuvres de charité pour trouver du travail au *Dixie Kwick Stop*. Elle n'avait pas hésité à enfreindre plusieurs interdits religieux, notamment ceux qui concernaient la bière et la vie nocturne. Un soir, elle entra même dans un bar gay à Longview, à soixante kilomètres de Tyler.

Malgré son éducation religieuse, elle ne se rappelait pas avoir ressenti de déchirement lorsqu'elle s'était rendu compte qu'elle préférait les femmes aux hommes. Elle avait un penchant pour Gwen, cette fille au visage poupin qui venait tous les jours chercher une collègue de travail pour la ramener chez elle. Elle avait un sourire timide et un sacré sens de l'humour, ou plutôt une certaine ironie, typiquement texane.

Elle fut sa première amie. Fran l'invita chez elle un jour sous un prétexte quelconque. Il y avait deux bouteilles de vin. A midi, elles étaient fin soûles et couchèrent ensemble. Fran avait vingt-cinq ans et Gwen juste dix-sept, mais elle avait déjà accumulé les expériences sexuelles. Elle lui avoua qu'elle avait toujours été lesbienne, aussi loin que remontaient ses souvenirs.

Bientôt, elles passèrent tout leur temps ensemble, elles partaient se balader en voiture sur les routes du Texas, boire de la bière et danser dans les bars à juke-box. Fran disait toujours que le sexe n'était pas l'essentiel dans leur relation, pas plus que pour les couples hétérosexuels. La plupart des gens avaient cette idée en tête, et c'était une des raisons pour lesquelles les homos vivaient souvent en marge. Les gens «comme il faut» se focalisaient sur ce point et ne pouvaient pas dépasser la question des rapports sexuels. Cette vision faussait leur perception et les empêchait de voir les caractéristiques communes à toutes les relations affectives, quelles qu'elles soient.

Bourrée de contradictions, Gwen échappait à tout stéréotype. Cela lui était égal d'être traitée de lesbienne ou de «gouine», ou de passer pour un garçon manqué, alors même qu'elle écrivait des poèmes d'amour très romantiques. Elle chevauchait sa Honda 450, mais ornait ses lettres de dessins fragiles et enfantins : des oiseaux, des cœurs percés de flèches. Dans les rapports sexuels, elle était la partenaire dominante mais en tant que compagne, elle aimait se laisser guider. Devant de réels dangers, elle aurait fait face, mais rien ne la terrorisait plus que l'eau qui s'écoulait par le trou d'évacuation de la douche, ou le bruit d'une chasse d'eau. Elle ne payait jamais ses tickets de parking mais se plaignait des factures courantes. Un jour, elle raconta à Fran qu'elle avait menacé un caissier avec un couteau pour voler dans son magasin. A part ça, Fran la trouvait d'une honnêteté scrupuleuse.

Au fil de leur relation, Fran estimait qu'il y avait chez Gwen un certain équilibre entre les deux aspects de sa personnalité.

Le sujet fut abordé un soir après plusieurs heures de discussion autour d'un verre. Gwen elle-même mit la conversation sur le tapis.

– Pourquoi ne m'as-tu jamais demandé ce que j'avais au bras ?

Cela ne pouvait échapper à personne. Elle avait sur les deux avant-bras des rangées de cicatrices rondes.

– Je pensais que si tu voulais m'en parler, tu le ferais, lui répondit Fran.

– Mon père m'a violée, dit Gwen d'un ton calme. J'ai fait ça à cause de lui. Ce sont des brûlures de cigarette, il fallait que je fasse quelque chose.

Fran était persuadée que ces cicatrices étaient le moyen qu'avait trouvé Gwen pour que son père n'oublie jamais la honte de son geste. Pauvre fille, pensa-t-elle, elle n'avait rien fait de mal et s'était punie elle-même. Petit à petit, Gwen raconta toute l'histoire, et il s'avéra que l'inceste avait duré pendant toute son adolescence.

Fran était également au courant du conflit qui opposait Gwen à sa mère. Gwen lui raconta qu'elle devait faire le ménage alors qu'elle avait à peine dix ans. Sa mère la critiquait beaucoup. Jamais Gwen ne lui parlait de jeux ou de copines de classe, elle n'évoquait que les conflits et le sentiment de rejet qu'elle avait toujours éprouvé. Où était passée son enfance ?

Avec de tels parents, Fran aurait coupé les ponts mais Gwen, elle, tentait encore de renouer les liens comme elle pouvait. Pardonne et essaie d'oublier ! Elle se comportait comme ça avec tout le monde. Elle recherchait désespérément à établir une relation avec sa mère, et craignait son père tout en le portant presque aux nues. Elle racontait son enfance à la ferme près de Tyler, où son père élevait des coqs de combat. Bizarrement, elle aimait suivre son exemple et citait souvent son code de conduite en matière de rapports humains : « Sois raisonnable et, si ça ne marche pas, mets-leur un coup de pied où je pense. »

Des disputes éclataient, surtout lorsqu'elles avaient bu. Le Jack Daniel's, en particulier, n'arrangeait pas les choses et la mettait hors d'elle. Elles en arrivaient à se battre. Il n'était pas rare que cela se termine avec des points de suture pour toutes les deux. Avec le bourbon, Gwen avait souvent un trou noir et ne se rappelait rien. Fran, quant à elle, s'accusait d'avoir déclenché la dispute.

Gwen aimait se battre. Elle eut même un jour une altercation avec la sœur de Fran et la frappa à coups de poing. Gwen se vantait d'avoir botté les fesses d'un sacré nombre de personnes sur la côte Ouest. Mais Fran savait qu'elle exagérait. Elle pensait que Gwen essayait ainsi de prouver qu'elle était plus forte que son passé. Au Texas, elles avaient décidé de laisser tomber le Jack Daniel's.

Fran déclara, plus tard, à une de ses amies :

– Gwen est une gosse un peu paumée, c'est tout.

Fran avait vraiment envie de la protéger ou de la sauver. Gwen faisait preuve d'une telle volonté pour s'en sortir ! Elle avait toujours des projets et travaillait d'arrache-pied, jusque tard dans la nuit. La malchance et son accident de voiture n'avaient pas entamé sa détermination.

Fran connaissait bien Gwen et savait qu'elle serait la première à prendre la défense d'une amie. C'était une compagne chaleureuse et affectueuse. Elle mettait Fran sur un piédestal et celle-ci se sentait plus sage, plus mûre, plus responsable.

Gwen avait un grand sens de la charité et adorait s'occuper d'enfants. Parfois, elle ouvrait sa porte aux sans-abri et leur offrait un repas. Elle n'hésitait pas à renoncer à une sortie ou à un rendez-vous important s'il fallait rendre service à l'un de ses proches. Sans parler de sa tante qu'elle avait sauvée, lors de l'accident de voiture. Si quelqu'un de sa famille avait besoin d'argent, elle le dépannait. Elle prêtait même l'argent mis de côté pour la maison, ce qui parfois posait des problèmes à Fran et suscitait des disputes.

Son emploi au centre de soins d'Alpine Manor lui convenait parfaitement. Elle se dévouait corps et âme et la première fois qu'un malade mourut, elle fut complètement bouleversée. Mais son travail lui offrait aussi matière à plaisanteries.

Elle voulait toujours faire plaisir et se pliait aux volontés de sa compagne, même pour faire les courses ou pour décider du film à aller voir. Fran se rendait maintenant compte que les efforts qu'elles avaient déployés pendant des années pour améliorer la vie de Gwen n'avaient servi à rien. Et pendant ce temps, elle avait évité ses propres problèmes.

Le drame du viol et la thérapie qu'elle suivait avaient marqué la fin de cette époque. Il fallait que Fran s'occupe sérieusement d'elle-même, elle ne pouvait plus protéger Gwen comme elle l'avait fait jusqu'à présent. Sans doute était-ce pour cela que Gwen boudait tout le temps et qu'elles ne s'entendaient plus toutes les deux.

Fran redoutait les conséquences de la discorde.

Un jour, alors qu'elles étaient encore au Texas, Fran avait annoncé à Gwen qu'elle voulait la quitter ; c'était à la suite d'une violente dispute. Gwen s'était alors enfermée dans la salle de bains et lorsqu'elle avait réapparu, elle était en piteux état. Elle avait de nouvelles traces de brûlures de cigarette sur les avant-bras et le sang coulait. Elle s'était entaillé les bras, heureusement de façon superficielle, à la lame de rasoir. Immobile, en larmes, elle se tenait debout devant la porte. Fran comprit alors que Gwen ne pouvait supporter l'idée d'être rejetée. Et tout avait repris comme avant.

Cette fois-ci, elle ne pouvait présumer des conséquences d'une séparation. Fran priait le ciel pour que Gwen ne commette pas d'imprudence.

15

Du jour où elle emménagea dans la petite maison d'Effie, Dawn Male en apprit beaucoup sur Ken. Plus Cathy lui en disait, plus elle le méprisait. Il incarnait tout ce que Dawn détestait chez les hommes.

Ken était l'archétype du macho. Cathy lui racontait qu'il achetait de la bouffe dans les fast-foods rien que pour la tenter, qu'il avait réussi à dresser sa fille contre elle. Cathy devait le servir et lui obéir. Elle n'avait pas le droit de se tenir près du ventilateur parce qu'elle sentait mauvais. Tels étaient du moins les propos que Cathy tenait à Dawn. La dernière histoire la laissa complètement abasourdie : Cathy était méticuleuse, maniaque de la propreté, elle prenait trois à quatre douches par jour.

Cathy relatait aussi d'autres histoires beaucoup plus sordides : Ken la battait, c'était un vrai tyran, un obsédé sexuel. Elle lui confia même qu'un jour, il se glissa derrière elle et la prit par surprise alors qu'elle faisait la vaisselle.

Dawn était psychologiquement prête pour un affrontement lorsqu'elle rencontra Ken.

Sur les conseils de son avocat, Ken essaya de revivre

chez lui pour une période de trente jours, le temps de « s'occuper de ses biens », comme on le lui avait recommandé. Mais ça ne dura pas vingt-quatre heures. Le premier soir, il emmena Jamie voir le feu d'artifice de la fête municipale. Il rentra à la maison juste au même moment que Cathy et Dawn, qui étaient allées boire un verre.

Dawn vit que Cathy narguait son mari. Ken posa deux ou trois questions innocentes auxquelles elle répondit d'un ton mielleux :

– Oui, Ken, dis-moi où tu veux en venir ?

Il essaya de s'expliquer. Les deux femmes se mirent à ricaner, et Cathy reprit sur le même ton :

– Oui, Ken, vas-y, où tu veux vraiment en venir ?

Excédé, il se leva et jeta un cornet de pop-corn à la figure de sa femme. Dawn s'interposa et le défia :

– Ken, va te faire voir !

Il réveilla Jamie et s'en alla.

Une autre fois, alors qu'il n'avait pas annoncé sa visite, il entra dans sa chambre et tomba nez à nez avec Dawn. Pour des raisons qu'elle ignorait, Cathy ne voulait pas que Ken la trouve dans cette chambre. Mais c'est précisément là qu'il la trouva, en pyjama. Il la gifla du revers de la main.

– Merde, Ken ! Hurla Dawn. Tu ne veux pas laisser Cathy tranquille ? Tu penses que tu peux venir ici quand tu veux et foutre le bordel ?

Pendant ce temps, Cathy avait décampé sans prendre le temps de s'habiller, en chemise de nuit.

Ken partit d'un pas lourd en grommelant des obscénités.

Cathy a raison, pensa Dawn, c'est vraiment un abruti de gros porc.

Mais elle se rendit compte aussi que Cathy pouvait le manipuler avec une facilité déconcertante. Un soir, elle se vanta de l'avoir mené par le bout du nez pendant des années :

– Je peux lui faire faire tout ce que je veux.

Parfois, elle se demandait si Cathy ne faisait pas croire à son mari qu'elle l'aimait toujours parce qu'elle ne voulait pas vraiment renoncer à lui. Mais quand elles étaient seules, Cathy le dénigrait tellement que Dawn oubliait ses soupçons. Jamie ne manquait pas à Cathy, c'est du moins ce qu'elle prétendait. Elle s'inquiétait, non pas pour sa fille mais pour elle-même.

– Je ne suis pas normale, Jamie m'indiffère, disait-elle fréquemment. Ça m'est égal, ce qu'elle devient.

Cathy était en pleine transformation. Elle s'était teint les cheveux en blond platine, façon Marilyn, passait pas mal de temps devant son miroir pour se coiffer et se maquiller. Le soir, elle sortait avec Dawn pour aller dans les bars gays du centre-ville, au *Radcliff* et au *Carousel*. Beaucoup d'amis d'Alpine venaient aux fêtes qu'elles organisaient à la maison. Cathy adorait voir les autres se soûler, et se mettre dans des états incroyables. Pour sa part, elle tenait bien l'alcool, même après avoir bu son cocktail préféré, le Long Island Ice Tea.

Elle mettait des disques que Dawn trouvait bizarres, plutôt de la musique hippie. Cathy collectionnait les vieux 45 tours des Beatles et d'autres groupes de cette époque. Le pire, c'était quand elle passait ses disques ringards de *country*. C'était toujours elle qui était à la sono.

Cathy était une passionnée de mots croisés. Elle insistait pour que Dawn cherche les mots avec elle. Elle les trouvait toujours en premier. C'était là l'essentiel : elle aimait tellement gagner.

Elle raffolait aussi des hamburgers de Dawn, de petits hamburgers à la sauce italienne dont elle ne faisait qu'une bouchée.

Sur le plan sexuel, Cathy était une partenaire très expérimentée, parfois assez violente. Elle lui avait raconté l'épisode David/Debbie. Sous l'effet de l'alcool, elles ne savaient plus très bien ce qu'elles faisaient. Un soir, Cathy ramena Ladonna, une autre homosexuelle qui travaillait à Alpine, et elles firent l'amour à trois.

Une autre fois, dans l'excitation de l'orgasme, Cathy griffa le dos de Dawn. Dawn se demanda si elle ne l'avait pas fait exprès, pour laisser sa marque.

Au travail, le cercle d'amies s'agrandissait. Il y avait beaucoup de lesbiennes dans l'équipe de nuit. Elles avaient entendu parler de ce travail par des amies communes, et s'étaient donné le mot.

Dawn s'entendait particulièrement bien avec la nouvelle du Texas, Gwen. Elles avaient couché ensemble une fois mais il n'y avait pas eu de lendemain. Ça n'avait pas bien marché. Sans doute avaient-elles trop de points communs – toutes les deux étaient attirées par les femmes très féminines.

Elles s'affichaient en public et toutes les occasions étaient bonnes pour boire. Un jour, elles avaient profité d'une pause pour se soûler au *Cheers* et étaient retournées au travail en titubant. Elles avaient été renvoyées chez elles. Gwen avait acheté une Coccinelle orange pour quatre cents dollars, et elles se payaient des virées en ville. Elles buvaient jusqu'à en perdre conscience. Rien ne les amusait plus que de rouler à toute allure sur la voie express et de renverser les barrières clignotantes.

Quand Dawn annonça à Gwen qu'elle couchait avec Cathy, celle-ci ouvrit des yeux grands comme des soucoupes.

– Mais comment peux-tu ? Elle est énorme !

Un soir, dans la cour entre Drover et Buckingham, Dawn les présenta. Elles décidèrent de se retrouver toutes les trois.

Dawn était partante, et pourvu que le Jack Daniel's coule à flots, ça promettait.

16

Connaissant les sautes d'humeur continuelles de sa femme, Ken avait du mal à croire que Cathy soit capable de s'attacher durablement à Dawn. Son nouveau style de vie semblait totalement instable.

Elle se mit à l'appeler au téléphone, prétextant qu'elle avait besoin de parler, qu'elle voulait qu'ils restent amis.

– Je ne sais pas ce que je suis en train de faire, dit-elle. Ken, je suis paumée.

Il était d'accord sur ce point. Elle avait tellement changé – ses cheveux, la boisson, la vie nocturne.

Il lui proposa de prendre rendez-vous chez un psychologue, celui qu'ils avaient consulté ensemble. Cathy accepta. Quelque temps plus tard, il voulut interroger celui-ci sur ce qu'il pensait de sa femme.

– Je ne peux pas vous dire ce qu'elle m'a confié, dit le psychologue. Mais je ne pense pas qu'elle prépare une crise.

Il resta perplexe, devinant ce qui s'était passé : elle s'était composé un personnage parfaitement sain d'esprit, avec cette attitude qu'elle savait prendre quand il le fallait. Personne ne pouvait rivaliser avec elle quand il s'agissait de ruse et de logique. Il lui avait fallu des années avant de percer à jour ses intentions cachées. Un psychologue, en une heure de temps, n'y voyait que du feu.

Ken avait accepté l'idée qu'ils soient séparés pendant un moment. Jamie et lui allaient commencer une autre vie dans un nouvel appartement. Mais il était hors de question de laisser tomber son couple.

Peut-être est-ce une épreuve que Dieu m'impose. Peut-être n'ai-je pas agi de façon correcte avec elle. Nous n'aurions pas dû avoir des relations sexuelles avant le mariage. Telles étaient les pensées qui agitaient l'esprit de Ken.

Oui, il avait *besoin* de comprendre. Il voulait savoir ce que cette nouvelle aventure présentait d'attrayant pour Cathy. Etait-elle vraiment lesbienne, ou n'était-ce qu'une façon détournée d'attirer l'attention sur elle et d'être acceptée ? Il fallait qu'il sache ce qui pouvait passer avant sa fille, avant leur couple.

Cathy refusa d'avouer qu'il y avait une intimité quelconque entre Dawn et elle.

– Oh ! Non. Nous n'avons même pas dormi ensemble, dit-elle.

Il se mit à douter de ses propres conclusions. Cathy était experte à ce jeu, elle pouvait arriver à lui faire nier l'évidence. Seulement, lors d'une visite, il trouva Dawn à demi inconsciente, affalée sur son lit. Ses vêtements étaient éparpillés dans le salon. Le soir où il avait essayé de revenir chez lui, Cathy et Dawn avaient décidé qu'elles iraient dormir au sous-sol.

En fin de compte, il n'était sûr de rien. Peut-être ne se rendait-elle pas compte de ce qu'elle faisait.

Un dimanche, il demanda s'il pouvait passer emprunter la télé pour regarder un match de football. Cathy se montra très raisonnable et ils purent parler sans problème. Elle voulait obtenir un divorce à l'amiable avec partage des biens.

Je retrouve bien là ma femme, intelligente, sensée, celle avec qui je peux vivre, pensa-t-il.

Comme elle se plaignait de ne pas avoir assez d'argent, il lui donna du liquide. Puis il lui en donna régulièrement, dès qu'elle en avait besoin.

– Viens à la maison, lui dit-il. Tu pourras voir Jamie et je te ferai un petit plat.

Ils se virent ainsi plusieurs fois, sans Dawn, et finissaient toujours sur le sofa dans les bras l'un de l'autre.

– Pourquoi me laisses-tu t'embrasser quand Dawn est là ? Finit-il par lui demander.

– Parce que tu en as envie.

– Mais je veux faire l'amour, moi aussi !

– Ah, non ! je ne veux pas tromper Dawn.

Tout devenait très compliqué. Mais ce n'était rien à côté de ce qui allait suivre…

– Je n'ai aucun respect pour Dawn, lui confia-t-elle un jour. Elle est comme les autres nanas. Rien dans la tête.

Cathy faisait souvent ce genre de commentaires sur les femmes. Elle disait qu'elle ne les aimait pas. Elle préférait les hommes intelligents et raffinés.

Soucieux de se montrer poli, Ken les invita chez lui. Il venait de prêter de l'argent à sa femme.

Dès leur arrivée, Ken proposa une bière à Dawn. Il s'assit et l'observa. Regardez-moi ça ! Se dit-il, dévisageant Dawn. Ses cheveux, ses oreilles percées en plusieurs endroits… Mon Dieu, elle avait même le nez percé ! Elle portait une chaîne avec un anneau dans les narines.

En un éclair, il prit conscience des sentiments qui l'animaient. Non seulement il venait de lui donner une bière, alors qu'elle n'avait même pas vingt et un ans, mais il la détestait. Pourquoi lui donnait-il une bière ?

– Ecoute, tu ferais mieux de partir.

Il était déjà debout.

Elles étaient bouche bée. La colère étouffait Ken.

– Dawn, fit-il, si t'étais un homme, je te casserais la gueule, ici, tout de suite !

Elle plissa les yeux et rétorqua :

– Hé ! Faut pas te gêner !

Le Luv Truck démarra en trombe du parking mais il eut le temps de lancer un coup de pied dans la carrosserie.

Quelle que soit l'origine du conflit, cela ne durait jamais longtemps avec Cathy. Ils parlaient souvent en toute franchise. Elle lui racontait qu'elle se disputait avec Dawn, qu'elles ne s'entendaient pas. Mais Cathy se vantait aussi d'être le centre de son cercle d'amies. Elle les impressionnait, et puis elle avait une maison et se débrouillait toute seule.

L'absence de sens moral des homosexuels la choquait, lui avoua-t-elle. Les histoires de ménages à trois, les échangistes, tout ça, ce n'était pas son genre.

Dawn avait mis Cathy sur un piédestal.

Elles semblaient très éprises et Ken avait vu Dawn assise aux pieds de Cathy, gobant littéralement ses paroles.

– S'il le faut, je m'occuperai d'elle jusqu'au bout, avait déclaré Cathy.

Mais bientôt, Cathy se rendit compte que Dawn vivait plusieurs aventures amoureuses à la fois.

– Elle couche avec d'autres femmes ! Pleurnicha-t-elle au téléphone avec Ken. Tu comprends, elle fait ça pendant que je suis au travail.

C'est dingue, pensait-il. Voilà ma femme entichée d'une bande de lesbiennes complètement folles. Il n'en revenait pas.

Ken n'avait pas compris combien Cathy était fragilisée par la trahison de Dawn, jusqu'à cet après-midi où il passa la voir chez elle.

Quand il monta les quelques marches du perron, il la vit dans l'encadrement de la porte d'entrée, encore en chemise de nuit. Son regard était vide et fixé au loin, sur un point imaginaire.

– Il y avait des morts partout.

De quoi parlait-elle ?

– Cath, qu'est-ce que tu racontes ? Tu es en train de rêver ou quoi ?

– Non, quand je me suis réveillée, il y avait des morts debout tout autour de mon lit.

Son visage reflétait la même expression hagarde que Ken avait déjà remarquée quand elle lui avait raconté l'histoire de cette voix, dans les bois, près de la rivière.

Mon Dieu, elle est en plein délire ! Elle perd la boule. Et si c'était une prémonition ?

Cathy croyait aux prémonitions.

17

La pièce de vingt-cinq cents roula le long du nez de Dawn, rebondit sur la table et atterrit dans la tasse. Tout le monde applaudit.

– Où as-tu appris ça ? Demanda quelqu'un.

Dawn attendit que le calme soit revenu, promena son regard sur l'assemblée. Elles étaient assises autour de la table basse, chez Fran Shadden. Gwen était installée dans un grand fauteuil et Cathy de l'autre côté, sur le canapé, Fran en face d'elle.

– A toi, Gwen ! Fit Dawn.

Gwen laissa sa cigarette au bord du cendrier, se versa un Jack Daniel's et l'avala cul sec.

Celle qui, comme Dawn, réussissait à faire sauter la pièce dans la tasse offrait à boire à qui elle voulait. Cathy et Fran buvaient de la bière, Dawn et Gwen du whisky.

Une autre pièce atterrit dans la tasse.

– Suuupeeeeer ! Fit Cathy, vraiment contente d'avoir réussi.

– Gwen, dit-elle en la regardant.

Gwen avala une autre rasade.

– Les gens me choisissent toujours, se plaignit Gwen. Peut-être que je suis drôle quand je suis soûle…

On était un jeudi soir, début septembre. Le jeu avait débuté assez tôt dans la soirée et quand approcha mi-nuit, les trois aides-soignantes ne voulurent pas en rester là.

Fran, elle, trouvait le jeu un peu fatigant. Elle se sentait trop vieille pour ce genre d'amusements. Et puis, elle n'aimait guère Cathy Wood. Elle était sûre que ce visage angélique cachait quelque chose, et elle confia en aparté cette impression à sa compagne.

– Elle est bidon, Gwen. Il faut s'en méfier.

Gwen scrutait le visage de Cathy, du fond de son fauteuil. Elle ne partageait pas cet avis. Plus tard, elle devait s'excuser auprès de Dawn.

– Comment ai-je pu te dire de pareilles horreurs au sujet de Cathy ? Elle, trop grosse ! Je vois bien à présent ce que tu lui trouves, elle est très jolie !

Vers 11 heures du soir, Cathy et Dawn se mirent à la recherche d'une excuse en or : elles étaient de service de nuit à Alpine, et ni l'une ni l'autre ne voulaient y aller.

Cathy imagina le bobard qu'elle allait téléphoner à la surveillante de l'équipe de nuit : elle appelait de Howard City, à cinquante kilomètres au nord, elles étaient coincées par des inondations dans le parc national de la Muskegon River, près du barrage Croton.

La nature, complice, semblait obéir au scénario de Cathy. Depuis deux jours, une forte dépression venue du sud-ouest traversait le pays et le baromètre avait dégringolé jusqu'au niveau le plus bas, celui des ouragans.

Il allait tomber quinze centimètres d'eau, cette nuit-là. Michigan Avenue était impraticable, les égouts débordaient.

Pendant qu'elles continuaient à jouer et à boire, la tempête avait forci et des éclairs de plus en plus nombreux striaient le ciel au-dessus de la ville, éclairant çà et là les eaux tumultueuses de la Grand River.

Plus haut vers le nord, le fleuve avait gonflé et le courant devenait menaçant. Quelques troncs d'arbres, arrachés à la rive en amont, dévalaient le flot tumultueux, là où Gwen Graham avait imaginé des cadavres flottant dans le lit de la rivière.

Mais la tempête ne lui laissa aucun souvenir. Une fois de plus, avec le Jack Daniel's, elle avait sombré dans l'inconscience.

18

Angie Brozak prêtait une oreille attentive à ce que lui disait Cathy. Elle en connaissait déjà le contenu mais l'information venait de la bouche même de Cathy, et c'était un privilège.

– Devine ? Lui dit Cathy. Dawn s'est fait virer !

En réalité, la surveillante l'avait trouvée dans Camelot, titubante, se retenant avec difficulté à la rampe du couloir. Complètement ivre.

Oui, et c'est vraiment dommage, pensa Angie. Dawn n'était pas une mauvaise fille, elle avait son lot de problèmes, voilà tout.

– Eh bien, moi, je ne vais pas continuer à nourrir une ivrogne, soupira Cathy. Je vais la virer de chez moi aussi.

Angie se demanda ce qu'aurait fait la Cathy Wood d'avant, celle sur qui elle pouvait compter. Son amie. Elle avait changé du tout au tout en quelques semaines. C'était incroyable ! Plus rien ne subsistait de la jeune femme timide qui prenait son service de nuit, l'été dernier, s'asseyant à l'écart dans la salle de garde pour ne déranger personne. Maintenant, c'était elle le chef. Il n'y avait pas si longtemps, les deux jeunes femmes et leurs maris avaient l'habitude de jouer aux cartes ensemble. A présent, Cathy racontait des horreurs sur Ken – comment il l'obligeait à faire le ménage toute nue, par exemple.

Cathy l'avait réconfortée lorsqu'elle avait été opérée d'un cancer du sein. C'était elle qui l'attendait à sa sortie de l'hôpital, et non pas son propre mari.

Elle lui avait trouvé le joli surnom de Bonbon, mais Angie ne le supportait pas. Cathy avait des projets extravagants en tête, dans lesquels elle incluait toujours Angie. Elle lui parlait de ce qu'elles feraient ensemble, après son diplôme de gestion. Rien de précis, mais elles feraient certainement fortune.

– Bonbon, tu seras ma secrétaire, ajoutait-elle.

Tout bascula avec l'arrivée de Wendell dans le service. C'était un jeune homme très attentionné, cultivé et homosexuel. Il avait un sens de la dérision assez prononcé et Cathy et lui s'entendirent presque tout de suite comme larrons en foire.

Un soir, il emmena Cathy et Angie au *Carousel*. Angie revint enchantée et ravie de la gentillesse des homos.

– C'est super, avec eux au moins, tu es libre de t'habiller et de te comporter comme tu veux.

A trente-cinq ans, elle n'avait jamais rencontré d'homosexuels, et sa vie avait consisté essentiellement à éduquer ses quatre enfants dans une petite ville au nord de Grand Rapids. Son mari lui ayant suggéré de reprendre une activité, elle sauta sur l'occasion. Il fallait chasser l'ennui et tous ces kilos en trop.

Angie devint très vite une habituée des lieux. Cathy invitait beaucoup d'autres amies et leur trouvait des excuses pour leurs maris.

Le *Carousel* était un bar de nuit avec une piste de danse et un DJ. La clientèle était variée. Certains homos, hommes ou femmes, venaient habillés en punks ou vêtus de cuir des pieds à la tête. Il y avait aussi des hommes très raffinés et élégants.

Angie trouvait le coin amusant et s'y plaisait. Personne ne lui demandait combien d'enfants elle avait, ou ce que faisait son mari. Dans les autres bars, elle se sentait mal à l'aise, agressée.

– Délirant ou réac, tout le monde s'amusait au *Carousel*, confia-t-elle plus tard à une amie.

Angie aimait bien Wendell, son esprit délié et sensible. Sa culture artistique était très étendue, et il était grand amateur d'opéra et de musique classique. Elle aussi adorait ce genre de musique quand il en passait à la radio. L'art lyrique était aussi le seul domaine où de grosses femmes étaient reconnues sur la scène internationale.

Wendell lui envoya une invitation pour un concert organisé à Grand Rapids. Elle lui répondit qu'elle serait enchantée d'y aller. Peu de temps après, Cathy vint la trouver au travail. Elle était malade de rage.

– Ton mari ne te suffit pas ? Tu dois aussi te taper mes amis !

– Cathy, ce n'est pas ça du tout !

– Et Wendell, hein ? Tu ne te l'es pas tapé ?

– Mais enfin, Cathy, je n'ai fait que lui parler. Nous aimons beaucoup l'opéra, c'est tout.

Et puis il est homosexuel, songea-t-elle. Cathy est pourtant mon amie. Qu'est-ce qui se passe ?

Cathy partit fâchée. Ce n'était que le début de son changement de comportement. Au *Carousel*, elle se mit à boire comme un trou. Elle insultait les gens et tenait des propos vulgaires au bar. Elle tirait sur les cigarettes des autres et buvait cocktail sur cocktail, sans que cela lui fasse aucun effet.

Un soir, alors qu'Angie lui avait demandé de la rejoindre sur la piste de danse, Cathy s'approcha du parquet, elle trébucha et se fit mal à un orteil. Elle fit demi-tour et retourna s'asseoir. N'importe qui en serait resté là, mais elle, elle voulut se venger sur Angie et l'accusa.

– Tu m'as fait ça devant tout le monde, c'est ta faute. C'est toi qui m'as invitée à danser.

Au travail, ses relations avec ses collègues se détériorèrent, elle devint agressive et mesquine. Un jour, une aide-soignante appuya sur le klaxon de la voiture de Cathy alors qu'elle quittait le parking. Quelque chose se coinça dans le mécanisme et le klaxon musical retentit tout le long du trajet. Emportée par la fureur, elle n'adressa plus un mot à cette fille et fit circuler des bruits sur elle dans tout le service.

Un soir, elle décida de révéler à Bonbon la nature de sa relation avec Dawn :

– Tu vas me détester !

– Pourquoi ça ?

– Je sors avec quelqu'un mais quand tu sauras qui, tu vas me juger.

– Dis-moi qui c'est !

Cathy laissa Angie deviner pendant dix minutes et quand son amie eut énuméré tous les hommes du service, elle finit par lui avouer que c'était Dawn.

– Oh ! je sais, tu vas me détester et ne plus jamais m'adresser la parole.

Elle boudait, comme Shirley Temple au cinéma.

– Cathy, je ne peux pas détester une personne sous prétexte qu'elle est homosexuelle.

Cathy se mit alors à la supplier :

– Ne tombe pas amoureuse de moi ! Je t'en prie.

– Ne t'inquiète pas, voyons !

– Tout ce dont j'ai besoin, c'est d'une amie, de quelqu'un qui surtout ne tombe pas amoureux de moi.

Angie la regarda droit dans les yeux.

– Ecoute, Cathy, ne t'inquiète pas, tu n'es pas mon genre.

Et cela n'avait rien à voir avec les préférences sexuelles. Cathy devenait de plus en plus bizarre et soupçonneuse. C'était après le départ de son mari, on venait de plus en plus boire et faire la fête chez elle plutôt qu'au *Carousel*.

Un soir, Angie, trop fatiguée pour rentrer chez elle, resta dormir sur le canapé de la maison d'Effie. Cathy était partie travailler. Le lendemain, elle appela Angie chez elle et l'accusa d'avoir couché avec Dawn pendant son absence. Angie se rendit sur-le-champ chez Cathy et réveilla Dawn.

– Dawn ! Allons ! Dis si j'ai dormi avec toi !

Dawn ouvrit un œil, les regarda toutes les deux et grommela :

– Ça va pas, merde ! Jamais de la vie !

Cathy s'excusa, prétendant que quelqu'un lui avait dit ça. Le lendemain, pourtant, elle ne put s'empêcher de colporter ce ragot dans tout l'établissement : « Non seulement elle a dormi chez moi mais en plus elle a couché avec mon amie. »

Plusieurs collègues d'Angie lui battirent froid.

– Comment as-tu pu faire ça à cette pauvre Cathy, Angie, c'est ton amie !

Elle protesta, nia les accusations.

Et elle se mit à se méfier de Cathy ; d'où sortait-elle toutes ces histoires ? Elle se mit à lui mentir plutôt que d'avoir à l'affronter. Il était plus prudent de rester polie avec Cathy Wood. Elle jouit de la souffrance des autres, songea-t-elle.

Vers la fin septembre, Cathy mit Angie au courant de

ses nouveaux plans : elle voulait laisser tomber Dawn et trouver quelqu'un d'autre pour partager la maison. Quelqu'un avec qui elle aurait juste une relation platonique, dit-elle à Angie.

– Bonbon, regarde Gwen, elle n'est pas bien chez Fran...

Angie aimait beaucoup Gwen, comme tout le personnel, d'ailleurs. Elle était consciencieuse et parlait avec un superaccent texan. Sur le plan professionnel, elle était parfaite. Angie, qui travaillait la nuit, prenait son service après Gwen et s'occupait souvent des mêmes malades. Jamais elle n'avait eu à émettre la moindre critique. Ils étaient toujours impeccablement soignés.

– C'est vraiment un plaisir de travailler avec toi, lui avait-elle dit une fois.

Elle ne pouvait en dire autant de Cathy. L'influence de sa vie privée sur son travail était désastreuse. Elle rabrouait les patients et ne prêtait pas toujours attention à leurs besoins.

Une nuit, Angie prit Gwen à part et lui confia ses impressions. Elle avait vu comment Cathy s'y était prise pour faire tourner Dawn en bourrique. Et cette chaîne qu'elle portait au nez... Ça disait bien ce que ça voulait dire, non ?

– Gwen, ne te laisse pas embarquer dans une histoire avec elle, lui dit-elle. Cathy profite des autres, tu sais.

Mue par une sorte d'intuition, elle lui donna encore un autre conseil :

– Si jamais elle se décide à te garder, elle ne te laissera jamais partir.

19

Ladonna Sterns avait écrit ce poème :

Tes yeux, j'en suis sûre, contiennent un poison mortel.
Depuis l'instant où nos regards se sont croisés
Je sais que je pourrais mourir d'amour pour toi.

Elle l'avait montré à Cathy qui avait prétendu n'y rien comprendre. Mais Ladonna savait que Cathy se doutait des sentiments qu'elle lui vouait. Un seul signe de sa part, et Ladonna lui appartiendrait.

En se rendant chez Cathy ce jour-là, elle se sentait un peu bête. Ne suis-je pas en train de me faire manipuler comme un pantin ? Cathy me sonne, et moi j'accours, pensait-elle au volant de sa voiture.

Elle savait qu'elle n'était pas la seule à briguer les faveurs de Cathy. Il y avait au moins une demi-douzaine de filles qui se retrouvaient chez elle pour boire, fumer des joints et écouter de la musique. Parfois Cathy ne les rejoignait même pas, et restait dans sa chambre, à discuter avec Dawn ou une autre. On se serait cru dans une salle d'attente.

– Ladonna, viens, je suis avec Dawn, disait Cathy. Je voudrais te parler.

Ladonna ignorait pourquoi elle lui obéissait au doigt et à l'œil. Mais tout ce qu'elle savait, c'était que derrière les grands yeux tristes de Cathy, il y avait quelque chose.

Elle essayait de deviner ses pensées : *Je suis énorme et moche. Mon mari ne m'aime plus et ne me fait plus l'amour. Il regarde les autres filles. Et maintenant, c'est au tour de Dawn de ne plus m'aimer. Elle me bat, elle boit... Qu'est-ce que je vais devenir ?*

Et elle était persuadée qu'au fond de ses propres yeux Cathy pouvait lire : *La seule chose que je désire au monde c'est de te tenir dans mes bras et de te caresser. Je voudrais tant te dire que tu es jolie. Ton mari est aveugle pour ne pas voir tes trésors cachés. Dawn aussi est aveugle et tu ne peux pas compter sur elle. Tu es seule et je suis malheureuse. Tu peux me faire confiance, plus jamais tu ne seras triste avec moi.*

Jusqu'à présent Cathy n'avait fait qu'exploiter ce sentiment chez les autres. Elle fondit en larmes quand Ladonna lui avoua ses sentiments pour elle :

– Pourquoi ne m'as-tu rien dit ? ... Pourquoi m'as-tu laissée sortir avec Dawn ? Sanglotait-elle.

Quelque temps après, à Alpine, elle prit Ladonna à part et toutes deux se retrouvèrent face à face dans une pièce vide.

– Tu ne m'embrasses pas ?

Elle l'emmena au cinéma, l'invita chez elle à plusieurs reprises. Seulement, quand elle arrivait, Cathy était rarement là.

Puis elle se mit à dresser Dawn contre Ladonna, prétendant que celle-ci la harcelait. Un soir, Dawn appela sa rivale et lui demanda de venir immédiatement à la maison. Quand elle arriva, Cathy dormait, et Dawn avait le visage décomposé.

– Je vais te casser la gueule, si tu ne laisses pas Cathy tranquille, dit-elle. Tu m'entends, arrête de l'appeler, nom de Dieu !

Ladonna protesta, dit que ce n'était pas elle qui appelait. Finalement, au lieu de se battre, elles se retrouvèrent dans le même lit.

C'était la valse des couples, tout le monde couchait avec tout le monde et Cathy orchestrait les choses. Elle aimait jouer les entremetteuses. Les nuits au *Carousel* étaient folles. Cathy retrouvait Ladonna dans les toilettes et la pelotait. A l'extérieur de la boîte, Dawn en draguait une autre, tandis que Cathy entraînait Ladonna par le bras et lui présentait des partenaires dans la foule. Les fêtes étaient toujours copieusement arrosées. Ladonna commençait à perdre les pédales et sa double vie lui échappait. Elle était mariée depuis quatorze ans et avait cinq enfants. Pourtant, elle était lesbienne depuis des années.

L'ambiance frisait la folie. Elle se demandait souvent si Cathy ne manigançait pas tout ça pour son seul plaisir. Elle l'entendait manipuler son mari au téléphone, en présence de ses amies.

– Qu'est-ce que tu fais ce soir, Ken ? Susurrait-elle.

En raccrochant le téléphone, elle lançait fièrement à la cantonade :

– Eh bien, *moi*, je vais dîner avec *mon* mari, et puis nous irons au cinéma.

Ladonna savait que Cathy pouvait se montrer très cruelle. Elle la menaça un jour de dire à tous les gens d'Alpine qu'elle était lesbienne.

– Pourquoi veux-tu me faire ça, à moi ? Demanda Ladonna.

– Pour que tu me laisses tranquille.

Ladonna resta perplexe. C'était tout de même Cathy qui, sans cesse, lui faisait des avances. Alors elle la devança et paya une aide-soignante pour qu'elle se charge de répandre la rumeur, pendant le service de nuit.

– Ladonna Sterns est lesbienne… Ladonna Sterns est lesbienne…

Tout le monde lui avait dit : « Elle joue de tes sentiments, elle se sert de toi. Elle te tient pour voir ce qu'elle peut t'obliger à faire. »

Tes yeux, j'en suis sûre, contiennent un poison mortel…

Ladonna arriva chez Cathy. Elles s'installèrent au salon. Ladonna savait que Dawn faisait partie du passé et que Cathy avait jeté son dévolu sur Gwen. C'était là sa dernière chance d'avouer ses sentiments à Cathy. Et puis, elle s'imaginait être la seule à pouvoir soulager Cathy de son fardeau, à l'empêcher de jouer ce jeu vicieux.

Cathy la regardait, l'air circonspect.

Ladonna sentait que Cathy avait deviné le but de sa visite et qu'elle allait dire des bêtises. Je me jette à l'eau, tant pis, pensa-t-elle. Toutes les platitudes des romans de pacotille qu'elle dévorait lui revenaient en mémoire. Elle devait déclarer sa flamme maintenant ou jamais.

– Cathy, je te veux. Je veux t'aimer toute ma vie. Toute ma vie et encore plus.

Quand elle quitta la maison de Cathy ce jour-là, Ladonna avait le cœur brisé.

20

Par la fenêtre de la chambre, elles regardèrent Dawn et Fran qui partaient chercher de la bière à l'épicerie du coin. Cathy et Gwen s'embrassèrent.

Cathy s'était confiée à Gwen à la cafétéria d'Alpine, et lui avait raconté ses malheurs avec Dawn. Gwen, suivant son naturel dévoué, se prit d'abord de pitié pour elle.

– Il se peut que Cathy fasse partie de ces femmes tentées par une simple expérience homosexuelle, confia-t-elle à une amie plus tard. Elle a peut-être pris conscience qu'elle était allée trop loin en se débarrassant de son mari et de sa fille.

Gwen avait donné, à sa demande, quelques conseils à Cathy ; elle recherchait l'aide d'une femme expérimentée en matière de relations féminines.

– J'ignorais ce qui n'allait pas chez elle, se rappela-t-elle quelque temps plus tard. Elle avait l'air si malheureuse avec Dawn, et visiblement ne savait plus comment s'en sortir.

Dans un premier temps, les deux jeunes femmes conclurent un accord sur le partage des frais. Cathy avait convaincu Gwen que la vie était bon marché à Effie. Elle se vantait même de ne jamais payer ses loyers à sa mère. Elles n'auraient à partager que des factures courantes. Gwen pourrait ainsi payer ses études au Davenport College. Cathy, cultivée et intelligente, lui serait d'une aide précieuse.

C'est à Alpine, un dimanche, que les deux femmes échangèrent leur premier baiser. Le lendemain, lundi 28 septembre, Gwen rassembla ses affaires, bourra le coffre de sa Coccinelle orange et emménagea dans la petite maison d'Effie.

Au début de leur cohabitation, elles ne se voyaient pas beaucoup. Cathy était du troisième service, et Gwen du deuxième.

Elles aimaient se retrouver et jouer au backgammon. L'une proposait des gages, les tâches ménagères, par exemple. La perdante devait faire la vaisselle toute la semaine, ou la lessive. Gwen perdait souvent.

– C'est bien ma veine, je déteste faire la lessive, se plaignit-elle une fois. Et me voilà avec trois mois de gages ! J'ai vraiment perdu cette fois-ci !

A la suite d'un pari, Cathy dut tondre la pelouse. Mais comme il faisait chaud, elle suait et soufflait. Gwen eut pitié d'elle et proposa de le faire à sa place.

– Tu es si gentiiiille, dit Cathy.

Les paris devenaient stupides, surtout quand elles avaient bu. Un soir, Gwen dut se mettre toute nue dehors et faire des pirouettes sous un lampadaire.

Elles préféraient écouter de la musique plutôt que de regarder la télévision. Pourtant, Gwen aimait bien les dessins animés, mais il lui fallait fumer de l'herbe en même temps. Cathy passait le plus clair de ses loisirs à côté de sa chaîne stéréo. Elle commandait des vieux quarante-cinq tours chez le disquaire du quartier et les classait avec soin. Son tube préféré était *Hold me, Thrill me, Kiss me* de Mel Carter. *Make me tell you, I'm in love with you*, continuait la chanson. Elle pouvait la passer pendant des heures.

Elles avaient de longues conversations sur leur passé, se confiaient leurs secrets. Gwen parlait de son enfance à la ferme au Texas, et des brûlures de cigarette sur ses bras. Cathy racontait son mariage avec Ken.

– Mon Dieu, il te traitait comme une enfant ! Avait conclu Gwen.

– Ken m'achetait tous mes vêtements !

Gwen ne lui connaissait que les trois pantalons en tissu synthétique qu'elle mettait pour le travail, trois chemisiers et deux ou trois vieux sweat-shirts.

– Allez, on va faire des courses ! Suggéra-t-elle.

Cathy se mit à pleurer.

– C'est impossible. Il n'y a rien à ma taille.

Gwen se renseigna auprès d'une autre aide-soignante obèse et obtint l'adresse de magasins spécialisés dans les grandes tailles. Elle réussit à entraîner Cathy dans une galerie marchande où se trouvait un magasin appelé *The Fashion Big Plus*.

– Allons, entrons ! On va voir si tu ne trouves rien !

Cathy lui décocha un regard furieux et refusa tout net de pénétrer dans le magasin.

Quelques jours plus tard, elle changea d'avis, et se retrouva dans la cabine d'essayage. Gwen lui proposait des vêtements par-dessus le paravent. Cathy abandonna son vieux jean délavé et choisit des pantalons à la mode et des chemisiers en fibres naturelles. Elle se trouva même une ample veste noire, avec deux perroquets de couleurs vives imprimés dans le dos.

– J'ai parfois regretté de lui avoir mis cette lubie dans la tête, dit Gwen quelque temps après. Cathy avait pris la folie des fringues, c'était bien, mais ça revenait cher !

Gwen adorait sa vivacité d'esprit. Elle n'avait jamais vécu avec une femme aussi intelligente. Cathy pouvait saisir la complexité de certaines choses qui lui échappaient. Pour discuter des rapports humains, elle savait utiliser les termes psychologiques appropriés. Elle faisait des commentaires sur l'économie, et lisait même la rubrique financière dans le journal.

– Je n'ai pas fait d'études de commerce pour rien !

– Elle était vraiment brillante, se rappela Gwen par la suite.

Enfin, Cathy avait le don de ravir Gwen avec des petits riens, comme ces billets doux qu'elle trouvait sur son chariot : *Viens me retrouver !* Etc.

Gwen croyait bien connaître Cathy, mais celle-ci la surprenait encore pour certains gestes de la vie quotidienne.

Le poids de Cathy restait pour elle un mystère complet. Elles faisaient rarement la cuisine et Cathy ne mangeait presque rien. Dans le réfrigérateur, s'empilaient surtout des packs de bière. Quand elle ne sautait pas les repas, Cathy se contentait de hamburgers. Tous les jeudis, néanmoins, elles allaient dans un restaurant qui proposait des buffets froids à la suédoise.

Gwen évitait de parler de poids car elle se souvenait de son propre problème thyroïdien. Elle savait ce que c'était que d'être grosse. Pour Cathy, il y avait là un véritable problème.

Gwen, avec sa phobie des trous d'évacuation et des

chasses d'eau, avait une peur bleue de la douche de Cathy installée au sous-sol.

– Cathy, je t'en prie, viens prendre ta douche avec moi ! Suppliait-elle. J'ai l'impression que je vais être engloutie, avalée.

Cathy n'était pas rassurée non plus au sous-sol. Elle fut d'accord, à une condition : que Gwen regarde vers le mur le temps de la douche.

– Je ne veux pas que tu me voies toute nue.

Plusieurs jours durant, Gwen obéit sans broncher. Elle se plaisait à écouter le bruit de l'eau ruisselant sur le corps de Cathy. La peur n'existait plus, la toilette était un moment d'érotisme. Gwen sentait le désir l'envahir. Un jour, en sortant de la douche, elle l'embrassa et de la paume de sa main lui effleura les seins.

Cathy resta pudique et sur ses gardes.

– Arrête ! Je ne peux rien faire si je n'ai pas bu.

Gwen se précipita à l'épicerie du quartier et revint avec des bières. Cette nuit-là, pourtant, elles dormirent sagement l'une à côté de l'autre. Cathy était complexée par son physique.

Le lendemain et les jours suivants, elle refusa de céder aux avances de Gwen.

– Non, je ne peux pas me déshabiller, disait-elle. Tu ne m'aimeras pas, après.

Un soir, n'y tenant plus, Gwen s'approcha de Cathy, et d'un mouvement rapide la déshabilla complètement. Cette nuit-là, elles connurent ensemble l'ivresse de l'orgasme.

Après cela, la nudité ne posa plus de problème. Dans les rapports sexuels, Cathy avait toujours le rôle passif et Gwen, elle, prenait son plaisir à lui en donner.

– Il y a celles qui aiment le faire et celles qui aiment recevoir, disait Gwen.

Son dos fut bientôt labouré de griffures. Les marques de suçons étaient nombreuses mais cela ne les gênait pas. A Alpine, on leur posait des questions, et plusieurs aides-soignantes savaient que Gwen et Cathy étaient ensemble.

Cathy lui avait trouvé le surnom de Bunny Foo Foo, mais dans l'intimité, elle préférait l'appeler « Beauté ».

21

Cathy poussa Angie Brozak dans la pièce vide et claqua la porte derrière elle.

– Comment oses-tu ? (Elle était ivre de rage.) Comment as-tu pu coucher avec Gwen ?

La colère avait assombri son regard.

Angie tremblait à l'idée qu'elle puisse lui administrer une raclée. Elle va me battre, ici, en plein milieu du service ! Pensa-t-elle.

– Mais enfin, Cathy, vous êtes juste copines, tu m'avais dit que vous partagiez la maison, c'est tout.

Elle se souvenait de sa rencontre avec Gwen. Effectivement, elle avait couché avec elle, un soir. Mais c'était Cathy qui les avait présentées l'une à l'autre au *Carousel*. Elle était soûle et excitée à l'idée de sa première aventure homosexuelle. Cathy lui murmurait à l'oreille des paroles d'encouragement :

– Vas-y, allez, Angie. Gwen t'aime bien. Mais si, elle te trouve jolie !

Elles avaient couché ensemble chez Cathy, mais c'était avant que Gwen n'emménage dans la maison.

Le lendemain, Cathy lui avait dit :

– Je ne sais pas ce que tu lui as fait, mais elle voudrait que tu quittes ton mari. Elle essaie de trouver une solution pour pouvoir entretenir les quatre mômes quand tu viendras habiter avec elle.

Angie ne se souvenait pas que Gwen ait prononcé de telles paroles. C'était stupide. Elle avait passé un moment agréable mais ne souhaitait nullement prolonger la relation.

Quelques semaines plus tard, elles se retrouvèrent encore dans le même lit, toujours chez Cathy.

– Gwen et moi sommes juste des amies, disait Cathy à qui voulait l'entendre.

Mais pour le moment, elle ne voulait pas le savoir.

– Tu as eu Wendell, tu as eu Dawn, et maintenant c'est au tour de Gwen !

Angie se raidit, se préparant aux coups.

Cathy respirait difficilement, étouffée par la colère, puis elle tourna les talons et quitta la pièce.

Angie resta immobile et tremblante pendant quelques minutes. Est-ce qu'elle est sincère ? Se demanda-t-elle. Mais enfin, je n'ai rien fait de mal ! Elle se résolut alors à garder ses distances avec les deux femmes. La situation n'allait pas aller en s'améliorant, de toute façon, qu'elle y soit mêlée ou pas. A trente-quatre ans, Angie pensait qu'elle avait un assez bon jugement sur les gens et les rapports de séduction.

Gwen aimait coucher à droite et à gauche. C'était clair.

22

J'ai sans doute beaucoup menti,
et j'ai peut-être joué plus d'un tour…
Cathy Wood, le 24 octobre 1990

Tony Kubiak, un ancien aide-soignant d'Alpine, buvait tranquillement une limonade dans son appartement de

Grand Rapids et racontait à un invité l'ambiance qui régnait chez Cathy Wood et Gwen Graham quand il avait emménagé.

– A cette époque-là, j'avais des problèmes avec la personne qui partageait mon appartement, aussi ai-je habité dans cette maison pendant deux semaines, le temps que l'appartement soit prêt. On peut dire que c'était mouvementé. Je voyais Cathy le moins possible. En fait, je les avais rencontrées à Alpine. C'est mon ami Paul Lopez qui m'avait trouvé le boulot, et Angie était une de mes amies. Elle m'a présenté Ladonna, et puis Cathy est arrivée sur ces entrefaites. Alors on est sortis au *Carousel* tous ensemble. D'autres personnes s'étaient jointes à nous. Voilà comment Alpine a été surnommé « le Gay Manor ». On y allait même en tenue de travail. On peut dire qu'un bon tiers de la troisième équipe était homo.

» Chez Cathy, c'était dingue : il y avait des filles qui se caressaient dehors et faisaient l'amour en pleine rue ! Vraiment, j'ai du mal à comprendre ça. Quand je rencontre un ami, je peux le serrer dans mes bras ou l'embrasser, mais de là à perdre tout contrôle ! Qu'il fasse noir ou pas, on ne fait pas ça. Les adolescents, peut-être. Elles étaient toutes un peu immatures, d'ailleurs. Les suçons, tout ça… Vraiment, une ambiance très bizarre…

» Imaginez le bruit, le tapage nocturne. Elles se battaient en pleine nuit. Cathy était toujours mêlée aux histoires d'une façon ou d'une autre. Soit Dawn lui avait caché quelque chose, soit Cathy l'avait eue. Enfin, le plus souvent c'était quelqu'un qui lui avait causé du tort. Elle avait une forte personnalité. Gwen était plus passive.

» Un soir, Angie avait couché avec Gwen et Cathy l'avait appris. J'ai assisté à la scène. Cathy était interloquée et se demandait comment Gwen avait pu lui faire ça. Elle prenait cet air de chien battu qui faisait craquer Gwen. C'était sa façon de la culpabiliser. En fait, c'était agressif. Certaines personnes le sentent, d'autres pas.

» Tout d'un coup, elle s'est transformée en furie. Gwen a essayé de l'éviter mais Cathy l'avait déjà attrapée par les cheveux et la tirait dans sa chambre. On entendit des insultes, des gifles, des cris. Cathy eut le dessus. Le lendemain, j'ai regardé dans la pièce et j'ai vu un trou de trente centimètres de diamètre dans le mur.

» On peut dire qu'elle était très possessive. Elle ne supportait même pas que je parle avec Gwen. Moi ! En fait, c'était pour ça qu'elle ne m'aimait pas. Moi, je suis monogame, je déteste les histoires compliquées entre les gens. Qu'on soit gay ou pas, ce genre de relations ne marche pas. Avec Cathy, la vie ressemblait à un roman-feuilleton.

» Angie et Ladonna ont divorcé pendant qu'elles étaient à Alpine. C'est Cathy qui les y a poussées. Une fois séparée de Ken, elle s'est mise à rabaisser leurs maris à leurs propres yeux pour se rapprocher d'elles. Quel mal y avait-il à faire ça entre femmes ?

» Pour moi, c'est mal si les deux femmes sont mariées. Cathy semait la zizanie comme personne. Elle traitait le mari d'Angie de tous les noms, puis n'hésitait pas à aller lui raconter des tas de trucs sur Angie. Oui, elle dépassait les bornes, juste pour s'assurer que les choses évoluaient comme elle le voulait. Elle était folle mais vraiment intelligente. C'est ce qu'on dit généralement dans ces cas-là : une frontière fragile entre le génie et la folie…

» Avant que je ne parte, elle m'a accusé de lui avoir cassé un quarante-cinq tours. Je n'y étais pour rien mais elle disait que je le lui *devais*. Elle en a fait tout un plat.

N'importe qui aurait pu le casser, il y avait tellement de passage dans cette maison. Il était temps que je parte. Deux jours après cet incident, c'était fait. Juste après, j'ai fait la rencontre de Jesse, le frère de Ladonna, qui travaillait aussi à Alpine. Cathy voulut se mêler de nos histoires. Elle essaya par tous les moyens de nous séparer, en racontant que Jesse n'éprouvait rien pour moi. Après, elle alla raconter à Jesse que je n'étais pas un homme pour lui.

» Tout ce qu'elle faisait était inspiré par la jalousie. Quelque chose n'allait pas dans sa vie, donc tout le monde devait trinquer. Cathy Wood ne voulait pas que les autres mènent leur vie comme ils l'entendaient.

» Heureusement, cette fois-là, cela n'avait rien à voir avec nous. Cathy n'était ni mon amie, ni celle de Jesse. Jesse, lui, était assez naïf et ces histoires pouvaient le perturber. Moi, je résistais et je finis par lui dire de ne pas se mêler de nos affaires.

» Plus tard, j'ai découvert qu'elle tenait à jour une liste de toutes les personnes sur lesquelles elle avait une revanche à prendre. Mon nom y était, ainsi que celui d'Angie. Je me suis toujours demandé ce que je lui avais fait pour qu'elle me déteste autant !

» Au travail, je commençais à me méfier, à regarder derrière moi. Ce qui m'étonnait, c'était l'ingéniosité avec laquelle elle dressait les gens les uns contre les autres. Comment quelqu'un pouvait dominer autrui à ce point ? En décembre, on a quitté Alpine et on a commencé à travailler pour une agence d'intérim spécialisée dans le paramédical. Ils payaient le double d'Alpine. Et puis on était libérés de cette tension que Cathy avait créée entre nous. C'est une des raisons pour lesquelles nous avons quitté l'établissement. Pour commencer une nouvelle vie ensemble, il valait mieux être loin de tout ça.

23

Moins d'un mois après son embauche à Alpine, Gwen avait vu mourir son premier malade. Une pensionnaire qui s'appelait Helen et qui succomba à une pneumonie.

– Je ne pouvais pas la voir, se rappela-t-elle plus tard. Je la détestais ; elle n'arrêtait pas de se plaindre.

Vers la fin, une aide-soignante resta à son chevet. Elle passa plus de quatre heures à la veiller, à lui parler, en lui tenant la main quand elle perdait ou reprenait connaissance.

Cette aide-soignante n'était autre que Gwen Graham.

Quand Helen rendit son dernier soupir, Gwen se précipita en larmes dans la salle de bains. Là, une autre aide-soignante la réconforta. Elles n'avaient pas encore été présentées. Elle s'appelait Cathy Wood.

A l'époque, personne ne connaissait Gwen au point de relever la contradiction : nul ne s'étonna qu'elle soit effondrée par la mort d'une malade qu'elle détestait.

Vers la mi-octobre, Gwen s'était endurcie et supportait mieux les décès qui survenaient à Alpine Manor. Chaque mois, il mourait entre cinq et dix patients, un peu plus en automne et en hiver, à la saison des grippes. La mort venait parfois subitement.

Le 14 octobre, une malade du nom de June Lindenschmidt était en train de jouer un de ses tours en cachette, dans la salle à manger. Agée de soixante-neuf ans, diabétique, elle devait respecter un régime très strict. Mais elle chipait souvent de la nourriture dans l'assiette de ses voisins. Malgré une amputation, elle était très mobile avec son fauteuil roulant.

Plusieurs aides-soignantes avaient vu la scène. Elle avait chapardé un gâteau, l'avait fourré dans sa bouche et avait quitté la salle précipitamment. Quelques minutes plus tard, on la retrouva inerte dans sa chambre. Elle s'était étouffée en essayant d'avaler le gâteau.

– C'est comme ça qu'elle est morte, j'en suis sûre ! S'écria Gwen. La paille qui était dans son verre, sur la table de chevet, était pleine de miettes, elle a dû vouloir boire un peu.

Gwen et l'aide-soignant nommé Paul Lopez, qui la trouva morte, se virent attribuer la tâche de préparer le corps. Cet aspect-là du travail ne plaisait à personne. Ils devaient nettoyer le cadavre, changer les draps et habiller le défunt avec du linge propre.

Les rites mortuaires étaient très bien définis. Si un malade était sur le point de mourir, on prévenait la famille pour qu'elle puisse l'assister dans ses derniers moments. La famille avait la possibilité de voir le mort avant que le médecin ne signe le certificat de décès.

Le certificat de décès de June Lindenschmidt ne portait pas la mention d'une mort par étouffement. Il fut signé le lendemain de son décès, le 15 octobre, par un médecin de Coopersville qui l'attribua à un arrêt cardiaque et écrivit sur le certificat « mort naturelle ».

A Alpine Manor comme dans les autres centres de soins pour personnes âgées, les corps étaient rarement examinés, contrairement à la pratique répandue dans les hôpitaux. A Alpine, c'était la surveillante générale qui s'occupait de cela. Les médecins, quant à eux, se basaient sur la feuille de surveillance, et signaient souvent les certificats de décès une fois le corps embaumé, voire même parfois après la crémation.

Gwen ne se rappelait pas avoir jamais vu un médecin examiner un corps. Ils se contentaient de l'envoyer dans la chambre mortuaire, et puis, les vieux étaient appelés à mourir, de toute façon.

Les autopsies étaient encore plus rares. Le corps de June ne fut donc pas examiné, malgré la nature du décès.

C'était une pratique connue de tous, y compris de Gwen Graham et de Cathy Wood.

24

Dawn Male ne fut guère surprise en apprenant la liaison de Cathy avec Gwen. Cela ne l'empêcha pas de les retrouver toutes les deux, soit au *Carousel* soit chez elles.

Le dimanche était jour de rangement. Cathy distribuait les tâches. Elles bricolaient dans la maison ou lavaient leurs voitures.

Quelquefois, elles partaient toutes les trois pour une virée en voiture. Ces balades dans Grand Rapids étaient l'occasion de boire et de voler ce qu'elles trouvaient à leur goût. Un jour, elles avisèrent des outils de jardinage – et même une tondeuse à gazon – chez des particuliers et se les approprièrent. Une autre fois, Cathy n'hésita pas à entrer chez des gens en prétendant être la nouvelle voisine, histoire « d'emprunter » une douzaine d'œufs.

Quand elle se retrouvait seule avec Cathy, Dawn avait l'impression que celle-ci essayait de la séduire. Plus tard, elle devait se souvenir de ces moments où Cathy lui laissait entrevoir que leur histoire pourrait reprendre.

– Et après, elle allait raconter à Gwen que je la harcelais !

Dawn avait trouvé un autre boulot et réemménagé chez sa grand-mère. Elle buvait toujours autant.

Gwen et Dawn se soûlaient immodérément, l'alcool coulait à flots et devenait indispensable à leur relation. Quand Cathy était au travail, elles prenaient la Coccinelle, achetaient de quoi boire et s'amusaient à voler des barrières clignotantes de signalisation ou des Caddie de supermarché.

Dès que le Jack Daniel's faisait son effet, la jalousie refaisait surface. Elles perdaient tout contrôle et en venaient aux mains. Cathy était l'enjeu de leurs bagarres, et souvent cela ne se calmait que dehors, au grand air.

Un jour, Dawn attrapa un couteau dans le tiroir de la cuisine, alors qu'elles sortaient par la porte de derrière. Elle immobilisa Gwen à terre, un genou sur son bras, et de sa main libre la menaça avec le couteau.

– Tu pourrais jouer franc jeu, au moins, supplia Gwen.

– Je t'emmerde.

– Cathy ne serait pas très contente, hein ? Dit Gwen. Si tu l'aimes vraiment, range ça, s'il te plaît.

La bagarre s'arrêta aussitôt. Dawn balança le couteau dans le jardin. Gwen lui botta le derrière.

Ladonna pensait qu'il fallait quelqu'un pour arrêter ces bagarres. Elles étaient capables de se blesser sérieusement. Mais personne ne pouvait les raisonner.

– Laisse Cathy tranquille ! Hurlait Gwen.

C'était une nuit fraîche d'automne et elles revenaient du *Carousel*.

– Qu'est-ce que tu peux y faire, hein ? Rétorqua Dawn.

Elles se jetèrent l'une sur l'autre et roulèrent sur le trottoir. Les coups pleuvaient. Cela se passait sous un réverbère, juste en face d'une maison de retraite pour anciens combattants, au bord de la rivière.

De toutes ses forces, Gwen repoussa Dawn qui heurta un parapet en granit. Ladonna entendit le bruit sourd suivi d'un grand éclat de rire.

Elle se retourna et vit Cathy Wood ricaner dans l'ombre. Que Gwen et Dawn se battent pour elle n'était pas pour lui déplaire.

– Il faut les arrêter ! Dit Ladonna.

– Mais non ! Laisse-les.

Ce fut Ladonna qui s'interposa. Elle réussit à les séparer. Dawn saignait du nez.

– T'es drôlement costaud, toi ! Lui dit Cathy.

Ladonna ramena Dawn chez sa grand-mère puis retourna chez Cathy pour récupérer un sweater qu'elle avait oublié. Elle les entendait chuchoter.

– Viens, on va se battre dehors, toi et moi, dit Gwen subitement. Si, toutes nues, allez.

– Ça va pas, non ! Se défendit Cathy d'un ton inquiet.

C'est alors que Ladonna prit peur et décida de les quitter.

25

Le soir d'Halloween, elles arrivèrent toutes les deux avec le même déguisement : Gwen et Dawn étaient habillées avec des chemises de malade et s'étaient également attaché les poignets.

– Vous êtes supeeeer ! Dit Cathy.

– Cathy s'est déguisée en Cathy, dit Gwen plus tard. Dawn espérait toujours renouer avec Cathy et prenait ses désirs pour des réalités.

En novembre pourtant, Cathy et Gwen vivaient pleinement leur histoire d'amour. Il y avait quelque chose de naïf et de charmant dans leur façon d'être. On aurait dit un couple d'adolescents amoureux. Elles allaient au zoo, se promenaient des heures durant dans Riverside Park. Cathy lui avoua qu'elle voulait changer son nom de famille et prendre celui de Graham. Elles faisaient « l'école buissonnière » ensemble. Pour travailler ensemble à Alpine, elles proposaient de doubler leurs heures de travail. Gwen faisait des heures supplémentaires pour aider financièrement Cathy, qui était toujours à court d'argent.

Entre Abbey Lane et Buckingham, ou Camelot et

Dover, circulaient des billets doux, des poèmes et des lettres.

Un soir, Cathy lui écrivit celle-ci :

Ma chérie, je ne voulais pas me séparer de toi ce matin… Et dire qu'avant j'aimais être seule ! Maintenant quand cela m'arrive, j'ai envie de pleurer parce que tu n'es pas là. Je comprends que tu aies besoin de travailler. Je suis désolée de t'avoir mise dans cette situation, avec tous mes problèmes d'argent. J'espère que tu ne me détestes pas pour cela… Quand Dawn était là, j'étais toujours inquiète pour ceci ou cela, enfin je suis toujours comme ça, mais elle, elle ne faisait qu'aggraver la situation… Maintenant, quand je lis l'amour dans tes yeux, je sais que tout ira bien tant que je t'aurai à mes côtés.

Une autre nuit, elle composa pour elle ce poème :

Je suis toujours là
pour te comprendre.
Je suis toujours là
pour rire avec toi.
Je suis toujours là
pour pleurer avec toi.
Je suis toujours là
pour te parler.
Je suis toujours là
pour réfléchir avec toi.
Je suis toujours là
pour faire des projets avec toi
même si la vie
nous sépare peut-être.
Sache que
je serai toujours là
pour t'aimer.

Gwen était déterminée à mettre un terme aux tourments de Cathy. Elle était convaincue que Cathy était victime de ses parents, de son mari et de l'alcoolisme de Dawn. Une nuit, elle lui écrivit cette lettre :

Tu me manques beaucoup... Un de ces jours, je vais te prendre devant tout le monde, dans la salle de repos...

Quand je me suis installée chez toi, je n'étais pas très sûre de ce qui allait se passer entre nous. Quand tu venais me voir avec Dawn, ça me faisait mal, parce que je n'aimais pas sa manière de se comporter avec toi...

Et puis, nous sommes ensemble, maintenant. J'aime ta façon d'être. Tu es belle et je ne sais pas ce que je ferais sans toi. J'aime tout en toi. Tu me mets toujours de bonne humeur. Et je n'ai jamais été aussi heureuse... Je suis amoureuse de toi et rien ne pourra changer cela. Tu resteras toujours celle que j'aime, c'est ce que je souhaite le plus. Je te suivrais n'importe où...

Cathy parlait moins de son passé avec Ken ou avec Dawn et regardait vers l'avenir.

– Un jour, tu vas me quitter, je le sais, dit-elle à Gwen.

Gwen se demandait pourquoi elle était aussi inquiète.

– Mais si, tu vas rencontrer une jolie fille toute mince et tu partiras.

Elles débattirent de l'infidélité.

– Est-ce que tous les homosexuels ont plusieurs partenaires ? Demanda-t-elle à Gwen.

– Mais non, ce n'est pas toujours comme ça.

Gwen lui avoua qu'elle avait toujours eu ce problème et que cela n'avait rien à voir avec Cathy en particulier.

– Au bout d'un moment, je commence à débloquer, je suis comme ça, lui expliqua-t-elle.

Elles se mirent d'accord sur un principe de confiance

mutuelle : si l'une d'entre elles avait envie de coucher avec quelqu'un d'autre, elle devait le dire à sa compagne auparavant.

Les sangles que Gwen avait apportées pour son déguisement d'Halloween servirent pour leurs ébats sexuels. Elles s'attachaient tour à tour aux barreaux du lit au cours d'interminables jeux érotiques. Bientôt, cela devint l'enjeu de paris. Celle qui gagnait au backgammon devait attacher l'autre et celle qui gagnait aux mots croisés devenait maître du jeu sexuel. Cathy utilisait un godemiché, mais parfois aussi d'autres objets.

– Elle me mettait des glaçons dans le vagin et les laissait jusqu'à ce que je la supplie d'arrêter, confia Gwen quelque temps plus tard. Ça faisait mal, oui, au bout de quelques instants, vraiment mal.

– Ça vous plaisait ? Lui demanda-t-on.

– Ouais ! Evidemment.

Leurs relations sexuelles devenaient plus violentes, avec ou sans les sangles. Elles s'étaient mises à sniffer un produit appelé Rush. Du nitrate de butyle qui dilatait les vaisseaux sanguins, provoquait une sorte d'euphorie passagère et faisait bourdonner les tempes. Cathy pinçait et mordait Gwen, qui le lui rendait bien.

– Je ne voulais pas la griffer, dit Gwen plus tard. Elle avait la peau si fine, si belle.

Cathy laissait sur sa compagne des marques plus profondes. Elle aimait lui mettre la sangle ventrale. Elle lui griffait le dos, pendant qu'elle maniait le godemiché de l'autre main.

Un matin, Gwen dormait profondément après une de ces nuits d'excès de Rush, d'amour et d'alcool. Elle sentit une gêne qui n'avait rien à voir avec la gueule de bois. Une douleur lui traversait le dos, entre les omoplates. Elle ouvrit un œil. Juste à côté d'elle, Cathy était en train d'arracher les croûtes à peine formées.

– Bonjour, dit Cathy.

Gwen se retourna pour sauter du lit. Le sang coulait le long de son dos.

26

Tout d'abord, Ken fut soulagé quand Cathy lui apprit que Dawn était partie. Il avait ses espions dans le quartier, qui l'informaient de ce qui se passait. Les nouvelles étaient plus qu'inquiétantes. Il entendait parler de vengeances, de contrôles de police, d'attentats à la pudeur le soir, dans la rue.

– Un soir d'été toutes les fenêtres étaient ouvertes, raconta une voisine un peu curieuse. On entendait de drôles de bruits et je me demandais bien ce que c'était. Mon mari m'a dit : « Mais, chérie, ce sont des femmes qui font l'amour. »

Ken fulminait : ne pouvait-elle pas au moins être discrète ? Tout ce qui l'intéressait, c'était la recherche du plaisir ! ... Et quand il avait encaissé le coup, une autre bouffée de scandale lui parvenait.

Cathy lui avait dit que Gwen, qui sortait avec un aide-soignant appelé Tony Kubiak, partageait la maison avec elle.

Ken rencontra Gwen à l'issue d'une de ces discussions agitées qu'il avait avec Cathy, à propos de Jamie. Il aurait voulu qu'elle lui rende plus souvent visite. Son opinion était que, quelles que soient les mœurs de sa mère, Jamie avait besoin d'elle. Cathy ne facilitait pas les choses. Elle laissait le répondeur branché et inventait des excuses pour se défiler dès qu'il était question de visite. Un jour, il débarqua chez elle après être tombé une nouvelle fois sur son répondeur. Un de ses espions du quartier avait confirmé que la voiture de Cathy était bien dans l'allée.

– Je n'étais pas là, Ken, dit-elle. Je te jure. Gwen, dis-lui que je n'étais pas là.

Il se retourna pour voir Gwen qui rentrait.

– Non, elle n'était pas là, dit Gwen poliment.

Elle gardait la tête baissée et ne leva les yeux qu'une seconde.

Il se dit qu'elle avait l'air bien timide. Elle était très différente de Dawn et de son arrogance. Il était plutôt soulagé de voir que Cathy avait trouvé quelqu'un de correct pour partager son appartement.

Ken vit d'autres signes d'espoir. Cathy continuait de l'appeler et venait lui rendre visite. Elle lui avoua plusieurs fois qu'elle se demandait si elle était vraiment lesbienne. Il pensait qu'elle était un peu paumée et qu'elle lui reviendrait.

Un soir, il rendit visite à Angie Brozak qui habitait à Howard City et demanda conseil à sa vieille amie. L'histoire qu'elle lui raconta lui brisa le cœur.

– Quand elle boit, elle craque souvent, lui dit-elle. Elle dit que personne ne l'aime.

Ken se disait que *lui*, il l'aimait et que, quand elle constaterait l'énormité de ses bêtises, il serait là pour recoller les morceaux. Elle a besoin d'être aidée par des professionnels. Il faut lui montrer le chemin de la raison.

Ces espoirs s'avérèrent plus justifiés encore, après une visite de Cathy, un après-midi de la fin du mois d'octobre, peu après son vingt-huitième anniversaire. Elle avait besoin d'utiliser la machine à laver. Elle se plaignit que sa ceinture était trop large et que plus rien ne lui allait. Il fallait qu'elle achète un jean.

– Ken, j'ai perdu tellement de poids !

Tandis que les vêtements séchaient, elle s'allongea pour faire une petite sieste. Ken en profita pour s'échapper et fila jusqu'à la galerie marchande où il lui acheta un jean et une nouvelle ceinture. Il rentra chez lui et la trouva allongée dans le noir.

– Viens t'allonger à côté de moi, murmura-t-elle.

Ils firent l'amour pour la première fois depuis qu'ils étaient séparés. Par la suite, elle se plaignit de n'être entourée que de bécasses qui ne savaient même pas jouer au Trivial Pursuit.

Elle essaya ses nouveaux vêtements ; c'est alors qu'il remarqua les bleus sur sa poitrine et sur ses bras.

– Oh ! la ! la ! Cath, qu'est-ce qui t'est arrivé ?

– Quelqu'un a essayé de me violer. J'ai été attaquée en ouvrant la porte. Un inconnu s'est précipité sur moi mais je l'ai repoussé en le menaçant avec un couteau. Sa chemise de nuit était en lambeaux, lui dit-elle. (Elle la lui montra quelque temps après.) La police est venue et j'ai fait une déposition.

Elle a vraiment besoin de moi, plus que jamais, se dit-il. Il la prit dans ses bras.

– Cath, on n'a qu'à faire des trucs ensemble, je ne sais pas, moi, on pourrait aller au cinéma, au théâtre. Enfin, on pourrait être amis et voir comment ça se passe.

– Vraiment ?

– Oui, moi, je ne souhaite pas divorcer. Je ne suis pas sûr que tout soit fini entre nous.

A ces mots, elle changea complètement d'humeur.

– Tu es la troisième personne qui se déclare cette semaine, dit-elle. Les filles au *Carousel*. Puis Ladonna qui veut m'épouser. Elle veut que j'aille vivre avec elle en Californie.

– Mais je ne veux pas t'épouser, je suis déjà ton mari !

Quelques minutes plus tard, il la raccompagna à son

Luv Truck.

– Je ne veux pas que tu interprètes mal ce qui vient de se passer, dit Cathy froidement. C'était juste sexuel.

– Ah, bon ! Tu veux dire que tu t'es servie de moi ?

Il essayait de faire de l'humour.

– Ne dis rien à mes amies, elles ne comprendraient pas, ajouta-t-elle.

Quelques jours plus tard, il lui rendit visite à Effie. Elle voulait lui faire une confidence.

– Ken, j'ai fait quelque chose de très mal.

Il voulut savoir quoi.

– Oh ! je ne dirai rien devant toi. Rentre chez toi et je t'appellerai.

Au téléphone, elle était en larmes. Là, elle pouvait pleurer, se dit-il. Elle venait de signer un chèque de quatre cents dollars sur son compte à lui pour régler l'assurance de sa voiture. Il avait par mégarde laissé quelques chèques derrière lui, lorsqu'il avait déménagé.

– Oh ! Ken, je ne sais pas pourquoi j'ai fait ça, lui dit-elle. Gwen m'avait prévenue que tu serais en colère.

Il n'était pas en colère, il était fou furieux.

– Je viens chercher les chèques restants tout de suite, lui dit-il. Et tu n'as pas intérêt à te trouver sur mon chemin, tu m'entends !

En arrivant, il trouva deux boîtes remplies de chèques sur le perron. En partant, il saisit par ses deux extrémités une barre en fer forgé dans le portail et la plia en deux, histoire de lui montrer qu'il existait.

Cathy voulut porter plainte contre Ken, mais comme il n'y avait pas de témoin, la police de Grand Rapids ne donna pas suite.

Ken était plus que jamais décidé à aller au fond des

choses pour essayer de comprendre sa femme. Il voulait savoir ce qu'il y avait de si captivant dans ses relations, dans cette nouvelle vie. Un jour, elle lui avait suggéré de venir au *Carousel*. Le moment était venu d'accepter sa proposition. C'était un week-end, début novembre.

Très tard ce dimanche soir, il rentra dans le bar. Il vit aussitôt Cathy, attablée avec d'autres aides-soignantes d'Alpine. Gwen était assise à un bout de la table. Ken s'assit à l'autre bout. Cathy en resta bouche bée un instant, puis l'ignora. Ken regarda la piste de danse. Il y avait un couple d'homos enlacés.

– Qu'est-ce que vous faites ici ? Demanda Gwen.

– Je pensais que je pourrais venir voir à quoi ressemble cette fameuse boîte.

– Aimez-vous les hommes ?

– Non, non.

– Alors, pourquoi êtes-vous ici ?

– Cathy m'a invité, alors me voici.

Gwen, interloquée, ne s'attendait pas à cette réponse. Ken se rendit compte que Cathy était parfaitement à son aise dans ce milieu. Elle m'a encore menti.

Il l'observait, elle était en train de flirter avec Paul Lopez, un collègue. Il était grand et mince, de type latin, les traits fins. C'était un homosexuel également, mais cela n'empêchait pas Cathy d'être assise sur ses genoux et de l'embrasser.

Elle me provoque, pensa-t-il. Elle veut me dégoûter et me pousser à bout. Les histoires de gémissements dans la nuit, les propositions de mariage, tout lui revenait à l'esprit.

– T'es vraiment une salope ! Lui dit-il en se levant.

Le silence se fit. Il les fixa un bon moment et se dit qu'ils étaient complètement minables et pourris. Il était plein de mépris et de haine. Va-t'en de là, se répétait-il.

Va-t'en de là avant de faire une connerie.

Il sortit en claquant la porte, étouffé par l'envie de casser la gueule à quelqu'un. Finalement, il s'assit au volant de sa voiture et se mit à surveiller le parking. J'aimerais bien casser la gueule à toutes les pédales qui vont sortir de là, se dit-il. Il resta là, immobile dans sa vieille Olds Sierra, attendant la fermeture de la boîte.

Cathy et Gwen sortirent du *Carousel* en titubant, puis se dirigèrent en riant vers le Luv Truck. Cathy était au volant, elle prit les grandes artères et il la suivit en braquant les pleins phares sur elle.

Pourquoi suis-je en train de perdre mon temps ? Tout cela ne rime à rien, songea-t-il.

Tout d'un coup, Cathy s'aperçut qu'il les suivait ; elle quitta rapidement la voie express pour se retrouver dans les petites rues et fonça à travers les quartiers résidentiels. Puis elle gagna les grands axes et brûla un feu rouge.

Ken appuyait lui aussi sur le champignon, se prenant au jeu. Voyons comment elle réagit, je vais lui montrer ce que c'est que d'avoir la trouille. De toute façon, elle peut encaisser ça sans problème.

La poursuite continua de plus belle, en plein cœur de la ville, entre les immeubles du quartier administratif totalement désert. Les deux voitures dévalèrent Monrœ Avenue parallèlement à Grand River et filèrent tout droit pendant quelques centaines de mètres. Dans un crissement de pneus, le Luv Trick s'arrêta pile.

Cathy sauta hors de la voiture. Ken également. Elle courut vers un automobiliste qui venait de se garer.

– Aidez-moi, s'il vous plaît. Il y a quelqu'un qui me suit !

L'inconnu regarda Ken.

– Ne bougez pas, s'il vous plaît ! Dit Ken.

Cathy fit demi-tour et s'éloigna à pied, pressant le pas, puis elle se mit à courir. Ken la suivit. Gwen n'avait pas bougé de la voiture.

Cathy arriva au pied d'un bâtiment officiel, grimpa quelques marches en courant et se retourna.

– Ne me fais pas mal, supplia-t-elle.

– Merde, Cath ! Tu ne te rends pas compte à quel point, toi, tu me fais mal ! Cria-t-il.

C'est alors qu'il vit les mots inscrits sur le fronton de l'édifice. Ils se trouvaient devant le palais de justice, là où les criminels étaient jugés et punis.

Justice, quelle justice ? Il n'y en avait pas. Sept ans de sa vie réduits à néant, se désespérait-il.

Il était profondément dégoûté par Cathy, mais plus encore par lui-même.

Il se détourna, redescendit les marches en proférant des obscénités, regagna sa voiture et se dirigea vers l'autoroute qui longeait Grand River.

Ken avait démarré à toute allure. Cathy était toujours au milieu de l'escalier.

27

Juste après le dîner de Thanksgiving chez sa mère, à Comstock Park, Cathy griffonna ces quelques mots et les remit à Gwen, au travail :

Salut ma chérie ! On s'ennuie à mourir ici. Je me suis assoupie dans la salle d'activités. C'est terrible ! ... J'ai une idée : si on n'allait pas au travail demain ? J'aimerais tellement passer trois jours avec toi. Deux jours, ça n'est pas assez. On ne fait que rattraper les heures de sommeil perdues.

Le lendemain de Thanksgiving, Cathy Wood téléphona pour dire qu'elle était malade. Depuis qu'elles étaient associées, Gwen et elle se payaient en moyenne une absence par semaine.

Elles ne risquaient pas grand-chose. En fait, elles travaillaient l'une et l'autre plus de quarante heures par semaine. Cathy arrivait tôt pour prendre le service en même temps que Gwen, et doublait ainsi ses heures. Gwen était d'après-midi et restait travailler la nuit avec Cathy.

– Nous travaillions beaucoup en heures supplémentaires, fit remarquer Tony Kubiak, quelque temps après. Mais, à dire vrai, je pense que Cathy faisait cela pour garder un œil sur Gwen.

Cathy et Gwen n'étaient pas du tout prêtes à quitter Alpine Manor. En fait, l'administration préférait encore cela car elle avait bien du mal avec les mouvements de personnel. C'était en effet un mal chronique dont souffrait l'établissement. Fin octobre, à la suite d'une négligence, une plainte avait été déposée à la direction de la Santé pour insuffisance de personnel : un malade avait été laissé dans des couches sales pendant trois quarts d'heure. En fait, seulement deux plaintes furent déposées cette année-là.

Alpine avait reçu la visite inopinée d'une inspectrice de la Santé. Elle déclara, après enquête, que l'établissement était aux normes, et qu'il y avait un nombre suffisant d'aides-soignantes par malade. Mais elle nota tout de même qu'il y avait un taux de mouvements de soixante-six pour cent. Sur cent douze aides-soignantes engagées sur les premiers mois de l'année 1986, il n'en restait que quarante et une en octobre. L'inspectrice signala également que les aides, une fois formées par l'établissement, se retrouvaient seules face aux malades sans que les infirmières diplômées aient vraiment le temps de les suivre dans leur travail.

Certains surveillants considéraient que l'équipe de nuit était la plus fiable et la plus facile à surveiller. Il y avait trois infirmières de garde. La surveillante de nuit travaillait douze heures d'affilée, de 8 heures du soir à 8 heures du matin. Elle devait régulièrement faire des rondes dans tout l'établissement, et travailler dans son bureau situé entre Camelot et Buckingham.

Neuf à douze aides-soignantes étaient réparties dans les services : celles de la deuxième équipe devaient, à la fin du service, changer et coucher tous les malades ; l'équipe de nuit travaillait à un rythme moins soutenu ; aux environs de minuit, elles devaient servir de l'eau à ceux qui en réclamaient et accompagner les malades aux toilettes ; elles nettoyaient également les fauteuils roulants et les déambulateurs. Chacune surveillait dix chambres et faisait des rondes toutes les deux heures. Suivant les exigences de la surveillante, le travail de nuit pouvait même être assez peinard.

Cathy et Gwen passaient des heures à lire les dossiers des malades. On pouvait y trouver des informations sur le passé des patients, ainsi que des instructions médicales. Il y avait également les adresses et numéros de téléphone de leurs proches.

Et parfois elles trouvaient d'autres occupations.

Dans le service de nuit, on était assez friand de blagues. Elles se prolongeaient souvent jusqu'à la fin du service de la deuxième équipe. Cathy les concevait et organisait tout de main de maître. Gwen était souvent volontaire pour les réaliser, ce dont témoignèrent d'autres aides par la suite.

Dans un environnement pareil, où la mort rôdait, une des blagues les plus efficaces, surtout auprès des nouvelles un peu froussardes, consistait à actionner la sonnette d'alarme d'un malade, puis à se glisser subrepticement sous son lit : au moment où la nouvelle aide arrivait dans la pénombre pour voir ce qui se passait, Gwen l'agrippait par la cheville. Elle avait toujours largement le temps de s'échapper, alors que la pauvre victime s'enfuyait en hurlant dans le couloir.

Elles s'amusaient aussi à arracher les moustiquaires des fenêtres… Parfois, elles changeaient le sens d'un lit, si bien que le malade se retrouvait la tête aux pieds. Et puis, elles intervertirent les lits d'une chambre à l'autre. Une nuit, Cathy attacha Gwen sur un fauteuil roulant et l'abandonna dans la salle d'activités de Buckingham.

Mais les brimades ne s'adressaient pas exclusivement à celles qui étaient au bas de l'échelle du personnel soignant. Une fois, Cathy habilla un mannequin et l'installa sur une chaise dans l'infirmerie. L'accès à l'infirmerie était interdit aux aides-soignantes, qui n'avaient pas le droit de donner de médicaments.

– Comment Cathy a pu obtenir la clé de l'infirmerie, je ne le saurai jamais, se demanda Tony Kubiak plus tard. Aucun aide-soignant n'a jamais pu s'en procurer une.

Cathy et Gwen se mirent à utiliser les lignes de téléphone internes. Un jour, elles passèrent des chants de Noël, un autre jour, elles trouvèrent un patient qui zozotait pour lire des annonces stupides au micro. Aucune infirmière ne parvint à les surprendre en flagrant délit, elles arrivaient toujours à s'échapper par les fenêtres ou à se remettre au travail, mine de rien.

Cathy et Gwen commencèrent à franchement se divertir aux dépens des patients. Un jour, elles semèrent sur le sol une piste de bonbons à l'intention d'un malade atteint de confusion mentale, qui mettait tout dans sa bouche. Il y avait des friandises depuis Abbey Hall jusqu'à la salle d'activités de Buckingham ! Une demi-douzaine d'aides-soignantes étaient assises autour d'une table, attendant le malade. Elles pouffèrent de rire en le voyant ramasser les bonbons un à un et les porter à sa bouche.

Les surveillantes de nuit accueillaient plus ou moins bien ces blagues. L'une d'entre elles s'était plainte à la direction. Une autre objecta qu'il s'agissait avant tout de « bizutage », une façon d'initier les novices et de les intégrer à l'équipe. Il n'y eut pas d'avertissement officiel contre Cathy et Gwen.

Quant aux plaintes des malades, elles n'étaient guère écoutées, surtout si elles émanaient de personnes atteintes de troubles mentaux. Certains patients parmi les plus dérangés étaient debout et en pleine activité après minuit. Dans Dover, il y avait une femme qui déambulait jusqu'à l'aube. Un retraité de la police passait son temps à faire des rondes, à vérifier tous les verrous. Deux anciens combattants de la Seconde Guerre mondiale s'étaient liés d'amitié et bavardaient jusqu'au petit matin.

La radio WOOD FM suffisait à couvrir les plaintes, les gémissements, les cris de souffrance et les délires.

Comme les malades tenaient souvent des propos incohérents, les directives officielles exigeaient des employés qu'ils préviennent la direction dès qu'ils soupçonnaient des sévices sur l'un d'eux. Cependant, rares étaient ceux qui osaient braver la colère de Cathy Wood.

Cathy avait toujours une longueur d'avance sur ceux qu'elle détestait. Elle allait se plaindre du travail de l'une ou l'autre de ses collègues. Pendant ce temps-là, Gwen inondait le lit d'un patient, tandis que Cathy rapportait à la surveillante qu'une telle n'avait pas changé ce malade pendant sa tournée.

– Cathy passait son temps à se payer la tête des autres,

à Alpine et à l'extérieur, déclara Dawn Male. Le but du jeu n'était pas uniquement de voir si les gens allaient marcher mais plutôt de manigancer l'histoire la plus compliquée possible. C'était son sport favori. Elle avait le don de faire avaler n'importe quoi à n'importe qui. Son entourage savait qu'elle pouvait craquer et fondre en larmes devant une surveillante ou son mari. Elle était très bonne comédienne dès qu'elle avait besoin d'un service.

Ce qui terrifiait le plus certains de ses amis, c'était son acharnement à détruire la vie d'autrui. Une fois, Gwen vint se plaindre à Cathy qu'une certaine Lisa Lynch, de l'équipe des aides-soignantes devenait « collante ».

– Lisa ne veut pas me lâcher !

Cathy l'écouta avec attention et imagina un plan. Tout d'abord, elle colporta au travail une fausse rumeur : une fille enceinte qu'elle connaissait portait l'enfant du mari de Lisa Lynch. Par la même occasion, Cathy réglait son compte à cette fille, qu'elle soupçonnait d'avoir couché avec Dawn lorsque cette dernière habitait encore à Effie. Quelque temps après, Lisa et son mari parlèrent de divorce et la future mère fut mise à l'écart.

– Cette fois-là, elle fit d'une pierre deux coups, déclara Dawn par la suite.

– Tout le monde la craignait, dit Gwen quelque temps après. Si vous étiez dans son collimateur, il fallait vous méfier, elle pouvait vous emmerder pour de bon. On le savait, elle aimait ça. Moi, je m'en réjouissais plutôt. C'était ma nana, aussi longtemps que j'étais avec elle, je ne craignais rien.

28

La sonnerie du téléphone retentit. Nancy Hahn fut

réveillée en sursaut. Il était 4 h 30 du matin. Il gelait en ce début décembre. Au bout du fil, une jeune femme appelait d'Alpine Manor pour la prévenir du mauvais état de santé de Belle Burkhard, sa mère.

– Belle ne passera sans doute pas la journée, annonça la personne.

Nancy vivait à Buchanan, à environ trois heures de route d'Alpine Manor, au sud-est. Elle travaillait comme serveuse. Juste après son service, elle sauta dans sa voiture et prit la route pour Grand Rapids. Tout le long du chemin, son passé lui revenait en mémoire.

Des années s'étaient écoulées depuis sa dernière visite à Alpine. Elle se remémorait les tensions dans sa famille, du fait de l'alcoolisme de ses parents. Finalement, elle avait dû mettre une certaine distance entre elle et eux pour se protéger. Il y avait aussi de bons souvenirs : une belle robe offerte par sa mère avec l'argent qu'elle avait mis de côté, l'aide qu'elle lui avait apportée pour élever ses enfants.

Le fait que Belle aille vivre à Alpine Manor n'était qu'un des événements tristes de la vie de Nancy. Son mari était mort accidentellement à quarante et un ans, la laissant avec deux enfants et des dettes. La malchance s'acharnait sur elle. Elle avait maintenant quarante-sept ans. Elle serait bien allée voir sa mère plus souvent mais il y en avait pour quinze dollars d'essence, sans compter l'usure de la voiture, et puis il lui semblait qu'elle n'avait plus rien à lui apporter.

Néanmoins, Nancy était reconnaissante qu'on l'ait appelée pour la prévenir de l'état de santé de Belle. Avec ses parents alcooliques, elle avait grandi trop vite et était devenue adulte bien avant les filles de son âge. Malgré tout, elle avait toujours de l'amour pour eux et l'avait dit à son père sur son lit de mort. La fin était proche mais en lui serrant la main, il avait dissipé bien des rancœurs.

Quand elle arriva à Alpine Manor, c'était l'heure du dîner. Dans la chambre de sa mère à Abbey Lane, elle ne trouva personne.

Peut-être suis-je arrivée trop tard, pensa-t-elle.

D'un pas rapide, elle se dirigea vers l'infirmerie et interrogea le personnel. Personne ne savait où se trouvait sa mère.

– Pourquoi n'allez-vous pas voir au réfectoire ? Lui dit une des infirmières. Elle doit être en train d'attendre qu'on lui donne à manger.

– Mais j'ai reçu un coup de fil, ce matin. Elle est malade. Quelqu'un m'a prévenue qu'elle était très malade !

Tout le monde était stupéfait.

Nancy courut vers la grande salle à manger et chercha sa mère du regard parmi toutes les têtes grisonnantes. Enfin, elle l'aperçut. Elle s'approcha et vit tout de suite que son teint était normal, ses mouvements coordonnés.

Elle n'est pas malade, comprit Nancy. Elle a même hâte qu'on lui donne à manger.

Alors, Nancy prit les couverts et lui donna à manger. Qu'est-ce qui a bien pu se passer ? Se demanda-t-elle. C'était incroyable. Sa mère avalait mécaniquement sa soupe, les yeux perdus dans le vague, sans même s'apercevoir que c'était sa propre fille qui la nourrissait.

Elle retourna voir les infirmières. Mais personne n'était au courant du coup de fil. C'était pourtant bien pendant l'équipe de nuit.

– On m'a même dit qu'elle était mourante, dit Nancy.

Une des infirmières regarda dans le dossier. Non, il n'y avait rien d'alarmant, rien de menaçant pour sa santé.

– Il n'y a aucune trace de quoi que ce soit sur la fiche, dit l'infirmière.

Nancy Hahn était prise entre deux sentiments, la

colère et le soulagement. Pendant longtemps, elle ne devait trouver aucune explication à cet incident.

29

Le garçon de salle *Jim Shooter* flirtait avec elle depuis plusieurs semaines, et Gwen le laissait faire : de temps à autre, elle aimait bien coucher avec un homme.

En apprenant que Jim faisait des avances à Gwen, Cathy lui lança un défi. Elle paria que Gwen n'était pas capable d'attirer Jim dans la salle de bains et de l'embrasser, là, dans cette salle d'Abbey Lane où les patients prenaient leur douche. Elles misèrent leur paie du mois.

La scène devait se dérouler un jeudi après-midi vers la mi-décembre. Cathy se cacherait derrière une cloison de façon à en être témoin. Entre-temps, Gwen avait tout raconté à Jim, elle ne tenait pas du tout à perdre sa paie !

Mais quand, le jour *J* ils entrèrent dans la salle de bains, ce fut pour trouver Cathy assise sur le bord de la baignoire.

Sans se décontenancer, Jim se tourna vers elle :

– Cathy, je sais pour le pari, mais ça m'est égal car j'aime Gwen de toute façon.

Il se pencha alors vers Gwen et l'embrassa passionnément en la serrant contre lui. Cathy en resta bouche bée. Puis elle éclata en sanglots et quitta la pièce en courant.

En reprenant son service Gwen apprit que Cathy, prise d'un malaise, était rentrée chez elle. Elle s'excusa auprès de l'infirmière pour le reste de la journée.

– Cela a-t-il un rapport avec Cathy ? Lui demanda-t-on.

Gwen s'habillait déjà pour sortir et répondit :

– Non, je ne peux pas vous expliquer. Je dois y aller ! Ce

sont des problèmes personnels.

Ce matin-là, elles étaient arrivées ensemble, dans la voiture de Cathy. Gwen dut donc aller à pied jusqu'à Effie, ce qui représentait une marche d'environ sept kilomètres. Le vent de décembre lui soufflait dans le dos alors qu'elle descendait Four Miles Road. Elle traversa Comstock Park, l'ancien quartier de Cathy, puis prit au sud, sur West River Drive.

Une fois sur le pont de North Park, elle s'arrêta. A ses pieds, la rivière, le courant, les eaux brunes. Toutes ses phobies lui revinrent. Rien n'avait changé depuis qu'elle avait quitté le Texas et ici, dans le Michigan, c'était pire, avec tous ces lacs et ces rivières.

Elle serra les poings et accéléra le pas. Non, elle n'allait pas flancher, il fallait qu'elle traverse ce pont, pour Cathy, et elle y parviendrait. Quand elle arriva aux abords de la maison, son visage était tout engourdi.

La porte était fermée à clé. Cathy l'ouvrit d'un coup.

– Tu es venue à pied ! Dit-elle en la jaugeant. Oh ! la ! la ! Je suis impressionnée !

– Ce n'était qu'un pari, se justifia Gwen un peu plus tard.

– Tu m'as fait du mal, rétorqua Cathy, tout le monde me veut du mal.

Elles parlèrent jusque tard dans la nuit.

– Dis-moi que tu m'aimes, que tu ne me quitteras jamais, supplia Cathy. Jure-moi que tu m'aimeras toute ta vie !

– Cathy, je suis à toi. Je ne te quitterai jamais.

– Si tu le fais, je viendrai te chercher. Et je trouverai bien un moyen pour te garder à la maison.

Le 23 décembre, cinq jours plus tard, Margaret Widmaier, la sous-directrice qui avait embauché Gwen, lui donna un avertissement pour avoir quitté son travail au beau milieu du service.

– Une amie menaçait de se suicider, répliqua Gwen officiellement. Cela n'arrivera plus.

Au bout du compte, ce fut la seule note de discipline figurant dans le dossier de Gwen Graham. Le jour précédent, on y avait joint un autre type de document. Il s'agissait d'un papier annonçant qu'elle était reçue à un examen officiel sanctionnant les compétences des aides-soignantes, avec la note brillante de quatre-vingt-dix-sept sur cent à l'écrit. Beaucoup de bonnes appréciations jalonnaient son devoir.

Jim Shooter et Gwen ne se contentaient plus de flirter, les choses étaient devenues plus sérieuses. Ils se retrouvèrent un soir pendant le service dans une chambre vide et fermèrent la porte de la salle de bains derrière eux. La radio couvrit leurs ébats.

30

Robin Fielder quitta la piste de danse et regagna sa chaise en sautillant. Elle venait de donner à Paul Lopez un de ses escarpins noirs à talons. C'était très drôle. Il l'avait rempli de champagne et le faisait circuler dans l'assemblée. Tout le monde autour de la table hurlait de rire. Il y avait Paul, Angie, Ladonna, Dawn, Lisa, Cathy. C'était un samedi soir et le *Carousel* était une fois de plus transformé en annexe d'Alpine Manor.

Robin remit sa chaussure sous la table et, en se penchant, croisa le regard de Gwen, sur la piste de danse.

Quelques instants plus tard, Gwen la rejoignit et, encore tout essoufflée, engagea la conversation :

– Tu regardes les filles ?

– Non, non, pas vraiment, dit Robin.

Gwen pencha la tête de côté et lui adressa un de ses

sourires timides.

– Pourtant tu étais en train de me regarder, sur la piste. Ouais. J'en suis sûre.

– Je t'ai regardée parce que tu as une façon bien particulière de danser, expliqua Robin.

– C'est comme ça qu'on danse au Texas.

Robin venait de découvrir quelque chose. Décidément, on ne s'ennuyait pas avec ce groupe-là ! Elle reprit une gorgée de vodka-orange.

Elle venait d'avoir vingt ans et, pour la première fois, bravait les interdits de l'éducation conventionnelle qu'elle avait reçue. C'était encore une enfant gâtée mais, décidément, elle ne se sentait pas à l'aise dans le confort du ranch de ses parents. A Alpine, on la croyait pleine aux as, surtout depuis qu'elle avait organisé cette fête autour de la piscine, pour les aides-soignantes. Elles avaient visité le sous-sol, que son père appelait le « vestiaire », la salle de gymnastique avec tous les équipements sportifs, les trophées de lutte et de golf, les photos des deux frères de Robin. Elle leur montra ses propres photos et ses médailles de meilleure *cheerleader* obtenues à la West Catholic High School.

– J'ai toujours été *cheerleader*, supporter d'équipe sportive et majorette, déclara-t-elle plus tard à une amie, comme si c'était un métier.

Robin était une jolie blonde extravertie et très souriante. Elle mesurait environ un mètre soixante-sept et son visage évoquait les beautés de Rubens. Elle avait pris une bonne vingtaine de kilos depuis l'école et camouflait ses rondeurs en s'habillant très soigneusement. Elle faisait très attention à sa coiffure et à son allure.

Cela faisait vingt mois qu'elle travaillait à Alpine. Les soins, le côté humain, tout lui plaisait dans ce métier. Elle aimait particulièrement s'occuper des personnes âgées, et réalisait parfois des petits miracles auprès de ceux qui ne pouvaient plus marcher ou parler. Une fois, elle avait même réussi à convaincre une des patientes de quitter son fauteuil roulant.

Côté sentimental, Robin se sentait flouée. Elle venait de terminer un de ces poèmes qu'elle conservait dans un petit carnet :

Tel un bateau dérivant sur les flots
La solitude est un de mes maux.
Les vagues se creusent, inexorables,
Et se brisent sur le sable du rivage.
Le vent me caresse le visage.
Une larme jaillit. Ô douleur inexplicable !
Mon âme vogue loin, au-delà de l'horizon
Et mon cœur ne peut comprendre.
Un navire viendra, j'en ai la conviction.
Pour l'heure, hélas ! je ne peux qu'attendre.

Malgré une grande popularité pendant toute sa scolarité, Robin n'avait jamais eu de petit ami avant de rencontrer Paul Lopez. Cela faisait un an qu'ils se connaissaient. Elle le trouvait très sensible et attentionné.

– Je suis tombée complètement amoureuse de lui, avoua-t-elle plus tard à une amie.

Ensemble, ils faisaient du golf, du shopping. Ils partirent même en vacances en Floride. C'est là qu'il lui annonça qu'il était homosexuel. Elle comprit alors pourquoi ils n'avaient jamais couché ensemble. Des mois durant, elle essaya de le changer, mais rien n'y fit.

Paul l'amena au *Carousel* et elle fut choquée en y voyant Cathy et d'autres aides-soignantes d'Alpine.

– Mon Dieu, Paul, tu as vu qui est là ?

Au début, elle y venait par curiosité. Elle voulait comprendre pourquoi et comment on en arrivait là. Mais au bout de quelques soirées arrosées de vodka-orange, elle se sentit adoptée et s'y trouva bien. Pour une jeune fille de bonne famille, c'était s'encanailler que de fréquenter cette bande d'excentriques de Grand Rapids. Dans ce coin du Michigan, l'homosexualité était la seule alternative à la culture bourgeoise.

Les filles étaient très gentilles avec elle, et elle fut invitée à venir dans la petite maison d'Effie avec le reste du groupe. Cathy était aux petits soins. Gwen la regardait toujours avec le plus charmant des sourires, la tête légèrement penchée sur le côté.

Robin faisait figure de mannequin parmi toutes ces filles un peu fortes. Et pourtant, pour l'heure, personne ne semblait lui en vouloir.

– J'avais l'impression qu'il n'y avait aucun rapport de forces, se rappela-t-elle plus tard. Et elles me disaient toujours que j'étais si gentille, si sympa et si jolie que je pouvais avoir qui je voulais. Cela me redonnait confiance en moi et j'eus un peu plus envie de m'occuper de moi-même.

Le fait de connaître toute l'équipe l'aidait dans son travail. Ces derniers mois, elle était un peu découragée ou déprimée. Quelquefois, Alpine ressemblait vraiment à l'antichambre de la mort !

Le problème de personnel n'était pas résolu, et la direction recherchait toujours des aides-soignantes pour remplir les postes vacants. Les soins et l'attention portée aux malades s'en ressentaient. Robin travaillait déjà plus de soixante heures par semaine et battait même des records d'endurance, jusqu'à huit jours d'affilée.

A ce rythme-là, la tension augmentait. Certains soirs, elle devait préparer au moins quinze malades pour les mettre au lit. Une surveillante leur avait conseillé, pour aller plus vite, de mettre les pyjamas sous les vêtements des malades avant qu'ils n'aillent dîner. Vraiment, pensait-elle, si c'est comme ça, autant aller travailler à la chaîne dans une usine !

Les amis comptaient énormément dans des moments pareils, et le café l'aidait à tenir. Ces derniers temps, Robin prenait même des comprimés de caféine appelés 357 Magnum. Pendant son service, elle tenait en avalant une bonne douzaine de comprimés et, le soir venu, buvait quelques vodkas-orange par-dessus.

Robin regarda la piste de danse et but une autre gorgée. Certes, elle n'avait pas besoin de se soûler, mais l'habitude était prise.

Robin sentit quelqu'un lui pincer le bras.

– Robin, lui dit Lisa Lynch, tu as entendu ça ?

– Entendu quoi ?

– Elles parlent de toi.

– Qu'est-ce qu'elles disent ?

– Tu n'as pas entendu ce qu'a dit Gwen ?

Une fois qu'elle eut dessoûlé, d'autres lui racontèrent ce qui s'était passé. Cathy venait de quitter la table et Gwen s'était mise à rire et à montrer Robin du doigt :

– Elle est à moi ! Aucune d'entre vous ne l'approchera, vous m'entendez. Elle est à moi.

Dawn Male raconta plus tard :

– Robin était une fille tout à fait normale. Elle était très jolie et vraiment populaire. Une fille sympa – jusqu'à ce qu'elle fasse notre connaissance. A cette époque-là, on était toutes cinglées. Tous ceux qui nous approchaient finissaient par le devenir aussi.

31

Cathy était contrariée.

– Regarde, c'est typique de ma mère, dit-elle à Gwen. Pas de carte. Pas de coup de fil. Pas de « Joyeux Noël ». Rien.

Elles venaient de trouver une corbeille de fruits sur la table. Pat, la mère de Cathy, était probablement passée alors qu'elles étaient sorties et avait laissé ce cadeau.

Rien n'était prévu pour Cathy chez ses parents à l'occasion des vacances de Noël. Ils étaient divorcés à présent, sa mère s'était remariée et son père vivait quelque part dans Grand Rapids.

– Moi, je n'appellerai jamais, à moins qu'il n'y ait urgence absolue, avait déclaré Cathy.

Gwen, comme les autres, avait souvent entendu Cathy se plaindre de ses parents. Mais quand elle avait effectivement rencontré Pat, elle avait eu une impression toute différente, dont elle devait garder un bon souvenir.

– Sa mère était une vieille femme très avenante. Elle avait beaucoup d'assurance. Elle m'a très bien reçue.

Cependant son opinion sur Pat changea le soir où, après le repas de fête à Alpine, Cathy arriva, un couteau et une fourchette à la main.

– Montre-moi comment tu coupes ta viande, lui demanda-t-elle.

Gwen saisit le couteau en le pointant vers le bas, comme dans le Sud.

– Ce n'est pas comme ça que l'on doit faire, dit Cathy.

– Mais ça coupe de toute façon, rétorqua Gwen en rougissant.

– Non, ce n'est pas comme ça. C'est ce que *ma mère* a remarqué quand tu es venue à la maison. Elle m'a dit que tu coupais mal ta viande.

– Ah, bon ? Et c'est tout ce qu'elle a dit ? De toute la visite, c'est ce qu'elle a retenu ? Répliqua Gwen.

– Ça, c'est ma mère tout craché !

Gwen jura de ne jamais remettre les pieds chez elle. Par contre, Cathy y allait souvent et revenait dans tous ses états.

Pour la corbeille de fruits, Gwen réconforta Cathy du mieux qu'elle put. Pour ce qui était de l'amour maternel, elle avait son compte.

Ken Wood essayait par tous les moyens de convaincre Cathy de rendre visite à sa fille pour Noël. C'était très frustrant, Cathy se défilait constamment, il ne pouvait même pas la contacter par téléphone. Toujours la même fugue de Bach sur le répondeur et des messages d'attente…

A bout de nerfs, il appela la sœur de Cathy, Barb. Elle lui apprit que Cathy avait prévenu tous les membres de sa famille qu'il leur était impossible de voir Jamie et qu'elle aussi se voyait interdire ce droit de visite par Ken. Et que cela s'appliquait également à la veillée de Noël.

– C'est archifaux ! Rétorqua-t-il.

Il était encore furieux quand il descendit pour les vacances voir ses parents avec Jamie. Sa fille aurait un joyeux Noël, il en avait décidé ainsi. Quand même, Cathy aurait pu lui offrir un cadeau, se disait-il.

Jan Hunderman ouvrit la porte de la chambre de Marguerite, suivie de son mari et de leurs quatre enfants. Elle apportait tout de même des cadeaux pour sa mère, qu'elle sache ou non que c'était Noël.

A la fin de l'automne, la malade avait été transférée d'Abbey Lane à Dover, une des sections réservées aux patients qui avaient un régime sans assurance-maladie. Ed Chambers avait dû vendre la propriété familiale : avec les quarante mille dollars qui constituaient la part de sa femme, il réglait les mille sept cents dollars mensuels de sa pension. Avec la moitié qui lui revenait, il s'était acheté un mobile home et une nouvelle voiture pour lui rendre visite tous les jours.

Jan et Ed étaient soulagés depuis que le Dr James Piskin, un des médecins qui soignaient les malades d'Alpine, avait accepté qu'elle ne soit plus alimentée avec une sonde. Depuis sept mois déjà, le personnel lui redonnait à manger à la cuillère, un régime varié, et son poids se stabilisait.

Pour les vacances, Jan avait décidé d'améliorer encore le confort de sa mère en lui apportant des sous-vêtements plus chauds, un caleçon rose à fleurs et des chaussons neufs. Elle avait remarqué que sa mère était toujours glacée. Comme elle se balançait sans arrêt, les couvertures ne tenaient pas sur elle. Elle ne portait souvent qu'une simple chemise de nuit.

Les enfants avaient acheté une composition florale pour égayer sa chambre. Un petit ballon en forme de cœur était piqué au milieu du bouquet de fleurs séchées.

Ils entrèrent dans la chambre qu'elle occupait à Dover, s'installèrent autour du lit. Jan lui souhaita un joyeux Noël. Elle reçut des cadeaux des mains de tous. Marguerite était réveillée et se balançait.

– Regarde, fit Jan à son mari.

Il restait des traces de purée desséchée autour de sa bouche.

– Ils pourraient faire attention et la nettoyer, dit-elle. Je vais m'en occuper.

Elle revint de la salle de bains avec une serviette humide qu'elle enroula autour de sa main.

Au moment où ses doigts touchèrent la joue de sa mère, celle-ci tourna la tête brusquement, en essayant de se soustraire au contact, exactement comme le font les enfants.

– Allons, allons, m'man !

C'est alors que Jan remarqua l'expression de Marguerite : ses yeux étaient écarquillés et elle tremblait.

Mon Dieu ! Pensa Jan, elle a l'air complètement terrifiée.

Elle arrêta la toilette.

– Ça va, ça va, tout ira bien.

Cette réaction inhabituelle la tourmenta quelque temps. Puis elle l'oublia. Sans doute lui avait-elle fait peur. Elle aurait dû la prévenir.

Si Jan avait pu jeter un coup d'œil sur la feuille de surveillance de Marguerite, elle aurait constaté que pour la période de Noël, une aide-soignante s'était occupée d'elle. Deux jours avant Noël, c'était au tour de Gwen Graham, qui travaillait alors de nuit, mais Marguerite n'était pas une de ses malades habituelles. C'était Cathy Wood qui en était responsable. Elle s'en occuperait également la veille de Noël.

Juste avant que la famille ne quitte la chambre, Jan déposa les fleurs séchées sur la table de chevet. Sa mère occupait maintenant la chambre 614, le lit contre la fenêtre.

Jan remit le petit cœur en place de telle sorte que la lumière joue dessus. On voyait scintiller les lettres colorées. Dessus, il y avait juste écrit « Maman ».

DEUXIÈME PARTIE

1987

32

Cathy était en larmes au bout du fil. On était un jeudi, tard dans la soirée, huit jours après le nouvel an. Mais à cette heure-là, elle aurait dû être au travail.

– Tu es seul ? Demanda-t-elle à Ken.

– Oui. Je ne vis pas comme toi, moi, répliqua-t-il avec amertume.

Cependant, il écouta ce qu'elle avait à lui dire. Elle ne voulait pas rester seule et demandait si elle pouvait venir le voir. A peine était-elle arrivée, qu'elle lui annonça que Gwen la trompait avec une autre aide-soignante. Cathy les avait surprises enlacées ce soir-là.

– On était à une fête, dit-elle. Je les ai trouvées toutes les deux cachées dans une chambre, en train de se caresser.

Le flot de paroles était entrecoupé de sanglots. Non, décidément, elle ne comprenait pas les lesbiennes, pourquoi fallait-il qu'elles soient toutes infidèles ? Gwen lui avait pourtant affirmé que ce n'était pas toujours comme ça. Et maintenant c'était elle qui couchait à droite, à gauche.

Cathy était allongée sur le canapé, le visage enfoui

dans les coussins, et pleurait toutes les larmes de son corps et Ken, assis à côté d'elle, lui caressait le dos et les cheveux pour la consoler. Il était vraiment désolé pour elle. Quelques mois avaient suffi pour aboutir à deux échecs sentimentaux.

La colère finit par sécher ses larmes. Elle restait là, le regard fixe, perdue dans ses pensées.

– De toute façon, elles regrettent toujours, après. C'est quand je les quitte qu'elles se rendent compte qu'elles m'aimaient, dit-elle.

– Ecoute, un jour peut-être que tu rencontreras une chouette fille, dit Ken. Et tu pourras vivre comme bon te semble.

Il l'aida à se mettre au lit et alla dormir sur le canapé.

Le lendemain, Gwen téléphona ; elle cherchait Cathy partout. Mais Cathy avait demandé à Ken de ne pas révéler sa présence. Une heure plus tard, c'était elle qui rappelait Gwen. Avant de partir, elle échangea quelques mots avec Ken.

– Gwen et moi allons avoir une discussion, dit-elle.

Ce jeudi devait rester gravé dans la mémoire de Ken. Ce fut une date mémorable pour Cathy et Gwen. A partir de ce jour-là, Cathy ne vint plus jamais se plaindre du comportement de Gwen.

Pour une raison quelconque, elle n'y fit plus jamais allusion.

33

Ce dimanche-là, le froid avait touché la région et la neige s'était mise à tomber. Un épais manteau blanc recouvrait déjà toute la ville de Grand Rapids. Les jours suivants, la température allait descendre à moins dix degrés, un temps froid et sec comme il fait en hiver dans le Michigan. Ed Chambers se rendit à Alpine Manor pour rendre visite à sa femme.

Juste avant d'entrer dans la chambre de Marguerite, il l'appela du couloir par son nom, comme il en avait l'habitude, pour s'annoncer. Assis sur son lit, il lui prit les mains et se mit à parler de tout et de rien, comme il faisait toujours. Ce monologue dura environ une heure, comme s'il s'était agi d'une conversation. Jamais il ne saurait si ses paroles avaient eu un sens pour elle. Quand Ed quitta la chambre de Marguerite, il devait être entre 7 et 8 heures du soir.

Le 18 janvier, c'était le 1 293e jour que Marguerite passait à Alpine Manor. Cela faisait bientôt cinq ans qu'elle était soignée dans des centres de soins et douze ans s'étaient écoulés depuis qu'on avait diagnostiqué sa maladie d'Alzheimer.

A l'extérieur de la chambre 614-1, les aides-soignantes passaient d'une chambre à l'autre, pour changer, border les patients et tout préparer pour la nuit. La plupart étaient occupées. D'autres prenaient leur pause. A 8 heures du soir, les infirmières commencèrent leur tour pour la distribution de médicaments.

Au moment où Ed sortait de l'établissement, il remarqua qu'il y avait très peu de voitures garées sur le parking. Avec ce temps, les visiteurs hésitaient à se déplacer. La neige crissait sous ses pas. Le drapeau américain, devant Alpine Manor, claquait au vent. Dans la neige et le froid, le son métallique de la corde contre le mât était étrangement amplifié.

Marguerite avait toujours aimé la valse. Danser, glisser sur le parquet en rythme. Un, deux, trois... Un, deux, trois...

Strauss était le maître incontesté. *La Valse de l'Empereur... Le Beau Danube bleu.* C'était sa valse préférée, *Le Beau Danube bleu.* La musique évoquait à la fois le calme et la tempête, elle s'amplifiait, jaillissait puis s'adoucissait comme l'eau d'une rivière... L'esprit voyageait, au gré des notes, emporté par le courant du Danube.

Régulièrement, cet air résonnait dans la chambre 614-1. En fait, une fois par semaine, quelqu'un – un visage qu'elle ne connaissait pas – venait voir Marguerite, un magnétophone à la main, et lui passait des valses de Vienne.

Un, deux, trois... Un, deux, trois...

Quelques jours avant Noël, deux événements marquants vinrent bouleverser son existence intégralement programmée. Cette musique, tout d'abord, que l'on passait maintenant dans les chambres – une innovation dans le programme d'activités. L'autre changement, sans commune mesure avec le premier, la fit basculer dans l'horreur : une intrusion effroyable dans sa quiétude relative, quelque chose qui réveillait brutalement et de façon incontrôlable son instinct de conservation et sa rage de survivre.

Si elle avait pu s'exprimer et raconter le premier incident en détail, elle aurait sans doute parlé de cet arrêt respiratoire de quelques secondes : un blocage ponctuel entre deux inspirations. Brutalement, l'air lui avait manqué complètement, la pression s'était intensifiée, lui obstruant les narines et s'exerçant violemment sur sa gorge... la serviette-éponge roulée que l'on avait maintenue pour l'étouffer... les bouclettes du tissu qui lui blessaient la peau comme autant de pointes émoussées.

Le souffle coupé, elle perdit connaissance.

A son réveil cette fois-là, sa mémoire conserva peut-être

l'image d'un visage familier, la sensation de ces deux mains sur son visage et l'odeur de Sween Cream – la crème utilisée par les aides-soignantes pour les soins. Le jour de Noël, lors de la visite de sa fille, Marguerite avait pris peur en sentant la serviette-éponge sur sa joue et ses lèvres.

Marguerite restait ainsi victime de son silence. L'infirmière qui la suivait ne connaissait qu'une seule chose : son pouls, légèrement supérieur à une pulsation par seconde. Quant à sa pression artérielle, elle était tout à fait normale pour une personne de soixante ans. La nuit précédente, son sommeil avait été agité. Sa température était montée à trente-huit degrés trois. Rien d'étonnant pour qui savait ce qu'elle venait de subir.

Tout commença une fois qu'Ed eut quitté les lieux, ce dimanche-là.

Peut-être quelques signes avaient-ils trahi la présence d'un intrus dans sa chambre. Ou peut-être fut-elle brutalement arrachée à son sommeil. La tringle grinça lorsqu'une main écarta le rideau de séparation entre les deux lits. Deux mains se posèrent sur sa tête pour lui maintenir la nuque. Le geste fut peut-être rapide, ou bien très lent, comme celui d'un chirurgien-dentiste préparant son patient.

Soudain, le souffle lui manqua. Il n'y eut plus une bouffée d'air, plus un souffle, rien.

Une serviette-éponge roulée fut plaquée contre ses narines. Une autre contre le menton. Une main comprima le nez sans relâche, l'autre releva violemment la mâchoire inférieure pour maintenir les deux gencives édentées serrées l'une contre l'autre.

Marguerite se débattit, tout son corps se rebiffa. Quelques râles profonds, gutturaux, s'échappèrent, puis ils furent de plus en plus sourds. Le besoin de respirer devint impérieux, ses joues se gonflèrent, puis se relâchèrent complètement. Elle avala les derniers centimètres cubes d'oxygène qui lui restaient dans les poumons...

Peut-être vit-elle, à l'approche de la mort, défiler le film de son existence : la ferme de Walker, la pépinière à l'autre bout du jardin, les visages d'Ed, de Jan, de Gary et d'Ed Junior, le scintillement du lac près de la maison de vacances, elle-même, glissant sur ses skis nautiques sous l'œil admiratif des enfants, la danse, la musique, *Le Beau Danube bleu*. Un, deux, trois... Un, deux, trois...

Mais peut-être ne vit-elle que le noir.

Ses muscles tentèrent une dernière fois de se contracter. Dans un ultime effort, elle réussit à dégager sa tête.

Rien au monde n'aurait pu la préparer à une telle fin.

Elle eut un dernier spasme. Dans un sursaut de conscience, elle parvint à ouvrir les yeux et vit un visage penché au-dessus d'elle... Un visage qui aurait pu être peint par Michel-Ange dans la chapelle Sixtine.

Mais ce visage était celui d'un ange de la mort.

34

La musique de RADIO WOOD fut interrompue quelques secondes par une annonce de la direction : « La surveillante, s'il vous plaît, chambre 614. »

Les anciennes du service savaient ce que le message signifiait. Un malade venait de mourir à Alpine Manor. Une aide-soignante ou une infirmière avait découvert le corps et la surveillante allait constater le décès.

Cette nuit-là, la surveillante cleffe Letitia Prescott était de service. Elle venait juste d'arriver à Alpine. Une des portes de son bureau donnait sur Camelot, la section où travaillait Cathy. Celle-ci vint la voir pour lui demander ce qui se passait.

– Je ne sais pas, fit-elle. J'arrive à l'instant.

Quelques minutes plus tard, Cathy l'interrogea à nouveau à propos de l'annonce qui venait de passer.

– Est-ce que c'est Marguerite ?

Avant que la surveillante ne puisse répondre, elle ajouta très vite :

– Gwen m'a dit qu'elle était malade.

Tish Prescott n'avait guère le temps de discuter plus longtemps. La nouvelle tombait au beau milieu de la réu nion pendant laquelle les surveillantes se communiquent les informations entre deux services. Une infirmière était en train de s'occuper des détails. Le corps de Marguerite Chambers avait été découvert par un aide-soignant pendant sa ronde.

Dans la chambre 614, les aides-soignants défilaient. Cette pratique n'avait jamais été remise en question par la direction de l'établissement. La mort suscitait toujours une certaine curiosité.

Gwen Graham n'avait eu que quelques pas à faire. Elle s'occupait de neuf chambres situées à proximité, dans le couloir des 700, près de l'infirmerie de Dover. Cathy Wood non plus n'était pas loin, à Camelot. D'où elle travaillait, elle pouvait voir la porte de la chambre 614.

En faisant son tour, l'infirmière Linda Dapore nota les dernières informations sur la feuille de surveillance de Marguerite : à 20 h 30, ni pouls ni tension – morte depuis un certain temps. Peau marbrée de couleur grisâtre. Les bras et les mains sont froids.

L'infirmière nota également que la famille avait été prévenue, selon les règles et que le Dr James Piskin avait été contacté. C'était lui qui autorisait le transport des défunts à la morgue.

Deux aides-soignants, dont Gwen Graham, furent chargés de la toilette mortuaire. Quand le corbillard des pompes funèbres *Reyer's Funeral Home* arriva à 10 heures du soir, ils étaient quatre pour soulever le corps de Marguerite et le déposer sur un brancard. Gwen donna un coup de main et Cathy souleva la tête. Elles avaient travaillé l'après-midi et se préparaient à prendre leur deuxième service, cette nuit-là.

La surveillante cheffe Tish Prescott vérifia tous les détails sur la feuille de surveillance de Marguerite. Rien ne justifiait que l'on appelât le coroner. En fait, de toute sa carrière, elle n'avait jamais vu le coroner se déplacer dans un centre de soins pour personnes âgées. Le Dr Piskin signerait le certificat de décès le lendemain. Il n'allait pas se déplacer un dimanche soir pour examiner le corps d'une défunte. Tish Prescott savait que les médecins ne le faisaient jamais.

Jan Hunderman s'était rendue à l'église pour la première fois depuis des années, mue par une sorte d'intuition. Il avait fallu qu'elle retourne à l'église, ce dimanche-là, précisément.

– M'man me poussait toujours à y aller, raconta-t-elle plus tard à une amie. Elle était catholique pratiquante et ne manquait pas une messe. Je savais qu'elle aurait aimé que j'y aille, alors je me suis dit que je pourrais le faire pour elle. Peut-être sera-t-elle contente, quand elle sera au paradis.

Elle était heureuse d'être allée à la messe dans cette église protestante de la paroisse de son mari.

Jan et Gary Hunderman venaient à peine de rentrer chez eux quand le téléphone avait sonné. Il était environ 8 heures du soir. Gary décrocha et entendit une voix de femme.

– Ici, Alpine Manor. Nous sommes au regret de vous

informer que Madame Marguerite Chambers est morte aujourd'hui dans la soirée.

– Quoi ! Mais de quoi est-elle morte ? Demanda Gary, Qu'est-ce qui s'est passé ?

– Ce n'est pas certain mais il est probable qu'elle s'est étouffée en avalant quelque chose, lui répondit-on.

Gary se retourna vers sa femme et lui transmit la nouvelle. Au bout du fil, la personne d'Alpine Manor s'impatientait.

– Où voulez-vous que l'on transporte le corps ?

– Je ne sais pas, dit Gary. Il faut que j'en parle avec ma femme et que nous prévenions toute la famille.

Mais la voix insista.

– Ecoutez, le coroner est ici. Il est sur le point de partir. Rappelez-nous dans dix minutes.

Gary raconta ce qu'il venait d'entendre dans le détail. Jan refusait l'évidence. Pourquoi n'avait-elle pas été prévenue que sa mère était en train de mourir ? Elle voulait être là pour l'accompagner dans ses derniers instants, comme lorsqu'elle avait été hospitalisée pour une pneumonie.

– Ils ont dit qu'elle s'était étouffée, expliqua Gary.

– Mais c'est impossible ! Il y a toujours quelqu'un pour lui donner à manger. Personne ne l'aurait laissée s'étouffer.

– Ils ont dit que le coroner était là-bas, dit Gary.

Rappeler dans dix minutes, c'était beaucoup trop rapide.

– Ils attendront, dit Jan.

L'urgence de la situation effaçait tout désir d'en savoir plus. Après une série de coups de fil, ils se rendirent chez Ed qui habitait à environ vingt minutes de chez eux. A peine étaient-ils arrivés que la sonnerie du téléphone retentit. C'était Alpine Manor.

– P'pa, ils disent que le coroner va partir, dit Dawn, la fille de Gary, âgée d'une dizaine d'années.

Jan la chargea de transmettre qu'ils avaient une réunion de famille et que leur décision était imminente. Pourquoi se montraient-ils aussi pressés ?

Il y eut au total trois appels d'Alpine Manor, ce soir-là. Le dernier fut pour Ed, aux alentours de 21 h 30. Gary Hunderman leur donna finalement l'adresse des pompes funèbres *Reyer's Funeral Home.*

Pendant très longtemps, Gary garda en mémoire l'image du gros corbillard noir emportant le corps de sa belle-mère. Le bureau du coroner devait sûrement s'occuper de ce type de services. Il était possible qu'ils fassent, chaque soir, le tour des centres de soins et des hôpitaux de la ville pour emmener les corps des défunts.

Marguerite fut enterrée au cimetière de *Rosedale Memorial Park* selon le rite catholique. Le lundi, le cercueil resta ouvert, le mardi on récita le rosaire, et une messe fut donnée le mercredi à l'église. Marguerite était revêtue d'un tailleur rose, et dans ses mains était glissé un rosaire noir.

Sur la tombe, Ed avait fait graver une plaque de bronze avec ces mots : « Ensemble – mariés pour l'éternité. »

Quand Jan eut réglé les derniers détails avec l'entrepreneur de pompes funèbres, il lui remit une enveloppe contenant le certificat de décès.

Elle le lut quelque temps plus tard. Il était signé du Dr Piskin ; selon lui, la mort avait été causée par un « infarctus du myocarde » – une crise cardiaque due à l'athérosclérose» dont souffrait la malade, c'est-à-dire un épaississement de la paroi des artères au niveau du cœur, avait-il précisé. Le médecin avait coché la case « mort naturelle » sur le formulaire. Le certificat de décès était daté du 19 janvier 1987, le lendemain précisément de la mort de Marguerite Chambers.

Celle qui a appelé le jour du décès ne devait pas savoir de quoi elle parlait, se dit Jan. Elle comprenait mieux à présent. En effet, elle se souvenait des visites du médecin et des ambulances devant la maison. Sa mère souffrait parfois d'insuffisance respiratoire et les crises lui prenaient souvent dans son sommeil. Le médecin, à l'époque, avait diagnostiqué une faiblesse cardiaque. « Elle a le cœur fatigué, avait-il dit. Un jour, il lâchera. »

Plus tard, elle se rendit à Alpine pour prendre les affaires de sa mère : des vêtements, des bricoles et des cadeaux accumulés au fil des mois, dont le bouquet de fleurs séchées. Jan ne remarqua pas qu'il y manquait le petit cœur sur lequel était écrit « Maman ».

Pendant plusieurs mois, Jan Hunderman resta perturbée. Elle n'arrivait pas à faire le deuil de sa mère. M'man était malade depuis si longtemps, se disait-elle, j'aurais dû être préparée à sa mort. Mais rien ne pouvait chasser cette impression de confusion, de désordre qui avait entouré la mort de sa mère. Tout s'était passé si vite ! Et ces hésitations sur les causes de la mort... Jan se sentait flouée. Ce n'est pas juste, pensait-elle. Je voulais être là, à ses côtés, quand elle nous quitterait.

Le soir, à l'heure du coucher, elle parlait souvent de sa mère aux enfants et se mettait à pleurer. Avant d'éteindre la lumière, elle leur demandait s'ils n'avaient pas besoin de quelque chose avant de dormir.

Ce n'étaient pas eux qui avaient des problèmes, mais elle. Elle était angoissée et n'arrivait pas à se ressaisir.

– Mon Dieu, si seulement, j'avais encore ma maman, moi aussi, leur disait-elle parfois.

Le lendemain de la mort de Marguerite, Cathy et Gwen

étaient en congé. Le surlendemain, un mardi, elles devaient être de service l'après-midi et le soir. Mais Cathy appela Alpine Manor pour s'excuser car elles étaient dans l'impossibilité de venir travailler. Le chauffe-eau était en panne.

– Nous devons attendre le réparateur, dit-elle à la surveillante.

Cathy et Gwen restèrent toutes les deux à la maison et l'alcool coula à flots. Plus tard, Cathy déclara qu'elle aussi avait vraiment eu peur de descendre l'escalier du sous-sol, pendant ces deux journées.

– J'imaginais que Marguerite me guettait en bas, dit-elle.

Le lundi soir, dans leur chambre, elles inventèrent un nouveau jeu. L'une liait les poignets de l'autre au montant du lit avec les sangles qu'elles avaient volées à Alpine. A l'aide d'une paire de chaussettes aux mains, celle qui était à califourchon sur l'autre devait faire semblant de l'étouffer en lui bloquant les narines et la bouche. C'était un jeu, personne ne suffoquait, mais il se terminait par des larmes. Les sangles desserrées, elles changeaient de rôle.

Le disque de Mel Carter passait et repassait sur la platine.

Hold me, thrill me, kiss me. Make me tell you I'm in love with you.

– *I'll love you forever*, entonnèrent-elles en chœur.

35

Le jeudi, Cathy avait presque fini son premier service quand elle surgit dans le bureau de l'infirmière pour rapporter un incident qui venait de se produire avec une malade. C'était la deuxième altercation en quatre mois.

Sur le coup de 11 heures du soir, elle était en train de changer la patiente de la 608-1, qui occupait le lit près de la fenêtre, lorsque celle-ci s'était brusquement soulevée, l'avait agrippée et lui avait planté ses ongles dans la joue gauche. Elle se fit soigner à l'infirmerie.

En septembre, Cathy avait déjà été sévèrement frappée au visage par un malade, alors qu'elle le mettait au lit. On ne décela aucune fracture à la radio et on se contenta d'administrer davantage de tranquillisants au patient.

Dans le rapport sur le dernier incident, l'infirmière nota que, plus tôt dans la soirée, la patiente en question avait refusé de prendre son calmant.

Le vendredi, on demanda à Cathy comment elle allait et elle répondit que sa joue lui faisait encore mal.

36

Ken ne supportait plus de recevoir ces coups de fil bizarres tard dans la nuit. Jamais il n'aurait imaginé que des filles de vingt-cinq ans puissent s'amuser à de telles gamineries.

Il savait pertinemment qui étaient les coupables, bien qu'il n'ait personne au bout du fil. Cela se produisait exactement à l'heure de la pause de l'équipe de nuit à Alpine. Maintenant, Ken travaillait de jour à l'usine pour pouvoir mieux s'occuper de Jamie. Ces sonneries de téléphone le réveillaient brutalement et le privaient de précieuses heures de sommeil.

Il était impossible de contacter Cathy. Dès qu'il appelait, il tombait sur son répondeur dont les messages d'attente se faisaient plus qu'étranges. L'un d'entre eux, un petit poème, parlait de « Bunny Foo Foo » – le nom d'un lapin assassin dans une comptine. Il était « dans le jardin» et ramassait des carottes avec Cathy. Un chien gardait la maison, etc. Il demanda à des amis ce qu'ils en pensaient. Ken se disait que sa femme avait perdu la raison.

Il y avait aussi cet enregistrement sur le répondeur avec un vieux tube des Supremes : *You Keep me Hangin'on* qui le visait tout particulièrement. Il en était presque sûr, surtout après avoir eu Gwen au téléphone. Elle lui avait répondu sur un ton frisant l'impolitesse, et avait refusé de lui passer Cathy.

Finalement, ils réussirent à entrer en contact. Ken se rendit chez Cathy le 30 janvier, un peu après minuit. Elle avait accepté qu'ils fassent une déclaration d'impôts conjointe et il devait lui remettre les formulaires à remplir, mais elle ne le ferait qu'à la condition qu'il passe aux heures où elle était normalement debout.

Ken ne savait absolument rien de l'accueil qui lui serait réservé, Cathy était tellement imprévisible. Après cette poursuite en voiture qui s'était terminée devant le palais de justice, ils avaient conclu une sorte de trêve. Dans les jours qui suivirent le 18 janvier, il avait invité Cathy et Gwen à dîner. Cathy avait réussi à parler et même à plaisanter avec Jamie. Ken, de son côté, bavardait avec Gwen. Cathy avait alors annoncé le mariage de sa sœur au mois de mars, en Floride. Il proposa de les y emmener toutes les deux en voiture, car il voulait aller à Disney World avec Jamie.

– Gwen pourrait venir avec nous pendant que tu seras au mariage, dit-il.

Cathy avait été prise d'un fou rire.

– Pourquoi ris-tu ? Demanda-t-il. J'aime bien Gwen.

– Toi et Gwen à Disney World ! Il faut que j'y réfléchisse.

Elle était de tellement bonne humeur ce soir-là... Pourquoi avait-il tant de mal à lui parler au téléphone ?

Une fois chez elle, il essaya d'éviter toute controverse et ne parla que du formulaire des impôts. Puis, pendant qu'il y était, il aborda aussi la question de ses disques qui étaient toujours au sous-sol. Il aurait aimé les récupérer.

– Gwen ! Appela Cathy. Tu peux descendre chercher ses disques ?

Gwen se dirigea vers l'escalier.

– Au fait, Cath, j'en ai assez de ces coups de fil en pleine nuit, dit-il. C'est vous qui appelez et raccrochez, n'est-ce pas ? Qu'est-ce que ça signifie ? Oh ! Et au fait, je n'apprécie pas tellement le ton hautain que prend Gwen au téléphone.

Cette critique déclencha immédiatement chez Cathy une vive réaction.

– Puisque c'est comme ça, tu n'auras rien du tout, fit-elle.

– Gwen ! Cria-t-elle. Ne lui donne pas ses disques !

C'en était trop, elle l'avait mis hors de lui.

– Il est hors de question que je sorte d'ici sans mes disques, lui répondit-il. Cela fait des mois et des mois qu'ils sont en bas, dans des caisses.

Ken descendit lui-même au sous-sol. Il était en train de remonter, les bras chargés de disques, quand, brusquement, Cathy éteignit la lumière et referma la porte de l'escalier. Dans la plus complète obscurité, Ken déposa les disques sur les marches et chercha à tâtons l'interrupteur. Il le trouva mais en poussant la porte, il sentit une résistance. Quelqu'un s'appuyait de l'autre côté pour l'empêcher de sortir. Il parvint malgré tout à entrouvrir et vit Cathy de dos. Elle tenait dans ses mains une batte de base-ball.

Ken poussa de toutes ses forces et la porte céda. En un éclair, il saisit la batte des mains de Cathy et la lança dans le salon. Il se mit en position de défense. Cathy, devant lui, était devenue hystérique.

– Sors d'ici ! Siffla-t-elle. Fiche-moi le camp ! C'est chez moi, ici !

– Oui, mais ces disques sont à moi.

Elle hurla qu'elle avait appelé la police.

– Très bien, fit-il. Je vais attendre. Je ne mettrai pas un pied hors d'ici sans mes disques.

Il s'assit sur une chaise, se renversa légèrement en arrière, et cala un pied contre le mur.

– Enlève tes pieds de là ! Cria-t-elle.

Cathy lui saisit les chevilles, et d'un mouvement brusque, le fit tomber par terre. En se relevant, il vit qu'elle se dirigeait vers la batte de base-ball. Il chercha à la suivre mais fut stoppé dans son élan par Gwen qui s'était interposée.

– Laisse-la tranquille, dit-elle.

– Gwen, reste en dehors de ça, tu risques de te faire mal.

Il l'écarta d'un geste et chercha à s'emparer de la batte. Cathy avait de la force, la batte était très solide. En un instant, il sut qu'elle pouvait vraiment blesser quelqu'un.

– Cath, qu'est-ce que tu veux faire ? Tu cherches à me frapper ?

Il s'avança vers elle à pas comptés. Soudain, il entendit derrière lui un hurlement, comme un cri de guerre primitif. Il se retourna juste à temps pour voir Gwen foncer vers lui, la tête en avant. En un éclair, elle le saisit aux genoux et le plaqua au sol.

Il heurta durement le plancher puis comprit en un éclair qu'elles faisaient front contre lui. Mon Dieu ! Pensa-t-il, c'est dingue, elle prend sa défense !

Une seconde plus tard, elles étaient sur lui. Cathy, haletante, la bouche ouverte, essayait de le mordre au visage.

Elles me veulent du mal, pensa-t-il.

Il parvint à se débarrasser du poids de Cathy et à rouler sur le côté, mais à peine s'était-il agenouillé qu'elle réussit à grimper sur son dos. Gwen se releva et lui donna un coup de pied dans l'entrejambe, puis au visage. Elle voulut ensuite saisir la batte mais il réussit à l'attraper de justesse. Cathy était toujours accrochée à son dos et gênait considérablement ses mouvements. Il tira la batte vers lui, Gwen fit de même. Une lutte acharnée s'engagea. Gwen hurla alors à l'adresse de Cathy :

– Je t'aiiiime !

Soudain, il sentit les ongles de Cathy se planter dans sa paupière. Il plissa les yeux pour se protéger mais elle griffa plus fort. Aveuglé par le sang, il entendit Cathy hurler.

– La lampe, donne-moi la lampe !

Il savait qu'elle avait une grosse lampe en céramique.

Il tira alors sur la batte de toutes ses forces mais Gwen le contra.

– Donne-moi la lampe !

Elles vont me fracasser le crâne, pensa-t-il. Elles essaient de me tuer ! Ce n'est pas possible !

Soudain, il se sentit libéré du poids de sa femme. Il était toujours accroché à la batte de base-ball quand il entendit une voix :

– Lâchez ça !

C'était un policier.

Il fut prié de rentrer chez lui. En quittant les lieux, Ken n'était en possession ni de ses disques ni du formulaire des impôts.

Le lendemain, à Alpine Manor, Maurice Spanogle, ancien représentant de commerce, se débattait entre deux aides-soignants qui le conduisaient à la salle de bains. Jim Shooter et Gwen Graham devaient lui donner son bain mais le vieil homme, âgé de quatre-vingt-six ans, leur donnait souvent du fil à retordre pendant sa toilette.

Il continua à se débattre sur la chaise pendant qu'on le déshabillait. Soudain, son dos se raidit, il renversa la tête en arrière en quête d'air. Il suffoquait.

Une infirmière de Dover qui passait là se précipita. Ils l'allongèrent sur le carrelage, il haleta quelques minutes, devint bleu, ses yeux se révulsèrent.

Maurice Spanogle mourut sur le carrelage de la salle de bains à 8 heures du soir.

Gwen raconta plus tard la scène à Cathy.

Tout le monde crut à une crise cardiaque.

Robin Fielder sourit en voyant le permis de conduire glissé sous l'essuie-glace de sa voiture. C'était un code secret ! Cela signifiait : « Attends-moi de l'autre côté de la rue, en face de *Family Foods.* »

Sur le permis de conduire, il y avait la photo de Gwen Graham. Elles se voyaient en cachette depuis le 8 janvier. Robin n'était pas près d'oublier ce soir-là. Après le cinéma, Cathy, Gwen et Robin s'étaient retrouvées chez une autre aide-soignante pour jouer à ce jeu des paris stupides avec des pièces de vingt-cinq cents. Elles mirent des disques et c'est à ce moment-là que tout le monde demanda à Cathy de danser.

– Allez, Cathy, danse, la pressa Robin. Danse, voyons !

– Non, je ne peux pas, non, non. A moins que Gwen n'aille se cacher, dit Cathy.

Gwen alla s'enfermer dans la salle de bains. Cathy se trémoussa quelques instants, puis Gwen sortit de sa cachette.

– Alors, comment c'était ? Demanda-t-elle en rigolant. Elle a bien dansé ?

Robin se mit à l'imiter, dans un style assez risible et peu flatteur pour Cathy, probablement.

Elle était complètement ivre et Gwen était dans le

même état. Cathy était restée sobre toute la soirée, car elle devait prendre son service un peu plus tard à Alpine.

A bout de souffle, Robin s'affala sur une chaise et se débarrassa de ses chaussures à talons. Soudain, Gwen bondit sur elle, lui enleva un mi-bas, et partit en courant à travers l'appartement. Robin se lança à sa poursuite en riant. La course se termina dans la chambre à coucher…

Elle récupéra la chaussette et toutes les deux rejoignirent les autres sans se presser.

– Où est Cathy ? Demanda Gwen en entrant dans le salon.

– Elle est partie furieuse – en claquant la porte, dit quelqu'un.

Gwen se précipita dehors. Robin, prompte à la suivre, la rattrapa dans l'escalier de l'immeuble, au moment où la voiture de Cathy démarrait en trombe.

– Ecoute, ce n'est pas la peine d'essayer de la rattraper, lui dit Robin.

Gwen faisait la tête.

– Je vais rentrer à pied.

– Non, tu ne rentreras pas à pied, je ne te laisserai pas. Et puis, tu peux rester ici si tu veux.

Gwen regarda Robin droit dans les yeux et lui sourit en penchant la tête légèrement de côté. Robin fut un peu interloquée quand elle l'embrassa sur la bouche. Puis elles rentrèrent dans l'appartement.

L'alcool et la fatigue aidant, elles ne se firent pas prier pour rester dormir là. Quelques instants plus tard, elles s'affalèrent toutes les deux, à moitié ivres, dans le même lit.

Le lendemain, Robin se réveilla la première et vit les cicatrices et les marques multiples sur le dos de Gwen.

– Gwen, tu as vu ton dos ! S'écria Robin. Qui t'a fait ça ?

– C'est Cathy.

– Mais pourquoi ?

Gwen resta muette.

Une fois prête, Robin accompagna Gwen chez Cathy. Elle apprit, plus tard, que Gwen et Cathy avaient eu une vive explication sur les événements de la veille. Gwen s'était défendue, disant qu'elle ne se souvenait de rien, vu son état.

En rentrant chez elle, Robin éprouva un certain malaise. Elle ignorait si c'était dû aux cicatrices sur le dos de Gwen ou à ce brusque tournant dans sa vie sentimentale. Jusqu'à ce jour, elle n'avait jamais partagé son lit avec un homme, encore moins avec une femme. Son histoire avec Paul Lopez lui avait laissé le cœur meurtri.

Un jour, alors qu'ils étaient tous les deux de service à Alpine, une dispute avait éclaté. Il semblait très jaloux de ses nouvelles amies. En fait, il venait de lui proposer de boire un verre après le travail mais elle s'était excusée, prétextant qu'elle était prise. Sur ces mots, il lui rendit les clés de son appartement, qu'elle lui avait données.

– Si tu préfères traîner avec tes lesbiennes, vas-y. Je me fiche de ce que tu fais, après tout, dit-il.

Par la suite, Paul l'ignora complètement. Robin, qui était d'une grande sensibilité, eut beaucoup de mal à supporter cette soudaine indifférence.

Cathy Wood était une amie pour elle, quelqu'un qui savait écouter les autres en cas de problème. Mais elle se sentait irrésistiblement attirée par l'air enfantin et le nez retroussé de Gwen. Une certaine innocence émanait de sa personne.

Robin avait grand besoin de compagnie. Deux jours plus tard, elle retrouva Gwen dans la petite maison d'Effie, pendant que Cathy travaillait. Robin ne se sentait pas rassurée mais plusieurs verres d'alcool finirent par lui faire oublier sa peur. Gwen et elle restèrent presque toute la nuit serrées l'une contre l'autre. Et puis doucement, lentement, Gwen l'initia à l'amour.

– Si tu veux, j'arrête, proposa Gwen.

– Non, non, répondit Robin.

Après cette initiation, elle se sentit très coupable, non pas d'avoir eu des relations sexuelles avec une femme, mais que cela se soit passé dans la maison de Cathy.

C'est de la folie, pensa-t-elle. Dans le lit de Cathy, en plus. Non, il ne faut pas, nous allons nous attirer des ennuis !

Sa résistance était bien faible, et ce soir encore, au volant de sa Mustang, rien n'aurait pu l'empêcher de retrouver Gwen chez Cathy. Deux fois par semaine, elles se retrouvaient ainsi en cachette. Cette fois encore, elles n'allaient pas fermer l'œil de la nuit et elle devrait encore se doper avec quelques pilules de 357 Magnum, pour tenir le choc.

Robin Fielder se sentait pousser des ailes : elle était en train de tomber amoureuse. Et cette fois-ci, c'était réciproque.

En arrivant, elle vit tout de suite la Coccinelle orange devant la maison, et son cœur bondit de joie. Tous ses tourments intérieurs s'évanouirent et elle songea qu'il ne fallait pas s'inquiéter du passé ou de l'avenir. Il valait mieux laisser les choses suivre leur cours.

37

Au-dessus de la porte de Clara Pierce, la lumière rouge s'alluma. Il devait être près de minuit. Ladonna Sterns, de service, se rendit auprès de la malade pour voir ce qui n'allait pas.

– Elles vont me tuer ! Elles vont me tuer !

Clara était attachée dans son lit, les yeux écarquillés par la peur.

Ladonna essaya de la calmer.

– Mais non, voyons, personne va vous tuer, Clara. Ne vous inquiétez pas !

– Non, elles vont me tuer. Elles me le disent à l'oreille, sans arrêt.

Elle accompagna la vieille dame dans la salle de bains, tout en la rassurant.

– Mais non, voyons ! Tout va bien.

Ladonna se disait que Clara faisait un accès de délire hallucinatoire dû à son grand âge. Elle avait quatre-vingt-sept ans et son cerveau était déjà ramolli lors de son admission, six ans auparavant. Clara, malgré ses symptômes de grande confusion, était une des pensionnaires préférées de Ladonna. Cet hiver, elle avait fait une mauvaise chute et le médecin avait ordonné qu'on l'attache dans son lit. Dès lors, la panique ne la quitta plus. Elle cherchait tout le temps à s'échapper. Les sangles étaient là pour empêcher qu'elle ne se blesse à nouveau en marchant.

Systématiquement, toutes les nuits, pendant le troisième roulement, elle actionnait la sonnette d'alarme et demandait un bassin ou qu'on l'accompagne aux toilettes. Ladonna l'avait surprise plusieurs fois en train d'essayer de libérer ses poignets.

– Il faut rester au lit, c'est pour votre bien, vous savez, disait Ladonna. Si vous voulez quelque chose, vous sonnez.

– S'il vous plaît, je vous en prie, détachez-moi, suppliait-elle. Vous ne comprenez donc pas ? Elles veulent me tuer. Elles rentrent dans ma chambre et me murmurent à l'oreille qu'elles vont me tuer. Elles vont le faire.

Ladonna se rappela alors qu'à Buckingham, une autre

malade hurlait qu'on allait la violer. Elle l'avait vue aller aux toilettes accompagnée de Cathy Wood et elle se débattait en criant : « Elle veut me violer ! »

Enfin ; les malades avaient souvent des comportements ou des propos bizarres. Certains avalaient des insectes, un autre pensait que les poires de lavement étaient des sexes. Un autre encore se promenait dans les couloirs en se masturbant.

Mais tout de même, personne n'avait jamais crié au meurtre à Alpine ; c'était la première fois qu'elle entendait cette histoire.

A peine Clara fut-elle recouchée que ses cris reprirent de plus belle.

– Elles veulent me tuer !

– Voyons, Clara, ça suffit, tout va bien.

– Elles vont me tuer !

– Shhhhhhhh... Clara.

Ladonna enferma les poignets dans les sangles de feutre.

– Je vous en prie ! Elles vont me tuer !

– Clara, taisez-vous, s'il vous plaît.

Elle passa la lanière dans le montant du lit, puis dans la boucle des attaches, et la fixa.

– Elles vont me tuer ! Je vous en prie !

Ses cris retentissaient dans tout Camelot. En février, tout le monde y était habitué.

Margaret Knipp était en train de pousser sa mère dans un fauteuil roulant. Elle ouvrit la porte de sa chambre.

– Non, pas là, supplia Clara. C'est là qu'elles tuent les gens. Elles essaient de me tuer, là, dans cette chambre.

Cette obsession devenait problématique. A chaque visite, Clara ne cessait de se plaindre. Non, ce n'était plus possible, Margaret se décida à en parler au personnel. Pour toute réponse, une infirmière lui posa quelques questions sur le passé de sa mère.

– A-t-elle souffert d'un traumatisme ? Est-ce que Clara a eu de grandes angoisses quand elle était petite ? Il arrive qu'à son âge, les peurs passées resurgissent.

Margaret n'avait jamais eu connaissance de pareil traumatisme chez sa mère.

Certes, Clara avait oublié les prénoms de ses petits-enfants mais pas celui de sa fille. Ses propos étaient parfois un peu confus mais la plupart du temps son discours était cohérent. Clara se montrait même très combative s'il le fallait, du moins en paroles, et ne mâchait pas ses mots.

Pendant trois mois, elle continua à crier à la ronde qu'on voulait la tuer et il était de plus en plus difficile de la calmer. La sénilité est une chose horrible et tellement imprévisible, pensait Margaret. Elle était presque convaincue que Clara était victime de son propre délire. Sa chambre était toujours impeccable, et elle n'avait rien à redire sur les soins qui lui étaient prodigués. Même lors de visites imprévues, elle avait pu constater que sa mère était toujours propre et bien nourrie.

Elle était donc très satisfaite d'Alpine Manor. On s'occupait de sa mère de la meilleure des façons.

38

Ted Luce disait toujours que personne n'était plus dévoué pour sa mère que sa propre sœur. Hazel, il est vrai, aurait tout aussi bien pu être rémunérée par Alpine Manor, tant elle s'occupait de leur mère.

Pendant des années, Hazel avait rendu visite à Myrtle Luce chaque jour, et parfois même deux fois par jour. Elle la nourrissait, la lavait et la changeait. A Alpine, elle était devenue une figure légendaire. Hazel disait simplement qu'elle se contentait d'aider sa mère comme celle-ci l'aurait fait pour elle. Ces dernières années, elles avaient vécu sous le même toit.

Mais, avec l'âge – Hazel approchait de soixante-dix-sept ans –, ses visites s'étaient espacées.

Ted Luce savait que sa mère avait commencé à décliner juste après le décès de son mari. Ils étaient comme deux doigts de la main et avaient été mariés pendant soixante-cinq ans.

Son père lui avait fait promettre de ne jamais mettre Myrtle dans un centre de soins s'il venait à disparaître en premier.

Il avait promis, seize ans auparavant. Mais quand Myrtle devint incontinente, la charge fut trop lourde, même pour Hazel. Maintenant, Ted approchait de soixante-cinq ans.

La décision fut très dure à prendre, mais il se dit que son père voyait les centres de soins comme les hospices d'autrefois qui n'étaient rien d'autre que des mouroirs. Il avait même retrouvé des coupures de journaux à ce sujet dans son portefeuille, après sa mort.

Alpine Manor, c'était autre chose ! Pensait-il. Il assimilait cet établissement à un hôpital. Depuis cinq ans que sa mère y était pensionnaire, il connaissait presque tout le personnel. Elle vivait dans un environnement familier. Et puis, Hazel, Ted et sa femme lui rendaient visite plusieurs fois par semaine.

Myrtle, à quatre-vingt-quinze ans, réclamait beaucoup de soins. Mon Dieu, c'était la moindre des choses que l'on puisse faire. Elle l'avait mérité. Toute sa vie n'avait été que charité et dévouement. Une âme de missionnaire, disait-on. Elle avait accueilli un jeune délinquant chez elle et s'en était occupée. Myrtle avait également soigné ses deux vieilles tantes, puis deux de ses sœurs. Quand elle n'eut plus personne autour d'elle, elle travailla comme bénévole.

Ces douze derniers mois, elle avait vraiment changé et n'était plus que l'ombre d'elle-même. Elle ne pouvait plus parler ni marcher depuis des années, mais reconnaissait toujours son fils. Elle lui souriait et l'accueillait en lui tapotant la tête.

Maintenant, elle ne quittait pratiquement pas son lit.

Elle restait immobile, généralement en position fœtale, et n'ouvrait presque plus les yeux.

Après plusieurs embolies, son cerveau ne fonctionnait plus que partiellement. Le médecin avait diagnostiqué un ramollissement cérébral. Pour Ted, rien ne différenciait cet état-là de la maladie d'Alzheimer de sa voisine de chambre, Marguerite Chambers. Ted Luce était mécanicien et non médecin mais, à son avis, l'hypertension et l'athérosclérose dont sa mère souffrait auraient dû lui être fatales depuis longtemps. Mais son cœur résistait.

– Elle a le cœur très solide, avait dit le médecin, lors d'une visite récente. On peut dire qu'elle a encore une santé de fer, malgré les apparences. Elle peut vivre ainsi cinq jours, cinq mois ou cinq ans. C'est impossible à prévoir.

Dernièrement, elle avait perdu du poids et il était de plus en plus difficile de la nourrir. Les aides-soignantes devaient l'asseoir dans une chaise spéciale et lui administrer les purées avec une sorte de seringue prévue à cet effet. Puis, elles encourageaient la déglutition en lui caressant la nuque.

Récemment, Ted et Hazel lui avaient acheté une couverture en peau de mouton censée limiter les escarres. En fait, elle n'en souffrait pas car les aides-soignantes étaient très vigilantes et la tournaient régulièrement sur son lit. Hazel aussi ne manquait pas de le faire à chaque visite.

Tous se mettaient en quatre pour la soulager. On lui passait de la musique dans sa chambre maintenant. Et

Ted se disait que son père aurait sûrement trouvé cela très bien.

Le 3 février, dans l'après-midi, une infirmière remarqua qu'un filet de sang coulait de sa narine droite. Elle lui passa un peu d'eau froide avec un gant de toilette pour arrêter l'hémorragie.

Avec toutes les sondes, les capillaires étaient sensibilisés et compte tenu de la pression artérielle assez élevée, il n'y avait pas lieu de s'inquiéter outre mesure. Dans cet environnement surchauffé les muqueuses se desséchaient vite.

39

J'avoue avoir envie de frapper les enfants
quand je me trouve en leur présence...
J'ai tendance à les maltraiter. En fait,
je n'aime guère les enfants – même Jamie.
Catherine Wood, le 23 novembre 1988

Pour son septième anniversaire, Cathy offrit une perruche à Jamie. C'était la première marque d'attention qu'elle avait pour sa fille depuis des mois.

Plus tard, Gwen se souvint de ce qui l'avait étonnée dans cette relation entre la mère et la fille.

– Je savais qu'elles ne se voyaient pas beaucoup. Quand je suis arrivée chez elle, j'ai tout de suite remarqué que Cathy ne faisait aucun effort. Pauvre gosse ! Elle cherchait tout le temps à entrer en contact avec sa mère et quand elle téléphonait, Cathy ne bronchait pas. Elle restait dans son fauteuil. C'était à moi de dire qu'elle n'était pas là, ou qu'elle était au travail, ou qu'elle rappellerait plus tard. C'était toujours comme ça.

Cathy disait souvent que Jamie la rendait nerveuse.

– Moi, je pensais bien que ce n'était pas normal. C'était sa fille tout de même ! Pourquoi ne passait-elle pas plus de temps avec elle ? Cathy ne supportait pas de l'avoir à ses côtés. Moi, si j'avais une fille, je voudrais toujours être avec elle.

» Quand on allait la chercher chez Ken, il ne fallait pas que ça dure trop longtemps. Jamie allait dehors jouer avec ses copines. Ou alors, c'est moi qui jouais avec elle. Cathy allait dormir. Alors... On parlait, on jouait à des trucs comme le backgammon. C'était une gamine très intelligente.

» Vous savez les gosses, ils veulent toujours capter votre attention, et surtout que vous soyez complètement disponible pour eux. Cathy, elle, n'avait pas la patience. Une fois, elle m'a raconté que lorsque Jamie était bébé et hurlait pour je ne sais quelle raison – les enfants, ils sont comme ça –, elle l'avait calmée en lui lançant un verre d'eau glacée à la figure ! Jamie était debout dans son berceau. Elle l'avait soi-disant calmée. Vous imaginez le bébé avec de l'eau glacée en pleine figure ? Ça m'aurait calmée, ça, c'est sûr !

» Quand nous allions dîner chez Ken, Jamie essayait constamment d'attirer l'attention de sa mère, de lui parler. Jamie, évidemment, aime beaucoup sa mère. Elle faisait des efforts désespérés pour que Cathy s'intéresse à elle.

» Elle n'aimait pas les enfants, c'est tout.

Au printemps, la perruche était morte, victime d'un coup de froid, probablement à cause d'un courant d'air dans l'appartement.

40

La surveillante cheffe Tish Prescott gara le petit scooter électrique que lui avait acheté la direction d'Alpine Manor. Cela lui permettait de surveiller plus facilement le personnel et de soulager son genou arthritique. Enfin, elle préférait tout de même se déplacer à pied, pour mieux surveiller les aides-soignantes dans leur travail.

Ce jour-là, elle surprit Cathy et Gwen, seules dans la chambre d'un malade.

– Tish, vous marchez, aujourd'hui ? Dit Cathy. Où est votre scooteeeeer ? Ajouta-t-elle en traînant sur la dernière syllabe.

– Oh ! j'avais besoin de faire un peu d'exercice, c'est tout.

Puis elle s'en alla, satisfaite de les avoir mises sur leurs gardes. Tish avait deviné qu'elles faisaient, à nouveau, leur tour ensemble. La direction, tolérante, fermait les yeux, même si cela n'était pas trop autorisé.

Tish, après quarante années de service à Alpine Manor, était une vraie professionnelle sous des apparences trompeuses. Elle cachait bien son jeu derrière ses lunettes de grand-mère, ses rondeurs et son petit chignon gris.

Sa conception personnelle du travail tenait en deux mots : discipline et santé des malades. C'est ainsi qu'elle concevait son métier. C'était une excellente infirmière, d'ailleurs, avec une longue pratique en pédiatrie derrière elle, tant dans les hôpitaux et les cliniques privées que dans les centres de soins.

Elle travaillait à Alpine depuis 1982 et constatait que la qualité du service laissait désormais à désirer. Les patients n'étaient plus aussi bien traités. Sans parler de ce casse-tête pour trouver du personnel pour les deux services de nuit… De nombreuses aides-soignantes étaient épuisées par les doubles gardes. Le roulement du personnel était un vrai problème et l'absentéisme battait tous les records. En conséquence, les infirmières passaient plus de temps à délivrer les soins qu'à surveiller le travail des aides-soignants.

Quand Tish faisait son tour de surveillance, le bouche à oreille fonctionnait très vite. A peine avait-elle mis le pied à Abbey Lane, que la rumeur de son arrivée prochaine avait déjà circulé jusqu'aux autres sections.

Les conditions de travail étaient difficiles et Tish travaillait jusqu'à douze heures par jour, cinq jours sur sept. La direction avait réduit les équipes et il n'y avait plus que deux services de surveillance. Elle n'était pas la seule à réclamer le recrutement de vacataires et des salaires plus motivants, mais la direction faisait la sourde oreille.

Elle savait que quelque chose clochait au sein des équipes en place. Depuis quelque temps, il y avait anguille sous roche et elle flairait les ennuis à venir. Mais rien de précis ne venait étayer son sentiment. Pourtant le mal rôdait, les aides-soignantes s'espionnaient. Tish se fiait toujours à ses impressions.

Au début, elle avait mis ça sur le compte des blagues et des tours pendables qu'elles jouaient dans les services. Elle n'ignorait pas que certaines aides-soignantes se cachaient sous les lits pour faire peur aux novices, qu'on avait arraché des moustiquaires à certaines fenêtres. On lui avait raconté que des filles avaient été prises de panique en entendant quelqu'un frapper aux carreaux. La coupe déborda lorsqu'elle constata que des malades étaient complètement terrorisés. Un soir, elle appela la police qui finit par intercepter, dans la cour, une aide-soignante qui n'était même pas de service. Elle fut renvoyée par mesure disciplinaire et le calme revint pour un temps.

Tish avait entendu dire que certaines aides-soignantes

lesbiennes se pelotaient dans les chambres vides, les lingeries ou sur le parking. Ce groupe lui causait bien du souci ; elle en avait surpris quelques-unes main dans la main dans les couloirs. Selon elle, cela ne pouvait que nuire aux soins prodigués aux malades, sans parler de l'atteinte portée à la réputation du centre. Elle savait, d'après des infirmières extérieures, que l'on avait surnommé l'établissement le « Gay Manor ». Elle s'en était plainte à la direction.

– Nous ne sommes pas juges de leur vie privée, et tant que cela n'interfère pas avec le travail, on ne peut rien dire, avait répondu un supérieur.

Tish avait l'œil sur Cathy et Gwen qui formaient une drôle de paire. Gwen, plus silencieuse, plus masculine, plus forte, travaillait dur. Pourtant un soir, elle était arrivée ivre dans le service. Tish avait immédiatement averti la direction, pensant qu'elle allait être renvoyée. Le lendemain, Gwen reprenait son service comme si de rien n'était.

Selon toute vraisemblance, Cathy avait le rôle dominant. Au travail, elle imposait ses vues à toute l'équipe d'aides-soignantes. Tish avait remarqué sa vivacité d'esprit et se disait qu'elle occupait un poste en dessous de ses compétences. Mais il y avait quelque chose du Dr Jekyll et Mr Hyde dans sa personnalité. Elle était efficace, même en cas d'urgence, et se portait toujours volontaire pour faire les toilettes mortuaires.

Mais le vrai problème était surtout sa mésentente avec les autres, et plus particulièrement avec ses collègues de travail, qu'elle avait l'habitude de dénigrer. Tish l'entendait souvent se plaindre d'une telle qui faisait mal son travail. Le torchon brûlait dans l'équipe de nuit et Pat Ritter était le bouc émissaire préféré de Cathy.

Non contente de casser du sucre sur le dos des autres, elle allait jusqu'à saboter leur travail, en s'arrangeant toujours pour rejeter la faute sur autrui. Un jour, elle accabla une infirmière d'injures et d'invectives. Une autre fois, elle balança un plateau de nourriture à travers le couloir, dans un accès de colère. Elle finit par recevoir deux avertissements. On racontait aussi que Cathy avait saccagé la voiture d'une aide-soignante au parking.

– Il vaut mieux être dans ses petits papiers, disait-on.

Tish pouvait en témoigner.

Elle n'aimait pas le côté lunatique de son caractère ; certains soirs, elle arrivait rayonnante, heureuse, et d'autres fois, elle n'adressait la parole à personne.

Quand Cathy et Gwen étaient ensemble, le travail s'en ressentait. On les trouvait en train de s'embrasser dans les coins. Les soins étaient bâclés et le tour des malades expédié. Tish ne tolérait pas ce comportement et ne voulait pas les voir dans les mêmes services ni dans les mêmes sections. Mais les plannings ne reflétaient pas la réalité. Si elles étaient séparées, les deux femmes s'arrangeaient avec les autres pour permuter et si ce n'était pas possible, l'une ou l'autre quittait tout simplement son service.

– Où est Cathy ? Demandait une infirmière en constatant que l'appel d'un malade n'avait pas reçu de réponse.

Tish partait à sa recherche en sachant que, neuf fois sur dix, elle la trouverait en compagnie de Gwen. On les avait même surprises ensemble dans une chambre, la porte fermée, ce que le règlement interdisait formellement. Tout le monde se doutait qu'elles avaient des relations sexuelles à l'intérieur du service.

– Je donne un coup de main à Gwen, disait Cathy.

Tish Prescott aurait bien voulu les surprendre mais le moteur électrique de son scooter annonçait son arrivée. L'une ou l'autre avait alors le temps de regagner son poste et de préparer une excuse valable. Tish, elle, ne pouvait se défaire de l'idée qu'il y avait autre chose qu'une relation amoureuse entre elles deux. Peut-être se soûlaient-elles ensemble ou pire, peut-être chapardaient-elles des médicaments ? Qui sait si elles n'en faisaient pas elles-mêmes consommation ?

Finalement, elle se décida à porter l'affaire devant la sous-directrice et le chef du personnel, Margaret Widmaier et Jackie Cromwell. Elle rapporta ce qu'elle avait constaté en observant le comportement de Gwen et de Cathy.

– Elles ont une très mauvaise influence l'une sur l'autre, déclara Tish. Il ne faut absolument pas qu'elles travaillent ensemble. Cela a des répercussions néfastes sur les soins prodigués aux malades. Il faut faire quelque chose.

Margaret et Jackie se contentèrent de la regarder sans rien dire. Jusqu'à présent, aucune de ses plaintes n'avait été entendue et celle-là resterait probablement lettre morte. Tish Prescott avait compris : tout ce que l'on demandait à une aide-soignante, ici, c'était d'être compétente, de venir au travail régulièrement et de faire le maximum d'heures.

Avec cette mentalité, on pouvait même assassiner les gens dans l'indifférence générale, pensa-t-elle.

41

Durant les longues soirées d'hiver, elles se mirent à arpenter les couloirs du centre de soins et à traquer les malades pour tester leur résistance.

La méthode consistait à obstruer les narines des malades quelques instants, attesta Cathy plus tard, puis à observer leurs réactions pour voir comment une victime potentielle se comporterait.

Un soir, elles rentrèrent dans la chambre de Donald Randall. A soixante-dix-sept ans, il avait déjà eu plusieurs attaques et ne supportait pas qu'on lui mette une sonde. Il se débattait lorsque les infirmières venaient la lui installer et se débrouillait toujours pour l'arracher.

Lorsqu'il sentit qu'on lui bouchait le nez, il ouvrit les yeux et entendit alors ces mots : « Vous allez mourir ce soir. »

Il écarquilla les yeux et ne put rien faire d'autre. Ses poignets étaient attachés au montant du lit.

– On s'était dit que celui-là ne poserait pas de problème, raconta Cathy ultérieurement.

Ce fut le contraire ; ses mâchoires étaient tellement puissantes qu'il parvint à rouvrir la bouche.

En février, Alpine Manor fut le théâtre de plusieurs incidents. Six patients firent des chutes – ce qui était largement au-dessus de la moyenne de l'établissement – d'autres présentaient des signes d'agitation intense. Une malade frappa et griffa tous ceux qui s'approchaient d'elle pour la soigner. Une asthmatique se mit à refuser ses médicaments et demanda à être transférée à l'hôpital. Une autre ne retrouva plus son dentier. Un patient paniqué se blessa en heurtant le marchepied de son lit. Pris séparément, tous ces incidents étaient, somme toute, classiques dans un service de gériatrie. Aucun d'entre eux n'éveilla le moindre soupçon.

Le 7 février, la surveillante cheffe nota dans le registre que Donald Randall avait eu une grave chute de tension. C'était un accident cardio-vasculaire. A la fin de la nuit, il présentait des périodes d'apnée de « soixante à quatre-vingt-cinq secondes », nota l'infirmière. Un état de mort apparente, une irrégularité souvent constatée avant l'arrêt respiratoire complet.

Randall survécut à cette crise et elle ne se reproduisit pas.

Cathy Wood et Gwen Graham étaient en congé les deux jours suivants.

42

Un soir, Cathy et Gwen, installées dans le bureau des infirmières à Abbey Lane, marquaient d'une croix des noms sur une liste... Elles dénombraient en fait leurs aventures amoureuses.

– Gwen mit un temps infini à terminer sa liste, rapporta Cathy par la suite.

Ce soir, il n'y aurait pas de balades dans les couloirs. Elles venaient de prendre leur service. Cathy était affectée à la section 100 et devait surveiller dix chambres ; Gwen, qui avait déjà travaillé tout l'après-midi, devait s'occuper, à Abbey Lane également, des chambres 210 à 220, c'est-à-dire celles qui étaient le plus éloignées de l'infirmerie, près de Buckingham.

Ni l'une ni l'autre n'avait Myrtle Luce en charge, cette nuit-là. Elle occupait la 206-1. Cela faisait environ trois semaines que Pat Ritter, l'aide-soignante que Cathy Wood détestait, veillait sur elle toutes les nuits. Myrtle avait le lit près de la fenêtre.

– Je vais m'occuper de Myrtle, dit soudain Gwen, en quittant le bureau d'Abbey Lane.

Ce qui, dans le jargon de la maison, signifiait qu'elle allait lui prodiguer les soins routiniers.

A 2 h 20 du matin, le 10 février, l'aide-soignante Sally Johnson courut prévenir l'infirmière d'Abbey Lane qui fit aussitôt passer une annonce.

– La surveillante cheffe, chambre 206, s'il vous plaît.

Ce soir-là, c'était le tour de garde de l'infirmière Martha Slocum, elle faisait office de surveillante cheffe. Lorsqu'elle arriva dans la chambre, Sally était assise au bord du lit près de la fenêtre.

– Quand je suis rentrée dans sa chambre, elle était déjà morte, dit l'aide-soignante.

Myrtle Luce gisait sur le dos, inerte, avec sous elle la couverture en peau de mouton.

Martha Slocum savait que l'état de santé de Myrtle se détériorait depuis un an. Elle connaissait bien la famille : Hazel qui avait été si dévouée et Bud Dredge, son petit-fils. Ses enfants allaient à la même école que les siens.

La surveillante ordonna que l'on s'occupe le mieux possible du corps de Myrtle, pour le cas où la famille souhaiterait voir la défunte avant qu'on ne la transporte au dépôt mortuaire.

Cathy prétendit plus tard que c'était elle qui s'était occupée du corps de Myrtle. Martha Slocum, elle, n'en avait pas le moindre souvenir. Cathy raconta qu'elle l'avait coiffée, puis signala qu'une serviette de toilette et un autre objet avaient été laissés sur le lit de Myrtle.

– Quand je suis entrée dans la chambre, j'ai remarqué que Myrtle avait le nez sale, se rappela Cathy. Il était plein de mucosités. Personne ne l'a remarqué sur le moment, sauf moi.

Plus tard, personne ne remarqua non plus que quelque chose ne collait pas sur la feuille de surveillance que les aides-soignantes devaient remplir et signer en effectuant leurs tours. Quelqu'un avait signé PR, dans la nuit du 10 février au soir, mais le tracé du « P » et du « R » n'était pas net, l'écriture était hésitante.

La dernière personne qui aurait dû s'occuper de Myrtle était Pat Ritter. Or c'était impossible, car Pat Ritter n'était pas dans l'établissement aux premières heures du jour…

La veille au soir, elle avait téléphoné pour s'excuser. Elle était malade et ne pourrait prendre son service.

Peu après 2 h 30 du matin, Martha Slocum appela la famille.

– Bud, nous n'avons pas été surpris, ici, confia-t-elle au fils d'Hazel. Il fallait s'y attendre.

Bud Dredge annonça la nouvelle à sa mère mais elle eut du mal à comprendre ce qui s'était passé. Dernièrement, on avait diagnostiqué chez Hazel les premiers symptômes de la maladie d'Alzheimer.

Chez les Luce, ce fut la femme de Ted, Maxine, qui décrocha le téléphone. Elle annonça la nouvelle à son mari encore endormi.

– Ils disent qu'elle est morte dans son sommeil. Probablement d'une crise cardiaque.

Quoi ?

Ils se souvenaient de la visite du médecin qui avait examiné Myrtle récemment. Elle avait le cœur solide. Non, ce n'était pas possible. Sans doute s'était-elle étouffée en avalant quelque chose. Il l'avait déjà vue s'étrangler avec sa propre salive.

– Peut-être se sont-ils trompés. C'est un soulagement, dit Maxine. Maintenant, elle ne souffrira plus.

Ils décidèrent de faire incinérer le corps et firent célébrer une messe en sa mémoire. Ma mère n'aurait pas voulu qu'on la voie comme ça, si raide, si décharnée, pensa Ted.

L'urne funéraire fut enterrée à *Memorial Gardens*. La famille envoya une carte de remerciement à Alpine Manor, adressée à toute l'équipe qui l'avait si bien soignée…

La carte fut accrochée sur le panneau d'information.

Dans la rubrique nécrologique, on pouvait lire tous les détails de l'arbre généalogique de la famille. Myrtle avait dix petits-enfants, deux de ses cinq enfants étaient décédés, ainsi que son mari, mort à l'âge de soixante-cinq ans.

Elle aurait eu quatre-vingt-seize ans si elle avait vécu dix jours de plus.

43

Linda Engman coupa la parole à sa fille et lui expliqua sur un ton sec :

– Ecoute, Stéphie, que tu aimes les centres de soins ou non, là n'est pas le problème. Mais si tu ne vas pas voir ta grand-mère, et qu'elle vienne à disparaître, tu vas te sentir vraiment coupable. Je sais que ce n'est pas facile mais au moins, tu pourras te dire que tu as été la voir.

Jusqu'à ce que la maladie d'Alzheimer frappe sa grand-mère, Stéphie et elle avaient été inséparables. C'était ainsi depuis sa plus tendre enfance. Maisy incarnait l'indépendance et la liberté aux yeux de sa fille, pensait Linda. Elle se doutait bien que c'était là la raison du blocage de Stéphie : elle était vraiment le portrait de sa grand-mère et il lui était très douloureux, à l'âge de dix-huit ans, d'assister à sa dégradation physique et mentale. Stéphanie était complètement désarmée.

– Je reste là sans rien pouvoir faire, et je ne peux pas le supporter. J'ai l'impression d'être pieds et poings liés, avait-elle déclaré.

Néanmoins, le 2 février, le jour de ses soixante-dix-neuf ans, Maisy reçut la visite de sa fille et de sa petite-fille. Elle avait été transférée de Camelot à Abbey Lane, dans la chambre 207-1. Linda et Stéphie l'aidèrent à se lever, puis elles se rendirent dans la salle d'activités, en la soutenant l'une et l'autre de chaque côté, sous les aisselles. Depuis qu'elle était tombée sur la hanche, Maisy avait peur de se déplacer toute seule. Et dire qu'elle avait été une si bonne marcheuse !

Un moment, Stéphie eut l'impression que sa grand-mère la reconnaissait, alors qu'elle la serrait dans ses bras, dans le hall.

– M'man, j'en suis sûre, dit-elle à sa mère en pleurant sur le chemin du retour.

Linda savait ce que sa fille ressentait. Il y avait les bons jours où sa mère la reconnaissait et pouvait lui parler, et les mauvais où rien ne se passait.

Au début, sa mère la présentait aux infirmières et bavardait avec elles mais c'était fini, maintenant. Linda demandait parfois à sa mère si elle la reconnaissait. Sa mère lui serrait la main un peu plus fort. Parfois Linda voyait des larmes perler aux coins de ses yeux.

Maisy s'exprimait parfois assez longuement mais ses paroles étaient décousues.

– Je t'aime, maman, disait Linda.

– Il fait beau, dehors, n'est-ce pas ? Lui répondait sa mère.

Elle parlait ainsi par monologues incohérents.

– Les oiseaux, dehors. Hé ! C'est très joli, ce bloc de papier. Une bouteille de Coca, ouais ! On va se promener. Mais qu'est-ce que tu fais avec ce stylo ?

Ces derniers mois, les bons jours se comptaient sur les doigts de la main. Mais, toujours, on l'entendait chantonner. Maisy avait toujours la faculté de chanter, quel que soit son état. *Spanish Eyes* était sa chanson préférée. Quand on lui mettait de la musique dans sa chambre, elle aimait écouter des valses et d'autres airs.

Une semaine après son anniversaire, Linda retourna la voir et la trouva en train de fredonner dans son lit, près de la fenêtre. Le soleil inondait la pièce. Linda lui prit la main et vit une larme glisser sur sa joue.

A quoi peut-elle rêver ? Où vont ses pensées ? Pensa Linda.

Les derniers temps lorsque Maisy vivait encore avec eux, elle leur avait causé une belle peur. Son mari l'avait retrouvée, un jour, au bord de la rivière, au fond du jardin, le regard fixé sur les tourbillons du courant. Elle divaguait et parlait de sa mère décédée. Non, décidément, ils n'auraient pas pu la garder plus longtemps. Elle était mieux ici à Abbey Lane, plus en sécurité que chez eux.

44

A l'automne, les saumons luttaient contre le courant et remontaient la rivière, depuis le lac Michigan, pour aller se reproduire et déposer leurs œufs. Quand le chinook soufflait des montagnes, les gens se retrouvaient au Fish Ladder Park, au nord de la ville, pour assister au spectacle. Durant les mois les plus chauds, ils venaient s'y rafraîchir à l'ombre des arbres. Au cœur de l'hiver, en plein mois de février, rares étaient les promeneurs qui s'y aventuraient. Seule une Coccinelle orange traînait parfois sur le parking, aux heures les plus froides.

Gwen Graham avait découvert ce parc avec Cathy, un jour d'été. D'une plate-forme avec garde-fou, on pouvait regarder les poissons, le barrage en bas et l'écume des eaux tumultueuses, les gigantesques remous, en contrebas.

Gwen aimait se retrouver là, en plein hiver, toute seule. Elle s'enfermait dans sa Volkswagen, puis sortait une bouteille de Jack Daniel's et deux canettes de Seven Up.

– C'était le seul endroit de Grand Rapids où je pouvais me retrouver seule et boire tranquillement, raconta-t-elle par la suite.

Le vacarme assourdissant du barrage ravivait ses phobies et elle ne pouvait chasser de sa mémoire l'image de ces corps flottant entre deux eaux. Cela faisait des années que cette vision cauchemardesque la hantait.

Avant, c'était l'océan qui la terrorisait. Ils habitaient en Californie, au bord du Pacifique, et son père lui interdisait de s'approcher de la mer.

– Hé, toi ! Ne t'approche pas du bord !

C'était lui le grand fautif. Mack voulait s'assurer qu'elle ne s'aventurerait pas toute seule dans les vagues. Alors, il lui racontait des histoires horribles sur l'océan.

– Juste de l'autre côté, au-delà des vagues, il y a le « tombant », et puis un gouffre immense, très sombre. C'est là que vont les morts.

Des cadavres flottant sous les vagues… Depuis lors, jamais elle n'avait pu se sentir bien dans l'eau. Qu'une algue effleure sa jambe, et elle regagnait le bord en hurlant de terreur ! Elle imaginait les cadavres s'agrippant à ses jambes et l'attirant vers le fond. Un cauchemar qui revenait souvent : on l'obligeait à se baigner.

D'autres souvenirs d'enfance se mêlaient à cette phobie. Des flash-back sur des animaux souffrants ou à l'agonie. Quelqu'un les avait tués.

Son père, passionné d'animaux, avait ramené des serpents chez lui, des boas. Elle devait avoir cinq ou six ans. Des souris blanches également pour nourrir les serpents. Elle revoyait encore l'ondulation sous la peau, le mouvement des rongeurs se débattant à l'intérieur du corps des serpents.

– Hé, toi ! Tu restes ici, il faut que tu voies ça.

Son père s'adressait toujours à elle comme cela : « Hé, toi ! »

Leur repas fini, les serpents s'enroulaient puis s'endormaient, repus.

– C'était horrible, confia-t-elle à une amie plusieurs années plus tard. On assistait à la scène en pleurant. Mais le pire, je crois, c'est qu'on avait fini par s'y habituer.

Au Texas, alors qu'elle était devenue adolescente, les leçons de son père se firent plus élaborées. Il appelait ça « la psychologie des gens de la campagne ». Il voulait que les enfants soient responsables et puissent prendre des initiatives. Elle devait donc apprendre à tuer des lapins et des poules, à castrer des cochons, à les saigner, à les vider et à les dépecer.

Gwen suppliait qu'on lui épargne ces séances.

Tuer le cochon était certainement le plus traumatisant. Elle avait nourri certains porcelets de ses mains et leur avait même donné le biberon lorsque la truie refusait de les allaiter.

Gwen perdit des chiens aussi, sept, autant qu'elle s'en souvienne. Ils furent écrasés ou moururent de maladie. Mais elle se souvenait surtout de Misty et de Hoagie.

Elle avait choisi Misty alors qu'elle-même avait quinze ans. La maison était vide parfois lorsqu'elle rentrait de l'école, et Misty et elle devinrent inséparables. Elle était étonnamment attachée à ce chien. Plus tard, son frère lui apprit, alors qu'elle avait quitté la maison au moment du divorce de ses parents, que Misty était mort. Elle voulut savoir ce qui s'était passé et son frère lui expliqua qu'il avait dû le tuer. Il aboyait trop fort et avait failli faire tomber un cavalier.

Gwen découvrit l'endroit où il l'avait enterré et creusa pour recueillir les os de son chien. Elle récupéra le crâne et le mit dans sa chambre ; elle garda quelques dents dans une jolie boîte en albâtre qu'elle emmena avec elle jusqu'à Grand Rapids. Gwen avait toujours dit qu'elle en ferait un collier.

Quant à Hoagie, il était trop vieux et il avait fallu le tuer. Un jour, son père lui tendit un fusil à double canon et lui montra la rivière. C'était à elle d'y aller. Selon la version de son père, elle s'était portée volontaire pour le faire.

– Emmène-le se promener près de la rivière et abats-le. Tu jetteras le corps dans l'eau.

Jamais elle n'oublierait cette scène : le chien était assis au bord de l'eau et elle le visait. Les yeux fermés, elle avait appuyé sur la détente mais le fusil s'était enrayé. Le deuxième coup partit… Le corps était chaud lorsqu'elle l'avait tiré vers l'eau. Le courant était fort, il emporta très vite le cadavre d'Hoagie. Gwen rentra à la maison en courant, bouleversée. Cette nuit-là, un hurlement la réveilla en sursaut :

– Hoaaagiiiie… Hoaaaagiiie…

Des ongles grattaient à la fenêtre, comme si un chien demandait à rentrer. C'était son père ! C'était lui qui avait eu l'idée de cette blague sinistre.

Le Jack Daniel's ravivait sa mémoire mais toutes ces images s'embrouillaient. Elle se mit à penser au présent, à Cathy, à Alpine Manor, à Robin. Elles se voyaient beaucoup ces temps-ci, mais rien ne pourrait entamer sa dévotion pour Cathy.

Un soir, après une dispute, elle était venue se réfugier dans le parc. La rivière scintillait sous les lumières de la ville.

Dans le froid et l'isolement, elle fut prise de l'envie d'écrire quelques lignes à Cathy :

Je ne veux pas être seule ici ; il fait si froid. Mais cela ne peut pas être pire que ce qui me trouble. Où es-tu ? Que penses-tu de moi, en ce moment ? Je sais que tu m'aimes. Je suis loin d'être parfaite. Mes cheveux sont toujours mal coiffés, j'ai des cicatrices partout. Je dis beaucoup de bêtises et je me comporte souvent comme une gamine, mais je sais que tu m'aimes quand même. Je suis triste mais je comprends que tu me repousses et que tu aies parfois besoin de te retrouver seule.

Je t'aime, ma chérie.

Je suis assise près de la rivière parce que c'est beau, c'est profond, rapide, excitant et terrifiant. Ça ressemble à mes sentiments pour toi. A l'extérieur, il ne fait pas très chaud. A l'intérieur, ça bouillonne. Non, je ne pourrais jamais te dire combien je t'aime. Mes yeux, mes mains et mes paroles ne peuvent t'exprimer tout ce que je ressens. Je suis bête. Roméo n'a pas pu aimer Juliette comme je t'aime. Mais on n'écrira jamais d'histoire d'amour sur nous…

S'il te plaît, aime-moi. Tu es tout pour moi.

C'était signé OCINY, un sigle qui en anglais signifiait : *Oh, Cathy, I Need You* – Oh ! Cathy, j'ai besoin de toi.

45

L'aide-soignante Shawn Dougherty poussa sur la porte de la chambre de toutes ses forces. Celle-ci semblait bloquée. Finalement, elle réussit à l'entrouvrir et à y glisser une épaule. A ce moment-là, la porte céda brusquement et elle fut projetée à l'intérieur.

Cathy Wood et Gwen Graham étaient debout dans la chambre. Seule la salle de bains était allumée. Shawn eut le temps de les voir ricaner. Rapides comme l'éclair, elles s'enfuirent en la laissant plantée là. Cathy avait une drôle d'expression sur le visage qui semblait dire : Ah ! Ah ! A toi de jouer, maintenant.

Shawn ne travaillait à Alpine que depuis un mois mais elle savait que les deux aides-soignantes n'avaient rien à faire dans cette chambre, avec une de ses malades. Par ailleurs, les portes des chambres devaient toujours rester ouvertes pendant les soins. Le soir même, elle s'en plaignit à une infirmière, mais à sa connaissance, il n'y eut aucune suite.

Cathy et Gwen formaient une drôle de paire, pensait Shawn. Gwen, pourtant, était très consciencieuse quand Cathy n'était pas là. Shawn allait toujours la chercher quand le travail devenait trop dur, pour l'aider à soulever un malade, par exemple. Gwen avait beaucoup de force et ne craignait pas de s'abîmer les ongles ou de se salir les mains. Jamais elle ne refusait de rendre un service.

Cathy, par contre, était une vraie peste, selon elle. Depuis le début, elle l'avait méprisée et tourmentée. A ses yeux, Cathy était brutale, dominatrice et impolie.

Cathy la surnommait Miss America, car Shawn arrivait toujours au travail pimpante et bien maquillée. Elle avait vingt et un ans, un visage avenant, et sa taille élancée lui donnait fière allure. Shawn détestait qu'on l'appelle comme ça et, de plus, Cathy lui faisait peur. Un jour, elle lui avait demandé où elle habitait et Shawn avait menti sur son adresse. Elle n'aimait pas ses manières, sa façon de traiter les malades et son manque de délicatesse.

Souvent, le travail exigeait une grande patience, car les malades très handicapés ne comprenaient pas toujours ce qu'on leur disait. Cathy, elle, ne se gênait pas pour les rabroucr à haute voix.

– Elle était un peu Dr Jekill et Mr Hyde, dit Shawn quelque temps plus tard.

» Un jour, elle se prétendait votre meilleure amie et le lendemain, un vrai lion – elle aurait sauté à la gorge de n'importe qui.

Shawn effectua son tour de surveillance vers 2 heures du matin, le 16 février. Dans la chambre 201-1, elle trouva Mae Mason éveillée et agitée. Ses mains et ses ongles étaient tachés d'excréments. Shawn alla prendre une serviette dans la salle de bains et entreprit de la nettoyer. Mae manifesta alors une surexcitation intense. Elle se débattit en s'accrochant à la serviette tant qu'elle put.

C'était la première fois que Shawn faisait ce genre de toilette. Dans ce métier, il y avait parfois des surprises désagréables. Elle se rappelait une autre fois où une femme l'avait menacée avec un vaporisateur qu'elle avait camouflé sous son oreiller comme un revolver. Elle s'était arrêtée net dès que Shawn avait levé les mains.

Quand Mae fut changée, elle la réinstalla sur le dos dans son lit et la borda. Puis elle s'en alla.

Vers 4 heures du matin, Shawn entama sa deuxième tournée et entra dans la chambre de Mae. Elle fut aussitôt frappée par la couleur grise de son visage. Elle était toujours sur le dos mais les bras étaient sortis des couvertures, les mains tournées vers le haut. Sa bouche était entrouverte et la mâchoire du bas de travers.

Shawn la secoua pour essayer de la réveiller, puis lui prit le pouls. Elle s'empara du stéthoscope d'une autre aide-soignante, écouta, mais n'entendit aucune pulsation. Son propre cœur battait à tout rompre, c'était la première fois qu'elle trouvait un malade mort dans son lit. L'infirmière de service fut prévenue aussitôt.

Celle-ci se dirigea vers la chambre de Mae sans se presser. Elle suivait Shawn à quelques pas.

Mais pourquoi ne se presse-t-elle pas ? Se demanda-t-elle. Il y a peut-être quelque chose à tenter pour la sauver ? C'est bizarre ! Il y a deux heures à peine, Mae était si active !

L'infirmière examina le corps, regarda les ongles bleus, et déclara d'une voix laconique :

– Eh bien oui, nous avons perdu Mae.

Dans les minutes qui suivirent, le message suivant passa dans le haut-parleur :

– La surveillante cheffe, chambre 207, s'il vous plaît. Shawn était bouleversée. Comment a-t-elle pu mourir si vite ? Est-ce que j'aurais fait quelque chose de mal ?

Pensa-t-elle. Puis elle éclata en sanglots, s'assit au bord du lit de Mae et se mit à lui caresser le bras, tout en murmurant une prière.

– Shawn ! Cria l'infirmière. Ne faites jamais ça ! Il ne faut pas la caresser comme ça. Il peut y avoir des contusions et après la famille se posera des questions.

Shawn resta néanmoins près de la morte, trop anéantie par ce qui venait de se passer pour continuer son travail. Malgré tout, elle se proposa pour rassembler les affaires de Mae. Bientôt, presque toutes les aides-soignantes de service défilèrent dans la chambre, comme d'habitude, pour voir la morte. Shawn resta au chevet de Mae jusqu'à ce qu'on emmène le corps au dépôt mortuaire.

Gwen travaillait également à Abbey Lane, ce soir-là. Cathy, elle, était affectée à Camelot mais avait soigné Mae plus d'une fois. En fait, c'était elle qui s'en était occupée le plus, ces deux derniers mois. Le 16 février au soir, elles effectuaient leur deuxième service d'affilée et avaient récupéré un jour le lendemain.

Un détail n'avait pas frappé Shawn sur le coup mais il lui revint en mémoire, quelques heures après qu'on eut emmené le corps. Toutes les aides-soignantes étaient venues rendre une dernière visite à Mae – toutes, à l'exception de Gwen Graham et de Cathy Wood.

– Ça va aujourd'hui, Miss America ?

Les jours suivants, Cathy la harcela de plus belle. Gwen, quant à elle, demeurait la même, gentille et serviable. Sans doute était-ce ce qui dérangeait Cathy, se disait Shawn. Cathy ne supportait pas que Gwen s'intéresse à quelqu'un d'autre.

Shawn était mariée et ne se mêlait jamais au groupe des lesbiennes. Elle s'inquiétait beaucoup, par contre, de ce que les gens pensaient quand elle disait qu'elle travaillait à Alpine. Tout le monde connaissait la réputation du « Gay Manor ». Et puis, il y avait bien assez de problèmes à résoudre dans le travail.

Après la mort de Mae Mason, sa voisine de chambre devint véritablement paranoïaque et exigea que la lumière de la salle de bains reste allumée. Elle avait spécifié à Shawn de venir la réveiller quand elle faisait sa ronde. Shawn se plia à son désir. Elle rentrait dans sa chambre, lui caressait doucement la main, et la malade se réveillait en sursaut.

– C'est Shawn, tout va bien.

Il fallait quelques minutes pour la calmer et la rassurer. Finalement, elle se rendormait avec la lumière.

Cathy et Gwen se baladaient partout dans l'établissement. Miss Prescott, la surveillante cheffe, circulait sur son scooter dans tous les couloirs pour surveiller tout le monde en général, et Cathy et Gwen en particulier. On avait remarqué que les feuilles de surveillance n'étaient pas tenues à jour. Il y avait aussi le problème des plannings et des feuilles de présence signées après coup.

Malgré tout, malgré le maigre salaire de trois dollars cinquante de l'heure, Shawn aimait son travail. S'il n'y avait pas eu Cathy Wood et quelques autres, elle serait restée. C'est ce qu'elle annonça à Tish Prescott en lui remettant sa démission. Elle travaillait à Alpine depuis deux mois à peine. L'ambiance y frisait la folie et lui était devenue insupportable. Elle empocha son dernier chèque et partit.

46

A la fin de l'oraison, le pasteur de la paroisse se tourna

vers l'assemblée et demanda si quelqu'un désirait ajouter quelques mots en hommage à Mae Mason.

Sa voix résonnait, amplifiée par les murs en marbre du Graceland Memorial Mausoleum. La famille et les amis étaient rassemblés dans la chambre mortuaire, en ce 20 février. L'air était glacé. Devant l'autel œcuménique, le pasteur poursuivit :

– Eh bien, dans ce cas, Linda voudrait prononcer quelques mots en mémoire de notre chère disparue.

Stéphanie Engman regarda sa mère se diriger vers l'autel. Ses pas claquaient sur le sol et elle ne put s'empêcher de l'admirer.

– J'ignorais si j'aurais le courage de parler en ce jour, voilà pourquoi je ne vous ai rien dit avant, dit sa mère. Mais je sais que Mae aurait été très contente que je le fasse.

Elle la vit respirer profondément et rassembler tout son courage. Nana aurait dit la même chose à sa place, se dit Stéphanie. Elle l'aurait encouragée !

– Ma mère était ma meilleure amie et je l'ai perdue.

Tout le monde écoutait en silence.

– Quand je pense à elle, un mot me vient à l'esprit ; le mot « temps ». Bien sûr, elle m'aimait. Certes, elle était généreuse même si l'argent venait à manquer. Mais elle donnait surtout de son *temps*.

Elle raconta ce qu'elle avait griffonné la veille au soir en silence. Stéphanie comprit à ce moment-là qu'elle aussi avait perdu sa meilleure amie, mais longtemps auparavant, lorsque cette horrible maladie avait métamorphosé sa grand-mère.

Le souvenir de cette scène la hantait encore. Elle venait de rentrer à la maison avec une copine quand elle vit Nana en train de mettre un paquet de vêtements dans le four. Comment avait-elle pu lui parler sur ce ton ?

Cet incident avait fini par convaincre tout le monde qu'il fallait trouver un institut qui puisse s'occuper de Nana. Mais Stéphanie se mit à culpabiliser.

Elle avait cherché la fuite dans l'alcool, les fréquentations douteuses, puis finalement le théâtre avait constitué la meilleure échappatoire.

Et maintenant j'ai perdu ma meilleure amie et je ne peux confier mes remords à personne, pensa-t-elle. En écoutant les dernières paroles de sa mère, elle se dit que Nana aurait été fière de sa fille.

Elle aurait voulu tout changer de ces six dernières années. Elle avait été stupide et égoïste et avait eu honte de sa grand-mère. Comment ai-je pu me comporter ainsi envers une personne qui m'était aussi chère ? Pensa-t-elle.

Elle, elle n'avait pas été à la hauteur, c'est du moins ce qu'elle se reprochait vivement en son for intérieur.

Mae Mason avait été incinérée trois jours plus tôt, le 17 février, juste après sa mort. Ses cendres furent placées juste à côté de la tombe de son mari, au Graceland Memorial Park.

Linda Engman connaissait les souhaits de sa mère et ce sujet avait constitué une véritable polémique entre les deux époux pendant des années. Maman voulait être incinérée et papa à aucun prix.

– Non, mon cher, les vers ne me dévoreront pas, disait-elle.

Le médecin avait déclaré que la mort était due à un infarctus du myocarde – ce qu'il y a de plus fréquent chez l'Américain moyen.

Le mari de Linda lut la mention sur le certificat de décès et la trouva tristement ironique. En effet, quelque temps auparavant, il avait lui-même vu le médecin de famille, le Dr Conner, pour une consultation, et ce dernier avait déclaré que Mae était en parfaite santé.

– Elle est en grande forme, lui avait-il confié. Et son cœur est aussi solide que celui d'un coureur de fond.

Cela montre que la médecine n'est pas infaillible, songea-t-il.

Angie Brozak se sentait mieux depuis qu'elle avait été affectée au premier service, celui du matin. Alpine Manor semblait moins sinistre à ces heures-là, et surtout elle croisait moins Cathy Wood, même si parfois leurs heures se chevauchaient. Tous ces canulars et ces plaisanteries qui la faisaient rire auparavant avaient fini par l'effrayer. Il y avait ce patient un peu obsédé, Ken, qui demandait toujours aux infirmières de se dévêtir ou de l'embrasser.

– Donnez-moi cinq cents dollars et je le ferai, avait répondu Cathy.

Depuis quelque temps, il s'était mis à hurler. Angie ne savait pas si ces cris étaient suscités par la peur, la colère ou le délire. On l'entendait dans tout Camelot et dans tout Dover et il ne s'arrêtait de crier que lorsque Cathy Wood était près de lui.

Une nuit que Cathy et Angie travaillaient ensemble, Ken se mit à hurler et à s'agiter.

– Cathy, comment fais-tu pour le calmer ? Demanda Angie.

– Regarde bien, lui répondit-elle.

Ken était assis sur une chaise, elle se pencha vers lui et lui murmura quelques mots à l'oreille. Instantanément, il se tut.

Avec un sourire mauvais, Cathy répéta à Angie ce qu'elle venait de lui dire :

« Allez-y, criez encore une fois. Mais attention, regardez-moi. Je suis très forte, plus forte que vous qui êtes démunis. Criez encore une fois et je vous tue. Et vous ne pourrez rien faire pour m'arrêter.»

Plus tard, Angie se demanda si elle n'aurait pas mieux fait de rapporter ce qu'elle venait d'entendre à la direction. Mais elle n'avait nullement envie d'affronter une vengeance qu'elle savait inévitable. Cathy se montrait encore plus impitoyable depuis quelque temps et persécutait tout le monde; même ses amies ne trouvaient plus grâce à ses yeux.

Angie constatait que Cathy avait tendance à écraser ceux qui l'entouraient, tant était grand son besoin d'être le centre de l'attention de tout le monde.

Elle se vantait continuellement de mener son ex-mari par le bout du nez.

– Je claque des doigts et il rampe, avait-elle prétendu une fois. Si je veux, je me fais inviter à dîner et je peux même baiser avec lui quand ça me chante.

Elle exerçait son pouvoir sur tout son entourage: Gwen, Dawn, Ladonna et tous ceux qui travaillaient à Alpine. Quiconque ne partageait pas ses vues avait intérêt à se tenir à carreau.

A Noël, Angie avait involontairement déclenché sa colère. Cathy l'avait insultée en apprenant qu'elle avait offert un briquet Zippo à Gwen. C'était un cadeau qu'elle avait offert à d'autres amies qui fumaient. Cathy, elle, avait reçu de sa part une petite poule en porcelaine pour décorer sa cuisine, et un pain spécial préparé pour elle. Cathy en raffolait.

Cadeau ou pas, Cathy en voulait à Angie et un soir, au *Carousel*, elle mit un de ses plans à exécution. Elle avisa un Noir ivre au bar, et alla lui dire, sans que personne ne la remarque, qu'Angie aimait avoir des relations sexuelles avec des Noirs, et surtout qu'elle aimait être violentée et battue.

Sur ces entrefaites, le Noir se leva et tituba jusqu'à Angie pour l'inviter à danser. Poliment, elle déclina son invitation. Il la harcela tant et si bien qu'elle dut se réfugier dans les toilettes. Dès qu'elle sortit, il s'avança vers elle, la saisit par le bras et se mit à vociférer des insanités :

– Salope ! Je sais qu't'aimes ça.

Angie était terrorisée et ne comprenait rien à ce qui lui arrivait. Elle se tourna vers Cathy qui observait la scène, hilare.

Finalement, quelques personnes qui étaient au courant décidèrent que la plaisanterie avait assez duré et poussèrent Cathy à avouer le fin mot de l'histoire.

– Ça suffit maintenant. Arrête ça, Cathy ! Cria quelqu'un.

L'homme finit par laisser tomber et Cathy, la plaisanterie terminée, se renfrogna dans son coin. Plus tard, Angie l'entendit clamer à la ronde qu'elle compta détruire le mariage d'un tel et d'une telle. Elle répandit la rumeur qu'une aide-soignante traînait dans des boîtes minables du quartier sud. Cathy était follement jalouse du bonheur des autres.

Elle possédait un mystérieux ascendant sur celles qui la fréquentaient. Angie l'avait remarqué d'abord chez Dawn, ensuite chez Gwen. Elle avait le contrôle, tant au niveau physique que psychologique. Angie l'avait vue, lors d'une violente dispute, tirer Gwen par les cheveux et la projeter dans le canapé. Gwen avait d'ailleurs confié à Angie qu'elle ne pouvait même plus choisir elle-même ses vêtements. Cathy voulait qu'elle s'habille en homme. Mais en sa présence, Gwen n'était plus qu'un perroquet, elle répétait tout ce que disait Cathy et la suivait comme un chien.

Un soir, Angie avait invité Ladonna à dîner. Le lendemain, Cathy s'approcha d'Angie dans la salle de repos et lui dit d'un ton cinglant :

– J'ai appris que Ladonna et toi sortiez ensemble.

– Ouais, il paraît, dit Gwen.

– Ladonna m'a dit que tu l'as presque violée, continua Cathy.

– Ouais, répéta Gwen.

– Arrêtez vos conneries ! Répliqua Angie.

Elle commençait à voir clair dans le jeu de Cathy. Celle-ci passait son temps à fourrer son nez dans les affaires des autres et bâtissait des histoires sur des demi-vérités. Tout ce qu'elle échafaudait était en partie crédible. Cathy testait les réactions de ses victimes pour voir si ses coups portaient. Il y avait toujours un fond de vérité dans ses mensonges.

Angie avait deviné que le désir de Cathy était d'asservir les gens, à l'image de ces malades attachés à leur lit. Elle aimait garder le dessus, quelle que soit la situation.

Les derniers jours de l'hiver, son comportement finit par agacer franchement Angie.

– Pourquoi faut-il qu'elle se mêle toujours de ce qui ne la regarde pas ?

Elle éprouvait effectivement quelque chose pour Ladonna. En janvier, après son divorce, Angie emménagea chez elle avec ses enfants. Sa double vie avait pris fin lorsque son mari l'avait découverte au lit avec Ladonna.

Des mois durant, Angie avait observé le manège de Cathy, sa façon de flirter avec Ladonna, par provocation, pour ensuite aller se plaindre à Gwen que Ladonna la harcelait. Elle prenait même des paris sur le temps qu'il lui faudrait pour obtenir les faveurs de Ladonna.

Aux yeux d'Angie, Cathy était devenue le Raspoutine d'Alpine Manor, et elle désirait ne plus rien avoir à faire ni avec elle, ni avec celles qui constituaient sa cour.

Un matin où Angie était en train de réveiller les

patients à l'heure du petit-déjeuner, Cathy pointa son nez pour lui dire d'un ton très solennel :

– Tu sais, je ne pense pas que nous puissions encore être amies.

– De quoi tu parles ? Avait demandé Angie.

– Tant que tu vivras avec Ladonna, tu ne pourras plus être mon amie.

– Et pourquoi donc ?

– Ladonna te mentira à mon sujet et c'est elle que tu croiras plutôt que moi.

Angie s'avisa que Cathy avait peut-être peur que l'on voie clair dans son jeu, et que ses manigances soient révélées au grand jour.

– De toute façon, nous ne sommes déjà pas très copines, avait dit Angie.

– Ce que je veux dire, c'est que nous ne serons jamais plus amies, lui avait rétorqué Cathy.

Angie espérait que cette fois-ci, au moins, Cathy tiendrait ses promesses, mais le mois de février apporta son lot de conflits et de tensions ; Cathy se doutait que Gwen la trompait et tenait Angie pour responsable.

Angie était au courant de la relation entre Gwen et Robin Fielder, qu'elle connaissait bien, et se doutait que les choses allaient s'envenimer. Robin s'était effectivement confiée à elle. Décidément, toute cette histoire était tordue. On ne pouvait plus dire qu'il s'agissait de flirt de gamines. C'était devenu délirant !

En mars, Angie avait pris sa décision. Elle allait quitter Alpine Manor malgré son changement de service. Elle chercherait un autre emploi, mieux rémunéré. Et puis, après deux ans d'ancienneté, rien ne lui semblait plus précieux que son équilibre et sa sécurité.

Telles étaient ses dispositions d'esprit quand elle quitta Alpine.

47

Une autre pièce de vingt-cinq cents rebondit sur la table puis atterrit dans le verre.

– Allez, qui vas-tu nous faire ? Dis, qui vas-tu nous faire ?

Robin Fielder avala une autre gorgée de vodka-pamplemousse et commença son numéro. Elle se mordit la langue et, les bras raidis devant elle, exprima du mieux qu'elle put une volonté acharnée. Elle faisait semblant de refuser qu'on la mette au lit.

– C'est Belle, Belle Burkhard, devina quelqu'un.

Une autre soirée alcoolisée s'annonçait et le jeu des vingt-cinq cents avait commencé. Ce soir-là, il s'agissait d'imiter les malades d'Alpine Manor.

Robin était devenue une excellente imitatrice. Dans la vie, par contre, elle ne supportait plus le rôle qu'elle jouait. Prétendre être l'amie de Cathy et sortir avec Gwen. Si Cathy l'apprenait ! ...

Elle était à peu près sûre que Cathy ne se doutait de rien, bien qu'elle sentît parfois que celle-ci lui battait froid. Mais Cathy était tellement soupe au lait... Robin n'aimait guère la façon qu'elle avait de traiter les malades, et même ses amies, comme des bébés. Elle forçait Gwen à tirer ses cheveux en queue-de-cheval. Quand Robin n'avait pas le moral, elle l'attirait vers elle pour la consoler, comme une vraie mère poule.

Robin arrivait tant bien que mal à faire abstraction de son aventure avec Gwen devant celle-ci. Cathy lui proposa même d'emménager chez elle en l'entendant se plaindre de l'ambiance familiale. Elle souffrait en silence d'un double sentiment de culpabilité. Sa trahison envers Cathy et sa sexualité mal assumée. Elle se disait souvent qu'elle ne savait pas si elle était homosexuelle, puisqu'elle n'avait couché avec aucun homme.

Ce conflit intérieur la bloquait sur le plan sexuel et jamais elle ne se donnait complètement à Gwen. Celle-ci néanmoins semblait satisfaite et cela lui suffisait. Chaque dimanche, quand elle franchissait les portes de l'église, elle éprouvait un profond malaise. Heureusement, elle participait à des séances de confession en groupe qui la soulageaient un peu.

Robin était écœurée par la relation sadomasochiste qui s'était établie entre Gwen et Cathy. Le dos de Gwen était continuellement lacéré de traces de griffes et de cicatrices. Cathy semblait éprouver un malin plaisir à lui laisser sa marque personnelle. Gwen n'hésitait pas à lui demander, lorsqu'elles étaient seules dans la maison de Cathy, si elle pouvait l'attacher sur le lit.

– Non, non, tu ne peux pas me ligoter ! Regarde-toi ! Ton dos ! Toutes ces traces sont ridicules ! Moi, ce n'est pas mon truc.

Elle se demandait comment une personne aussi douce que Gwen pouvait se laisser prendre à pareil jeu. De toute évidence, elle méritait mieux.

Robin se retrouvait face à ses propres contradictions. Elle voulait s'enfuir mais en même temps, elle savourait chaque moment avec Gwen. Celle-ci la traitait comme une reine et la complimentait sans cesse sur son physique, sur ses seins, sur son nez – « ce petit nez de Polonaise », aimait-elle dire.

Il n'en fallait pas plus pour séduire Robin qui se mit à perdre du poids, à changer de silhouette. Elle se rendait compte que les gens la remarquaient. Elle ne cherchait plus à passer inaperçue. Elle se mit à écrire des poèmes sur leur histoire sentimentale.

Il y avait chez Gwen une certaine innocence mêlée de tristesse que Robin trouvait irrésistible. Elle était amoureuse et désemparée. Dans son journal intime, elle écrivit ce poème :

Aucune issue,
Pas d'échappatoire.
Je ne sens plus la lumière du dehors
Et me heurte aux quatre coins
de mon univers mental.
Qui peut dire le bien du mal ?
Suis-je coupable ou innocente ?
Où fuir ? Vers quel horizon ?
Je me sens comme une âme en peine.
J'attendrai sans bouger
ton retour, car toi seule
ici peux me soulager.
Oserai-je crier pour que tu m'entendes ?
Me sauveras-tu de cet enfer ?
Ou ton amour n'est-il qu'une nouvelle
épreuve ?

48

Ken et Cathy avaient entamé une nouvelle trêve fin février, malgré l'épisode de la batte de base-ball. Cathy commençait à dénigrer Gwen, et à ne plus vouloir de cette liaison ; l'histoire se répétait, exactement comme avec Dawn.

Ken venait d'avoir des mots avec Gwen au téléphone.

– Pourquoi ne la laisses-tu pas tranquille ? Lui avait demandé Gwen en refusant de lui passer Cathy.

– Ce n'est pas ce qu'elle me dit, avait rétorqué Ken.

– Regarde les choses en face, bon sang !

Ken ne pouvait oublier cette drôle d'impression qu'il avait eue le jour où il avait surpris Cathy en haut du perron, le regard perdu au loin, divaguant sur des cadavres. Il insista :

– Ecoute, Gwen, j'en ai plus rien à foutre avec qui couche Cathy. Mais j'ai peur pour elle. Elle agit bizarrement et dit des choses étranges. Est-ce qu'elle t'a parlé de cadavres ? Bon Dieu ! je te dis qu'elle a des hallucinations, elle voit des cadavres !

Gwen répliqua aussi sec :

– Mettons qu'ils viennent de l'enfer et qu'ils font les présentations.

Ken lui répondit qu'il parlait sérieusement.

– Gwen, j'ai peur que ma femme ne soit en train de plonger en enfer.

– Si c'est le cas, je serai à ses côtés ! Avait-elle rétorqué en raccrochant brutalement.

Moins de deux semaines après leur violente altercation, Cathy lui téléphona. Elle voulait le voir pendant que Gwen était au travail. En fait, il était le seul lien qui la rattachait à la vie normale. C'est pourquoi elle ne me lâchera pas, se dit-il. Je suis le dernier rocher sur lequel elle peut s'accrocher avant de tomber dans l'abîme.

Cathy semblait calme et sensée quand elle arriva chez lui. Il aimait beaucoup discuter avec elle lorsqu'elle était dans de telles dispositions. Elle pouvait être si intelligente, si vive.

Ils parlèrent d'engagement et de fidélité. Il ne comprenait pas pourquoi il se faisait traiter de salaud alors qu'il avait été un exemple de fidélité. Elle disait qu'elle pardonnait à Dawn et à Gwen leurs infidélités.

Elle affichait une grande désinvolture.

– Oh ! je peux quitter Gwen quand je veux, tu sais. On n'est pas toujours très proches. Notre relation n'est pas si sérieuse.

Puis, marquant une pause très théâtrale, elle lui glissa en le regardant droit dans les yeux :

– Ken, tu ne me croirais pas si je te racontais ce que nous venons de faire.

– Qu'est-ce que tu veux dire ?

– Tu ne peux pas imaginer ce qu'on vient de faire.

Oh ! Si ! Il pouvait l'imaginer... Ses espions dans le quartier l'avaient averti des scènes de nudisme sur la voie publique, des rixes au milieu de la nuit. C'était peut-être de cela qu'elle voulait parler.

– Vas-y, Cath ! Dis-moi ce que vous faites ?

Brusquement, elle se ravisa et chassa ses pensées d'un revers de la main.

– Oh ! Ce n'est rien ! Rien qui vaille la peine de s'inquiéter.

Plus tard, ce qu'elle lui avait dit titilla de nouveau sa curiosité. Ils étaient tous deux confortablement allongés sur le canapé. Elle était pensive mais ne pipait mot.

– Tu sais, si tu as des problèmes, tu peux te confier à moi, lui dit-il. Je peux encore assumer le rôle de confident.

Elle lui lança un regard un peu timide, mais ne desserra pas les dents. Avec un sourire narquois, elle se replongea dans ses pensées.

Ken la connaissait suffisamment pour savoir qu'elle garderait ses secrets pour elle et qu'elle ne les lui avouerait que lorsqu'elle se sentirait prête, et non pas quand il le lui demanderait.

49

C'était la dernière semaine de février, et à Alpine Manor la mort menaçait de nombreux malades. En milieu de semaine, beaucoup souffraient de congestion pulmonaire et présentaient de fortes fièvres. Quelques-uns avaient été transportés dans les hôpitaux voisins. Une personne était déjà décédée et d'autres se trouvaient dans un état critique. Les laboratoires s'efforçaient d'identifier au plus vite le virus ou la bactérie responsable de l'épidémie.

La surveillante cheffe Tish Prescott était occupée sur tous les fronts, mais elle gardait l'œil sur les deux aides-soignantes. Elle n'avait pas réussi à convaincre ses supérieures de séparer Cathy Wood et Gwen Graham. Régulièrement, elle restait dans l'établissement après huit heures du matin pour s'entretenir avec Jackie Cromwell et son assistante Margaret Widmaier.

– En fait, il n'y eut jamais de coopération, déclara-t-elle plus tard. Je ne sais pas combien de fois je les ai littéralement suppliées de ne pas laisser ces deux-là travailler ensemble.

Non seulement Cathy et Gwen travaillaient ensemble, mais elles se portaient volontaires pour faire le plus d'heures possible. En février, Cathy avait multiplié ses heures par six et Gwen par sept. Elles firent dix-neuf gardes ensemble. Gwen, à elle seule, effectua vingt-huit gardes et Cathy vingt-trois en un mois, alors que normalement on ne pouvait en faire que vingt.

Elles avaient combiné leurs emplois du temps de telle sorte qu'elles pouvaient effectuer leur double garde ensemble – deux jours de double temps d'affilée suivis de vingt-quatre heures de récupération.

Personne n'avait alors remarqué cette troublante coïncidence : leur jour de congé tombait systématiquement après le décès d'un patient.

Cathy, à l'opposé de Gwen, se reposait généralement plus de vingt-quatre heures en récupérant ses heures par la suite, ou simplement en prétextant une maladie.

Tish Prescott, sans l'appui de la direction, était prête à tout pour séparer Cathy et Gwen. Elle mit en place une sorte de cagnotte où chaque aide-soignante devait verser une somme modique dès qu'il ou elle s'absentait de son service. Qui sait si un peu d'humour ne pourrait pas arranger les choses ? L'argent servait à acheter une pizza de temps à autre. Le système fonctionna pendant deux semaines.

Ruth Van Dyke, à quatre-vingt-huit ans, était dans un état critique. Depuis longtemps déjà, elle était sourde, aveugle et sénile, mais pouvait quand même s'exprimer et prendre ses repas toute seule dans sa chaise roulante. Cela faisait onze ans qu'elle était en centre de soins, dont neuf à Alpine. Frappée par l'épidémie, elle avait sombré dans un demi-coma.

Le 25 février, le personnel avisa la famille que les jours de Ruth étaient comptés. Son fils Al Van Dyke et sa sœur jumelle vinrent au chevet de la malade, accompagnés de leurs conjoints et de leurs enfants, pour la veiller.

Al avait l'habitude du spectacle de la mort. Il était retraité de la police depuis cinq ans. Détective pendant dix-sept ans, il en avait passé huit à la « Crime ». Il avait aussi travaillé comme ambulancier durant neuf ans.

Au bout de quelques heures de veille, Al se pencha vers sa mère et scruta son visage. Quelque chose l'inquiétait dans sa façon de respirer. Elle se mettait apparemment en apnée. Il lui vint à l'idée d'essayer de suivre son rythme. Au bout d'une minute, il n'en pouvait plus. Il rejeta alors tout le gaz carbonique contenu dans ses poumons. Cependant, sa mère n'avait pas encore repris sa respiration. Lorsqu'il eut enfin retrouvé son souffle, Ruth était de nouveau en apnée.

– Ça alors ! Dit-il. Je n'ai jamais vu ça !

Elle était encore si solide ; le visage à peine ridé, on ne lui donnait pas plus de soixante-dix ans, même allongée sur ce lit.

Ruth était issue d'une vieille famille d'origine anglaise qui s'était installée à Grand Rapids. Trois de ses sœurs étaient nonagénaires lorsqu'elles moururent. Elle avait une autre sœur plus âgée, qui venait d'avoir quatre-vingt-dix ans.

Al se souvenait encore de cette histoire que lui racontait son père : lorsqu'il avait entrepris un voyage en carriole avec Ruth et leurs deux enfants. Ils étaient en train de traverser la rivière Black Creek lorsqu'une roue s'était soudain détachée et avait roulé dans la neige. Ruth avait sauté à terre, laissant les deux petits sur le siège, et, rassemblant toutes ses forces, avait retenu la carriole de ses mains. Elle resta ainsi tout le temps qu'il fallut à Al pour trouver du secours dans une ferme alentour.

Vers 22 h 30, il n'y avait plus un bruit dans les couloirs d'Alpine. Le temps qu'ils restèrent à veiller Ruth, aucun membre du personnel soignant ne pénétra dans la chambre. Al regarda pensivement quelque temps par la fenêtre ; la neige tombait. Lavina commençait à se sentir mal.

La neige, le torrent, et sa mère qui soutenait la carriole…

– Tu sais, dit-il à sa sœur. Elle pourrait encore vivre de longues années.

Ils décidèrent qu'il valait mieux rentrer.

Vers 2 h 45 du matin, Al Van Dyke reçut un autre coup de téléphone d'Alpine Manor. Sur le certificat de décès, il était écrit que Ruth était morte d'un arrêt cardiaque.

Le mercredi, Gwen était en congé mais le lendemain, le 26 février, aux premières heures du jour, elle se présenta pour faire des heures supplémentaires. On lui confia les sections 600 et 700 dans Dover, à quelques mètres des chambres 100 d'Abbey Lane où Cathy était de garde.

Belle Burkhard occupait le lit près de la fenêtre dans la chambre 112-1. Le personnel chargé des activités était venu lui rendre visite et elle avait manifesté un réel plaisir en écoutant quelques valses de Strauss. Au début de la semaine, elle avait contracté un mauvais rhume mais semblait se rétablir à présent.

Sur sa feuille de surveillance, onze jours plus tôt, figuraient des commentaires plus inquiétants. Un matin, une aide-soignante avait constaté qu'elle portait des marques de contusions autour du nez, sur la joue droite et sur les tempes. Dans de telles circonstances, un rapport fut envoyé, conformément à la réglementation, à la direction qui prévint la famille immédiatement. Compte tenu de ses crises passées et les montants du lit étant en métal, on ne prêta pas plus d'attention à l'incident et aucune enquête n'eut lieu.

Les deux premières semaines de février, c'était surtout Cathy Wood qui s'occupait d'elle. Contrairement à Gwen, elle n'appréciait pas cette patiente et dès qu'elle essayait de la retourner dans son lit, Belle saisissait les barreaux métalliques de toutes ses forces et se raidissait. Souvent, elle se mettait à rire en contrant les efforts de Cathy.

– Non, c'est vrai, je ne l'aimais guère, admit Cathy plus tard. C'était si difficile de s'occuper d'elle.

Enfin, les derniers temps, c'était surtout Pat Ritter qui soignait Belle, l'aide-soignante que Cathy critiquait sans cesse et dont la signature avait été si maladroitement imitée sur la feuille médicale de Myrtle Luce, le soir de sa mort.

Vers 3 heures du matin, à l'heure de la pause, alors que le personnel au complet se retrouvait dans la cafétéria pour manger, Cathy Wood resta assise à son bureau, oisive, à se mordiller les lèvres et à tripoter ses ongles.

Peu de temps après, Gwen rejoignit Cathy en passant par le couloir de la section 100.

L'une d'entre elles resta dans le bureau pour surveiller le

couloir et l'autre se dirigea vers la chambre 112. Un interphone reliait les chambres des malades aux infirmeries dans chaque section. Cathy déclara plus tard qu'elle avait entendu de drôles de bruits dans le haut-parleur du bureau.

– Pendant un moment, j'ai nettement entendu des râles, des bruits rauques comme des vomissements.

Quelque temps plus tard, l'intrus sortait de la chambre 112 et s'éloignait dans le couloir, une serviette fourrée dans sa poche arrière.

Pat Ritter, qui avait commencé à travailler à Alpine Manor en janvier, avait une quarantaine d'années ; c'était une personne assez effacée qui ne s'occupait pas des affaires des autres. Elle trouvait particulièrement gênante l'attitude des deux aides-soignantes qui la critiquaient constamment. Elle savait que Gwen et Cathy étaient allées jusqu'à rapporter à la direction qu'elle ne changeait pas ses malades. Mais elle se doutait aussi que c'étaient elles qui inondaient le lit de ses patients.

Le 26 février, à 4 heures du matin, Pat venait de démarrer un nouveau tour de surveillance. Elle arrêta son chariot devant la chambre 112 pour retourner Belle dans son lit, comme elle l'avait déjà fait à deux reprises cette nuit-là.

Elle sortit de la chambre en hurlant : c'était la première fois qu'elle voyait une malade morte dans son lit.

A toute allure, elle courut prévenir les personnes de garde dans le bureau d'Abbey Lane.

– Venez vite ! Vite ! S'écria-t-elle. C'est Belle. Elle est morte !

L'infirmière sortit du bureau et pressa le pas. Adossée à une armoire, l'air apathique, Cathy regardait Pat en proie à la panique.

– La surveillante cheffe, s'il vous plaît, chambre 112.

Belle Burkhard est décédée à 4 h 25 du matin, nota l'infirmière dans le registre. Deux aides-soignantes furent désignées pour laver le corps. Pat se souvint que Cathy Wood avait alors protesté qu'elle ne voulait pas le faire. Elle était nerveuse et contrariée lorsqu'elle se mit quand même à la tâche.

Une certaine confusion régnait dans la salle de repos alors que le troisième service se terminait. Cathy et Gwen papotaient. Quelqu'un remarqua qu'on avait retrouvé Belle Burkhard avec un bras replié sous elle, qu'il était rouge et portait des traces de contusions.

– Pat Ritter l'a probablement mal retournée, dit l'une des admiratrices de Cathy.

Cathy continua à déverser son fiel contre Pat pendant que Gwen opinait du chef.

Au point du jour, deux personnes étaient mortes à Alpine Manor. Dans Grand River Valley, les rayons obliques du soleil naissant dessinaient sur la neige les ombres effilées des arbres dénudés. Le Luv Truck filait vers le nord-ouest emportant Cathy et Gwen loin de leur lieu de travail. Une fois franchi le pont rouillé de North Park sur Grand River, elles étaient presque arrivées et pouvaient souffler un peu.

Gwen Graham et Cathy Wood étaient toutes deux en congé le lendemain.

50

Le jour où elle reçut les cendres de sa mère, Nancy Hahn plaça l'urne sur une étagère dans sa chambre. Dans la nuit, elle resta éveillée longtemps sans pouvoir trouver le sommeil.

Elle venait d'avoir quarante-huit ans et Belle était

morte. Maintenant que tout était fini, les souvenirs lui revenaient en mémoire : les cendres, la cigarette allumée, sa mère assise sur une chaise, endormie, le feu. Nancy avait trouvé la maison en flammes et Belle qui hurlait pour retourner à l'intérieur. Elle était fin soûle, dehors, en chemise de nuit… Son père, décédé juste après leur séparation… Nancy suppliant sa mère d'assister à l'enterrement… Les disputes.

Et elle, toujours présente ou disponible depuis l'âge de neuf ans. Elle allait à l'école toute seule, s'occupait de ses repas, allait chercher des bières pour sa mère. Les lendemains difficiles, avec la gueule de bois. Personne pour la border dans son lit.

Le lendemain, Nancy prit l'urne sous le bras et la déposa dans une caravane au fond du jardin. Les cendres restèrent là six semaines, le temps que les tempêtes d'hiver se calment.

Tous les membres de la famille se retrouvèrent dès que le temps le permit pour ramener les cendres de Belle sur sa terre natale, au nord du Michigan. Nancy portait l'urne sur les genoux, et dans le coffre de la voiture, il y avait une plaque de granite pour marquer la tombe de sa mère.

Le cimetière de Gross Cap se situait à huit kilomètres de Saint Ignace, tout près de la terre des ancêtres de Belle Burkhard. C'était un vieux cimetière du XVIIIe siècle où les Indiens enterraient leurs morts. Les tombes étaient situées sur une colline qui dominait Moran Creek, à l'endroit où ses eaux se jettent dans le détroit tumultueux de Mackinac, entre les deux grands lacs.

Nancy et ses proches y rencontrèrent les oncles, les tantes et bien d'autres habitants de Saint Ignace. Nancy plaça l'urne funéraire dans la tombe, à côté des parents de Belle, dans la terre de ses ancêtres, comme elle l'avait souhaité.

Ils prononcèrent une prière collective puis érigèrent la plaque de granite. Nancy éprouva un immense soulagement. Maintenant, ma mère repose en paix, se dit-elle. Ses ennuis sont finis. Contrairement à la vie qu'elle a menée, elle est morte en paix, pensa-t-elle.

51

Fran Shadden observait son ex-compagne qui pliait le linge dans une laverie automatique. Gwen tenait à bout de bras un jean où l'on aurait pu facilement en mettre deux comme elle.

– Ouah ! C'est incroyable ! S'exclama Fran.

Gwen regarda par en dessous et pouffa. Elles éclatèrent de rire toutes les deux.

– Ouais, mais elle est excellente au lit, dit Gwen. Ça, ouais !

A plusieurs reprises, lorsqu'elles se voyaient et papotaient ensemble dans cet endroit, Fran avait remarqué les marques sur le cou de Gwen, et les cicatrices sur son dos. Il n'y avait pas de rancœur entre elles deux depuis qu'elles s'étaient quittées, six mois auparavant. Fran avait retrouvé la foi et une certaine sérénité. Elle rejoignait régulièrement un groupe de réflexion appelé *Réconciliation* qui rassemblait des homosexuels.

Ses seuls problèmes venaient de la propriétaire des jeans géants, qui se permettait de rentrer chez elle en défonçant la porte pour exiger en hurlant, par exemple que Fran devait rendre la plaque d'immatriculation que Gwen utilisait auparavant sur sa Volkswagen. Un soir, elle l'avait croisée au *Carousel* et avait bien failli se battre avec elle. Cathy était soutenue par sa tribu d'aides-soignantes et Fran l'avait échappé belle.

Elle se demandait si Gwen était consciente de la vraie nature de cette fille. Récemment, elle l'avait entendue se plaindre des crises de jalousie de Cathy.

« Elle devient mesquine et suspicieuse », lui avait confié Gwen à voix basse, comme si Cathy pouvait entendre.

A la réflexion, Fran se disait que Gwen avait trouvé une autre maman pour s'occuper d'elle. Jamais elle ne l'admettrait mais enfin, Cathy était loin d'être l'amour de sa vie, comme elle l'avait prétendu au début.

– Fran, je ne pense pas être tellement amoureuse, finalement. Pour le moment, c'est bien, mais je ne crois pas que ce soit vraiment de l'amour.

Il valait mieux que Cathy n'entende pas ces mots.

52

L'hiver touchait à sa fin et la grippe avait déjà envoyé plusieurs malades d'Alpine à l'hôpital. Certains avaient développé des pneumonies, d'autres en étaient morts.

Le taux de décès, en ce mois de mars, était comparable à celui des autres années. En janvier, cinq personnes étaient mortes, soit une de moins qu'en 1986. En février, il y avait eu dix décès, soit le même nombre que l'année passée. Pour le mois de mars, on en dénombrait huit, soit trois de moins. Peu d'aides-soignantes s'inquiétaient du nombre de morts de ces derniers mois. Elles étaient plus préoccupées par le tableau de chasse de Cathy Wood et de Gwen Graham.

Leurs histoires sentimentales formaient un vrai sac de nœuds. Les couples se faisaient et se défaisaient entre Gwen, Cathy, Dawn, Ladonna, Robin, Angie, Paul, Tony, Jesse, Lisa. Si on avait voulu tenir un livre des records,

Gwen, assurément, aurait obtenu la palme d'or. Depuis son arrivée à Alpine, elle avait couché avec Dawn, Angie, Cathy, Robin et le jeune garçon de salle Jim Shooter, sans parler de ses autres conquêtes moins importantes.

A la fin mars, tout le monde parlait de Katherine Brinkman, la dernière admiratrice de Cathy. Elle était arrivée à Alpine en décembre et, dès le début, avait cherché à nouer le contact. Elle faisait tout pour s'attirer ses faveurs : des fleurs, des cadeaux, et même des bijoux.

– Tu es cinglée, lui avait dit Angie Brozak juste avant de démissionner. Tu es cinglée, elle est en train de te manipuler.

Dawn aussi se rappelait que Cathy tenait Katherine dans ses griffes. Mais derrière son dos, elle la traînait dans la boue. Elle se vantait quand même de ce que Katherine accédait à ses moindres désirs.

Une véritable compétition pour le pouvoir s'était engagée entre les aides-soignantes. C'était à qui capterait l'attention de Cathy. Elle excellait toujours dans l'art d'attiser des jalousies.

– On devenait toutes cinglées, se rappela Ladonna au cours d'une conversation. Le manège tournait de plus en plus vite et nul ne se préoccupait des sentiments d'autrui.

Une fois sa liaison avec Cathy terminée, l'existence de Dawn se passa en beuveries, rixes, accidents de voiture et aventures sans lendemain.

Sa mémoire des événements de l'année 1987 était assez confuse. Quelques soirées à Effie entre l'hiver et le printemps. Les paris stupides avec les pièces de vingt-cinq cents. Les virées avec Gwen en Coccinelle. Cathy qui avait voulu lui présenter Robin Fielder. Une bagarre avec Ladonna Sterns, au terme de laquelle Dawn lui cassa deux incisives. Elle confondait les dates et ses souvenirs étaient tous imprégnés des vapeurs de Wild Irish Rose, de bière ou de marijuana.

Un seul jour restait gravé dans sa mémoire. Elle ne pouvait le situer très exactement mais elle savait que c'était après son renvoi d'Alpine, en automne 1986, et avant son retour à Lakeview, l'été 1987.

Elles étaient installées toutes les trois dans le salon chez Cathy. Et tout en bavardant, le sujet vint brusquement sur le tapis. L'une des deux annonça qu'elles avaient étouffé un malade d'Alpine.

– Ouais ! Nous avons asphyxié un malade.

Dawn avala une bonne rasade de bière et scruta leur visage. Gwen était assise sur le divan et Cathy, penchée vers elle, souriait d'un air entendu.

Encore un nouveau jeu, s'était dit Dawn.

– Pourquoi vous dites ça ? Vous voulez me fiche la trouille, ou quoi ? Avait-elle rétorqué.

Mais elles ne cherchaient pas à lui faire peur et passèrent aux explications, chacune à son tour. En fait, il y avait eu d'autres victimes. C'est alors que Gwen mentionna le nom de l'une d'entre elles. Mais Dawn, ne prenant pas la chose au sérieux, ne se souvint pas du nom mentionné.

– Je l'ai étouffée avec un oreiller, avait dit Gwen. Cathy faisait le guet près de la porte, pour surveiller le couloir.

Dawn but une autre gorgée.

– Est-ce que tu me crois ?

– Ah, non, alors ! Sûrement pas !

– Pourquoi ?

– Je ne crois pas que tu sois capable de tuer quelqu'un.

C'est vraiment un jeu débile, s'était dit Dawn.

– Bon, alors, viens voir, nous avons des preuves, avait dit Gwen.

Dawn suivit les deux filles dans la chambre. En haut d'une étagère, Cathy saisit une socquette.

– C'est une de ses socquettes, avait dit Cathy en mentionnant le nom de la malade.

Il y avait d'autres objets sur cette étagère. Dawn ne pouvait en donner une liste complète. Mais elle se souvenait vaguement d'un bijou, un collier portant une croix. Elle ne pouvait se rappeler les noms mentionnés.

On savait à Alpine que Cathy volait des objets appartenant aux patients. Une fois, elle avait subtilisé le rosaire d'un malade et l'avait suspendu à son rétroviseur.

Non, ces objets appartenaient à des personnes qu'elles avaient tuées, et qui, avant, souffraient le martyre, avaient déclaré les deux filles.

– Il fallait bien que quelqu'un mette un terme à leur misère, avait dit Gwen.

Dawn resta les yeux fixés sur la socquette. Une chose était sûre, Cathy en portait tout le temps. Non, elle ne pouvait pas avaler ça ! Ces deux-là étaient complètement tordues et c'était un de leurs jeux stupides.

– Ce ne sont pas des preuves, avait dit Dawn. Ces conneries ne veulent rien dire.

Et pourtant elles devaient prendre tout leur sens quelques mois plus tard.

53

L'excursion prévue à Disney World à l'occasion du mariage de la sœur de Cathy fut annulée. Cathy n'était plus invitée et, de toute façon, elle n'avait plus d'argent.

Sa mère par contre y alla. Elle consentit à laisser, pour les deux semaines que durerait son absence, sa maison de Comstock Park à Cathy et à Gwen. Elles y passèrent moins de temps qu'à Alpine Manor, en fait, mais y invitèrent quelques amis.

Gwen avait remarqué l'ambivalence des sentiments de Cathy à l'égard de sa mère : elle se plaignait du peu d'amour que celle-ci lui témoignait mais courait la voir à la moindre crise.

Pat était toujours là pour la soutenir. Le jour où Ken avait voulu récupérer des vêtements d'hiver dans la cave, Cathy avait aussitôt appelé sa mère et la police de Grand Rapids. Pat était accourue la première. A peine sortie de voiture, elle s'était avancée, l'air menaçant. Elle ignora Ken puis, du haut du perron, fit volte-face.

– Très bien, monsieur, s'écria-t-elle. Voulez-vous m'expliquer ce que tout cela signifie ?

Ken leva les yeux et vit Pat les mains sur les hanches.

La police arriva à ce moment-là.

Il y eut une discussion au sujet des vêtements que Ken avait sous le bras et Pat reconnut le parka.

– C'est moi qui ai acheté ce vêtement à ma fille, s'écria-t-elle.

La police dévisagea Ken, puis Cathy, et décréta que Ken devait rendre le parka.

Pat et Cathy avaient l'air très contentes d'elles.

Dès que Ken s'annonçait, Cathy appelait sa mère.

– Arrête donc d'appeler ta mère, je peux très bien m'occuper de lui, avait dit Gwen.

Elle ne parlait plus de se battre. Depuis l'épisode de la batte de base-ball, Mack, le père de Gwen, lui avait envoyé un vieux fusil qui avait appartenu à son grand-père. C'était un Mannlicher-Carcano de calibre 6,5 mm, la même marque que celui qui avait soi-disant servi pour assassiner JF Kennedy. Le fusil était posé dans un coin de leur chambre, toujours à portée de main.

Gwen avait même appris à Cathy à s'en servir. Un soir,

elle avait aussi tiré une balle en l'air, derrière la maison. Les voisins s'étaient plaints.

– Mais, enfin, pourquoi toute cette histoire? Avait dit Gwen. Si on ne peut plus faire ce qu'on veut dans son jardin, quand même!

Le fusil était chargé, dispositif de sécurité en place. Maintenant, elles n'avaient plus besoin de la police ou de Pat.

– Tu enlèves d'abord le cran de sécurité, avait dit Gwen, et si Ken arrive, tu ne vises même pas, tu tires dans sa direction, c'est tout.

Gwen ne savait que penser de la mère de Cathy. En tête à tête, elle se montrait d'une extrême politesse. Un jour, Gwen avait été hospitalisée à la suite de graves maux d'estomac, et Pat s'était rendue à son chevet. Elle l'avait même raccompagnée chez elle pour lui faire la cuisine.

– Elle m'a soignée comme si j'étais une petite fille, dit Gwen plus tard: « Maintenant, tu vas te déshabiller et te mettre au lit. » C'était très gentil.

Quelque chose pourtant lui faisait émettre des réserves. Cathy était si bouleversée parfois quand elle revenait de chez Pat! Et puis, ses rapports avec sa fille restaient très impersonnels.

– Je n'aimais pas la façon dont elle traitait Cathy, dit Gwen. Elle était très distante.

Cathy rendit visite à sa mère dès le retour de Floride de celle-ci. Elle rentra chez elle dans un état proche de l'hystérie.

– Tu sais ce qu'elle fait? Demanda-t-elle à Gwen. Elle nettoie toute la maison: les tapis, les sols, les meubles, les assiettes, tout.

Cathy et Gwen avaient fait le maximum pour laisser la maison impeccable. Gwen songea que puisqu'on était au mois d'avril, Pat faisait peut-être son nettoyage de printemps.

– Non, non, dit Cathy, en larmes. Tu ne comprends pas ? C'est contaminé. On est restées dans sa maison, alors elle pense qu'elle est contaminée.

Cathy fut très choquée par l'incident.

54

La Coccinelle était garée sur le parking du Fish Ladder Park. Le bruit de l'eau… la rivière sombre… les cadavres.

Une autre gorgée de Jack Daniel's. Toute seule, les idées affluent, les visages. Cathy. Robin. Les promesses, les serments et les mensonges.

La confiance.

Il y en avait eu si peu dans sa vie.

Premiers souvenirs. La maison de sa grand-mère dans l'Indiana. L'accident de voiture. Mack à l'hôpital. Sa mère on ne sait où. Peut-être dans une ferme ? La vie avec sa grand-mère. Le porche. Le glacier de l'autre côté de la route. La musique de Johnny Cash.

Elle ne voulait plus partir. Non, monsieur. Ils avaient dit qu'ils reviendraient. Cette musique. Les glaces à la crème.

Elle était têtue, différente de ses frères. Depuis sa plus tendre enfance, elle était très obstinée, on le lui avait toujours seriné.

Une enfant têtue et désagréable. Sa mère qui répétait : « Mais qu'est-ce que j'ai fait au bon Dieu pour avoir une gosse pareille ? » Un petit monstre, Gwendolyn Gail Graham.

Le miroir. Elle devait avoir quatre ou cinq ans et se regardait dans un miroir.

– Donne-moi ce miroir !

Têtue et détestable. Elle refusa de le rendre. Sa mère la frappa avec et le miroir se brisa sur sa tête.

Non, je n'irai pas, non, laissez-moi ! Les toilettes.

L'urine. Les odeurs. L'angoisse. La chasse d'eau. L'eau qui tourbillonne. J'ai peur d'être aspirée ! Non ! Non !

M'enfuir ? Oui, c'est ça, je vais m'enfuir.

– Fous le camp, sale gosse !

Dehors, la porte refermée sur son nez. Seule devant la maison. La rue. Traverser la rue. C'est interdit ! Il faut rentrer. La porte ne s'ouvre pas, elle est fermée à clé.

Maman.

Seule. Très seule.

Et puis les rires. Beaucoup d'éclats de rire. Le rire et la mort des souris. Les serpents.

Hoaaaagiiie !

Mack et elle ont amené le petit agneau chez le vétérinaire.

– Je veux être vétérinaire !

Le véto en train de faire son possible pour sauver l'agneau. Elle lui tient la tête, lourde, si lourde qu'elle lui échappe des mains. « Je l'ai tué ! Je l'ai tué ! – Mais non, dit le véto. Il a avalé un sac plastique. » Tous, ils riaient, ils riaient, elle s'en souvenait très bien.

« Et toi, c'est trop long pour devenir vétérinaire ! » avait dit Mack.

Les rires. Mack. La confiance ?

– Tu peux me faire confiance, lui avait dit son père. Mais il faut que tu montres à ta mère que tu l'aimes, d'accord ?

Elle devait avoir quinze ou seize ans.

– Tu la serres dans tes bras, tu l'embrasses et tu lui dis une fois par jour que tu l'aimes ou je te botte les fesses.

Un jour. Cela avait duré un jour. Non, elle ne pouvait

pas ! Pas d'affection. Elle préférait encore qu'on lui botte le derrière.

Ce jour-là, dans les champs, la mère et la fille, seules, luttant et roulant dans la poussière puis dans la mare boueuse. Les coups. Elle la frappe.

Oui, je suis détestable et têtue. Et je ne veux pas que quelqu'un me prenne dans ses bras.

Mack, les rires. Elle voulait être comme le vieux Mack. Elle voulait lui ressembler, avec son allure de cow-boy.

– Je serai raisonnable, avait-elle dit à un garçon du voisinage.

– Je serai raisonnable, avait-elle dit à Fran.

Mais si eux ne l'étaient pas, alors elle leur botterait les fesses.

Quand Mack partit, elle voulut le suivre. Elle voulait partir avec lui, chasser le cerf. Elle voulait boire du whiskey. Elle voulait fuir Tyler.

Californie. Mack, me voilà ! J'arrive !

Il y avait le whiskey. Ils buvaient ensemble, elle et le vieux Mack. Il ressemblait au type de la publicité de Marlboro.

Elle avait perdu connaissance, puis s'était réveillée brutalement. Sa chemise était défaite. Mack avait le nez entre ses seins.

– Je te faisais confiance ! Hurla-t-elle. Et dire que je te faisais confiance pour de bon !

Courir, courir, droit devant, sans rien voir ni sentir. L'auto-stop le long de la côte californienne.

Et maintenant cette solitude, tous les soirs. Pas de sensations, ni de confiance. Un amas de morceaux épars, qui flottent. C'est ça, elle n'était qu'un tas de morceaux prêts à être engloutis dans le premier siphon.

Un jeu. C'était juste un jeu ! L'ivresse. Les paris. Les jeux sont faits.

– Je parie que tu ne peux pas écraser cette cigarette sur ta main !

– Si ! Je peux.

Et puis, mieux que des paris, les défis qu'on se lance à soi-même. Au moins, là, elle ressentait quelque chose. Une autre cigarette. Elle l'écrase sur sa main. Se raccroche à cette douleur. Ses mains percées comme celles de Jésus. Dans la douleur… On ressent quelque chose. Et puis, les brûlures, ça cicatrise, les coupures et les coups aussi.

Maintenant, toute seule, encore. Enfermée dans la voiture. La rivière en bas. Les cadavres.

La petite fille têtue et détestable.

Sa mère.

Hold me. Thrill me. Kiss me. Make me tell you I'm in love with you.

Serre-moi fort, Cathy !

– Je n'avais pas confiance en ma mère, s'écria Gwen plus tard. Je ne faisais confiance à personne, d'ailleurs.

La confiance – toujours et encore.

La petite fille qui ne voulait pas qu'on la prenne dans ses bras aurait donné n'importe quoi pour pouvoir accorder sa confiance à quelqu'un.

55

L'odeur se répandait partout, dans tous les couloirs.

La gangrène au doigt de pied d'Edith Cook avait empiré. Tout le monde le savait, le sentait et entendait les gémissements de douleur que la radio WOOD FM n'arrivait même pas à couvrir.

– Mon Dieu, mon Dieu, aidez-moi !

Les infirmières administraient des calmants. A quatre-vingt-dix-sept ans, Edith était la doyenne d'Alpine Manor.

Tout le monde l'aimait beaucoup.

Un, deux, trois.
Mamie attrape la mouche
La mouche ne vit plus
Mamie éclate en sanglots.
Un, deux, trois.

Edith chantait souvent des comptines aux aides-soignantes comme si elle avait devant elle un public d'enfants. Mais en avril, quand la douleur se fit insupportable, on lui administra de la codéine. Son cerveau commença à se ramollir. Maintenant, elle récitait les lettres de l'alphabet, comme une petite fille qui apprend à lire. Retomber en enfance était un phénomène assez courant à Alpine Manor.

Depuis son admission, Edith avait l'impression d'être une privilégiée, malgré tous les drames qui avaient marqué sa vie. On pouvait également connaître bien des détails de son passé socioprofessionnel, à la lecture du dossier médical et des notes prises par l'assistante sociale.

Née le 28 novembre 1889 dans l'Ohio. Artérite généralisée.

Quatrième d'une famille de sept enfants : trois frères, deux sœurs et un demi-frère. Son père travaillait dans une fabrique de meubles avec son frère aîné. Il mourut à trente-deux ans.

Edith, mariée en 1913 à G. Cook, représentant. Un an avant sa mort, ils avaient ouvert un restaurant. Elle continua à en assurer seule la direction. Ils avaient adopté un enfant, qui mourut à l'âge de quatorze ans.

Sur sa fiche d'admission, on lisait : *Etat de santé géné-*

ral : assez bon. A toute sa raison. Se nourrit seule et peut marcher en s'aidant d'une canne.

Avant l'admission, *Edith vivait seule. A quatre-vingt-douze ans. Un frère toujours vivant, s'absente parfois et va en Floride.*

Aucune appréhension à l'idée de vivre en maison de santé.

« C'est un bel institut. La nourriture y est excellente. Tout est bien. » (Sic.)

Elle montrait toujours un réel enthousiasme malgré la détérioration de son état de santé. Elle se promenait dans les couloirs, participait à toutes les activités et entretenait de longues conversations avec les autres malades.

En 1985, on lui découvrit un cancer du sein mais elle refusa toute intervention chirurgicale. La maladie n'évolua pas. En février 1987, elle pouvait encore se tenir debout si quelqu'un la soutenait, et le virus de la grippe l'avait épargnée. Une nuit, une infirmière la trouva, les pieds hors des couvertures, coincés entre les barreaux du lit. Des plaies se formèrent.

A la mi-mars, l'un de ses pieds était entièrement noir. Edith commença à souffrir d'escarres au niveau des épaules et des hanches. Elle avait perdu l'appétit et se mit à maigrir. Le bruit courut que certaines aides-soignantes ne la retournaient plus dans son lit, écœurées par l'odeur âcre de ce pied gangrené. Gwen Graham devait s'occuper d'elle la première semaine d'avril.

Le 5 avril, Edith était encore capable de s'asseoir dans sa chaise roulante pour recevoir la visite de son neveu. C'était le seul proche qui lui restait. Elle prit encore quelques repas seule, mais bientôt il fallut lui donner à manger. Cathy Wood déclara par la suite qu'elle lui avait donné son dernier repas.

– Mon Dieu, mon Dieu, aidez-moi !

Vers minuit, Marianne Conner, une infirmière spécialisée, entra dans la chambre 219 pour voir si tout allait bien pour Edith Cook. Elle était en train de réciter les lettres de l'alphabet. L'infirmière lui parla doucement et lui soigna le pied avec de la Bétadine.

Pour le service de nuit, trois aides-soignantes étaient sous ses ordres, dont Cathy Wood et Gwen Graham. Gwen attaquait une fois de plus son deuxième service d'affilée.

Marianne refusait de se laisser intimider par ces deux-là. Elle leur reconnaissait une certaine efficacité dans le travail mais se méfiait d'elles. Elle avait remarqué les cicatrices horribles sur les bras de Gwen. Elle se rappelait surtout sa propre dispute avec Cathy, à propos du surnom de « Gay Bobs » qu'elle avait soi-disant donné à l'équipe de soft-ball. Elle s'en était défendue mais Cathy avait proféré des menaces.

– Je ne trouve pas ça drôle, avait-elle dit. Vous vous en mordrez les doigts.

– Cathy, vous ne me faites pas peur. Et je ne veux rien avoir à faire avec vous, avait-elle répondu.

Au bout de quelque temps, elle avait remarqué l'ascendant que Cathy exerçait sur le groupe d'aides-soignantes.

Marianne avait pris ses fonctions en janvier de cette année-là. Cela faisait douze ans qu'elle travaillait en gériatrie. Elle devait déclarer plus tard que ces six mois passés à Alpine avaient été les pires de sa carrière.

– Le principal problème était que la plupart d'entre elles n'avaient aucun sens de la dignité, elles ne savaient pas ce que le respect de soi signifie. Comment auraient-elles pu en avoir pour les patients ou les employés ?

Marianne avait vu des aides-soignantes refuser de

faire les tâches les plus élémentaires. D'autres qui qualifiaient d'« emmerdantes » les familles préoccupées par la qualité des soins prodigués. Elle se rappelait avoir croisé un aide-soignant faisant sa ronde avec une radiocassette collée à l'oreille, le volume à fond, alors que le jour se levait à peine. Elle se souvenait d'une autre aide-soignante qui avait jeté de la nourriture au visage d'un malade. Malgré ses interventions et ses multiples rapports à la direction, elle n'avait jamais constaté le moindre résultat. Un jour, pourtant, une aide-soignante avait été renvoyée pour mauvaise conduite ; elle fut réembauchée quatre semaines plus tard.

– Je me mettais en quatre pour améliorer le sort de ces vieilles personnes, et la direction d'Alpine Manor ne me soutenait même pas.

L'ironie voulut que Marianne Conner trouve cet emploi en cherchant un établissement d'accueil pour son propre père qui venait d'avoir une attaque. La famille devait finalement décider qu'elle le garderait.

– Je suis bien contente que papa n'ait pas été placé là, dit-elle à sa mère. Les gens n'y sont pas bien soignés.

A 2 h 30 du matin, Cathy Wood s'approcha de Marianne Conner qui venait de s'absenter du service pour la pause-repas.

– Je crois qu'Edith est morte.

Marianne se précipita vers la chambre 219, à l'autre bout du couloir d'Abbey Lane. Cathy paraissait tendue.

– C'est la première fois. Je n'ai jamais vu de mort avant, dit-elle. J'ai peur d'entrer.

Elles trouvèrent Edith Cook, allongée sur le dos, le visage d'une pâleur extrême tourné vers le plafond, les bras le long du corps. Les membres encore souples prouvaient qu'elle venait de mourir.

Marianne prit sa tension artérielle. En relevant la tête, elle aperçut l'imposante silhouette de Cathy dans l'encadrement de la porte.

– Je n'ai jamais vu de mort avant, répéta-t-elle à plusieurs reprises, l'air nerveux.

Enfin elle s'approcha du lit à petits pas.

Quelques instants plus tard, le haut-parleur cracha :

– La surveillante cheffe chambre 219, s'il vous plaît.

Une à une, elles arrivèrent. Le défilé des aides-soignantes commença. Gwen Graham figurait parmi les visiteurs qui vinrent rendre un dernier hommage à Edith Cook.

Cathy Wood devait s'occuper de rassembler les affaires de la défunte. Quand les pompes funèbres arrivèrent pour emporter le corps, un objet très particulier manquait. Marianne Conner ne l'avait pas remarqué mais, à la morgue, on le nota tout de suite.

Edith Cook n'avait pas son dentier.

56

Entre Abbey Lane, Buckingham, Camelot et Dover, les billets doux circulaient sans arrêt.

Cathy adorait utiliser les sigles secrets, ils ponctuaient les lettres qu'elle faisait parvenir à Gwen, IWK *(I Want Kisses)* MM *(Marry Me)*, ou alors WWK *(Wet Wet Kisses)*.

Gwen avait trouvé un surnom à Cathy – *Rat Woman*, dans le style animalier, ce qui allait bien avec *Bunny Foo Foo*, le lapin assassin de la comptine. Récemment, Cathy, s'était plainte que quelqu'un essayait d'imiter ses canulars. Gwen lui avait dit, en guise de conseil :

– Donne-leur du fromage, on saura où sont les rats !

Avec l'arrivée du printemps, il y eut de moins en moins de décès à Alpine Manor. Un soir, Cathy écrivit ce poème à Gwen :

Je peux t'aimer tant et tant
Tu es vraiment géniale
Je ne peux plus attendre,
Cet après-midi est trop loin.

Et quand on se réveillera
Je t'embrasserai
Tu seras dans mes bras
Ô Gwen, j'ai besoin de toi.

Bunny Foo, viens vite près de moi !
Laisse-moi te mordiller l'oreille
Et t'embrasser
Dans le cou.

Je veux t'épouser
Maintenant et tout de suite.
Ne me fais pas attendre
Jusqu'à ce jour.

Jusqu'à ce jour.
Oh ! Dis-moi, jure-moi
Que tu seras à moi, toujours
Pour l'éternité plus cinq jours !

Gwen préférait la prose ; elle reprit dans sa réponse cette expression *Pour l'éternité*, utilisée par Cathy et que Ladonna avait, un jour d'automne 1986, dénichée dans un roman Harlequin.

Gwen répondit en ces termes :

Assise ici, seule, je voudrais tant que tu sois à mes côtés, je pourrais te faire des câlins, t'embrasser sur la joue. Tu me rends dingue, je suis folle de désir, je souris car je sais que dans quelques heures, je vais pouvoir te faire des WWK. Je voudrais déjà être dans mon endroit préféré, pour que tu me tiennes serrée contre toi, que tu m'embrasses le visage. Pour l'éternité plus cinq jours ! Oui ! Je suis heureuse que ce soit vrai.

A toi, Rat Woman !

De la part de ton Bunny Foo Foo.

57

En arrivant chez elle, Gwen vit tout de suite la voiture de Katherine Brinkman garée à quelques mètres de la maison. Elle gara sa Coccinelle dans l'allée et remonta la rue.

– Qu'est-ce que tu fous là ?

– J'attends Cathy, dit Katherine.

Or Cathy s'était déjà plainte d'elle et Gwen le savait.

– Eh bien moi, je te dis de fiche le camp d'ici.

Et pour mieux se faire comprendre, Gwen la mit de force dans sa voiture et claqua la portière.

Quelques instants plus tard, Cathy arrivait ; tout de suite, la discussion démarra sur la franchise, la fidélité, des thèmes qu'elles avaient déjà débattus. Gwen se rappela plus tard ce que Cathy lui avoua alors :

– Ça fait un moment que je veux te parler de Katherine. J'ai envie de sortir avec elle.

Gwen fut interloquée.

– Je me mis à pleurer, dit-elle. J'avais mal. De mon côté, je n'avais pas été un exemple de fidélité mais le fait qu'elle veuille sortir avec Katherine me jeta dans un grand trouble. Je l'ai suppliée de ne pas le faire.

Cathy y consentit.

Quelques jours plus tard, Gwen, Lisa, Robin et Dawn buvaient ensemble dans le salon, en écoutant des disques, lorsque Cathy leur fit part d'un plan qu'elle avait concocté.

– Voilà mon idée ! On attire Katherine sur la colline K-Mart, c'est au sud-ouest du parking K-Mart, sur Alpine Avenue. Il y a une route à double sens qui y mène. De là-haut, on peut voir la vallée et la voie express I-96.

Elle avait déjà repéré les lieux.

– Moi, j'arrive avec Katherine. Gwen se cache dans les buissons.

Elle dit à Gwen tout ce qu'elle devrait dire et faire. Le plan n'avait rien d'inoffensif. Tout était conçu pour que Katherine puisse croire que Gwen les surprenait ensemble, se retrouve face à face avec Gwen et soit amenée à croire que Cathy aussi passait un mauvais quart d'heure.

– Merde, je veux être de la partie, moi aussi ! Dit Dawn.

En fait, elles iraient toutes les cinq. Robin et Lisa attendraient dans une voiture sur le parking.

– Seule Cathy pouvait imaginer pareil plan, avoua Dawn plus tard. En apparence, rien ne pouvait lui être reproché, elle avait les mains propres. Et pourtant, elle était l'unique instigatrice.

Rares étaient les voitures encore garées dans le parking K-Mart, à cette heure-là. Gwen et Dawn gravirent la route ensemble, en pouffant de rire, l'haleine chargée de whiskey.

Arrivées en haut, elles promenèrent leur regard tout autour du site, il y avait une décharge sauvage, des bosquets, tout ce que Cathy avait décrit. Par cette nuit d'avril, l'air humide et frais pénétrait les os des deux complices cachées derrière les arbres. L'attente leur sembla longue.

Soudain, le bruit d'un moteur se fit entendre. Cathy arrêta la voiture en haut de la butte et montra du doigt les lumières de la ville, tout en bas. Katherine admirait le paysage : toute la vallée de la Grand River s'étalait à ses pieds.

En sautant hors de sa cachette, Gwen fit craquer une brindille. Elle se projeta en position d'attaque, à la manière d'un joueur de rugby, et vociféra :

– Cathy ! Nom d'un chien ! Qu'est-ce que tu fous ? Avec qui es-tu ?

Katherine se retourna.

– Cathy ! Rentre à la maison.

Cathy s'éloigna à petits pas et redescendit la colline en trottant.

– Qu'est-ce que tu as l'intention de me faire ? Tu vas me battre ? Dit Katherine, tremblante de peur.

– Tu as deviné ! Je t'ai prévenue mais tu n'as pas compris. Alors, comme tu n'as pas été raisonnable, je ne le serai pas non plus.

A ce moment-là, Dawn sortit de l'ombre, proférant des insanités.

– On ne va pas que se contenter de te frapper ! On jettera ce qui reste de toi sur la voie express, là, en bas !

Gwen éloigna Dawn d'un geste.

– Elle est à moi !

Elle poussa alors son cri guttural et frappa Katherine dans les côtes. Puis une pluie de coups s'abattit sur son visage et son corps. En un rien de temps, elle se retrouva par terre. Dawn lui assena encore quelques coups de pied. Elle gisait sur le gravier, les genoux remontés pour se protéger, hoquetant et vomissant de douleur.

Dawn tournait autour d'elle. Gwen s'arrêta, serra les poings, puis regarda tour à tour la victime allongée par terre, le ciel étoilé et la vallée en bas.

Dawn Male pressa Katherine de se remettre debout.

– Tu ferais mieux de déguerpir ou elle va te tuer, dit-elle.

Mais, il fallut quelques minutes à Katherine pour se

remettre debout, reprendre ses esprits et quitter les lieux. A mi-chemin, en descendant, Gwen lui tendit les bras, la suppliant de lui pardonner.

– Est-ce que tu me pardonneras un jour ? Répétait-elle. Pourras-tu me pardonner ?

Les deux femmes arrivèrent en bas tant bien que mal, en boitant. Dawn les suivait en zigzaguant.

Gwen aida Katherine à s'installer au volant de sa voiture et écarta une mèche de cheveux qui lui retombait sur le visage.

– Je ne sais pas comment te dire que je suis désolée.

Puis elle tourna les talons et s'éloigna à pied.

D'après le plan, Cathy devait être là pour ramener Gwen, mais personne n'était au rendez-vous. Gwen ne voulait pas attendre, elle était furieuse, non plus contre Katherine, mais contre Cathy. Seule dans la nuit, elle prit la direction d'Alpine Manor. A partir de là, elle pourrait retrouver son chemin.

Katherine raconta à Margaret Widmaier qu'elle était passée par la porte de derrière pour que personne ne la voie. Dès le lendemain, elle s'était présentée devant la sous-directrice. Elle avait le bras en écharpe et un œil au beurre noir.

– C'est Gwen Graham qui m'a fait cela, dit-elle. Elle m'a rouée de coups sur la butte K-Mart.

Outre les contusions et les coupures, elle avait également une côte cassée. Son état nécessitait un congé de maladie qui lui fut accordé sur-le-champ.

Quand elle reprit son travail, elle donna une autre version à ses collègues. Elle raconta qu'elle était assise sous un arbre quand elle avait reçu une balle de golf en plein dans l'œil. Plus tard, les aides-soignantes virent arriver un copain de Katherine Brinkman, muni d'une batte de base-ball. Il cherchait Gwen Graham. Mais ce soir-là, elle était de repos.

Margaret Widmaier convoqua Gwen et l'interrogea sur sa version des faits.

– Margaret, dit Gwen avec un large sourire, vous me voyez en train de faire une chose pareille ?

58

La vieille dame arpentait le couloir de Camelot d'un pas hésitant, en marmonnant des mots étranges qui ressemblaient à des noms indiens :

– Yabahoo Cooch. Yabahoo Cooch.

Personne ne savait ce que cela signifiait, à part Robin Fielder. *Yabahoo*, en langage codé, signifiait les seins. *Cooch* était un mot inventé par Gwen pour parler du sexe de la femme. En collant les deux mots ensemble, on obtenait le surnom érotique de Robin. C'était un code secret qu'elles utilisaient pour se retrouver. Un jour, Gwen l'avait appelée par ce nom dans le haut-parleur.

– *Yabahoo Cooch. Yabahoo Cooch.*

Pauvre Ruth, pensait Robin sans pouvoir s'empêcher de rire. Gwen était vraiment drôle et elle appréciait beaucoup ce côté de sa personnalité ; elle se moquait souvent de Ruth et Robin riait de bon cœur. De toute façon, elle ne savait jamais quand la prendre au sérieux.

Robin était très naïve. Crédule, elle se laissait facilement manipuler. A peine sortie du cocon familial, finis les défilés de majorettes sur la pelouse des stades de football. Dans ce monde nouveau et surprenant, elle était complètement dépourvue d'expérience.

– J'ai été très naïve et stupide, avoua-t-elle plus tard.

Au printemps, son idylle avec Gwen s'intensifia. Elles ne perdaient pas une occasion de se voir, entre les virées en voiture la nuit et les promenades au zoo ou dans les parcs.

Robin évacuait de sa mémoire tout ce qui la gênait – la présence de Cathy ainsi que les mauvais souvenirs, comme l'expédition sur la colline K-Mart. Ce côté-là de Gwen lui faisait peur.

Elle avait vu Katherine Brinkman redescendre de la colline, le visage meurtri.

– Je ne peux pas croire que nous étions là et que... Avait-elle avoué à Lisa Lynch, sans rien ajouter.

Mais elle était convaincue que Gwen ne lui ferait jamais de mal. Cathy, sans nul doute, était à l'origine de toute cette violence. Elle avait réussi si facilement à la convaincre de passer Katherine à tabac ! Il était évident qu'elle la tenait sous sa coupe. Gwen aurait fait n'importe quoi pour faire plaisir à Cathy.

Robin était impliquée dans leurs affaires ; elle avait remarqué que Cathy entraînait toujours d'autres personnes dans ses manigances. Quel étrange magnétisme dégageait-elle ? Etaient-ce simplement ses « farces » qui fascinaient les autres ?

Se doutait-elle de sa liaison avec Gwen ? Dans les couloirs d'Alpine Manor, la rumeur circulait que Cathy s'était fait raccompagner chez elle par une collègue plus tôt que prévu, et qu'elle les avait surprises filant hors de chez elle dans son 4 x 4.

Un soir d'avril, Robin sentit que Cathy avait vraiment l'intention de lui faire du mal. Elle venait de retrouver Gwen dans sa Mustang, garée sur le parking de *Family Foods*. Gwen semblait très déprimée.

– Robin, avait-elle dit les larmes aux yeux, je t'aime.

– Moi aussi, je t'aime.

– Il faut que je t'avoue quelque chose.

Une larme coula sur sa joue.

– J'ai tué six personnes.

– Quoi ! Tu as tué six personnes ?

Devant l'énormité de ce qu'elle venait d'entendre, Robin ne put que répéter ces mots. Pourquoi se confiait-elle à elle ?

– J'ai tué six personnes et je le regrette. Mais je l'ai fait.

Robin se mit à pleurer à son tour. Leurs larmes étaient souvent contagieuses. Elles se tenaient enlacées.

– Mais non, voyons, tu n'as tué personne.

C'est encore un coup de Cathy. Oui, ça ne peut être qu'elle ! Qui d'autre aurait pu lui mettre ça dans le crâne ? C'est elle qui la pousse à dire des atrocités, par pur esprit de vengeance. Sans doute a-t-elle découvert notre liaison et maintenant elle force Gwen à raconter ça !

– Je les ai tuées, répéta Gwen.

– Non, ce n'est pas vrai.

– Si, c'est vrai.

– Dis-moi qui sont ces personnes ?

Gwen les nomma, l'une après l'autre. Toutes étaient d'anciennes pensionnaires d'Alpine. Puis Gwen se cacha le visage entre les mains et dit encore une fois :

– Robin, je t'aime vraiment.

Sur son visage bouffi de larmes, on lisait toute la candeur et l'innocence d'un enfant.

Mon Dieu, songea Robin, n'y a-t-il aucune limite aux canulars stupides de Cathy ? C'est d'une cruauté sans nom. Elle voyait bien que Gwen avait dû prononcer ces mots contre son gré. Quel esprit tordu pouvait bien manigancer une histoire pareille ? Comment et pourquoi Cathy exigeait-elle cela de Gwen ?

Robin réussit finalement à calmer Gwen. Elles restèrent assises un long moment sans bouger, dans les bras l'une de l'autre. Cathy ne me fait pas de mal, c'est à Gwen qu'elle en fait, pensa Robin.

Le jour de la fête du Travail, Robin se trouvait chez

Lisa Lynch. Soudain le téléphone sonna. Robin décrocha. C'était Gwen qui appelait d'Alpine Manor pour dire bonjour et leur annoncer que Lucille Stoddard venait de mourir. Elle avait soixante-dix ans.

Cela faisait plusieurs jours qu'elle était entre la vie et la mort. Elle était décédée quelques minutes auparavant, autour de 8 heures du soir.

– Est-ce que c'est toi qui… ? Demanda Robin.

La question lui était venue tout de suite à l'esprit. En fait, elle n'avait cessé de repenser à cette conversation, dans la voiture.

– Non, dit Gwen en riant. Maintenant, tu vas imaginer ça à chaque fois que quelqu'un meurt ?

– Mais non !

Elle se mit à rire aussi, convaincue que finalement ce n'était qu'une sinistre plaisanterie.

59

Plus les jours passaient, plus Gwen se détachait de Cathy. Elle se plaignait de ses sautes d'humeur et de son obsession de la vendetta.

Un soir de fête dans la petite maison d'Effie, six ou sept fidèles de la bande dansaient et buvaient en écoutant de la musique. Inspirée par la fête, l'une d'entre elles monta sur la table basse dans le salon et se mit à danser. Elle fut aussitôt le centre d'intérêt.

Cathy devint sur-le-champ complètement folle.

– Fous le camp d'ici ! Hurla-t-elle. Fous le camp ! Et ne remets plus jamais les pieds ici !

Un grand silence se fit.

– Foutez-moi le camp, toutes ! Allez ! Tout le monde dehors !

Elle houspilla toutes les invitées et les chassa. Gwen était assise sur le canapé, immobile.

– J'étais bien trop gênée pour dire quoi que ce soit, se rappela-t-elle par la suite. Ce n'était pas la peine de discuter avec Cathy. Elle avait agi ainsi parce qu'elle en avait eu envie. Et je n'allais pas lui demander de s'excuser auprès des autres, elle ne l'aurait jamais fait.

A Alpine, l'autoritarisme de Cathy commençait également à l'exaspérer. En mai, malgré les vives protestations de Tish Prescott, Cathy fut promue à un grade supérieur à celui des aides-soignantes, un poste où il y avait moins de travail pratique à exécuter.

Sue Davis, une infirmière de nuit, prétendit qu'ainsi elle risquait moins de rabrouer les malades. Mais ce fut contesté plus tard par la direction. En fait, ce poste la mettait en position de force et elle pouvait plus facilement écraser les autres. Ses nouvelles responsabilités consistaient à effectuer des surveillances, à vérifier l'état des chambres des malades, par exemple. Un jour, elle vida littéralement la chambre d'un malade, posa tous ses vêtements dehors dans le couloir, estimant que la chambre était mal rangée. Elle jeta un plateau-repas dans le couloir. Robert Decker, un des infirmiers, fit un rapport complet sur Cathy à la direction.

– Elle arriva un jour dans le service où je travaillais et me dit : « Qu'est-ce que tu fais ? Il faut que j'emmerde quelqu'un ! » Et c'était vrai, elle aimait mettre la zizanie. Rien ne lui plaisait plus que de voir les autres bouleversés.

» Elle tournait dans tous les services pour narguer les aides-soignantes, leur dire qu'elles ne faisaient pas bien leur travail. Les autres allaient se plaindre aux infirmières qui allaient trouver Cathy. Ça faisait une histoire ! Tout le monde criait, s'énervait. Cathy s'éloignait alors, satisfaite. Elle avait semé la discorde.

Mais elle savait aussi se faire des alliés.

Un des rapports de Robert fut déchiré par une infirmière sous son nez. En fait, celle-ci faisait faire son travail par Cathy pendant la nuit. Elles s'étaient arrangées et l'infirmière était solidaire, évidemment, rapporta Robert.

Même les supérieurs devaient supporter ses esclandres.

Un dimanche de la fin mai, alors qu'il manquait du personnel, elle refusa de donner un bassin à une malade simplement parce qu'elle ne faisait pas partie des patients dont elle s'occupait. On retrouva la malade dans ses excréments, cela faisait au moins deux heures que personne ne l'avait changée, rapporta une infirmière en accusant Cathy. Celle-ci l'insulta et annonça à Tish Prescott qu'elle se vengerait en manquant au travail. En juin, elle reçut un avertissement pour absentéisme chronique.

Les infirmières et surveillantes se rappelèrent par la suite que Cathy avait reçu plusieurs avertissements pour cause d'insubordination et de mauvaise conduite. Or, ces rapports disparurent mystérieusement ou ne figurèrent jamais dans son dossier.

Elle avait collectionné de nombreux « accidents du travail », des chutes, des maux de dos, des coupures, des entailles aux mains ou aux poignets, et de multiples blessures aux doigts.

Au cours des deux dernières années, elle avait remis au total sept rapports concernant des malades agressifs. L'un d'entre eux l'avait frappée avec le pied en pleine poitrine, un autre lui avait mordu l'index, un autre encore s'était rué sur elle avec sa chaise roulante pour lui donner un coup-de-poing. Des plaintes émanant d'une famille étaient parvenues aux oreilles de la direction quant aux sévices corporels infligés par elle à leurs parents pensionnaires de l'établissement.

Ces incidents étaient assez rares en temps normal. Or

Cathy en avait collectionné dix fois plus que les autres. Gwen, elle, n'en avait récolté que deux pour la même période. En ces jours noirs de février, elle avait bien eu un poignet gauche endolori mais n'avait fourni aucune explication. Elle s'était meurtri l'épaule également en rattrapant un malade en pleine chute.

Gwen avait été d'abord très déçue, puis énervée par le fait qu'elle n'avait pas obtenu de promotion comme Cathy. A ses yeux, elle méritait elle aussi de passer de trois dollars quarante à quatre dollars de l'heure. Elle avait fait part de son amertume à Robin et à bien d'autres. Personne n'aurait songé à nier le fait qu'elle travaillait dur et correctement.

Début juin, elle remit sa démission. Forte d'une recommandation de Margaret Widmaier, elle avait été engagée par une agence de travail temporaire appelée *Portamedic*. Ils payaient deux dollars de plus l'heure qu'Alpine. C'était un gain appréciable. Elle prit un congé la dernière semaine de juin et devait commencer son nouveau travail le 1er juillet.

Ces vacances furent gâchées par les disputes continuelles entre Ken et Cathy. Le divorce avait été finalement prononcé le 1er mai mais les conflits étaient loin d'être réglés pour autant. Les insultes pleuvaient en permanence, à tel point que Gwen un jour arracha le combiné des mains de Cathy et cria à Ken :

– Ecoute, si tu reviens par ici, fais gaffe, je vais m'occuper de toi !

Le 24 au soir, Ken sortit avec des amis pour boire quelques verres. La menace de Gwen lui restait en travers de la gorge. Une fois bien éméché, il décida de se rendre à Effie. Devant la maison, il entreprit de démolir l'arrière de la Coccinelle orange. Quand la police arriva, il avait passé la main à travers la moustiquaire de la porte d'entrée et essayait d'attraper Gwen. Elle avait la batte de base-ball entre les mains. Ken fut emmené, menottes aux poignets, dans la voiture de police. En partant, il hurla encore à l'adresse des filles :

– Ce n'est pas fini ! Vous verrez.

Dessoûlé, Ken apprit par la police que Cathy allait pouvoir lui interdire l'accès de chez elle, conformément à une décision de justice. Elle s'en était vantée au travail mais à la lecture des dossiers du tribunal, on apprit plus tard qu'elle n'avait rien entrepris de semblable.

Cathy vivait dans une ambiance de conflits permanents et ses tendances machiavéliques s'affirmaient de plus en plus. Sur le terrain de sport, alors qu'elle était devenue manager de l'équipe de soft-ball, elle abusait fréquemment de son pouvoir, appliquant un système de gages stupides à la moindre faute des joueuses.

Fran raconta qu'elle ne supportait plus cette ambiance infantile et stupide. Gwen se posait des questions concernant l'évolution du caractère de Cathy.

– J'en ai marre de la voir faire du mal aux autres en permanence, avoua-t-elle à Robin. Je n'en peux plus.

C'est au cours de cet été-là que Gwen chercha à quitter Cathy.

60

Robin pensait qu'elles étaient parties pour une belle balade en voiture le long de la Grand River. Mais Gwen, au volant du Luv Truck, boudait. Elle roulait vite vers les quartiers de Comstock Park.

– Voilà la maison de Cathy, fit remarquer Robin en passant devant la maison blanche. Hé ! Gwen, ralentis un peu !

– Il faut que je trouve ces lettres !
– Quelles lettres ?
– Les lettres que Cathy a écrites.

Robin ne comprenait rien à ces devinettes. Gwen fixait la route sans lui jeter un regard.

– Quel genre de lettres ?
– Des lettres sur les meurtres.
– Voyons, Gwen ! Se moqua Robin.

Elle ne va pas remettre ça ! Songea-t-elle.

– Il faut que je mette la main dessus, répéta Gwen.

La voiture s'arrêta au pied d'une colline. Des escaliers menaient au vieux cimetière de Mill Creek, datant du XIXe siècle. Gwen les gravit quatre à quatre, suivie de Robin. Les tombes étaient recouvertes de mousse et de lichen. L'ombre des chênes et des sassafras ajoutait à l'atmosphère lugubre des lieux.

– Gwen, attends-moi, s'il te plaît, dit Robin, essoufflée.

Cathy leur avait déjà montré ce cimetière, et leur avait raconté des histoires horribles sur cet endroit, où elle avait l'habitude de venir avec des copains d'école. Elle semblait fascinée par le cimetière.

Arrivée en haut de la colline, dans une petite clairière, Gwen se mit à fouiller la terre des yeux, arpentant le sol comme un lion en cage.

– Mais qu'est-ce que tu fais ?
– Il faut retrouver ces lettres.
– Mais pourquoi ?
– Parce que Cathy m'a dit qu'elle avait *tout* mis noir sur blanc. Tous les détails des meurtres. Tout. Elle a écrit trois lettres.

Robin restait perplexe. Pourquoi fallait-il qu'elles continuent ce jeu stupide ? Et dans un cimetière, en plus ! Si elle entrait dans le jeu, peut-être cela forcerait-il Gwen à s'arrêter.

– Mais qu'est-ce que ça peut bien te faire ?

– Cathy m'a menacée ; elle m'a dit qu'elle avait envoyé une lettre à sa boîte postale, une autre à sa sœur et la troisième à quelqu'un de l'équipe de soft-ball. Elle m'a dit que si quelque chose lui arrivait, si elle était blessée ou tuée, ils auraient ces lettres. Robin, *il faut* que je les retrouve !

C'est typique de Cathy, se dit Robin.

En repartant, elles passèrent devant chez Cathy, devant son école et devant la poste. Finalement, Gwen gara la voiture devant le stade où l'équipe jouait au soft-ball.

– Je me demande qui ça peut être ? Dit-elle à haute voix. Je dois retrouver ces lettres, bon sang !

Elle parlait à voix haute sans tenir compte de la présence de Robin.

Ce n'est pas grave, décida Robin. A partir de maintenant, je ne ferai plus attention à ce genre de délires.

Un soir d'été, Robin, Gwen, Cathy et une autre aide-soignante, celle-là même qui avait dansé sur la table chez Cathy, étaient parties à la plage ensemble. En revenant à Effie, Cathy prit à part Robin et Gwen et leur proposa un plan :

– Je parie que si nous la laissons avec Gwen, et que Gwen l'emmène dans la chambre, elle sautera sur l'occasion. Robin et moi, nous allons faire des courses, et toi, tu vois si tu peux le faire, dit-elle en s'adressant à Gwen.

– Non, Cathy, dit Robin. Vous n'allez pas recommencer !

– Oh ! Ça va… C'est pour voir comment elle réagit.

Elle finit par les convaincre.

A leur retour, elles trouvèrent les deux autres dans la chambre, assises sur le lit. Cathy piqua une crise et l'aide-soignante partit sans demander son reste, au comble de l'humiliation. Cathy jubilait littéralement.

Ce constat lui fit froid dans le dos. Cathy devait forcément se douter de leur liaison.

Un soir au *Carousel*, la folie atteignit son paroxysme.

Après quelques verres de Jack Daniel's, Gwen se leva et acheta du LSD à une lesbienne. La dernière fois qu'elle avait pris de l'acide, c'était au lycée, des années auparavant, et ses hallucinations avaient duré plusieurs jours. Elle raconta qu'elle avait pris un bébé dans ses bras et l'avait vu fondre. En prenant sa douche, elle avait bien cru être engloutie dans le siphon de la baignoire.

Robin ignorait complètement que Gwen était en plein *trip* de LSD, mais elle savait qu'elles avaient bu toutes les trois plus que de raison. Ça, c'était sûr ! Elles partirent ensemble en voiture. Brusquement, Gwen se mit à hurler :

– Stop, laissez-moi sortir !

Elle sauta du Luv Truck et fit quelques pas toute seule dans la rue.

Robin la rattrapa et la supplia de remonter dans la voiture.

– Je fais ce que je veux, OK ! Hurla Gwen.

Cathy stoppa net la voiture, descendit à son tour et, saisissant Gwen par les cheveux, la rassit de force au milieu sur la banquette avant.

– Ne recommence jamais ça ! Cria-t-elle.

Arrivée sur Walker Avenue, Gwen réussit à passer par-dessus Robin et à sauter hors de la voiture. Cathy la rattrapa de justesse. Une lutte acharnée s'ensuivit. Robin entendit un cri s'échapper de la gorge de Gwen et vit un éclair de haine dans ses yeux. Ce fut la première fois et la dernière fois qu'elle surprit cette expression. Finalement, Cathy la saisit à bras-le-corps et l'entraîna de force dans la voiture. Gwen atterrit brutalement sur la banquette arrière. Cathy hurla en direction de Robin :

– File, démarre, allez, démarre !

La bataille continua de plus belle à l'arrière. Robin

pouvait voir la scène dans le rétroviseur. Cathy pesait de tout son poids sur Gwen et la frappait.

– Stop ! Hurla Cathy tout d'un coup.

Robin, paniquée, accéléra au lieu de freiner. Elle se retourna et vit Gwen, la moitié du corps dans le vide, accrochée par une main à l'arrière de la voiture. Sa chemise était déchirée, et soudain le vent emporta le vêtement. Le torse nu, les pupilles dilatées, elle fixait l'obscurité.

Lorsqu'enfin elle arrêta la voiture, Gwen s'échappa en courant. Elle gravit la colline et disparut. Elles se trouvaient juste à côté du cimetière de Mount Calvary. Après quelques minutes de recherche, Robin finit par la trouver, prostrée, recroquevillée derrière un buisson dans l'ombre de la lune, les poings serrés sous le menton.

– Va-t'en, murmura-t-elle. Va-t'en !

C'est alors que Cathy fit irruption, saisit Gwen par les cheveux et la ramena à la voiture.

Gwen la supplia tout le long du chemin, d'une toute petite voix, de la laisser partir. Robin fut déposée chez ses parents. Elle entendit une dernière fois Gwen supplier Cathy. Le Luv Truck tourna au bout de la rue et disparut dans la nuit.

61

L'équipe de soft-ball d'Alpine Manor venait de perdre le match. Entre Gwen et Cathy, une dispute éclata. Aux échanges de mots succédèrent les menaces, puis les coups. Gwen gifla Cathy. La moitié des joueuses furent témoins de la scène.

– Tu m'avais dit que jamais tu ne lèverais la main sur moi ! Cria Cathy, les mains sur ses joues.

– Tu as raison, dit Gwen.

Cathy la gifla à son tour. Gwen tourna les talons et s'éloigna. Cathy la rattrapa par les cheveux et la tira.

– Ne me tourne jamais le dos comme ça, tu m'entends ! Et maintenant monte, lui dit-elle en désignant le Luv Truck.

Gwen s'était confiée à Lisa un peu avant et celle-ci lui avait offert de l'héberger si elle voulait.

– Elle aimait embêter les autres, se rappela Gwen plus tard. J'ai tout essayé et j'étais fatiguée de son manège. Il fallait qu'elle dise des méchancetés, c'était plus fort qu'elle. Alors, je lui répétais qu'on aurait pu s'occuper de nous plutôt que d'essayer de nuire aux autres sans arrêt... C'était très dur car j'étais amoureuse de Robin, et je voulais quitter Cathy. Mais c'était impossible.

Cathy disait qu'elle se suiciderait. Gwen l'avait retrouvée plusieurs fois dans Riverside Park ruminant sur son sort et pleurnichant.

Sur le chemin du retour, après le match, Cathy alla chercher Jamie, qui devait dormir à Effie pendant les trois jours de vacances qu'elle avait. C'était la première fois qu'elle faisait cela depuis que Gwen et elle vivaient ensemble.

C'est en arrivant dans la petite maison d'Effie que Gwen lui fit part de son intention de la quitter. Puis elle monta dans la chambre faire ses valises.

Ken décrocha le téléphone. C'était Cathy, en larmes.

– Il faut que je te ramène Jamie. Gwen me quitte, Ken.

– Quoi !

– Elle s'en va, je te dis. Elle me quitte.

Elle lui ramena sa fille et lui expliqua les choses. Gwen allait rejoindre Robin Fielder, celle qu'elle avait surprise en sa compagnie le soir de la fête, six mois plus tôt.

– Maintenant, je sais ce que tu as ressenti quand je t'ai quitté.

Après son départ, Ken laissa libre cours à sa rage. Comment osait-elle faire la comparaison ? Non, tu ne peux pas savoir ce que j'ai vécu ! Tu ne sais rien de ce que j'ai ressenti en t'écoutant parler de tes amantes ! Tu ne sais pas ce que ça me fait de te voir pleurer sur le départ de Gwen ! Tu n'as même pas versé une larme sur nous, sur nos sept ans de vie commune, sur notre fille Jamie !

Tout ce qu'elle sait faire, c'est se lamenter sur son propre sort, se disait-il.

62

Quelques jours plus tard, Robin Fielder et Gwen emménagèrent ensemble chez Lisa Lynch. Elle habitait un mobile home, dans un endroit réservé au caravaning. Pour Robin, à vingt et un ans, c'était la première fois qu'elle prenait son indépendance. Pourtant, elle ne pouvait profiter pleinement de cette toute nouvelle liberté.

– On se sentait épiées, on devinait sa présence, confia Robin à une amie plus tard. C'était comme un gros nuage noir au-dessus de nos têtes.

Et de fait, Cathy Wood les surveillait de loin. Elle venait la nuit et garait son 4 x 4 sur la route qui dominait le terrain. Sans cesse, le téléphone sonnait. C'était elle qui voulait parler à Gwen. Une nuit, elle se faufila dans le mobile home et resta dans le noir à regarder Gwen dormir.

Gwen prévoyait de repartir au Texas fin août. Elle devait se rendre à une convocation du tribunal pour un accident de la route. L'affaire passait enfin en justice. Gwen utilisait la Mustang de Robin pour la conduire à Alpine et se rendre ensuite à son travail chez *Portamedic*, sa Coccinelle ayant rendu l'âme.

Robin prenait son service l'après-midi et restait à Alpine jusqu'à minuit. Un soir, en sortant, alors qu'elle s'apprêtait à rejoindre Gwen sur le parking, elle entendit une voiture s'approcher d'elle doucement. C'était le Luv Truck.

– Robin, dit Cathy d'un ton mielleux, je peux te parler une seconde ?

Elle sentit le sang se figer dans ses veines.

– Est-ce que tu vas au Texas avec Gwen ?

– Euh… Oui, je crois.

La voix de Cathy changea du tout au tout.

– Et si je disais à tes parents que tu es lesbienne ?

Cathy la regardait, narquoise, les mains jointes devant elle.

– Eh bien, vas-y ! Ne te gêne pas ! De toute façon, ils l'apprendront bien un jour.

– Ah ! Tu t'en fiches ? Ça ne te gênerait pas ?

La menace avait chassé la peur. Robin se sentait en colère. Comment Cathy osait-elle s'en prendre à ses parents ?

Cathy insistait :

– Qu'est-ce que tu dirais si je te disais que je peux la faire mettre à l'ombre pendant un sacré bout de temps ?

– La mettre où ?

– En taule ! Et si je le faisais, hein ? Tu l'attendrais ?

– Oui, parce qu'elle mérite qu'on l'attende. De toute façon, tu ne peux pas faire ça !

– Oh, si ! Je peux…

– Cathy ! Tu ne pourrais pas.

– Et si je te disais qu'elle et moi, on a tué des gens !

Robin ne comprit pas tout de suite, étouffée par la colère ; elle pensait à ses parents. Quand elle comprit, elle pointa un doigt menaçant vers Cathy.

– Cathy, j'en ai marre de tes sales combines. Tu ne

m'auras pas avec cette histoire, c'est ridicule. Dingue ! T'es complètement dingue. Ce jeu ne prend pas avec moi. Tout ce que tu veux, c'est avoir Gwen pour toi toute seule.

– C'est vrai. Et si je venais au Texas avec vous ?

– Quoi !

– Si je vous retrouvais au Texas ? Tu sais, je peux vous retrouver partout. Et si je venais vous tuer, toi et Gwen ?

– Tu es jalouse, c'est tout.

– Bon, eh bien, ne sois pas surprise si tu me trouves un jour devant ta porte. Je te tuerai et je tuerai Gwen.

Gwen survint à ce moment-là.

– Puis-je parler à Gwen ? Demanda Cathy.

– Elle ne m'appartient pas. Je ne suis pas comme toi. Elle fait ce qu'elle veut.

Robin s'assit dans la Mustang et Gwen rejoignit Cathy dans son Luv Truck. Quand l'entretien fut terminé, Gwen revint en larmes.

– Je t'aime, et je t'aimerai toujours, dit Gwen. Mais je dois aller avec Cathy. Je dois retourner lui parler.

Elle tendit à Robin son trousseau de clés. Le Luv Truck disparut dans la nuit.

Plus tard, elle remarqua qu'il manquait le petit cœur rouge au porte-clés, un porte-bonheur qui y était toujours accroché.

Le lendemain, Robin se réveilla avec une terrible gueule de bois. La nuit précédente, elle avait avalé la moitié d'une bouteille de vodka après être rentrée. Elle avait appelé la sœur de Gwen au Texas et, complètement soûle, lui avait raconté les menaces proférées par Cathy. Lisa l'avait calmée et mise au lit.

– C'est juste un jeu, lui avait dit Lisa. Encore un de ces jeux idiots.

Gwen arriva au mobile home dans l'après-midi, le visage bouffi, les yeux rouges. Cathy attendait dehors dans le 4 x 4. Lisa et Robin regardèrent Gwen faire ses valises.

– Où est mon fusil ? Dit Gwen. Donnez-moi mon fusil.

Robin et Lisa l'avaient caché par précaution. Gwen avait l'air très déprimée. Elle exigea qu'on lui rende son fusil puis partit, une valise dans une main et le Mannlicher-Carcano dans l'autre.

Plus tard, comme Cathy était au travail, elle appela. Cette semaine-là, elle appela souvent. Quelquefois Lisa écoutait également la conversation.

– Pourquoi tu ne reviens pas ? Lui demanda Robin.

– Je ne peux pas, répondit Gwen. Cathy me tient. Elle ne me lâchera pas.

Les jours suivants, elle leur rendit visite plusieurs fois, le soir ; elle semblait terrifiée.

– Je veux revenir, dit-elle, mais c'est impossible pour le moment.

Une nuit, Robin reçut un coup de fil horrible.

– Quand as-tu couché avec Paul ? Demandait Gwen.

– Gwen, pourquoi tu me poses cette question ? Tu sais très bien que ce n'est pas vrai.

– Si, tu as fait l'amour avec lui ! Tu te moques de moi ? Ce que tu veux, c'est nous séparer Cathy et moi, hein ?

Puis elle lui débita un flot de méchancetés. Robin, effondrée, tomba à genoux, en larmes.

– Gwen, enfin merde ! Dit Lisa en saisissant le téléphone. Pourquoi lui fais-tu mal comme ça ?

Une semaine s'était à peine écoulée quand Gwen revint avec sa valise et son fusil.

– C'est bon, fit-elle. C'est fini entre Cathy et moi. Maintenant on sera juste copines. Je l'inviterai de temps en temps au cinéma pour la calmer, jusqu'à ce que nous puissions partir au Texas ensemble.

Ce jour-là, Robin remarqua les marques très profondes qui lacéraient le dos de Gwen. Celle-ci avoua alors ce qui s'était passé chez Cathy durant cette semaine. Cathy l'avait obligée à téléphoner à Robin et à débiter toutes ces horreurs. Elle était folle de jalousie. Elle avait attaché Gwen aux montants du lit et essayé de l'étouffer avec un oreiller.

– Puis elle a saisi mon fusil et m'a enfoncé le canon dans le vagin, avoua Gwen.

– Quoi ? Qu'est-ce que tu dis ?

– Ouais, elle me l'a mis dans le vagin, répéta Gwen. C'était froid… J'étais morte de peur.

Robin ne put en croire ses oreilles.

Comment quelqu'un pouvait-il commettre de telles atrocités ?

– J'ai cru que ça y était, poursuivit Gwen. Tu sais, Cathy a vraiment flippé quand je suis partie.

63

Un vendredi soir, début août, Ken Wood reçut un coup de fil de Cathy. Gwen venait d'essayer de réemménager chez elle, lui annonçait-elle, mais elle voulait qu'elle disparaisse de sa vie. Une semaine auparavant, elle avait le cœur brisé et maintenant, elle n'en voulait plus. Vraiment ! Elle ne changerait jamais. Quelle girouette ! Il l'écouta.

– Ken, nous avons fait des choses dont j'ai honte, tu sais. En fait, j'ai peur de renouer avec elle.

– Des choses ? Quel genre de choses ?

– On a volé une tondeuse.

Et des œufs une tondeuse et des œufs. Mais Cathy n'était pas de celles qui ont honte pour si peu. Il devina qu'elle voulait en dire plus et lui tendit la perche :

– Cathy, raconte-moi, quel genre de choses vous avez faites ?

– Personne ne doit le savoir.

– Allons, réponds-moi.

– Ken, promets-moi que tu ne le répéteras jamais à personne.

– Voyons, Cathy, tu me connais. Bon, d'accord, je te le promets. Je veux juste t'aider. Je ne le dirai à personne.

– Quoi qu'il arrive ?

Il y eut plusieurs secondes de silence.

– Bon, eh bien, quelle est la pire des choses que l'on puisse faire à ton avis ?

Ken réfléchit un instant. Il pensa au meurtre. Oui, assurément, c'était la pire des choses que l'on puisse faire. Mais ce n'était probablement pas de ça qu'elle voulait parler ! Il lui dit malgré tout :

– Tuer quelqu'un, je pense. Le meurtre est certainement la pire des choses.

Il y eut un grand silence. Puis elle lâcha le morceau :

– Eh bien, oui, Ken. Et six fois !

Il pensa qu'il avait mal entendu.

– Voyons, Cathy, ce n'est pas possible !

– Si !

Il sut à cet instant qu'elle disait la vérité.

Elle continua d'un ton neutre :

– Ecoute, Ken, je ne peux pas en discuter au bout du fil. Je veux t'en parler de vive voix.

– Euh... Oui, tu peux venir ici. Viens vite.

Il se dirigea vers la porte, hébété, et sortit respirer un peu d'air frais. Il l'attendrait là.

Il commença à faire les cent pas sur le perron. Nom

d'un chien ! Il se doutait bien de quelque chose, mais ça ! Elles avaient assassiné des gens, elles avaient tué des gens pendant ces soirées de débauche ! ... Il avait eu des soupçons : les hallucinations de Cathy, ces cadavres près de son lit, la musique de *Phantom of the Paradise* sur le répondeur, ses insinuations sur le canapé, la menace de mort de Gwen, la bagarre... Elles avaient vraiment essayé de le tuer, ce jour-là.

Le Luv Truck se gara dans l'allée. A peine descendue de voiture, Cathy commença à tout raconter. Elles avaient tué des patients d'Alpine Manor, des gens qui étaient très malades.

– Je l'ai dit à ma sœur, dit-elle calmement tout en rentrant dans l'appartement. Je l'ai dit à Barb.

– Elle t'a crue ?

– Je ne lui ai pas dit toute la vérité.

Ken s'assit sur une chaise ; il était sous le choc.

Installée dans le canapé, elle poursuivit :

–Je lui ai dit que je savais que Gwen tuait des gens d'Alpine. Ce n'est pas vrai.

– Qu'est-ce que ça veut dire ?

– Ce n'est pas vrai parce que je l'ai aidée.

Son regard s'était assombri. Les yeux perdus dans le vague, elle parlait. Ken reconnut cette expression qu'il avait vue à plusieurs reprises sur son visage. Elle parlait d'une malade du nom de Margaret. Gwen l'avait étouffée avec une serviette-éponge.

Ken n'osait plus lever les yeux. Ma femme est une meurtrière ! Pensait-il. Mais peut-être que non ! Elle n'avait fait que regarder. C'est Gwen qui tuait. Cathy est quand même complice, elle l'a aidée. Elle est impliquée.

Une partie de son être se refusait à entendre ce qu'elle racontait. Une autre savait que tout cela était vrai. Il se souvint alors de ce qu'elle lui avait dit, une fois, sur l'impression que cela devait faire de « poignarder quelqu'un ». Elle savait maintenant ce que c'était que tuer.

Puis elle lui révéla qu'elle partageait ce secret avec lui pour une raison bien précise.

– Puisque je te dis cela, je sais que je ne retournerai pas...

– Qu'est-ce que tu veux dire ?

– Que je ne retournerai pas avec Gwen. Je sais que si je te dis cela, c'est fini, je ne retournerai pas avec Gwen parce que ça me fait peur.

Elle montra du doigt un suçon qu'elle avait dans le cou.

– Où crois-tu que j'aie eu ça ?

Gwen était venue ce soir-là pour prendre son courrier et elles avaient fait l'amour, lui dit-elle. C'était plus fort qu'elle. Elle ne pouvait pas résister. En lui avouant tout, elle se libérait en quelque sorte d'un terrible lien. Leur secret, c'était leur pacte d'amour.

– Mon Dieu, Cathy !

Elle rajouta de nombreux détails sur les meurtres, mais Ken était anéanti, anesthésié par l'horreur. Elle lui raconta que la surveillante cleffe, Madame Tish, avait bien failli tout découvrir : les malades handicapés à cent pour cent qu'elles avaient marqués d'une croix – elles choisissaient les patients qui ne représentaient aucune menace pour elles ; à Alpine, personne ne croyait les malades de toute façon.

Selon leur plan, les initiales de chaque malade marqué d'une croix devaient former le mot M-U-R-D-E-R. Il y avait eu Margaret pour le M, mais finalement cela n'avait pas marché pour les autres.

Elle parla aussi de ceux qui souffraient terriblement comme Edith, une vieille dame.

– C'était pour la délivrer, dit Cathy. Elle était dans un tel état !

C'est ça, pensa Ken, c'était pour les délivrer de leur souffrance. Il imaginait les malades dans le coma, ou endormis. Ils avaient été tués dans leur sommeil et n'avaient donc rien senti. Peut-être était-ce mieux ainsi.

Il se surprit en train de contourner l'évidence, pour essayer de trouver des excuses à Cathy.

– C'est abominable ! Mais tu viens de traverser une épreuve terrible. Tu es paumée. Et d'ailleurs, tu n'as pas vraiment tué. Tu éprouvais de la pitié pour eux, c'est cela ? Je crois que tu as besoin d'aide. Il faut que tu te reprennes, tu comprends ?

– Oh, non ! Fit-elle, en insistant sur le non.

Brusquement, elle retrouva tous ses esprits et lui jeta un regard presque condescendant.

– Mais non, Ken, tu n'y es pas du tout. On l'a fait parce que ça nous amusait.

Il resta sans voix.

Après cette terrible confession, il la mit au lit et elle ne tarda pas à s'endormir profondément. Ken ne put fermer l'œil de la nuit. Il se disait que peut-être elle avait imaginé toute cette histoire, mais cela ne collait pas. Cathy partit le lendemain. Il était trop bouleversé pour aller travailler.

Le lendemain, elle l'appela à nouveau. Il essaya de lui conseiller d'aller voir un psychologue ou quelqu'un comme ça. Il valait mieux prendre un peu de distance. Peut-être cela lui donnerait-il du courage pour aller tout raconter à la police. Il fallait bien que quelqu'un y aille.

– La police ! Ecoute, Ken, si tu me balances, je me tue, OK ?

Il lui promit de ne rien dire.

Plus tard, il vit par hasard un documentaire sur la chaîne CNN à propos d'un aide-soignant homosexuel accusé d'avoir tué plus d'une vingtaine de malades dans un hôpital de Cincinnati. « Il accumule des tensions en lui et cela le conduit au meurtre », avait dit un prosecutor. Ken était rivé à l'écran. Cathy avait bien dit que Gwen tuait pour « soulager des tensions en elle ». Le reportage continuait, l'aide-soignant avait empoisonné les « ennemis » qu'il ressentait comme une menace pour lui.

Une pensée lui traversa l'esprit : il était le seul à connaître la vérité. Et si Gwen et Cathy se remettaient ensemble ? Et si elles décidaient alors de l'éliminer…

Ce dimanche-là, complètement paniqué, il décida de se confier à quelqu'un. Que faire ? Entre sa promesse à Cathy d'une part, ses propres angoisses et le devoir d'aller à la police…

L'idée lui vint de s'en remettre au Dr Darrell Elders, son psychothérapeute et conseiller matrimonial. Il avait vu Cathy une fois en séance. Les médecins comme lui étaient tenus au secret professionnel. Ainsi Ken ne romprait-il pas sa parole. Lui saurait le conseiller. Il laissa un message sur le répondeur en disant qu'il s'agissait d'une urgence. Le psychothérapeute rappela le soir même.

La première réaction du médecin fut de demander si toute cette histoire n'était pas entièrement inventée par Cathy.

De fait, Cathy avait toujours été une menteuse invétérée, mais là, elle disait la vérité, Ken le savait.

– Non, cette fois-ci, je suis convaincu qu'elle dit la vérité.

– Très bien, prenez rendez-vous, nous en parlerons.

Dès le lendemain il se présenta au cabinet du Dr Elders qui fut surpris de le voir arriver si vite.

Ken s'énerva.

– Qu'est-ce que vous voulez dire, si vite ! Ma femme prétend avoir tué six personnes ! Il faut que je vous parle, bon sang !

Après la séance, Ken était toujours dans une grande confusion. Le psychothérapeute avait donné plusieurs explications possibles, mais aucun conseil.

Ken se rappelait qu'il lui avait dit entre autres :

– Vous dites qu'elle ment tout le temps. Vous n'avez aucune preuve de ce qu'elle vous a dit. Si vous allez à la police, ils ne vont pas vous prendre au sérieux. Il vaut mieux essayer d'y voir plus clair avant.

Inévitablement, Cathy serait forcée d'y aller mais lui, il n'irait pas. D'une façon ou d'une autre, il fallait l'aider et la conseiller, pour son salut.

C'est à cette période que la migraine commença à le tarauder.

64

Lisa Lynch se levait de sa sieste quand Gwen et Robin arrivèrent en titubant dans sa chambre. Elle sut tout de suite où elles avaient passé l'après-midi.

– Vous avez traîné dans un bar, c'est ça ?

– Ouais, ça, c'est vrai ! fit Gwen.

Elle semblait bouleversée et lui dit qu'elle voulait retourner au Texas mais qu'elle ne pouvait pas.

– Je cherche des papiers. Cathy a entre les mains des papiers sur moi et elle ne veut pas que je quitte l'Etat.

Lisa se frotta les yeux.

– Quels papiers ?

– Mon frère et moi, on a fait un hold-up à main armée et Cathy a les preuves. Elle les a mises noir sur blanc dans des lettres et les a envoyées.

Robin interrompit Gwen à ce moment-là :

– Je croyais que tu avais dit que ces lettres parlaient de meurtres de malades ?

Gwen regarda Robin comme si elle était devenue folle.

– Des malades ? Fit Lisa.

Après un an à Alpine Manor, des mois de confidences de son amie Robin et tous les plans de Cathy Wood, plus rien ne surprenait Lisa qui, pourtant, n'avait que vingt ans. Elle savait que si Cathy était impliquée, la vérité serait bien difficile à cerner.

– Qu'est-ce que tu veux dire, quels papiers ? Demanda-t-elle de nouveau à Gwen.

– Eh bien, si je quitte le Michigan, Cathy ira dire à tout le monde que j'ai tué des patients.

– Quels patients ?

– Edith Cook, par exemple.

Gwen expliqua que Cathy se servait du meurtre d'Edith Cook pour la faire chanter. Elle la dénoncerait si elle s'en allait.

– Qu'est-ce que tu racontes ? Tu veux dire que tu l'as tuée ?

Gwen raconta alors que Cathy avait surveillé le couloir pendant qu'elle-même avait étouffé Edith Cook avec un oreiller.

Lisa voulait savoir pourquoi.

– A cause de la gangrène. Je ne supportais plus de l'entendre gémir de douleur. Ça me faisait mal et j'avais pitié d'elle. La gangrène gagnait la jambe.

Lisa regarda Robin.

– Tu crois à cette histoire, toi ?

– Non, je n'y crois pas. Comment pourrait-on y croire ? Comment pourrait-on les croire ?

Effectivement, pensa Lisa. Elle savait que Gwen aimait plaisanter et connaissait bien Cathy. Elle se souvenait que Gwen avait plaisanté après la mort de Lucille Stoddard, disant qu'elle mettait un terme aux misères des gens. L'humour noir était chose courante à Alpine, et tout le monde savait que Lucille était à l'article de la mort.

– Gwen, arrête de déconner ! Dit Lisa.

– Ouais, Lucille… C'en est une autre que j'ai eue, fanfaronna Gwen.

Lisa regarda ses deux amies éméchées et secoua la tête. Elles auraient mieux fait de me laisser dormir…

65

Vers la mi-août, Robin avait décidé de quitter Alpine Manor. A la mi-juillet, la disparition tragique et soudaine d'une de ses pensionnaires préférées précipita les choses. Elle se trouva alors une fois de plus face à Cathy.

Il s'agissait de Loïs Vanderplœg, cinquante-huit ans, paralysée. Une fumeuse invétérée qui avait toute sa tête. Robin et elle avaient sympathisé ; Robin l'aidait à fumer et venait lui tenir compagnie en allumant une cigarette aussi. Elle la considérait comme sa deuxième maman, avait même décoré sa chambre et organisé une fête pour son anniversaire.

Un matin, Robin reçut un coup de fil de Cathy à la maison, avant de partir travailler.

– Je voulais te prévenir que Loïs a été emmenée à l'hôpital, lui dit Cathy. Elle ne va pas bien du tout.

Robin se précipita à l'hôpital St. Mary pour l'accompagner dans ses derniers instants. On attribua sa mort à une rupture d'anévrisme, mort naturelle. Il n'y eut donc pas d'autopsie. Robin retourna à Alpine pour rassembler les affaires de la défunte. L'aube poignait à peine. Cathy se trouvait à Abbey Lane et lui demanda tout de suite si Loïs était morte.

– Oui, je suis venue prendre ses affaires.

– Tu sais ce que j'ai entendu ? Dit Cathy d'un ton suffisant. Il paraît qu'ils l'ont fait tomber.

– Quoi ?

Cathy donna quelques détails avec un plaisir évident :

– Ils étaient en train de la mettre sur la chaise percée quand elle a glissé, c'est comme ça que ça s'est passé.

Robin ne put en supporter davantage et piqua une crise de rage et de dépit. Rien ne vint confirmer cette version de la mort de Loïs mais les semaines suivantes, son ressentiment passé et présent pour Alpine Manor ne fit qu'augmenter.

Elle en avait assez des commérages et de la négligence. Elle donna son préavis de deux semaines mais ne put même pas achever la première. La veille, elle avait dû faire du ménage parce qu'il n'y avait pas assez de personnel. Robin craqua et rentra dans le bureau du propriétaire d'Alpine, Mr Ron Westman, sans prévenir. Il était rarement là. Mr Westman lui demanda de se présenter.

– Vous savez, ce serait bien de vous voir de temps en temps, dans cette maison. Vous ne connaissez même pas les gens qui travaillent pour vous. Vous devriez jeter un coup d'œil sur la gestion de cet établissement.

Elle se plaignait des conditions de travail en équipe toujours restreinte, des bas salaires. Elle en avait assez de voir les patients traités comme des enfants, de courir après les feuilles de soins des malades à chaque ronde. Elle parla de « travail à la chaîne », dit que la maison ressemblait à un entrepôt. Elle en avait marre de se doper avec des pilules de caféine pour lutter contre la fatigue et le sommeil, et exprima toute sa colère contre cette administration invisible. Puis elle se leva et pointa le doigt en direction d'Abbey Lane, de Buckingham, de Camelot et de Dover.

– Mr Westman, vous ne savez rien de ce qui se passe là-bas.

Malgré cet éclat, elle ne fut pas renvoyée, ce qui ne la surprit nullement. Ils avaient tellement besoin de personnel ! Dans la semaine qui précéda la fin de son préavis, elle croisa de nouveau le patron dans les couloirs.

– Comment allez-vous ? Lui demanda-t-il. Au fait, quel est votre nom ?

– Je m'appelle Robin, monsieur, dit-elle calmement. Et je vais très bien. Je devais partir dans une semaine mais j'ai changé d'avis. Je quitte Alpine aujourd'hui même.

En partant, elle souriait encore.

Elles entassèrent les valises dans la Mustang de Robin et, avec moins de deux cents dollars en poche, quittèrent Grand Rapids en direction du Texas, de Tyler, laissant derrière elles Alpine Manor, Cathy et ses embrouilles.

Robin avait prévu de dire au revoir à ses parents avant de partir mais ils étaient sortis pour jouer au golf. Ils ignoraient tout de ses nouvelles fréquentations, de ses derniers projets ; ils ignoraient qu'elle avait quitté son travail et ne savaient pas où elle allait. Robin avait toujours eu peur qu'ils ne posent des questions sur Gwen et elle.

Au départ, Gwen affirma qu'il n'y avait plus de quoi s'inquiéter, qu'elle avait réussi à calmer Cathy en lui rendant quelques visites amicales. Maintenant elle ne ferait plus de problèmes si elles quittaient la région.

Elle insista pour s'arrêter chez Cathy avant de prendre la route ; elles avaient prévu d'arriver à Tyler quelques jours avant le 27 juillet, date du procès. Gwen ressortit de la maison d'Effie en larmes, accompagnée de Cathy. Celle-ci glissa dans la main de Robin le porte-bonheur qui avait disparu de son porte-clés, un petit cœur en plastique rose. Comment a-t-elle pu se le procurer? Pensa-t-elle.

Robin n'avait pas pipé mot après les menaces de mort proférées par Cathy sur le parking, cette nuit-là. Oh! pourquoi remuer tout ça? Mais elle ne comprenait pas pourquoi il avait fallu qu'elles s'arrêtent à Effie. Les larmes de Gwen la mirent en boule. Sur l'autoroute, Gwen pleurait encore et Robin n'y comprenait plus rien.

Enfin! Le but était d'échapper à Cathy et à ses manigances et voilà qu'elle pleurait comme si elle quittait sa famille. Et c'était cette femme qui l'avait violentée avec un fusil, c'était elle qui les avait menacées de mort toutes les deux!

Robin se mit à pleurer aussi, sur elle, mais aussi sur ses parents qui seraient malheureux quand ils apprendraient qu'elle était partie. Elle commença à s'interroger sur ce qu'elle allait devenir. Qu'est-ce qui va se passer? Tu aimes une autre femme! Est-ce que tu la connais vraiment? Qu'est-ce que tu comptes faire de ta vie? C'est la rançon de l'indépendance.

Robin était toujours au volant, direction le Texas. Quelques heures plus tard, elles s'arrêtèrent non loin de Chicago pour acheter des hamburgers dans un fast-food. En remettant le contact, des nuages de fumée noire sortirent de dessous la voiture.

– C'est vraiment de la merde, cette voiture, dit Robin.

Elles éclatèrent de rire, et toute la tension accumulée s'évanouit. Elles décidèrent de foncer plein sud, quoi qu'il advienne. La voiture tint bon. La bonne humeur régnait à présent et les plaisanteries allèrent bon train tout le long du chemin. Une seule sieste leur suffit et le reste du voyage se fit d'une traite. Ce fut Robin qui aperçut la première le panneau publicitaire « Tyler, Texas, capitale des roses», elle ne put cacher son soulagement, non seulement pour la voiture mais aussi pour elles deux. Il lui semblait qu'elles avaient réussi à fuir le gros nuage noir.

Robin espérait qu'elles s'étaient débarrassées de Cathy pour de bon.

66

Plusieurs personnes, à Alpine, ne reconnaissaient plus Cathy. Elle réagissait de façon étrange. Irrationnelle, elle refusait de s'approcher des morts.

Earl Goudzwaard, soixante-dix-sept ans, venait de mourir. Il n'était resté à Alpine qu'un mois et souffrait d'un cancer du foie. Les derniers temps, il était sous oxygène.

– Non, je ne ferai pas sa toilette, déclara Cathy à l'infirmière.

Non seulement elle ne voulait pas lui faire sa dernière toilette mais elle refusait de l'approcher. On était le 15 août, une semaine après le départ de Gwen et Robin.

Lucille Vanderveen, elle, souffrait d'arthrose aiguë mais gardait son allant et sa volonté. Toutes les semaines, son fils Jim venait la chercher pour l'emmener au salon de coiffure. C'était Maureen Haverhill qui la coiffait depuis des années. Elle prêtait une oreille attentive aux plaintes de Lucille, en particulier à propos des soins qu'elle recevait à Alpine Manor. « Ils » me volent mes chocolats ; « ils » me prennent mes vêtements. Ce « ils » désignait les aides-soignantes et les autres patients, en général.

Un après-midi du dernier trimestre de 1987, Maureen remarqua que sa cliente, âgée alors de quatre-vingt-un ans, était particulièrement nerveuse et bouleversée.

– Hier soir, ils ont essayé de me tuer.

– Quoi ? Qu'est-ce que vous dites ? S'exclama Maureen.

– Ils ont essayé de me tuer. De m'étouffer avec un oreiller.

C'est sûrement un cauchemar, se dit Maureen. Peut-être que Lucy n'a plus toute sa tête.

– Mais, Lucy, jamais ils ne feraient une chose pareille !

– Je vous dis qu'ils ont mis un oreiller sur ma tête et ont tenté de m'étouffer.

Ses muscles se raidirent. Elle était sérieuse.

– Ils ont appuyé mais je me suis débattue. J'ai envoyé des coups de pied, j'ai griffé et ils n'ont pas réussi.

Maureen s'arrêta de la coiffer et lui dit doucement pour la calmer :

– Personne n'oserait faire ça, là-bas. Personne n'a cherché à vous tuer.

Lucy se retourna brusquement ; ses yeux lançaient des éclairs.

– Si je vous le dis !

Maureen n'insista pas et changea de sujet. Elle avait entendu tellement de drôles de confidences dans ce métier.

Lucille Vanderveen avait été admise à Alpine Manor le 31 juillet 1987. Elle mourut en 1988, de mort naturelle, après avoir été transférée à l'hôpital Butterworth. La date de son admission était très révélatrice.

Lucy Vanderveen était rentrée à Alpine Manor cinq bonnes semaines après le départ de Gwendolyn Graham Gail.

TROISIÈME PARTIE

1988-1989

67

Le détective Tom Freeman se leva de table pour répondre au téléphone. C'était le messager du bureau de police de Walker. Une fois de plus, cela se confirme, songea-t-il : personne n'a autant besoin de vacances que celui qui en revient… Tom venait effectivement de rentrer d'un voyage en Bavière organisé par l'association internationale des policiers et la reprise s'annonçait difficile.

Il y avait eu un message du bureau de police de Wyoming, une petite ville au sud-ouest de Grand Rapids. Il fit le numéro et écouta ce qu'un sergent avait à lui dire.

– Je ne sais pas trop, mais j'ai un gars, ici, qui me parle de meurtres. Il habite dans le coin mais en fait, ça se passe dans ta ville. Moi, je n'y touche pas.

C'était le jeudi 6 octobre. Il prit sa voiture et partit. Les arbres avaient déjà pris leurs teintes rouges et jaunes de l'automne et, sous le soleil couchant, les couleurs étaient somptueuses. Il lui fallut moins de quinze minutes pour se rendre au bureau de police de Wyoming. Un homme poli, apparemment sincère et, de toute évidence, perturbé attendait Tom.

Il s'appelait Ken Wood.

Freeman l'écouta quelques minutes puis décida qu'il valait mieux retourner à Walker avec lui. Il ne voulait pas prendre le risque que Wood fasse marche arrière.

Le bureau de police était situé sur Remembrance Road, juste à côté d'un immense champ de maïs, se plaisait-il à dire aux gens qui voulaient s'y rendre. Il se disait toujours que la proximité des champs était pour quelque chose dans le faible taux de criminalité de Walker. Ici, dans cette petite ville de dix-huit mille habitants, les policiers s'occupaient plus de réglementer la circulation que d'affiner leurs techniques d'investigation. En douze ans d'expérience dans la police, dont huit au grade de détective, Freeman ne s'était occupé que de cinq homicides. Il était très rare de tomber sur des articles de presse relatant des affaires criminelles, peut-être une fois tous les deux ans. La police dénombrait moins de six attaques à main armée et environ une dizaine de viols par an.

Tom Freeman était secondé par un autre détective. A trente-quatre ans et malgré ses années passées dans la police, il n'avait pas pu se départir de son air affable. Il avait un sourire espiègle, un peu enfantin, compensé par une haute stature et une moustache noire qui lui donnait l'air autoritaire. Malheureusement, il avait tendance à rougir très facilement, ce qui parfois le gênait énormément, dans son métier et ailleurs.

Tom Freeman offrit une chaise à Ken Wood et sortit un magnétophone. D'après ce qu'il venait d'entendre, il valait mieux qu'il enregistre la déposition.

– Nous sommes le 6 octobre 1988, et Kenneth Gordon Wood, de sexe masculin, Blanc, né le 21-10-58, se trouve en face de moi, au poste de police de Walker.

Freeman orienta le micro.

– Kenneth, pourriez-vous me répéter ce que vous m'avez déjà raconté, au sujet de ce qui s'est passé à Alpine Manor, ici, dans la ville de Walker ? Pourquoi ne pas débuter parce que vous a dit votre femme ?

Ken Wood recommença sa déposition.

– Ma femme m'a dit qu'en février 1987, elle et sa copine Gwen Graham avaient étouffé une femme jusqu'à ce que mort s'ensuive. Je crois me souvenir qu'elle s'appelait Margaret. En fait, je ne suis sûr que du prénom. Ensuite, entre février et avril de la même année, elles ont étouffé six autres patientes d'Alpine Manor.

– A quelle occasion vous a-t-elle raconté ça ? Demanda Freeman.

Wood détailla les circonstances dans lesquelles son ex-femme s'était confiée à lui, un vendredi soir d'août 1987.

– Pourquoi êtes-vous allé au bureau de police de Wyoming ? Demanda Freeman.

– C'était le plus près, seulement à quelques centaines de mètres de chez moi. Si j'avais dû prendre ma voiture, je crois que j'aurais changé d'avis en cours de route.

Freeman s'étonna du délai écoulé depuis la confession de son ex-femme : plus de quatorze mois. Mon Dieu, se dit-il, son ex-femme est lesbienne... Et si ce n'était qu'un désir de vengeance ! Peut-être que ce type est taré, après tout ! Il lui posa une autre question :

– Mais pourquoi ce soir, précisément ? ...

– J'ai failli appeler la police et la dénoncer à plusieurs reprises. Voyez-vous, le week-end de la Saint-Valentin, je l'ai emmenée à Las Vegas. On était partis trois nuits. J'ai dépensé en tout sept cents dollars pour ce voyage, eh bien, sur les trois nuits, elle m'en a gâché deux.

OK ! Pensa Freeman. C'était il y a sept mois.

Mais Wood avait déjà repris le fil de son histoire. Ce récit à lui seul allait couvrir deux pages sur dix-huit du procès-verbal. Freeman se rendit compte que Ken avait besoin de parler.

– La première nuit, elle a bu et a été vraiment odieuse. A la table de black jack, elle a commencé à rire quand le donneur gagnait et à se moquer de tous ceux qui perdaient ; moi aussi j'étais en train de perdre. Elle m'a vraiment énervé ; on ne se moque pas ouvertement des gens qui perdent de l'argent.

» Et puis, le dimanche, on est sortis dîner et une dispute a éclaté parce que je lui ai dit que je n'approuvais pas son style de vie, sa négligence et son irresponsabilité envers sa fille… Elle était furieuse et s'est tue le reste de la soirée.

» Je crois que le fait d'aller à Las Vegas était pour moi une façon de découvrir ce qu'était devenue Cathy… Je savais alors qu'elle avait tué ces gens, enfin qu'elle avait dit les avoir tués… Malgré mes conseils, elle avait refusé d'aller voir un psychothérapeute… Je me suis surpris à penser alors qu'elle était peut-être dangereuse. Cette idée m'est venue surtout ce dimanche-là, à cause de sa colère contre moi. Je crois que parfois on peut voir si une personne a vraiment de la haine en elle. Surtout si on la connaît bien…

Pendant quinze minutes, Wood tourna autour du pot, cherchant à expliquer son silence.

– C'est des crimes, oui, mais les gens n'ont pas vraiment souffert… Elle n'est pas recherchée par la police… Les proches ne sont pas traumatisées parce qu'un membre de leur famille a été assassiné. Tout le monde pense qu'ils sont morts tout simplement.

» Je pensais qu'il n'y avait pas de danger qu'elle recommence. Je ne voulais pas détruire ma vie en la dénonçant ; mais je me disais qu'il fallait que je sache si elle était vraiment dangereuse.

Il fit des tas de digressions sur les parents de son ex-femme, les fêtes qui duraient toute la nuit et les hallucinations quand Cathy voyait des cadavres au pied de son lit.

Eh bien, se dit Freeman, en voilà une qui en a fait voir de toutes les couleurs à son mari ! Wood avait atteint le point de saturation. La coupe était pleine.

– Je ne peux pas continuer à me demander ce qui ne va pas chez ma femme, dit-il finalement.

– Pensez-vous que votre femme a des problèmes mentaux ?

Wood prit une longue inspiration et ne dit qu'un mot :

– Oui.

Il raconta qu'il avait lui-même consulté un psychologue. Ce dernier lui avait d'ailleurs déconseillé de parler à la police. En écoutant cela, Freeman eut l'intuition que cette déposition de plusieurs heures allait rapporter bien plus que quelques dollars supplémentaires sur sa feuille de paie.

Le détective lui posa d'autres questions mais Wood semblait plus enclin à analyser le comportement de son ex-femme qu'à donner des preuves formelles. Le portrait qu'il en faisait était plutôt sympathique.

– Cathy a vécu de nombreux drames, avec ses parents, des gens très froids, insensibles.

Freeman voulait des dates, des lieux, des noms. C'était compliqué à obtenir, dans ce fatras d'anecdotes sans lien direct avec le crime. Wood parlait de l'obésité de sa femme, des relations entre lesbiennes et des conflits mère-fille. Freeman eut droit à l'histoire de David / Debbie et de Dawn Male, et à tout le roman-feuilleton d'Alpine Manor, version Ken Wood.

Les renseignements sur Gwen Graham et les meurtres l'intriguaient au plus haut point. Cette Gwen dont Ken rapportait la nature violente, les brûlures qu'elle s'était infligées sur les bras. Il raconta que les deux lesbiennes avaient rôdé pendant des semaines dans les couloirs, qu'elles avaient marqués d'une croix les noms de leurs futures victimes sur la liste des pensionnaires. Elles avaient l'intention de tuer des employés également. Wood ajouta que Cathy avait révélé certains de ces détails à sa sœur.

Freeman s'interrogeait sur la crédibilité de Cathy :

– Pendant votre mariage, combien de fois avez-vous surpris votre femme en train de mentir ?

– A dire vrai, elle mentait tout le temps, cela m'énervait au plus haut point…

– Sur quoi l'avez-vous surprise en train de mentir ?

– Oh ! Depuis que nous sommes séparés, j'ai constaté qu'elle mentait beaucoup. Mais quand on était ensemble, c'est difficile à dire, elle mentait sur des bricoles. C'est ce que je ne comprenais pas. Pourquoi mentir sur des bricoles ? C'est idiot ! C'est vraiment mentir pour mentir…

Toute cette histoire pouvait être montée de toutes pièces, conclut Freeman. Le lendemain, il vérifierait certains détails et demanderait la copie de l'acte de divorce de Ken et Cathy.

Freeman raccompagna Wood à sa voiture et rentra chez lui pour se reposer du décalage horaire et voir le journal de 19 heures à la télévision. Les actualités lui semblèrent bien fades comparées à ce qu'il venait d'entendre pendant trois heures.

En fait, cette histoire sentait le coup monté. Mais en y réfléchissant, un détail lui revint en mémoire, un détail qui avait un caractère exceptionnel : d'après Wood, son ex-femme lui aurait dit que les victimes avaient été choisies en fonction des initiales de leur nom.

– Cathy m'a dit qu'elles avaient cherché à écrire le mot M-U-R-D-E-R, avait-il déclaré.

68

Une fois sorti du poste de police, Ken Wood ne ressentit aucun soulagement. Il avait plutôt l'impression d'avoir trahi un vieil ami. C'était incompréhensible, surtout après tout ce que Cathy lui avait fait subir. Cette horrible confession l'avait miné, et depuis ce jour-là sa vie était devenue un enfer.

Souffrant d'une terrible migraine et abruti par son travail à la General Motors, il avait démissionné et obtenu une grosse prime de départ. C'est ainsi qu'il avait pu payer, entre autres, le voyage à Las Vegas, une nouvelle robe pour Cathy – celle qu'elle portait le soir, à la table de black jack.

Ils n'avaient reparlé des meurtres qu'une seule fois, un mois après la première confession. Cathy avait même passé la nuit chez lui ce soir-là, l'eau étant coupée chez elle. Ils étaient au lit tous les deux et parlaient :

– Il faut que j'aie drôlement aimé Gwen pour avoir fait ça avec elle, dit-elle.

Il eut un mouvement de colère.

– Mais comment peux-tu associer meurtre et amour ?

– Mais ces gens-là, il valait mieux qu'ils meurent, de toute façon.

– Non. C'est faux. Tu m'as dit que vous aviez fait ça par plaisir. Vous vous êtes prises pour Dieu ! Personne d'autre que Lui ne peut décider de la mort de quelqu'un.

Elle ne répondit pas. La conversation était terminée et elle s'endormit profondément. Pour lui, ce fut une nuit blanche de plus.

Ken avait honte pour Cathy. Et maintenant, lui aussi était impliqué dans cette histoire. Il savait que le détective n'était pas pleinement satisfait de ses réponses. Mais comment pouvait-il lui expliquer ? Il lui avait fallu plusieurs mois pour y voir un peu plus clair.

Au tout début, il s'était surpris à penser, comme Cathy, que les victimes n'étaient plus que des « larves humaines ». Dans des circonstances normales, leur mort aurait été un réel soulagement. Pourquoi ne pas laisser les familles croire que les leurs avaient eu une fin paisible ? La vérité ne pouvait que faire souffrir tout le monde. Et Jamie ? Comment allait-elle réagir ? Qu'allait-il se passer dans leur vie ?

Ken était également convaincu que Cathy ne représentait aucun danger dans le travail. C'était Gwen qui tirait les ficelles, elle était l'instigatrice, le maître du jeu. C'était du moins ce que lui avait raconté Cathy. Sans Gwen, il ne pouvait y avoir d'autres meurtres. Mais tout de même, de temps en temps, il se surprenait à lire la rubrique nécrologique dans la presse locale en cherchant le nom d'Alpine Manor, pour voir s'il n'était pas fait mention d'une série de décès.

Il s'était bercé d'illusions : ses conseils avaient été vains car Cathy n'alla jamais consulter. Dès qu'il en parlait, elle l'accusait de vouloir modifier ses tendances sexuelles. Loin de lui cette pensée ! Ne se rendait-elle pas compte de la gravité de leurs actes ?

Cathy vivait dans une sorte de belle indifférence. Elle commença à suivre les cours de l'école d'infirmières, comme si de rien n'était. Par ailleurs, elle se mit à traîner avec des alcooliques, et autres mauvaises fréquentations des quartiers sud de la ville. Sa mère finit par l'expulser de la maison d'Effie et elle emménagea dans le sous-sol aménagé de la maison de ses grands-parents.

Vers l'été, Ken sentait bien qu'elle faisait exprès de l'irriter, ce n'était pas nouveau. Elle échafaudait des plans incroyables, jouait avec les sentiments des autres et ne faisait rien pour améliorer ses relations avec sa fille. Elle l'avait toujours poussé à bout. Je ne sais plus où j'en suis, ni où je vais, pensait-il à cette époque. Elle avait un tel ascendant sur lui ! Mais la dénoncer serait un acte de jalousie. Il ne savait plus quoi faire.

En automne, ses propres projets tombèrent à l'eau. Il envisageait d'acheter un fonds de commerce mais l'affaire ne put se conclure. Finalement, il se retrouva à faire du dépannage, à livrer des pièces détachées de voitures.

Serait-il crédible aux yeux de la police s'il se décidait à y aller ? Finalement, il valait mieux qu'il enquête par lui-même. Un soir, il rencontra le mari d'une serveuse qu'il connaissait. Il travaillait dans un institut d'expertise médico-légale du comté de Kent. Ken lui posa quelques questions tout en buvant un verre avec lui.

– Cela va peut-être vous sembler étrange comme question, mais une fois que les gens sont morts depuis un certain temps, est-ce que c'est facile de déterminer la cause du décès ?

– Non, ce n'est pas facile. Mais on y arrive.

– Et s'il s'agit de vieilles personnes très malades ?

– Oh ! C'est encore plus dur mais on peut le faire.

Le déclic se fit le jour où il appela Barb, la sœur de Cathy, en Floride. Peu de temps après la confession de Cathy, en août, ils avaient déjà parlé ensemble. Barb était inquiète pour sa sœur. Elle pensait que Cathy finirait en prison.

Cette fois-ci, Ken parla d'emblée des meurtres. Barb en savait déjà beaucoup apparemment. Elle disait que son mari ne croyait pas à toutes ces histoires. Elle était inquiète mais ne pouvait pas faire grand-chose, de si loin.

C'était décidé. Il lui dit qu'il allait tout raconter à la police. Cathy avait besoin d'aide et lui ne pouvait plus supporter le fardeau tout seul.

– Très bien, Ken, dit-elle. Si tu as besoin de mon témoignage, je suis là.

Ken se réjouissait d'avoir au moins obtenu le soutien de Barb. En rentrant chez lui, il ne savait pas si le détective l'avait cru ou non.

69

Martha Slocum, la surveillante cheffe de jour, savait à quoi s'en tenir. Elle connaissait bien Cathy Wood.

– M'man, dit Cathy, Cookie voudrait vous parler.

Elle pleurait en s'approchant d'elle.

« Cookie » était le surnom que Cathy s'était donné. Les aides-soignantes appelaient Marty « M'man » depuis longtemps. Elle incarnait, après quinze ans de service, la mère, la conseillère, la confidente et la médiatrice en cas de conflits.

Cathy entra dans le bureau de Marty et s'assit en face d'elle.

M'man croyait qu'il s'agissait encore d'une confidence sur ses frasques nocturnes.

– Cathy, vous avez encore été traîner avec je ne sais qui, la nuit dernière ?

Dernièrement, Cathy lui avait effectivement raconté, avec une petite voix enfantine, qu'elle avait ramassé un type louche en plein quartier sud et qu'elle avait passé toute la nuit à traîner avec lui.

Puis elle avait quitté le bureau. Marty considérait que les relations humaines étaient vitales dans ce travail, et elle y était attentive. Cathy avait besoin qu'on s'intéresse à elle, qu'on lui souhaite son anniversaire, par exemple. Seulement, il n'y avait guère de réciprocité. Cet égoïsme dérangeait Marty, qui pourtant ne se préoccupait pas de la vie privée de Cathy. Le fait qu'elle soit lesbienne lui importait peu, du moment que le travail n'en souffrait pas.

Mais une chose l'avait surprise. Cathy n'avait pas semblé bouleversée par le départ de Gwen, un an auparavant. Elles étaient pourtant inséparables…

Quelque temps après, elle avait manifesté des signes d'angoisse :

– Si quelque chose m'arrive, je veux savoir qui contacter.

Ou alors elle s'inquiétait du sort de Robin Fielder :

– Vous savez, Marty, il va sûrement lui arriver quelque chose, lui avait-elle dit une fois. On va la retrouver dans un fossé, là-bas, et ici, personne ne le saura.

De quoi pouvait-elle bien parler ? s'était demandé Marty. Enfin, ce n'était pas la première fois que Cathy Wood s'exprimait par devinettes.

Cathy lui disait souvent qu'elle menait une double vie. Une vie à Alpine Manor, qui était synonyme de sécurité. Et une vie à l'extérieur, pleine d'agitation, d'incertitudes et d'imprévus.

– J'essaie d'être gentille, lui répétait-elle souvent.

Elle se vantait de vouloir changer sa vie.

– M'man, quand je suis au travail, je contrôle la situation et je sais exactement ce que j'ai à faire. J'assume mes responsabilités, mais dès que je suis dehors, je suis déstructurée, lui avait-elle confié.

Cette première semaine d'octobre, Cathy, en larmes, lui confia un autre genre de problème.

– Je suis enceinte, dit-elle.

Marty lui présenta calmement les différentes possibilités. Cathy voulait avorter.

Il lui fallait de l'argent, dit-elle et elle aurait voulu faire un emprunt. Marty suggéra qu'elle s'adresse d'abord à sa grand-mère.

Le lendemain, elle rentra dans son bureau, l'air plutôt

optimiste. Elle avait l'argent et rendez-vous était pris pour l'avortement le lundi suivant.

Plus tard, Marty découvrit qu'il n'y avait pas eu d'avortement, que Cathy n'était pas enceinte. Elle avait juste besoin d'argent pour une caution d'appartement. C'était la première fois qu'elle lui avait menti, et ce serait la dernière.

On était le 7 octobre, trois jours avant le faux rendez-vous à la clinique. Ce vendredi-là, Marty n'était pas près de l'oublier…

C'est le jour où Cathy quitta Alpine Manor encadrée par deux policiers.

70

Freeman n'avait jamais vu ça. Cathy Wood n'avait pas bronché dans la voiture de police. Il fallait environ dix minutes pour se rendre d'Alpine Manor au bureau de police de Walker. Elle avait gardé les mains croisées sur ses genoux, et c'est tout.

Freeman l'avait vue pour la première fois dans le hall d'entrée d'Alpine, et avait été impressionné par cette blonde platinée d'une corpulence incroyable. Elle est vraiment très imposante, pensa-t-il en essayant de rester imperturbable.

– Je voudrais vous parler, dit-il simplement.

Elle avait semblé tomber des nues.

– Ah, bon ! Où allons-nous ?

– Au poste de police.

– Je dois prévenir mes supérieurs.

– Ils sont déjà au courant.

Elle demanda si elle pouvait prendre son manteau.

Et puis, plus un mot, pas une question, pas le moindre commentaire. Elle ne demande même pas pourquoi on l'emmène au poste, pensa Freeman. Qu'ils soient coupables ou innocents, ils veulent tous savoir, d'habitude. Ils discutent tout le long du trajet.

Il n'en était pas à sa première surprise, en ce vendredi 7 octobre. Avec la déposition de Ken Wood, Freeman avait obtenu un mandat de perquisition à Alpine Manor. Il devait se procurer le dossier de Catherine May Wood au bureau du personnel, ainsi que les dossiers médicaux de tous les malades morts depuis qu'elle y était employée. Roger Kaliniak, le nouveau détective du service, l'accompagnait pour l'aider dans cette démarche.

Freeman avait déjà rencontré Jackie Cromwell précédemment. Elle venait d'être promue directrice de l'établissement. Huit mois auparavant, un malade avait eu la tête fracturée par un autre malade, qui lui avait assené un coup de canne. Jackie Cromwell et la sous-directrice Margaret Widmaier ne cachèrent pas leur stupéfaction en entendant le contenu des allégations de Ken Wood et en lisant le mandat de perquisition.

– Avez-vous une idée du temps que cela va vous prendre? Il y a beaucoup de dossiers, n'est-ce pas? Demanda Freeman.

Pendant ce temps-là, Kaliniak plaisantait et piochait ostensiblement dans une boîte de bonbons posée sur le bureau de la directrice. Freeman posait les questions de routine. Au bout d'une heure, on leur amena un premier paquet de dossiers.

– Que savez-vous de Cathy Wood?

– C'est une fille assez imposante, avait répondu Jackie Cromwell. Une très grosse fille. Elle travaille aujourd'hui, d'ailleurs.

Au fil des questions, Jackie Cromwell finit par deviner que la malade citée par Ken devait être Marguerite Chambers. Elle était décédée en janvier. Finalement, ils purent réduire leur champ d'investigation et ne demandèrent que les dossiers des malades décédés de janvier à juin 1987.

Freeman s'étonna du volume que cela représentait et entreprit d'y jeter un coup d'œil. Il y avait des milliers de pages, des notes d'infirmières, des ordonnances, des histoires familiales, des plannings d'activités, etc. Au bout d'une heure, il se tourna vers Kaliniak.

– Rog, vous restez là jusqu'à ce que tout soit rassemblé et vous me ramenez le tout au bureau. Moi, je vais parler à Cathy Wood. Qu'avons-nous à perdre, de toute façon ?

Tom Freeman commença à questionner Cathy Wood au bureau de Remembrance Road. Il devait être 16 heures. Il lui demanda s'il pouvait utiliser le magnétophone. Elle refusa car elle n'aimait pas le son de sa voix enregistrée.

– Alors, je prendrai des notes, OK ?

Il lui lut ses droits. Elle semblait toujours d'accord pour parler et signa le document certifiant qu'elle avait pris connaissance de ses droits, conformément à la loi.

En un quart d'heure, Freeman liquida les questions habituelles sur son travail et son mariage, puis il en vint au fait.

– Votre ex-mari est venu hier soir et nous a déclaré que vous-même et Gwen Graham étiez impliquées dans une affaire d'homicide sur une personne nommée Margaret.

– Oh ! Fit-elle en soupirant, c'est un coup monté. Il est furieux. Tout ce qu'il veut, c'est avoir sa revanche.

Freeman rétorqua aussitôt :

– Je ne pense pas qu'il ait inventé cette histoire.

– Bon ! Dit-elle en soupirant encore. C'était un gag. Une grosse farce, quoi !

Merde ! Pensa Freeman. On dirait que ça ne la trouble pas le moins du monde ! Au contraire, elle affichait même une totale désinvolture ! Il allait devoir user d'un vieux stratagème, le bluff. Il prit son air le plus sérieux :

– Très bien, Cathy. Je ne pense pas que ce soit un gag. Mon associé se trouve en ce moment même à Alpine Manor. Nous avons un mandat de perquisition et toutes les informations sous la main. Et ce que nous avons appris dans les dossiers médicaux n'a rien d'un gag.

Sa réponse fut instantanée, elle ne prit même pas le temps de réfléchir et dit d'un ton désinvolte :

– Très bien ! Je vais vous dire la vérité.

Tout d'abord, elle apporta un petit correctif :

– Elle ne s'appelait pas *Margaret*. Son vrai nom était *Marguerite*. Marguerite Chambers. Moi, je suis rentrée dans la chambre et elle, elle tenait une serviette-éponge contre son menton et son nez.

Freeman sentit son estomac se révulser en entendant les détails de la scène. Cathy parlait d'un ton léger, comme s'il s'agissait du dernier potin de boulot.

– Il y a eu plusieurs victimes, dit-elle. C'est Gwen qui les a toutes tuées pendant l'hiver 1987.

Elle précisa la section où elle travaillait alors et l'équipe en place. Puis elle donna le nom des aides-soignantes qui avaient lavé les corps.

Freeman avait du mal à suivre par écrit. Quelques minutes avant, elle nous considérait de haut, pensa-t-il. Et maintenant, elle devance mes questions. Il lui demanda de parler plus lentement.

– Attendez un instant, Cathy. Concentrons-nous d'abord sur Marguerite Chambers, voulez-vous ? Vous ne jouez pas franc jeu avec moi. Vous avez dit à Ken que vous étiez là quand elle a été étouffée.

Sans se démonter, elle poursuivit, lui faisant croire que la contradiction était dans sa tête à lui et non pas dans sa déposition à elle. Elle était près de la porte et regardait Gwen.

– Marguerite faisait beaucoup de bruit, elle râlait, son corps était agité de spasmes.

– C'était quel jour ?

– Oh ! Le 8 janvier, je m'en souviens très bien. Oui, c'est cela, le 8, je sais que quelque chose s'est passé le 8.

Elle ne se souvenait plus du nom de l'aide-soignant qui lava le corps pour la morgue, mais Gwen avait donné un coup de main.

– C'est cela ! Fit-elle d'un ton satisfait, contente d'avoir recollé les morceaux de sa mémoire.

Puis son comportement changea, ses confidences devinrent plus prosaïques.

– Gwen trouvait que c'était drôle.

Elle donna le nom de quatre victimes : Marguerite Chambers, Mae Mason, Belle Burkhard et Edith Cook. Il y en avait d'autres mais les noms ne lui revenaient pas. Freeman lui glissa sous les yeux la liste des personnes décédées.

– Bon, Myrtle Luce, je m'en souviens. Oui, sa fille n'arrêtait pas de s'inquiéter à propos des soins.

Freeman essayait de poser des questions sur chaque victime pour structurer l'interrogatoire. Mais c'était peine perdue. Il ne pouvait pas suivre le fil de sa pensée. Elle se dispersait, passait d'un jour à l'autre, d'un mois à l'autre, d'un malade à l'autre.

Elle sautait sans arrêt du coq à l'âne, parlait de sa dernière petite amie à Alpine, puis de son 4 x 4.

Incroyable ! Pensa Freeman, elle est interrogée pour meurtres et elle me parle de sa bagnole !

Au bout d'une heure, il eut l'impression qu'elle le mettait devant un puzzle à reconstituer. L'interrogatoire devenait énervant ; il aurait aimé se concentrer sur le cas de Marguerite Chambers.

– Comment savez-vous qu'elle était en train de l'étouffer ?

Tout ce que vous m'avez dit, c'est qu'elle tenait une serviette-éponge sous son menton. Elle aurait pu être en train de l'essuyer si elle avait vomi ?

– Je le sais, c'est tout.

– Comment ?

– Je le sais.

Le bon sens lui soufflait que si elle en était si sûre, c'est qu'elle était impliquée.

– Cathy, je pourrais très bien interroger Gwen Graham et elle dirait que tout ceci n'est que mensonge, que c'est vous qui avez peut-être étouffé Marguerite. Si vous êtes impliquée, il vaut mieux le dire tout de suite. C'est le premier qui se jette à l'eau qui gagne...

Elle le regarda fixement mais ne broncha pas.

Ce n'était pas le moment de mettre la pression, il valait mieux ne pas jouer avec ses nerfs, au risque de la voir se bloquer.

Il changea d'angle d'attaque. Mais elle esquiva les questions. Gwen et elle partageaient le même appartement ; elles couchaient ensemble, non ?

Elle déclara que Gwen l'avait menacée avec son fusil, qu'elle avait même essayé de l'étouffer elle aussi, juste après le meurtre de Marguerite. Elle l'avait attachée sur son lit et elle, elle pensait qu'elles allaient faire l'amour, mais non, elle avait pris une paire de chaussettes dans la commode et avait essayé de l'étouffer.

– Enfin, je ne sais pas si c'était le même soir ou le lendemain. C'était la première semaine de janvier en tout cas...

Cathy ponctuait son discours de : « Je ne sais pas » exaspérants et au lieu de s'en contenter, elle ajoutait un élément capital, pour ménager ses effets, sans doute.

– Voyons, Edith Cook... Je ne sais pas si Gwen a pris un bijou ou pas.

Dès que Freeman essayait de creuser, l'histoire se compliquait encore.

– Mais, Mr Freeman, je ne sais pas si le bijou c'était cette fois-là, ou avec Marguerite.

Il était question de meurtre, nom de Dieu ! Pas d'une sortie au supermarché ! Sa mémoire des événements fonctionnait de façon étrange, elle se souvenait des équipes, des dates, mais bloquait sur des faits plus importants.

– Comment tout a-t-il commencé ?

– Euh ! ... je ne sais pas. Je ne sais pas si Gwen en a parlé ou pas. Non, je ne sais pas.

Un schéma général se dessinait pourtant. Freeman s'avisa alors que Cathy mettait toute la distance possible entre elle et ces crimes.

– Savez-vous pourquoi Gwen faisait cela ? Demanda-t-il.

Elle lui confia alors que Gwen se sentait toujours extrêmement soulagée après. Apparemment, le fait de tuer la libérait de ses frustrations.

– Oui, elle m'a dit que cela soulageait les tensions qu'elle avait en elle.

L'histoire prenait un aspect beaucoup plus surréaliste que la version de Ken Wood. Freeman était de plus en plus captivé par l'interrogatoire. En une heure, elle lui avait déjà donné des détails sur trois meurtres autres que ceux de Marguerite Chambers et de Myrtle Luce.

Mae Mason : Cathy et Gwen travaillaient sans doute dans des sections différentes. « Quelque chose de bizarre se passa. Je ne sais pas si c'était la réaction de l'aide-soignante ou quoi. »

Belle Burkhard : Cathy déclara que Gwen vint la voir avec une serviette de toilette à la main et la posa sur son bureau. « Gwen avait toujours une serviette de toilette fourrée dans la poche arrière de son pantalon. Gwen a piqué une socquette en guise de souvenir. C'est Pat Ritter qui l'a trouvée morte. Gwen m'a raconté que Belle avait tellement de force qu'elle avait dû appuyer avec son genou sur son bras. La direction a cru que Pat Ritter l'avait mal retournée dans son lit et que c'était pour ça que son bras était abîmé. »

Edith Cook : elle avait la gangrène. Là, c'était de l'euthanasie. Gwen garda un bijou en souvenir.

Elle avait annoncé à Cathy qu'elle allait tuer ces malades.

Freeman désirait en savoir un peu plus sur cette histoire d'initiales et de mot M-U-R-D-E-R. Cela ne collait pas avec le nom des victimes.

– Cathy, comment est-ce que ces initiales pourraient permettre d'écrire le mot MURDER ?

Elle esquiva la réponse et passa à un autre sujet.

– Allez-vous me mettre en prison ? Demanda-t-elle en scrutant son visage.

– Non, non. Pour le moment, c'est Gwen Graham qui m'intéresse. Combien de temps avez-vous vécu ensemble ?

Elle lui donna les dates exactes.

Tom Freeman avait décidé de considérer Cathy Wood comme un témoin, rôle qu'elle s'était d'ailleurs taillé elle-même sur mesure. Il allait jouer pour un temps sur son terrain. Et de toute façon, pour l'instant, elle était sa seule source d'informations.

Freeman s'excusa un instant et disparut. Il entra dans le bureau du chef, Walter Sprengler, excité et épuisé à la fois par l'interrogatoire, et lui exposa ses impressions. Cathy Wood avait sûrement de bonnes raisons pour mettre ces meurtres à distance. Il sentait qu'il y avait, dans sa déposition, quelques éléments de vérité. Que valait-il mieux faire ? Explorer les dossiers médicaux ou passer encore quelques heures à filtrer les déclarations de Cathy Wood pour y voir plus clair ?

Le détective-chef leva les yeux vers lui.

– Walter, vous n'allez pas me croire, elle admet avoir trempé là-dedans.

Freeman se sentit tout d'un coup happé par l'angoisse. Six meurtres ! Pensa-t-il. Mon Dieu ! Si seulement ça s'était passé de l'autre côté de la rue !

C'était en effet la limite entre les juridictions de Walker et du comté de Kent. De l'autre côté, c'était le shérif qui s'en serait occupé. Freeman avait déjà sur les bras une affaire d'homicide : un dénommé O'Brien qui avait abattu son oncle au cours d'une partie de golf.

Finalement, il chassa ses appréhensions et analysa les choses sous un autre angle. Cette histoire d'Alpine Manor pourrait bien devenir l'affaire de sa vie.

– Walter, je vais avoir besoin d'un coup de main sur cette affaire. Et d'abord pour le transfert de la suspecte.

Il était hors de question qu'il se retrouve seul dans la voiture avec Cathy. C'était vrai pour tous les officiers de police, d'ailleurs. Ne vous retrouvez jamais seul avec une suspecte. Vous risqueriez qu'elle porte des accusations contre vous. S'il n'y a pas d'autre moyen, laissez le contact radio branché tout le temps du trajet.

Bill Brown, l'adjoint du détective-chef, rentra dans le bureau : c'était lui qui occupait le poste de Freeman auparavant et il l'avait pour ainsi dire formé. Il écouta attentivement mais se montra sceptique :

– Je ne sais pas, Tom. Il y a quand même une chance pour que tout ça ne soit qu'un tissu de conneries.

– Je sais, répliqua Freeman, mais quelque chose me dit qu'elle raconte la vérité. Voilà presque trois heures que j'écoute ce qu'elle dit…

71

Tom retourna dans le bureau. Cathy lui fit part d'un élément nouveau : elle était en possession de lettres écrites par Gwen et peut-être contenaient-elles quelques points intéressants pour lui. Elles étaient chez sa grand-mère.

Freeman téléphona au bureau du prosecutor du comté de Kent. Ce fut Dave Schieber, son adjoint, qui répondit. C'était lui qui avait aidé à préparer le mandat de perquisition pour Alpine Manor. Tom voulait savoir si, dans le cas présent, il lui en fallait un. Il voulait à tout prix éviter que le juge ne rejette les preuves.

– Amenez-la-moi ici, dit Schieber. Nous parlerons de tout ça et nous jugerons sur pièces.

Freeman avait craint une réaction de ce type. Amener la personne interrogée au palais de justice, c'était prendre le risque qu'elle se mure complètement. Il fulminait.

Il ne pouvait pas s'attendre à autre chose de la part de Dave Schieber. C'était un homme suffisant et ambitieux. Dave et lui avaient entretenu des relations professionnelles assez orageuses. Ils se détestaient cordialement.

Freeman et Kaliniak s'étaient trouvé une belle vengeance. Ils écorchaient son nom dès qu'ils en avaient l'occasion. *Schiebers* prononçaient-ils en sachant qu'il détestait cela.

– Schiebers veut qu'on l'amène là-bas, dit Freeman à Brown.

L'heure du dîner était déjà passée, ils s'arrêtèrent au *Burger King*, près du palais de justice. Cathy commanda un énorme hamburger.

– Oh ! J'oubliais, un Coca light ! Ajouta-t-elle.

Ils entrèrent dans le bâtiment. La plupart des employés étaient déjà partis. Au quatrième étage, ils se retrouvèrent dans la salle de conférences du PA. William A. Forsyth ; celui-ci était absent pour la journée. De là-haut, il y avait une vue imprenable sur les rapides de la Grand River et le soleil couchant.

Cathy affichait une grande sérénité.

– Cathy, dit Freeman, voici Mr Dave Schiebers, PA-adjoint du comté de Kent.

Elle serra la main du jeune attorney. Il était mince, grand et blond, tiré à quatre épingles, et le blanc de son col ressortait sous la lumière fluorescente.

Cathy fut impressionnée.

– Ouah ! vous devez être quelqu'un d'important.

Il sourit ; ils se mirent tout de suite à plaisanter – un vrai numéro de séduction, pensa Freeman.

– Est-ce que Tom vous a informée de vos droits ? Dit Schieber, revenant sur le terrain professionnel.

Cathy acquiesça.

– Voulez-vous me raconter ce qui s'est passé ? Demanda Schieber.

Cathy résuma ce qu'elle avait dit au bureau de police en y ajoutant quelques détails.

– Cathy, comment savoir si vous dites la vérité ? Avez-vous des preuves pour corroborer tout cela ?

Elle lui parla des lettres.

– Mais il y a des détails intimes dedans, dit-elle en poussant un soupir.

– Cathy, dit Tom. Vous savez que nous ne sommes pas intéressés par cela.

C'est à ce moment-là qu'elle demanda si elle devait prendre un avocat.

Schieber se tourna vers elle.

– C'est à vous de décider.

Cathy eut un petit sourire.

– Bon, je veux collaborer.

– Ecoutez-moi, Cathy, dit le PA. Je ne suis pas sûr de ce que je vais décider. Cela dépend de *vous* en grande partie.

Il se tourna vers Tom :

– Tom, lisez-lui ses droits encore une fois.

Elle écouta et signa un deuxième document certifiant qu'elle en avait bien pris connaissance. Cathy voulait se procurer ces lettres.

– Tom, nous n'avons pas besoin de mandat dans ce cas-là, dit Schieber, puisque c'est avec son consentement.

Cathy hocha la tête en signe d'acquiescement.

Ils redescendirent tous trois par l'ascenseur. Schieber dit qu'il les verrait plus tard, dans son bureau.

Freeman écouta encore Cathy quand la voiture s'arrêta devant la maison de ses grands-parents.

– Mon père vit avec ma grand-mère. Il est très irritable et aime bien s'engueuler avec les gens, surtout lorsqu'il a bu. Je ne veux pas qu'il sache que vous êtes de la police.

Freeman seul l'accompagnerait, convint-il.

– Je sais ! Fit-elle. Je vais lui dire que vous êtes mon petit copain. Ils seront sûrement contents, ils ne me voient jamais avec un mec.

– Très bien, dit-il.

– Vous êtes si gentiiiil !

Il avait déjà entendu cette expression.

C'est peut-être du cinéma, songea-t-il, mais c'est pour la bonne cause. Il tenait absolument à se procurer ces lettres.

Freeman avait prévu d'échanger quelques banalités avec John Carpenter et sa mère, le temps qu'elle descende récupérer les lettres.

– Venez, Tom ! Fit-elle.

Puis, se tournant vers sa famille, elle ajouta :

– Tom va visiter ma chambre.

Freeman sentit qu'il piquait un fard. Merde ! Mais de quoi ai-je l'air ? Se dit-il.

En bas, le grand lit était défait. Il régnait d'ailleurs un désordre indescriptible dans la pièce. Il vit tous les livres, la collection de Stephen King, des livres d'horreur partout.

Cathy extirpa une boîte à chaussures de sous le lit, fouilla à l'intérieur, en sortit les fameuses lettres, et d'autres choses, comme le carnet de chèques de leur compte commun.

– Vous ne voulez pas de ceci, n'est-ce pas ?

– Prenez le tout, Cathy, on triera après.

Il voulait quitter cette pièce, cette maison. La situation était suffisamment inconfortable, comme ça, surtout avec la famille en haut.

Elle lui tendit la boîte.

– J'aimerais bien me changer, dit Cathy. Je vais mettre autre chose.

Il commença à gravir les marches mais elle lui dit :

– Non ! Mon père... Dit-elle. Attendez-moi ici. Je vais me changer.

Se changer. Où ? Comment ? Freeman ne savait plus où se mettre.

Cathy se tenait debout, les mains croisées, et lui fit juste un petit signe qui voulait dire : « Tournez-vous ! »

– Cela ne prendra que quelques secondes.

Il resta là, la boîte entre les mains, le dos tourné, le visage écarlate. Il entendit le glissement du nylon sur elle. Nom de Dieu ! Se dit-il. Qu'est-ce que je fous là ? Je suis un policier et c'est une suspecte.

La première crainte... Un couteau, elle allait lui planter un couteau entre les deux omoplates. Si je dois me faire assassiner par une lesbienne de cent cinquante kilos, autant que ce soit de face.

Une peur encore plus forte le saisit, il n'entendait plus aucun bruit. Elle devait être debout, complètement nue.

Un officier de police ne doit pas se mettre dans une si-

tuation compromettante pouvant ultérieurement entraver la marche d'une affaire. Tu as fait ce qu'il fallait jusqu'à présent, se dit-il, et maintenant tu te retrouves seul dans la chambre de la suspecte *et tu la laisses se mettre à poil !*

Freeman se sentait très vulnérable, comment avait-il pu en arriver là ? Mais il était en possession des lettres.

– Ça y est, j'ai fini, fit-elle.

Ouf ! L'épreuve était terminée ! Elle avait enfilé un jean, une chemise et semblait très en forme.

Pourvu que mon visage ait repris sa couleur normale, se dit Freeman.

– *Bye-bye !* Lança-t-elle à la ronde en sortant de la maison.

Autour de la table de conférence dans le palais de justice, ils se relayaient pour lire les lettres à haute voix. Cathy montra une certaine gêne et s'empara de certaines lettres qui traînaient sur la table.

– Ah, non ! Pas celle-là.

– Voyons, Cathy, ceci est à nous maintenant, dit Tom. Il n'y a pas de quoi être gênée. Nous avons l'habitude.

Freeman était très étonné par le contenu des lettres qui semblaient avoir été écrites par des adolescentes et non pas par des jeunes femmes de vingt-cinq ans. C'était tellement larmoyant ! Il y avait des poèmes, des lettres envoyés par Gwen de Tyler, au Texas. Rien qui corroborât les dires de Cathy.

Pendant que Cathy remettait les lettres dans la boîte, Schieber et Freeman se retrouvèrent dans une autre pièce. Freeman aurait voulu obtenir un mandat d'arrêt contre Gwen Graham.

– Pas question, je n'envisage pas d'autre mandat d'arrêt.

– Mais, Dave, je suis convaincu qu'elle dit la vérité.

Le ton du PA se fit condescendant :

– Tom, il s'agit d'un couple de lesbiennes, de lettres d'amour. C'est tout. On verrait mieux cette histoire à la une des journaux à sensation qu'ici.

Merde, quel imbécile ! Pensa-t-il.

Le PA avait déjà changé de sujet. Il voulait savoir où il en était dans l'affaire O'Brien.

– Pour moi, fit-il après une pause de quelques secondes, je ne veux plus entendre parler d'Alpine Manor – du moins pour l'instant. Relâchez-la et renvoyez-la chez elle.

Il ramena Bill Brown d'abord, puis Cathy. De toute façon, il avait pris tous les risques dans ce sous-sol ; alors à quoi bon faire attention, maintenant ?

Cathy se délectait encore de l'histoire qu'elle avait fait avaler à son père et à sa grand-mère.

– Oh, Tom, c'était supeeeer, dit-elle en insistant sur la dernière syllabe. Ils croient que j'ai un petit copain.

– C'est ça !

– Tom, vous êtes si gentiiil !

Il se mit à rire. Elle était tellement bizarre, mais il ne pouvait se défaire de l'idée qu'une partie de ce qu'elle avait dit était vrai. Rien ne pourrait l'empêcher de continuer l'enquête. Aussi lui demanda-t-il de se présenter le lendemain, au bureau de police de Walker.

– Nous parlerons encore, promit-il.

Cathy était d'accord mais elle voulait prolonger cette histoire de petit ami. Sa copine l'attendait dehors, alors, en quittant la voiture, elle lui lança à haute voix pour que l'autre l'entende :

– Merci, Tom, c'était super, vraiment.

Bon Dieu ! Fit-il. Elle me fait encore passer pour son petit ami ! Il était épuisé. La journée avait été longue. Et il n'allait pas fermer l'œil de la nuit.

Bon, si elle veut jouer, on va s'amuser, se dit-il en voyant disparaître le 4 x 4 de Cathy.

72

Vers le mois d'octobre, Robin se disait qu'elle était définitivement débarrassée de Cathy.

Pour ses vingt-cinq ans, Gwen avait reçu une carte d'anniversaire de Grand Rapids avec pour seul message : « Je t'aime. » Elle n'était pas signée mais Robin sut tout de suite qui l'avait envoyée.

C'était la première fois en huit mois que Gwen recevait un mot de Cathy. Juste après leur départ de Grand Rapids, elles avaient correspondu régulièrement. Gwen éclatait parfois en sanglots à la lecture des lettres. Elle disait que Cathy lui manquait. Robin se sentait blessée mais ne pouvait montrer sa colère comme elle l'aurait fait à Grand Rapids. Ici, elle était perdue, pas question de claquer la porte et de partir.

Gwen avait obtenu un non-lieu à son procès, un an auparavant. Elles décidèrent alors de rester à Tyler, et habitèrent pendant quelques mois dans la ferme familiale, chez Corey, la sœur de Gwen. Mais celle-ci supportait assez mal ce retour sur les lieux de son enfance.

Elle n'osait pas aller seule prendre une douche ou tirer la chasse d'eau. Robin lui demanda pourquoi.

– Quand j'étais petite, on m'a mis la tête dedans, lui avoua-t-elle.

Robin avait de la peine pour elle. Elle imaginait l'enfer de toutes ces années.

Un jour, elle rencontra Linda, la mère de Gwen. Il était évident qu'il y avait un froid entre elles, se dit Robin, bien que cette femme lui parût agréable au premier abord. Gwen lui avoua qu'un jour, alors qu'une bagarre avait éclaté entre elles, elle avait bien failli l'étouffer.

– Est-ce que tu aimes ta mère ? Demanda Robin.

– J'ai essayé. Mais tu sais, il n'y a rien qui m'y oblige.

Elle prétendait qu'un fantôme hantait cette vieille maison.

Gwen a vraiment un sens de l'humour morbide, se disait Robin. Et cette plaisanterie sur les six cadavres à Alpine Manor revenait encore…

Un jour qu'elles bavardaient avec Corey, elles mentionnèrent Cathy dans la conversation. Corey posa des questions sur ce coup de fil que Robin lui avait passé, juste après avoir reçu les menaces de mort de Cathy.

– Et toi, fit-elle à Gwen, tu as tué six personnes ?

Gwen la regarda, éberluée.

– Pour de vrai ? Non.

A partir de ce jour-là, la plaisanterie devint un leitmotiv. Gwen la ressortait à tout bout de champ :

– Dis, tu crois qu'il va pleuvoir, Gwen ?

– Non. Comment le saurais-je ? J'ai tué six personnes.

Robin et elle avaient trouvé un emploi d'aide-soignante à l'hôpital Mother Francis. Elles travaillaient dans les services d'orthopédie, d'ophtalmologie et de neurochirurgie. Gwen disait qu'elle aimait aller en pédiatrie dans le service néonatal.

– Ce serait drôle, non, d'écraser la tête des bébés contre la vitre alors que les mères passent dans le couloir ? suggéra Gwen.

– Qu'est-ce que tu veux dire ? Demanda Corey.

– Tu sais, tu leur appuies sur le visage, ça leur fait retrousser les lèvres, dit Gwen.

– Mais tu es complètement folle, lâcha Robin. C'est horrible. Faut vraiment pas être bien pour parler comme ça.

Les premiers temps, Robin se demandait si Cathy n'était pas à l'origine de ces pulsions morbides. Il y avait les lettres, mais aussi les coups de fil. Un soir, Gwen fut bouleversée par une conversation téléphonique qu'elle venait d'avoir avec Cathy.

– Cathy m'a dit qu'elle avait recommencé, avoua-t-elle.

Elle expliqua à Robin qu'elle avait raconté avoir tué d'autres malades d'Alpine Manor.

– Mais enfin, vous allez arrêter ! Cria Robin. Ça va pas, non !

Robin avait peur de perdre Gwen. Elle avait lu un paquet de lettres. Dans l'une d'elles, il semblait que c'était Gwen qui cherchait Cathy. Elle se fâcha et demanda à Gwen d'arrêter cette correspondance. Elles déménagèrent et trouvèrent un mobile home. Les lettres s'arrêtèrent. Gwen s'excusa de son comportement et fit part à Robin de ses craintes. Elle croyait que Robin ne l'aimait pas et qu'elle s'était servie d'elle pour se défaire de l'emprise de ses parents.

Vers l'été, Robin et Gwen menaient une vie assez tranquille, elles étaient heureuses et avaient définitivement tourné la page sur les soirées de délire alcoolique, les nuits blanches et les comprimés de caféine. Gwen avait réduit sa consommation d'alcool ; elle fumait de l'herbe à la place.

Mais l'histoire des meurtres devenait de plus en plus complexe. Cathy, selon Gwen, avait formé ce plan meurtrier un soir où elles faisaient des mots croisés, dans leur maison d'Effie.

Cathy avait mis une croix devant le nom de certains patients, mais aussi devant le nom d'aides-soignantes, expliqua-t-elle à Robin. Elle voulait attirer Angie Brozak dans le parc de Grand Rapids, à l'endroit d'où l'on pouvait voir les poissons, et prévoyait de la faire basculer dans le vide. Lisa Lynch aussi devait disparaître de la sorte.

– Elle voulait aussi te tuer, Robin.

– Voyons, arrête !

– J'ai dit non parce que tu étais trop gentille.

– Vous êtes malades !

– Qu'est-ce que tu espères ? J'ai tué six malades.

Voilà pourquoi Robin ne pouvait jamais la prendre au sérieux. Rien de ce dont elle parlait ne s'était accompli. Ni Lisa ni Angie n'avaient été tuées. Quant à ces six morts, aucune nouvelle, aucune enquête de police. Cela faisait maintenant quatorze mois... Que faisait la police ?

– Arrête, avec ces histoires de meurtres, se plaignait Robin. Ce n'est pas drôle du tout.

C'était la seule chose qui lui déplaisait à ses yeux ; pour le reste, Robin se reposait beaucoup sur Gwen. Mais ce n'était pas tout à fait du goût de Gwen.

– Robin, je ne peux pas prendre les décisions à ta place ! Il faut que tu te mettes à décider par toi-même.

Du point de vue affectif, Robin la voyait plus comme une amie que comme une amante. Gwen était insomniaque depuis qu'elles avaient déménagé. Il lui arrivait de passer deux nuits d'affilée sans dormir. Une demi-douzaine de joints avaient généralement raison de ses insomnies.

– Pourquoi n'arrives-tu pas à fermer l'œil ? Demanda Robin un soir.

– J'ai peur de ne pas me réveiller, répondit-elle.

De son côté, Robin avait fort à faire avec ses propres angoisses. Elle savait que son départ avait littéralement anéanti ses parents, et son père refusait dorénavant de lui adresser la parole. Peut-être avaient-ils deviné la relation qu'elle entretenait avec Gwen.

A la fin août, Gwen rencontra une ancienne amie, Deborah Kidder, qu'elle avait connue au Texas. Debbie était dans la marine à présent. Les trois filles passèrent une journée au bord du lac Tyler puis rentrèrent le soir pour faire un barbecue. La bière coula à flots. C'est alors qu'elles parlèrent de Cathy et de ses manigances.

– J'aimerais bien la voir en photo ! Fit Debbie.

Sur ce, Gwen montra un instantané qu'elle avait de Cathy en short et portant des lunettes de soleil.

– *Bye-bye*, Cathy ! Fit Debbie en y mettant le feu avec son briquet.

Gwen protesta mais c'était trop tard. Elle se cala dans le rocking-chair et alluma un joint.

– Est-ce que je dois lui dire ? Demanda-t-elle à Robin.

– Comment ça ?

– Eh bien, tu sais, les malades…

– Je m'en fiche ! Tu sais très bien ce que je pense de tout ça.

Robin se leva pour aller faire la vaisselle, histoire de s'isoler.

Quand elle rejoignit les autres, Gwen terminait juste son histoire. Elles avaient étouffé des malades sous des oreillers. Pour Marguerite, Cathy se tenait debout près de la porte du couloir.

– Et toi, tu y crois à toute cette histoire ? Demanda Debbie à Robin.

– Tu veux rire !

Gwen ajouta alors un détail que Robin n'avait jamais entendu :

– Nous avons piqué des souvenirs à chaque fois. Pour une, on a pris une socquette.

– Bon, dit Debbie en se redressant sur le canapé. Pourquoi tu les as tués ? C'était de l'euthanasie ou quoi ?

– Qu'est-ce que tu veux dire par là ?

– Tu les as tués pour les soulager, c'est ça ?

Gwen avala une autre gorgée de bière et, en se balançant sur son rocking-chair, répondit :

– Eh bien, au début, j'avais pitié d'eux mais après, c'était pour le plaisir.

– C'est ridicule ! S'écria Debbie.

– C'est complètement morbide, ajouta Robin.

Deux semaines plus tard, Debbie Kidder alla à Grand Rapids pour rendre visite à des membres de sa famille.

Elle s'arrêta au *Carousel* et fit une partie de billard avec une fille qui s'avéra être, comme par hasard, Cathy Wood. Elle annonça à Cathy qu'elle était une vieille amie de Gwen Graham. Debbie appela Robin et Gwen pour leur annoncer la nouvelle.

– Dites-moi, leur dit Debbie, tout excitée. Elle est vraiment énorme. Avec un air diabolique, en plus de ça !

On était à la fin septembre, et ce fut la dernière fois que Robin entendit parler des meurtres. Elle était furieuse que Gwen ait raconté à Debbie toutes ces bêtises et lui dit ce qu'elle en pensait.

Elle regarda ses chaussures pensivement et dit :

– Tu as raison, c'était peut-être une grosse erreur, sûrement, même.

73

Le samedi matin, le lendemain de l'interrogatoire de Cathy, Tom Freeman demanda de l'aide supplémentaire pour continuer l'enquête. Il s'agissait de faire appel à John Hulsing, un expert en détection de mensonges, dont le bureau se trouvait au bureau de la police d'Etat du Michigan.

Freeman savait que tôt ou tard, quelqu'un du bureau du PA demanderait que Cathy se soumette aux tests du détecteur de mensonges. Pourquoi ne commencerait-il pas par contacter la police d'Etat du Michigan ?

John et lui se rencontrèrent à midi.

– Eh bien, John, dit Freeman. Qu'est-ce qu'on va faire de tout ce bordel ?

Hulsing était décontracté mais songeur. Diplômé en psychologie, il avait déjà derrière lui vingt-cinq années d'expérience dans la police.

– C'est très bizarre. Ça ne colle pas. Tu vois, on dirait qu'elle a monté ça de toutes pièces.

Hulsing émit quelques hypothèses sur les raisons qui avaient poussé Cathy à se déshabiller devant Tom.

– Crois-tu qu'elle puisse être amoureuse de toi, Tom ? Dit-il en plaisantant.

– Arrête, merde !

– Fais gaffe, tu sais !

– Il va peut-être falloir qu'on la fasse passer au détecteur.

– Combien pèse-t-elle, déjà ?

– Entre cent vingt et cent quarante kilos, répondit Freeman.

– Oh ! la ! la ! Tom, j'ai des problèmes avec les obèses. Elle est probablement trop grosse pour moi.

Tom ne croyait pas beaucoup à ces tests, de toute façon. Si seulement le PA pouvait adhérer à son point de vue ! Depuis qu'il avait vu deux suspects réussir les tests pour finalement se résoudre à passer aux aveux, il se méfiait de cette technique. Les résultats ne pouvaient pas être utilisés pour le procès, et puis ils posaient plus de problèmes à l'enquête qu'ils n'apportaient finalement de solutions.

Enfin, il n'était pas obligé d'y croire ; seuls les suspects y croyaient, c'était d'ailleurs à ce moment-là qu'ils passaient la plupart du temps aux aveux. Les qualités professionnelles d'Hulsing n'étaient plus à prouver. Ces dernières années, il avait apporté une aide précieuse pour démêler et conclure une bonne douzaine d'affaires.

Avant de se quitter, Hulsing crut bon de faire une prédiction :

–Au fait, si jamais l'affaire se corse, ce sera un gros coup, Tom. L'affaire de ta vie, sûrement. Avec un retentissement au niveau national.

– Je le sais, John, répondit Freeman. Je m'en rends parfaitement compte.

Tom jeta un regard par la fenêtre de son bureau en interrogeant Cathy. Il vit alors une jeune femme vêtue de cuir rôder autour des voitures de police sur le parking.

– Nom d'un chien, qui cela peut-il bien être ?

– C'est Nancy ! Dit Cathy.

Elle avait dit à une ancienne collègue de travail, Nancy Harris, de l'accompagner au poste et de surveiller sa voiture garée juste devant.

– On n'a qu'à lui dire de se joindre à nous, proposa Tom.

Il envoya Kaliniak la chercher, se réjouissant à l'avance d'avoir fait un doublé.

– Rog peut lui tenir compagnie, vous savez. Alors, comme ça, vous avez amené une copine ?

– Je ne veux pas perdre ma voiture. Elle pourra me la ramener. Je l'ai prévenue et elle la cachera si les huissiers arrivent.

– Pourquoi ne le feriez-vous pas vous-même ? Demanda Tom.

Elle répondit franchement :

– Parce que je sais qu'un jour vous allez me mettre en prison.

Il y eut un silence pesant.

Ainsi donc, ce petit commentaire prouvait qu'elle n'était pas aussi naïve ou innocente qu'elle le semblait. Elle avait dû prendre conscience de sa vulnérabilité le vendredi, en acceptant de signer les deux formulaires où elle renonçait à son droit de garder le silence.

Elle reprit, à la demande de Tom, le récit de son histoire en y ajoutant des détails, mais toujours sans la moindre cohérence chronologique. Gwen lui avait dit qu'elle savait qu'elle commettrait d'autres crimes juste après l'accident mortel de Maurice Spanogle dans la salle de bains. Cette fois-ci, Freeman lui demanda de rédiger sa déposition. Il allait enfin avoir un document écrit et signé entre les mains.

En automne 1986, je partageais ma maison avec Dawn Male. On travaillait toutes les deux à Alpine Manor. En septembre, j'ai fait la connaissance de sa meilleure amie, Gwen Graham. Dawn et moi, on ne s'entendait pas très bien. Elle partit, et comme il fallait que je partage les frais de la maison, Gwen a emménagé la dernière semaine de septembre.

Elle aussi travaillait à Alpine Manor. On était presque toujours dans des sections différentes et on n'arrêtait pas de doubler nos heures. On était en janvier 1987, on en était à notre deuxième service et je suis allée à Dover pour vérifier à quel moment on prendrait notre pause.

Comme je ne la trouvais nulle part, j'ai été voir dans les chambres où le rideau était tiré. La porte de la chambre de Marguerite était fermée, aussi j'ai appuyé sur la poignée et en s'ouvrant la porte a écarté le rideau. J'ai vu Gwen à la tête du lit, près de la fenêtre, elle maintenait une serviette de toilette contre le menton et le nez de la malade.

Marguerite faisait beaucoup de bruit. Je n'en croyais pas mes yeux, je ne pouvais pas croire que Gwen était en train de faire ça. Je me suis retirée de la chambre et suis repartie vers Camelot.

Je crois que c'est le lendemain qu'on en a parlé. Elle m'a dit alors qu'elle me tuerait si je disais quoi que ce soit. Et comme je ne voulais pas souffrir ou la perdre, je n'ai rien dit.

C'est cette semaine-là qu'elle m'a attachée et moi, j'imaginais que ce n'était qu'un jeu, alors je l'ai laissée faire. Elle est allée chercher une paire de chaussettes dans la commode et m'a serré le menton et le nez avec comme elle avait fait pour Marguerite.

Elle m'a dit que le fait de tuer la soulageait de ses frustrations.

J'ai bien pensé en parler à quelqu'un à ce moment-là, mais j'avais peur de la perdre.

Quand Maurice est mort, elle est venue me voir à Abbey pour me raconter ce qui s'était passé ; Jim et elle l'avaient brutalisé et il était mort. L'infirmière a cru qu'il avait eu une crise cardiaque… Gwen trouvait ça plutôt cocasse.

Je ne me rappelle pas l'ordre chronologique de la suite, mais elle me parlait des meurtres, soit avant, soit après. Pas toujours avant la mort du pensionnaire.

Je crois que dans la plupart des cas, j'étais de service, ou même dans la même section. On manquait toujours de personnel et on s'est retrouvées quelquefois seules toutes les deux à travailler. Quand Myrtle Luce est morte – si je m'en souviens bien, elle était dans ma section – Gwen travaillait dans un autre bâtiment.

Quand Mae Mason est morte, j'étais de service dans Camelot. Je ne sais plus où était Gwen, et c'est une nouvelle qui a trouvé Mae.

Marguerite était dans la section de Gwen et le garçon qui devait laver le corps n'a pas pu le faire, alors elle a trouvé ça excitant de le faire à sa place.

Belle Burkhard était dans Abbey Lane ; elle faisait partie de mes malades. Je me trouvais au bureau quand Gwen est arrivée. Elle a posé une serviette de toilette sous mon nez. Je l'ai regardée s'éloigner dans le couloir et j'ai vu qu'elle avait une autre serviette qui pendait de sa poche arrière. J'ai pensé que c'était une nouvelle façon de me faire peur. Elle les laissait traîner partout, aux endroits où je ne pouvais pas faire autrement que de tomber dessus : dans ma voiture, et même à la maison, dans la douche.

Alors, Pat (Ritter) est partie faire sa tournée. Belle était morte. On a accusé Pat de l'avoir mal déplacée dans son lit, parce qu'on l'a retrouvée avec un bras tout meurtri, rouge ou couvert de contusions, je ne me souviens pas. Enfin, de toute façon, je savais que c'était Gwen qui l'avait fait et j'avais peur. Plus tard, elle m'a dit que le bras de Belle portait des marques parce qu'elle avait dû s'aider de son genou et appuyer dessus ; Belle se débattait beaucoup.

Edith Cook était très malade, elle avait la gangrène. Gwen a pris son dentier parce qu'elle avait oublié de lui enlever avant de commencer. Elle ne voulait pas qu'il y ait de traces de morsures sur ses lèvres.

Un soir, je n'étais pas de service. Lisa (Lynch), Robin (Fielder) et moi-même étions en train de faire des paris stupides avec des voisins, chez Lisa. Je ne sais pas quand elle l'a dit mais elle l'a dit : elle s'était occupée de Lucy (Stoddard) et ce soir-là, elle cumulait deux services.

C'est à cette époque qu'elle a reçu un colis. C'était une carabine que lui avait envoyée son père. Elle a assemblé les pièces et une fois que le fusil a été prêt, elle m'a forcée à tirer en l'air dans le jardin pour voir quel bruit ça ferait quand elle me tuerait. Si cela devait arriver.

Eté 1987. On se disputait beaucoup. Gwen est partie vivre avec Robin chez Lisa. J'ai reçu chez moi une lettre du Texas dans laquelle il était écrit qu'elle devait bientôt passer en procès. Je la lui ai donnée et elle m'a dit que Robin et elle allaient s'y rendre. Je l'ai prévenue que si elle partait, je dirais tout. Je n'en pouvais plus et j'avais peur que ça continue. Je pensais que je pourrais la faire arrêter.

J'ai compris alors qu'elle était décidée à partir et j'ai pensé qu'elle allait me tuer, alors j'ai dit à ma sœur Barbara, à mon ex-mari Ken Wood et à mon ami Shawn

Thatcher que j'avais peur, et que si quelque chose m'arrivait, il fallait qu'ils sachent ce qui s'était passé, et pourquoi.

Elle est partie au Texas et nous nous sommes écrits jusqu'en décembre, puis on se téléphonait de temps en temps. C'est là qu'elle m'a annoncé son retour. Elle venait me chercher pour m'emmener avec elle.

Après le mois de mai, on ne s'est plus écrit, à l'exception d'une carte que je lui ai adressée. Une de ses amies du Texas est venue me voir et m'a parlé dans un bar.

Je n'ai jamais étouffé qui que ce soit.

Freeman voulut avoir confirmation de ce qu'il venait d'entendre.

– Vous m'avez dit que vous aviez contacté votre sœur. Quel est son numéro ?

Cathy le lui donna et il partit dans un autre bureau pour lui téléphoner. Barbara confirma que Cathy l'avait bien appelée pour lui raconter les meurtres.

– Pourquoi n'êtes-vous pas allée voir la police ?

– J'ai pensé qu'elle avait subi un choc émotionnel et qu'elle avait inventé cette histoire, répondit-elle.

Quand il regagna son bureau, Cathy était en larmes.

– J'ai perdu ma meilleure amie, dit-elle.

– Qu'est-ce que vous voulez dire ?

– Ma sœur était ma meilleure amie.

Elle avait entendu la conversation à travers la porte. Jusqu'à cet instant, elle avait affiché une grande désinvolture, voire même du mépris. Il assistait là à sa première manifestation d'émotion. Elle avait l'air abattu, avec ses grands yeux de cocker.

Freeman décida d'étayer l'histoire de Cathy d'autres éléments que sa propre version et sa bonne volonté. Il contacta Shawn Thatcher, l'aide-soignant d'Alpine dont elle avait parlé. Pendant ce temps-là, Kaliniak enregistra la déposition de Nancy Harris.

Cathy séchait ses larmes quand le PA adjoint, Dave Schieber, débarqua dans le bureau. Il venait de parler à la famille de la victime dans l'affaire O'Brien et présenta à Tom une série de vérifications à effectuer.

– Vous vous souvenez de Cathy Wood ? Dit Freeman, en saisissant la liste.

– Cathy, qu'est-ce qui ne va pas ?

Freeman répondit pour elle :

– Elle est bouleversée. Je viens de parler à sa sœur. Elle était au courant, pour les meurtres.

L'attorney s'empara d'une chaise et s'approcha d'elle. Freeman les entendit parler ensemble tandis qu'il s'occupait d'autre chose dans le bureau d'à côté. Il pensait que Schieber ferait mieux de s'occuper de ses oignons et de débarrasser le plancher.

Kaliniak et Nancy Harris les rejoignirent. Schieber commença à poser des questions intimes sur les relations sexuelles entre lesbiennes.

– Je voudrais comprendre comment c'était avec Gwen ? Demanda-t-il.

Kaliniak et Harris prêtèrent l'oreille. Ils parlaient de rôle dominant et de soumission dans les rapports sexuels. Qui était actif ? Qui dominait dans le couple ? Qui menait le jeu érotique au lit ?

Schieber mentionna le fait qu'il allait se marier.

– Hé ! Dit Nancy. Vous voulez que je vous dise un truc pour rendre votre femme folle de désir ? Vous vous frottez avec du Vick's Vapor juste avant, vous voyez ce que je veux dire.

Kaliniak éclata de rire. Cathy semblait gênée.

Freeman, quant à lui, se demandait à quoi rimait tout ce cirque.

Quelques minutes plus tard, il eut un entretien privé avec Dave Schieber. Freeman voulait fouiller Alpine Manor. Il lui fallait d'autres éléments pour inculper quelqu'un d'homicides : un ou deux cadavres. Des preuves formelles données après autopsie. Des indices.

Mais le PA adjoint n'en démordait pas :

– Concentrez-vous plutôt sur l'affaire O'Brien.

– Bon Dieu ! Quel enfoiré, ce *Schiebers*, songea-t-il, furieux.

Avant que Cathy ne s'en aille avec Nancy, Tom la pria de rester en contact avec lui.

74

Ces allégations de meurtres et le mandat de perquisition avaient provoqué la même réaction parmi les responsables de l'établissement. Toute cette histoire n'était, à leurs yeux, qu'une ruse, une sorte de vengeance ruminée par Ken Wood.

Margaret Widmaier avait même glané une information qui circulait, selon laquelle Ken Wood avait récemment suivi sa femme et qu'une dispute avait éclaté sur le parking.

– Si je ne peux pas t'avoir, aurait-il dit, alors qui d'autre le pourra ?

Ken nierait plus tard avoir dit cela. C'était probablement une invention de Cathy. Mais à Alpine Manor, l'histoire avait le mérite de coller au portrait désobligeant que Cathy avait peint de Ken au cours de ses trois années et deux mois de service.

La direction ne pouvait pas imaginer une seconde que les couloirs d'Alpine Manor puissent être hantés par des assassins. A l'époque où les détectives s'étaient présentés avec le mandat, Jackie Cromwell et bien d'autres venaient de recevoir un avis très favorable de l'organisme gouvernemental chargé de la Santé. Par ailleurs, Gwen Graham et Cathy Wood étaient considérées comme deux des meilleures aides-soignantes du centre de soins.

L'idée que des meurtres aient pu quand même être commis dans ces murs fut entretenue quelque temps par Jackie Cromwell et Margaret Widmaier. Quand la police arriva avec les noms de cinq victimes possibles, Margaret Widmaier vérifia avec Roger Kaliniak dans les dossiers médicaux des patients, et compara les feuilles de présence avec les dates des décès.

Margaret Widmaier se tourna vers Jackie Cromwell.

– Ô mon Dieu, Jackie ! Je crois que c'est vrai.

Le propriétaire de l'établissement, Ronald Westman, fut alerté. La position officielle d'Alpine Manor fut, à partir de ce moment-là et ce, pendant plus de deux ans, de coopérer pleinement avec la police. Cependant, la direction préféra toujours douter de la véracité des meurtres, jusqu'à preuve du contraire.

Le lundi 9 octobre, Cathy appela Alpine Manor pour savoir ce qui allait se passer pour elle sur le plan de son travail. On ne lui accorda pas le bénéfice du doute.

– Vous ne faites plus partie de notre équipe jusqu'à nouvel ordre ; tout dépendra des résultats de l'enquête, dit Margaret Widmaier.

Cathy prit son renvoi assez calmement. Mais elle voulut récupérer ses congés payés. Elle parla cette fois-là avec Martha Slocum, qui fut très étonnée de noter un changement de timbre de voix chez Cathy. Elle crut y percevoir les signes d'un grand stress, ou quelque chose comme ça. Cathy avait une voix beaucoup plus aiguë qu'à l'ordinaire.

– Je ne sais pas pour tes congés, dit-elle. Je vais voir.

Pat, la mère de Cathy, s'en mêla et faillit faire un

esclandre. La direction devait payer, enquête de police ou pas.

– Voulez-vous l'envoyer par la poste ou préférez-vous que je vienne le chercher moi-même ?

Cathy reçut son chèque, et ce fut le dernier.

75

Avant même que l'odeur de café ne se répande dans les bureaux de police ce lundi-là, Shawn Thatcher était interrogé par Tom Freeman et Roger Kaliniak.

C'était un assez beau jeune homme de vingt et un ans, mince et élancé. Il avait travaillé comme aide-soignant à Alpine Manor de février à fin août 1987. C'est à cette époque-là qu'il était devenu l'ami et le confident de Cathy Wood.

Dès le début de l'entretien, Freeman voulut savoir si Cathy lui avait parlé de l'enquête en cours.

– Avez-vous parlé à Cathy la semaine dernière ?

– Non, répondit-il.

En fait, deux mois plus tard, Freeman découvrirait qu'il avait menti. La veille, Cathy et lui avaient longuement discuté des derniers événements.

Thatcher confirma qu'au cours de l'été 1987, Cathy lui avait parlé des meurtres commis par Gwen. Apparemment, la date correspondait à peu près à celle du départ de Gwen.

– Comment est-ce arrivé sur le tapis ? Demanda Freeman.

– Oh ! je crois qu'elle gardait ça en elle depuis trop longtemps. Elle avait besoin de se soulager de ce fardeau et d'en parler à quelqu'un en qui elle avait confiance.

– Quelle a été votre réaction ?

– J'étais terriblement choqué et je ne me rappelle plus ce

que je lui ai dit d'abord. Je me souviens qu'elle ne voulait pas aller voir la police et je crois lui avoir dit qu'il valait mieux l'éviter, Gwen n'étant pas là. A mon avis, elle risquait surtout de se fourrer dans un drôle de guêpier. Et si Gwen revenait ? Alors là, elle serait vraiment en colère.

Freeman voulait avoir une idée plus précise du portrait menaçant que Cathy faisait de Gwen.

– Avait-elle peur de Gwen ?

– Ouais.

Sacrée différence de gabarit ! s'était dit Freeman, quelque temps avant.

– Pourquoi ? Demanda-t-il à Thatcher.

– Parce que Gwen a bien pu commettre ce genre d'actes. Gwen est vraiment dure. Cathy est imposante mais elle n'a pas vraiment de force. Elle n'aime pas la bagarre, alors que Gwen...

Freeman saisit la balle au bond et le questionna sur la crédibilité de Cathy.

– Pensez-vous que Cathy ait été capable de monter de toutes pièces une histoire pareille ?

– Oh ! Non. Elle ne m'a jamais menti.

Thatcher déclara ensuite qu'il ne pensait pas que Cathy était impliquée.

La déposition de Thatcher concordait exactement avec la version de Cathy, pour ce qui était de ses relations avec Gwen. Gwen dominait et inspirait la peur. Cathy avait un rôle plus passif, plus tourmenté ; elle aurait fait n'importe quoi par amour.

Thatcher raconta alors les circonstances dans lesquelles il avait fait connaissance de Cathy ; il avait été frappé par la tristesse qui se lisait dans ses yeux.

– Elle était assise dans un bar, toute seule, et je suis allé la voir pour discuter.

A son avis, c'était une très bonne aide-soignante. Il

ajouta qu'elle avait été maltraitée par son ex-mari. C'était à cause de lui qu'elle avait tant grossi.

– Elle adore sa fille, poursuivit Thatcher. Chaque fois que j'ai pu discuter avec elle, je l'ai trouvée adorable et il n'y avait pas de problème ; elle m'a semblé très sympa mais je ne suis pas sûr qu'elle soit aussi gentille qu'elle en a l'air.

Il raconta à Freeman et à Kaliniak comment Katherine Brinkman s'était fait tabasser par Gwen, sans préciser bien sûr que Cathy en était l'instigatrice.

– Je ne m'étais jamais douté de la force de Gwen, jusqu'à ce jour où j'ai vu ce qui était arrivé à Katherine.

Il semblait être aussi au courant des circonstances dans lesquelles Maurice Spanogle était décédé. Il avait entendu des bruits dans la salle de bains et la femme de Spanogle, également résidante d'Alpine Manor, lui avait dit avoir entendu son mari crier avant de succomber : « Ne me touchez pas avec vos sales mains ! »

– Pensez-vous que Gwen ait été capable de tuer ?

– Oui.

– Est-ce que Robin a peur de Gwen ? Demanda Kaliniak.

– Ça, je ne sais pas. Ça fait un an qu'elles sont ensemble. Ce n'est pas très long. Peut-être est-elle terrorisée aujourd'hui. Qui sait ?

Cathy et Gwen avaient vécu ensemble assez longtemps, et c'est seulement maintenant qu'il apprenait que Cathy vivait dans la peur.

Freeman se demandait pourquoi Thatcher n'était pas venu voir la police un an auparavant. Il y réfléchirait plus tard. Pour l'heure, il avait entre les mains trois confirmations de la version de Cathy. Thatcher, Ken Wood et Nancy Harris avaient tous signé leurs déclarations.

L'interrogatoire de Nancy par Kaliniak avait donné les mêmes résultats et il en ressortait que Gwen était le chef, et l'auteur des crimes, bien que la déclaration de Nancy Harris fût basée essentiellement sur les conversations qu'elle avait eues avec Cathy. Elle lui avait raconté qu'un mois plus tôt, alors qu'elles se promenaient au Fish Ladder Park, Cathy lui avait dit que ses jours étaient en danger, elle avait peur de Gwen. C'est alors qu'elle avait appris que Gwen avait étouffé des malades à Alpine Manor.

Dans cette déposition, il n'y avait rien de nouveau, à part peut-être ce détail, que Kaliniak souligna.

– Merde ! Tom, tu te rends compte. Elle prenait son pied en tuant des chiens !

En conclusion Nancy Harris déclarait :

« … Cathy m'a précisé que Gwen aimait tuer et que ses parents étaient vraiment des tarés. Elle m'a raconté qu'une fois le père de Gwen s'était mis en colère contre ce chien et avait demandé à Gwen de l'abattre. Elle l'a fait, mais la première balle n'a réussi qu'à arracher la moitié de la tête. Elle a regardé le chien souffrir ; il paraît qu'elle n'a pas détesté cela. Je suis certaine que Cathy était terrorisée par Gwen et paralysée par la culpabilité. »

Tom Freeman décida que d'autres interrogatoires n'apporteraient pas grand-chose de plus ; il préférait laisser mijoter tout ça. Et puis, il y avait le risque que les médias ne s'en mêlent. Il ne voulait surtout pas que l'histoire lui échappe.

L'après-midi même, Tom et son ancien patron, Bill Brown, se rendirent au palais de justice. Il était temps d'avoir une autre entrevue, non seulement avec David Schieber, mais aussi avec le prosecutor en personne, William Forsyth.

Freeman voulait parler de Gwen Graham, l'aide-soignante texane ; il s'était fait, quant à lui, une idée assez précise d'une personnalité négative, à tendances dépressives, qui montrait des signes d'automutilation et de sadisme, et qui aimait libérer ses pulsions agressives.

Tom Freeman s'était convaincu que ce portrait correspondait au profil d'une tueuse sans pitié.

76

Elles avaient passé l'après-midi à conduire le frère de Gwen à travers Tyler. Il cherchait du travail. Gwen voulait faire de son mieux pour l'aider, il allait bientôt être père.

C'était la fin de la journée. Gwen avait bu quelques bières et se balançait dans son rocking-chair en regardant la télévision. Quelqu'un lui posa une question :

– Comment je saurais ça ? Dit-elle soudain, mue par une étrange prémonition. J'ai tué six personnes.

Robin n'avait pas entendu cette phrase depuis des semaines. Pourquoi ne se tait-elle pas ? Songea-t-elle. Un de ces jours, ce sera une fois de trop !

Un crissement de pneus vint ponctuer ses pensées.

Gwen se dressa d'un bond et regarda par la fenêtre.

– Je n'habite pas ici ! Cria-t-elle.

Sur ces mots, elle courut s'enfermer dans la salle de bains.

Robin regarda dehors. Des voitures de police encerclaient le mobile home.

Trois coups secs furent frappés à la porte. Robin ouvrit et se trouva nez à nez avec trois hommes en uniforme.

– Etes-vous Robin Fielder ?

– Non.

– Connaissez-vous Gwen Graham ?

– Non.

– Est-ce que vous habitez ici ?

– Non.

– Quel est votre nom ?

– Robin Fielder.

L'un des policiers commença à lire un document ; c'était un mandat de perquisition. Les deux autres se dirigèrent vers le fond de la pièce, tandis que d'autres policiers commençaient à fouiller partout.

– Qu'est-ce que vous voulez ?

Quelque chose se déchira en elle. Les derniers mots prononcés par Gwen quelques secondes plus tôt résonnaient encore à ses oreilles. Six personnes. Six personnes. Cette phrase stupide avait été répétée si souvent… Et maintenant la police était ici. Ils sont venus chercher Gwen. Et moi aussi.

Elle bafouilla, se mit à pleurer et hurla :

– Qu'est-ce que vous cherchez ?

– Nous l'avons, dit l'un des policiers.

Robin se retourna et vit Gwen, poussée par un policier. Elle aperçut les menottes.

– Qu'est ce que vous voulez ? Hurla-t-elle.

– Sortez-la d'ici, dit quelqu'un, en montrant Robin.

– C'est chez moi, ici ! Hurla-t-elle encore. Qu'est-ce que vous voulez ?

– Nom de Dieu ! Allez-vous la sortir de là ?

Tom Freeman essaya de pousser la jeune femme dehors, mais elle s'accrochait désespérément à la poignée de la porte.

– Allons, allons, Robin.

Elle sanglotait mais serrait toujours la poignée de toutes ses forces.

– Qu'est-ce que vous voulez ?

– Allons, voyons, ça va…

Finalement il réussit à lui faire lâcher prise et l'accompagna jusqu'à sa voiture. Elle prit place sur la banquette arrière.

Nom de Dieu ! Se dit Freeman, elle doit sûrement être au courant de quelque chose. Il savait déjà qu'elle avait terminé ses études secondaires, qu'elle était catholique et avait un casier judiciaire vierge. Mais il ne pouvait pas se douter qu'elle allait avoir une crise de nerfs à la vue des policiers.

C'était le 12 octobre, c'est-à-dire six jours après que Ken Wood se fut présenté au poste de police de Wyoming. A la suite de l'entrevue du lundi avec le DA, Freeman et Bill Brown avaient pris l'avion pour Tyler. Ils avaient obtenu un mandat de perquisition auprès d'un juge du Texas ; il fallait maintenant qu'ils mettent la main sur les lettres de Cathy Wood à Gwen Graham et sur tout objet ayant pu appartenir aux malades d'Alpine Manor. Ils étaient venus au Texas pour récupérer ces souvenirs...

– On ne peut rien faire de plus, avait dit Schieber. Et puis il faut que vous interrogiez Gwen Graham.

Tout le monde savait que l'interrogatoire de Gwen pouvait n'aboutir à rien. Dans le meilleur des cas, elle passerait aux aveux, et dans le pire, elle nierait tout.

– On peut faire une descente là-bas mais si elle déclare qu'elle n'a tué personne, que c'est Cathy qui l'a fait et lui a tout raconté, dit Freeman, alors là, on se retrouve avec la parole de Cathy contre celle de Gwen. Et tout s'effondre.

– L'affaire ne tiendra pas sans une déposition crédible de l'une ou de l'autre. Sans preuve formelle, aucun jury ne pourra se prononcer.

Freeman redouta moins de se rendre chez Gwen une fois qu'il eut contacté le bureau de police de Tyler. L'un des détectives chargés des affaires criminelles, Danny Alexander, était marié avec une cousine de Gwen et la connaissait.

– Quand elle est revenue de Californie, ce n'était plus la même. Ma femme l'a remarqué tout de suite.

Alexander savait non seulement où habitait Gwen mais aussi qu'elle était recherchée pour un délit mineur – six cent onze dollars de chèques sans provision en 1985. Le plan consistait à utiliser le mandat de perquisition et à l'amener au bureau de police de Tyler pour ce motif. Cela ne pouvait que la calmer avant l'interrogatoire de Freeman.

Avant toute autre chose, cependant, Freeman devait calmer Robin Fielder. Elle eut une nouvelle crise de nerfs en voyant les policiers encadrer Gwen et l'emmener au poste.

– Robin, vous voulez peut-être un verre d'eau ?

Elle accepta.

Puis ils se mirent à parler de Grand Rapids. Il avait fait ses études dans les mêmes collèges catholiques que la jeune femme.

– Il est temps que je vous dise pourquoi je suis ici. Cathy Wood nous a dit que…

Il n'eut pas le temps de finir sa phrase.

– Ce n'est qu'un tissu de mensonges. Elle ment, elle ment !

Puis Robin fondit en larmes. Je n'ai encore rien dit, pensa Freeman, et voilà qu'elle la couvre déjà. Il parvint à la calmer.

– C'est une machination, dit-elle en reniflant.

– Une machination ?

Alors elle lui raconta que Cathy Wood l'avait agressée verbalement sur le parking d'Alpine Manor, en menaçant de dénoncer Gwen à la police.

– C'est une machination. Cathy est folle, diabolique, vous ne comprenez pas ! C'est comme si elle avait hypnotisé Gwen.

En perquisitionnant, ils avaient mis la main sur une série de lettres écrites par Cathy Wood. Robin accepta de se rendre au bureau de police de Tyler avec Freeman, Bill Brown et Danny Alexander.

– Voudriez-vous m'écrire ce que vous m'avez raconté dans la voiture ? Dit Tom en lui présentant un bloc de papier et un stylo.

Elle acquiesça.

Freeman rejoignit Gwen Graham et Bill Brown. Gwen était assise au milieu de la pièce, elle portait un sweat-shirt de l'hôpital Mother Francis, ses cheveux étaient gras et mal coiffés. Elle venait de lire le mandat et savait que la police enquêtait sur un meurtre. En tant que suspecte, elle avait le droit de garder le silence, mais elle semblait décidée à parler.

– Accepteriez-vous d'être soumise au détecteur de mensonges pour ce que vous allez nous dire aujourd'hui ? demanda Freeman.

Elle accepta.

Freeman évoqua quelques généralités sur les problèmes de manque de main-d'œuvre, les malades mentaux, les schizophrènes qui devaient poser de réels problèmes dans des centres de soins comme Alpine.

– Ouais, c'est sûr, fit-elle.

Son comportement n'était pas désagréable et Tom se dit qu'elle allait se livrer à des accusations contre Cathy d'un instant à l'autre.

– Que pensez-vous de l'euthanasie, Gwen ?

– Je suis contre, monsieur.

– Pourquoi ?

– Tous les malades ont le droit de vivre.

Il lui demanda si elle avait été parfois dure avec des malades, si elle avait été témoin de sévices et de mauvais traitements infligés aux malades. Puis il attaqua :

– Cathy nous a dit que vous avez tué des malades d'Alpine Manor.

Gwen eut un petit rire.

– C'était une blague. Une plaisanterie. C'est pour ça que vous nous avez fait venir ici ?

Freeman ne souriait plus.

– Si c'est une plaisanterie, elle est vraiment de très mauvais goût, d'autant qu'elle a duré presque deux ans.

– Je n'ai jamais tué personne. Il suffit de passer cinq minutes avec Cathy pour se rendre compte que c'est une menteuse, elle est sans arrêt en train de manigancer des trucs.

Il était urgent d'attaquer sérieusement.

– Parlons d'une malade en particulier. De Marguerite Chambers.

Gwen resta bouche bée. Tom laissa le silence faire son effet. Finalement, elle déclara :

– Je ne veux pas parler. Je refuse de parler à quiconque. Je veux un avocat.

Freeman s'excusa. Il allait quitter la pièce quand elle leva le nez et ajouta :

– Cathy est malheureuse. Elle essaie de se venger parce qu'on a eu une liaison. Parce que je l'ai quittée pour partir avec Robin. Elle est encore amoureuse.

Quelques minutes plus tard, Alexander répéta à Tom qu'elle voulait un avocat et qu'elle était toujours d'accord pour se soumettre au détecteur de mensonges.

– Hé ! Tom, t'as vu la gueule qu'elle a fait ?

En attendant, le bureau de Tyler pouvait lui infliger une amende pour l'histoire des chèques sans provision.

Freeman eut une idée :

– Laissons-la avec Robin, cinq secondes et voyons ce qui se passe.

A travers une glace sans tain, ils observèrent la scène.

Une fois seule avec elle, Robin tomba à genoux. Elle pleurait et Gwen lui tapota la tête.

– Allons, allons ! Tu es gentille, dit-elle. Tout va bien se passer, ne t'inquiète pas.

Robin se calma.

– Danny, regarde ça, dit Freeman.

Nom d'une pipe ! Si seulement j'avais ce pouvoir, se dit-il. Gwen semblait avoir un formidable ascendant sur Robin. Il n'avait pas obtenu d'aveux, mais là, il avait une certitude. Cathy avait raison. Gwen Graham était bel et bien une manipulatrice.

77

Robin n'en revenait pas. Comment Cathy avait-elle pu aller aussi loin ?

– Ce n'est qu'un jeu, murmura Gwen à Robin, qui avait la tête sur ses genoux. Ne dis rien, d'accord ?

Gwen lui murmura que les policiers étaient sûrement en train de les observer de l'autre côté de la glace. Robin se garda bien de lui dire qu'elle avait déjà écrit sa déposition.

Plus tard, Gwen paya sa caution pour le délit de chèques sans provision et Robin et elle eurent juste le temps d'arriver à l'heure pour prendre leur service à Mother Francis Hospital. Gwen contacta son oncle, avocat, qui lui recommanda de se soumettre aux tests de détection de mensonges.

Le lendemain, Gwen se présenta à la séance. Elle semblait nerveuse et se demanda à haute voix quel genre de questions on allait bien lui poser. Il ne fut plus question de plaisanterie à propos des malades décédés. Tom aurait préféré n'avoir rien entendu.

– Je me demande si je vais réussir, dit Gwen à Robin.

– Bien sûr.

– Oh ! je sais comment on déjoue leurs questions. Il paraît qu'il suffit de penser à quelque chose d'agréable.

Gwen regarda amoureusement Robin et lui dit :

– Je n'aurai qu'à penser à toi.

Une fois qu'elle eut déposé Gwen au bureau, Robin retourna dans son mobile home pour attendre son coup de fil. Seule, elle se sentit terrassée par la trahison de Cathy. Elle ne voulait pas perdre Gwen et pensait que, son propre père l'ayant reniée, elle ne pourrait jamais retourner à Grand Rapids. En tout cas, pas maintenant. Ma famille ne m'acceptera jamais pour ce que je suis, ce que je suis devenue.

La mort dans l'âme, elle analysait la situation. La maison était sens dessus dessous. On n'aurait jamais dû brûler la photo de Cathy, pensa-t-elle. Debbie n'aurait jamais été la voir à Grand Rapids et elles n'en seraient pas là aujourd'hui.

Tout en rangeant la pièce, une pensée lui traversa l'esprit : Mon Dieu, mon journal ! Est-ce qu'ils ont trouvé mon journal ?

Toute sa vie y était dévoilée en détail, depuis 1987. Elle fouilla partout et trouva enfin le journal intime dans la poche intérieure d'un vieux sac à main. Il faut le brûler, pensa-t-elle aussitôt. Il faut faire disparaître tout ce qui a trait à Cathy et à Gwen.

Elle ramassa des vieilles factures de la maison d'Effie, des lettres qui avaient échappé à la fouille de la police, en fit un paquet et y mit le feu. En regardant les flammes dévorer une partie de son passé, elle revit des scènes comme la conversation avec Gwen sur le parking de *Family Foods*, l'expédition au cimetière, la discussion avec Lisa Lynch, les plaisanteries que Gwen faisait sur sa famille.

Personne ne connaît la vérité, pensa-t-elle. Cathy est en train de déformer tous les faits. Je ne vais quand même pas en plus lui donner des armes pour sa vengeance.

La police ne devait rien comprendre. En les écoutant, elle s'était rendu compte qu'ils ignoraient tout de la vraie personnalité de Cathy.

Tom Freeman écoutait attentivement l'analyse du responsable des tests de détection de mensonges. Ray Lewis, ancien policier de Dallas à la retraite, travaillait maintenant pour son compte. Il arriva à Tyler en costume-cravate, avec son matériel portable de détection.

Gwen Graham subit l'examen plusieurs fois, sous forme de quatre questions :

1. Janvier 1987, Alpine Manor. Avez-vous causé la mort de Marguerite Chambers ?

2. Avez-vous posé votre main ou un objet sur la bouche de Marguerite Chambers et provoqué ainsi une asphyxie ?

3. Avez-vous jamais dit à Cathy Wood que vous aviez tué ou causé la mort de quelqu'un ?

4. Avez-vous tué Marguerite Chambers ?

Selon Lewis, le résultat des tests était troublant. Gwen Graham n'avait rien révélé là où un individu honnête et normal aurait dit quelque chose. Quant à l'aspect purement technique de son évaluation, Lewis en tira juste une conclusion :

– Les résultats sont peu convaincants.

Freeman songea que c'était pour cette raison qu'il ne soumettrait même pas son chien à ce type d'investigation.

– Peut-être êtes-vous intéressé par mon opinion personnelle ? A part ces graphiques…

– Bien sûr ! Répondit Tom.

– Je pense qu'il s'agit d'une personne qui peut tuer de sang-froid.

Freeman se lança dans un deuxième interrogatoire. Il

bluffa sur les résultats et lui dit qu'elle les avait trompés. Malgré cela, elle ne broncha pas et redonna la même version des faits. C'était une machination montée par Cathy Wood.

Freeman et Bill Brown allaient repartir à Grand Rapids avec juste un paquet de lettres d'amour en poche. Ils n'avaient trouvé aucun souvenir…

De retour dans le Michigan, une autre série de tests étaient programmés. Freeman avait demandé à Cathy de se soumettre une deuxième fois aux questions du lieutenant John Hulsing.

Une semaine après le début de l'enquête, Tom Freeman était convaincu qu'il avait affaire à une tueuse en série. Il aurait bien voulu connaître ses agissements dans cet hôpital de Tyler. Y avait-il d'autres cadavres dans les maisons de santé où elle avait travaillé en intérim, après Alpine ?

Il n'était pas le seul à être préoccupé par cette affaire. Le responsable des tests et lui bavardèrent un moment. Le Texan aussi voulait en savoir plus.

– Que fait cette jeune fille à l'heure actuelle ? Demanda Lewis.

– Elle travaille à l'hôpital Mother Francis.

Il regarda au loin.

– Mon Dieu ! Dit-il, ma mère y est en ce moment :

78

Le lieutenant John Hulsing s'était déjà fait une opinion sur cette jeune personne de vingt-six ans qui allait revenir passer les tests.

En analysant les renseignements fournis par le détective Freeman, il se doutait qu'il avait affaire à une manipulatrice. Freeman se faisait du souci à propos de l'incident qui s'était produit dans le sous-sol des grands-parents de Cathy. Il s'interrogeait sur le code éthique de la police. Hulsing pensait que cette inquiétude était plus liée à l'angoisse de s'être senti piégé par Cathy qu'à un réel manquement au code de conduite.

– Elle a dû sentir qu'elle avait psychologiquement le dessus sur lui, avait dit Hulsing à un collègue. A mon avis, elle a le béguin pour lui. C'est un peu stupide, d'accord, mais il y a de ça.

Le comportement de la femme qui entra dans son bureau ce lundi 24 octobre allait bien au-delà de ces conjectures. On aurait dit qu'elle voulait le séduire. Pendant l'entretien préliminaire, elle le regarda droit dans les yeux en souriant, et commença par lui poser une question :

– Etes-vous psychologue ?

– Je le suis. Mais je ne suis pas ici pour faire de la psychologie.

– Ah bon ! Je croyais. Votre voix est si *suave*.

Elle se montra très cordiale, optimiste et pleine d'entrain.

– Elle n'arrêtait pas de me complimenter, ce qui est extrêmement rare dans ce genre de situation, se rappela-t-il plus tard.

Après vingt-cinq années passées dans la police et une année de pratique clinique auprès de prisonniers « fédéraux » et de prisonniers « d'Etat », il pouvait se fier à sa gamme de « détecteurs » personnelle, outre la machine elle-même. Il avait travaillé sur plus de cent vingt affaires d'homicides. A cinquante et un ans, Hulsing prévoyait d'ouvrir un cabinet de psychologue, une fois à la retraite.

Il connaissait le déroulement de l'opération par cœur. Si une personne soumise aux tests éprouvait quelque angoisse, une réaction physiologique se produisait à la moindre réponse mensongère. La machine mesurait les changements des rythmes respiratoire et cardiaque, et détectait les réactions cutanées.

La question de la crédibilité des tests de détection avait été analysée des milliers de fois, et il en ressortait que tout dépendait de la personne et des circonstances dans lesquelles elle passait le test. Dans l'Etat du Michigan, douze responsables faisaient passer ces tests. Sur trois mille cinq cents examens pratiqués, ils avaient obtenu huit cents aveux.

– C'est quand même un outil très utile, une aide précieuse dans maintes enquêtes, expliquait-il.

Hulsing commençait par un entretien général de quarante minutes qui servait à détendre l'atmosphère. Par ailleurs, il lui permettait de sonder la personnalité, la mémoire, le côté physique ou médical et le pouvoir de concentration de la personne. Pendant ce temps, les enquêteurs pouvaient suivre ce qui se passait sur des écrans vidéo dans une autre pièce. La plupart prenaient des notes ou filmaient la scène.

Parmi les questions de routine posées par le lieutenant, il y en avait deux qui suscitaient généralement une réaction :

– Quelle est la meilleure chose qui vous soit arrivée ? Demanda-t-il à Cathy.

– Ma fille, répondit-elle.

Puis elle se reprit :

– Gwen. Vivre avec Gwen. C'est la meilleure chose qui me soit arrivée.

– Et la pire ?

– La perdre. Perdre Gwen. C'était vraiment la pire des choses.

D'après Hulsing, ces réponses étaient très surprenantes. Dans la plupart des affaires criminelles, les suspects ou les témoins essayaient surtout de s'attaquer à l'affaire elle-même. Il s'attendait plutôt qu'elle réponde : « Voir Gwen tuer des gens » ou alors : « Etre obligée de devenir complice. »

Freeman lui avait demandé d'aborder la question des lettres M-U-R-D-E-R.

– Je crois comprendre que vous aviez l'intention de tuer des personnes dont le nom de famille correspondait à ces lettres-là.

– Oui, j'ai dit ça. Mais ce n'est pas vrai.

A la pause, avant d'attaquer la partie concrète du test, Hulsing voulut échanger quelques mots avec Freeman, mais ce dernier n'était pas dans la pièce voisine. Il était dans la salle d'attente.

– Tom, tu as entendu ce qu'elle vient de dire ?

Il fut complètement stupéfait par la réponse du détective :

– Non. J'étais en train de parler avec sa copine qui l'a amenée ici.

Il n'avait même pas pris de notes ! Il n'avait même pas regardé la scène ! En douze ans de pratique, Hulsing n'avait jamais vu ça.

– Tom ! Pourquoi ? Pourquoi tu ne regardes pas ?

– John, je tiens à rester objectif. Je ne veux pas écouter.

Cela n'avait aucun sens. La plupart des détectives étaient rivés à l'écran pour des affaires cent fois moins importantes. Celle-là représentait sûrement l'affaire de sa vie. Ne voulait-il pas connaître la vérité ?

Hulsing retourna dans la salle pour la seconde partie du test, qui reposait sur trois questions clés glissées dans un ensemble :

1. Etes-vous en train de mentir à propos de Gwen pour lui attirer des ennuis ?

2. Avez-vous vu Gwen étouffer Marguerite ?

3. Est-ce que l'histoire que vous racontez au détective Freeman sur les meurtres commis par Gwen est fausse ?

Il allait poser ces questions trois fois.

La première fois, Hulsing sut qu'elle essayait de fausser le jeu. Trois ans auparavant, il avait ajouté des capteurs sur la chaise de l'interrogé. C'était efficace pour déceler les gens qui essayaient de fausser les résultats : certains serraient les fesses, d'autres tendaient les muscles des jambes et les plus rusés appuyaient le gros orteil sur le plancher. Le détecteur d'Hulsing captait le moindre mouvement.

Il surprit Cathy en train de presser son gros orteil contre le sol, alors que nulle trace de tension ou de stress ne se lisait sur son visage.

Ces tactiques n'étaient utilisées que par les menteurs, et les graphiques ne le montraient pas forcément.

Lors de la deuxième série de questions, Hulsing détecta un autre comportement. Il avait demandé à Cathy de répondre d'abord par la vérité, puis par un mensonge. Elle réagit en changeant le ton de sa voix et le temps de réponse, c'est-à-dire qu'elle essayait de changer de personnalité à chaque fois. Il enregistra de nouveau la pression de l'orteil sur le sol.

Au bout de la troisième série, il en avait assez entendu.

– Ça ne faisait aucun doute pour moi, elle jouait un jeu, un jeu très subtil, déclara-t-il.

A son sens, c'était une menteuse invétérée. Dans les réponses données aux questions n'ayant aucun lien avec les meurtres, il lut qu'elle avait fait de fausses déclarations pour causer du tort à autrui. Parmi les personnes qu'elle avait citées, on trouvait son ex-mari, son amie Nancy, une certaine Brinkman, et quelqu'un du nom de Slocum.

Hulsing lui fit part des résultats.

– Cathy, tu ne nous as pas dit la vérité.

Il nota tout de suite son changement de comportement. Son visage pâlit. Il n'était plus question de compliments ou de sourires.

Elle proposa un début d'explication :

– C'est-à-dire, je n'ai pas vraiment dit que Gwen avait étouffé Marguerite, dit-elle froidement. Elle m'a seulement dit qu'elle l'avait fait.

Hulsing lui fit remarquer qu'elle avait eu maintes fois l'occasion de modifier ses réponses sur les trois heures de test.

Il prit Freeman à part.

– Cela ne fait aucun doute, pour moi. Cette fille ment comme elle respire.

Freeman semblait perturbé, irrité même.

– Eh bien, moi, je la crois, dit-il.

Hulsing répéta ce qu'il venait de lui dire, mais devant Cathy.

– Tom, elle ne dit pas la vérité.

Freeman se retourna vers Cathy et lui dit :

– Moi, je vous crois, Cathy.

Hulsing ne fut pas autrement surpris. Il connaissait bien les différents rôles joués par les détectives devant leurs suspects. Simuler la complicité faisait partie de leur technique d'investigation. Si Freeman ne préservait pas cette relation de confiance, Cathy pouvait très bien se refermer comme une huître. Hulsing estimait beaucoup Freeman en tant que policier. Il espérait simplement qu'il ne se laisserait pas dépasser par son propre rôle.

En ce qui le concernait, il avait déjà dressé le portrait de Cathy. Un comportement antisocial caractérisé présentant les manifestations pathologiques d'une personnalité narcissique. D'aucuns diraient qu'elle était psychopathe, manipulatrice et provocatrice, sans perception réelle de ses erreurs et incapable de s'intégrer.

Le lieutenant avait déjà rencontré des spécimens de ce genre. On pouvait voir clair dans leur jeu, contrairement à ce qu'ils s'imaginaient. Si une ruse échouait, ils inventaient autre chose. Une fois la séance finie, Hulsing prédit qu'elle reviendrait.

– Vous verrez, elle reviendra. Et ce sera encore une autre histoire.

79

Dehors, sur le perron, Tom Freeman se dit soudain qu'il n'avait plus rien à perdre. Il essaya une dernière tactique. Sans rien de plus solide, l'affaire était close.

– Voilà, vous pouvez partir, Cathy.

Il lui tendit sa carte de visite.

– J'en ai marre de tout ça. Vous me cachez quelque chose.

Elle le regarda d'un air blessé.

– Je ne peux plus rien faire. Vous êtes dans le coup et vous me cachez des choses. Pour moi, c'est fini. Vous seule allez devoir tirer ça au clair – pour vous et pour moi.

Il se retourna juste avant de rentrer dans sa voiture.

– Vous avez ma carte.

Freeman savait qu'elle allait l'appeler, parce qu'il était sûr qu'elle voulait lui faire plaisir. Les gens l'avaient traînée dans la boue toute sa vie. Il l'avait respectée et il était convaincu qu'elle réagirait.

Tout en bavardant avec Nancy, l'amie de Cathy, il lui avait glissé que si l'on pratiquait des autopsies sur les corps des défunts, il y aurait sûrement des preuves d'asphyxie par blocage des voies respiratoires. Il était sûr qu'elle irait le répéter à Cathy. Il y aurait des exhumations... Cathy allait réfléchir et aviserait.

Il y avait eu meurtres. Il le pressentait.

Tom n'avait réussi qu'à se convaincre lui-même. Même son vieux mentor, Bill Brown, doutait. David Schieber crachait sur l'affaire. Son collègue Roger Kaliniak le regardait de travers. Et maintenant, John Hulsing s'y mettait, lui aussi.

Freeman prit conscience qu'il était le seul à parler à Cathy, à la regarder dans les yeux. Il savait qu'il y avait une parcelle de vérité dans tout ce bourbier.

Le coup de fil arriva trois jours plus tard, le 27 octobre, au milieu de l'après-midi. Elle lui dit qu'elle voulait tout clarifier et reconnaissait avoir menti.

– Tom, venez me voir au travail !

Cathy avait trouvé un emploi de serveuse dans un fast-food.

Non, il ne rentrerait plus dans son jeu. Maintenant, il fallait la convoquer sur son terrain.

– Cathy, il faut que vous veniez au bureau.

– Je ne veux pas, parce que vous allez me mettre en prison, pleurnicha-t-elle.

– Ce n'est pas impossible, mais vous devez venir ici.

– Très bien, dit-elle en soupirant. Je ne peux plus me supporter. Il faut que je vous parle.

Ils décidèrent de se voir à l'heure de la pause, vers 22 heures, mais, dix minutes plus tard, elle rappela en larmes.

– Il faut que je vous parle tout de suite.

Freeman raccrocha, prit une grande chemise à l'intérieur de laquelle il glissa un petit magnétophone. Il ne prendrait plus de notes, c'était impossible. Qu'elle le veuille ou non, il l'enregistrerait.

A 4 heures de l'après-midi, elle débarqua au poste de

police. Ils s'installèrent dans le bureau et l'interrogatoire commença.

Elle ne pleurait plus.

– Vous n'allez pas m'enregistrer, n'est-ce pas ? demanda-t-elle.

– Vous savez bien que non, Cathy.

– En fait, ce serait mieux, convint-elle.

– Attendez-moi un instant, Cathy.

Il revint avec le magnétophone sans la chemise, en gloussant de rire. Merde ! Se dit-il, aurait-elle le don de télépathie ?

Il dissimulait sa tension par une décontraction apparente. Ce bon vieux truc ! Ça avait encore marché ! Des moments comme ça dans la vie d'un flic, d'un détective, c'était magique ! Il lui lut ses droits.

– Vous m'avez bien compris, Cathy ?

– Oui, monsieur, dit-elle sur un ton officiel.

– Bon ! Vous m'avez contacté par téléphone cet après-midi et avez demandé à me voir au sujet de cette affaire. La raison pour laquelle vous êtes venue est que... vous allez tout m'expliquer.

– Vous connaissez l'histoire, dit-elle lentement. Je sais que je vais avoir de gros ennuis. Aussi je préfère vous dire la vérité, vous raconter comment tout ça s'est passé. Ou du moins ce dont je me souviens. Il ne faut pas que dans deux ou trois ans, l'affaire rebondisse. Je veux en finir tout de suite. Et puis, je ne sais pas pourquoi j'ai fait ça. Alors, autant que je paie pour ce que j'ai fait, parce que *j'ai aidé*.

Oui, c'est ça, ma cocotte, pensa Freeman. Il jeta un coup d'œil sur le magnétophone.

– Racontez-moi tout depuis le début, jusqu'au moment où vous vous êtes arrêtée, tout ce qui s'est dit entre vous et Gwen Graham.

– Nous avons parlé de tuer des malades dans le centre de soins et avons juste décidé de passer à l'acte et…

– Pour quelle raison ? Y avait-il une raison à cela ?

– Non.

Elle évita la question du mobile et continua à détailler les faits. La discussion avait eu lieu dans la maison d'Effie, au début de l'année 1987. Freeman lui demanda d'éclaircir le problème du mot M-U-R-D-E-R.

– Avez-vous parlé de ça dans cette conversation ?

– Non, pas des initiales.

– Est-ce qu'il en a été question, une fois ?

– Oui.

– Bon.

– Il y a un livre à Alpine où ils consignent tout, les noms des personnes décédées, ou de celles qui sont transférées dans un hôpital. On a voulu écrire le mot M-U-R-D-E-R de bas en haut avec leurs initiales.

– Y êtes-vous parvenues ?

– Non.

– Vous avez donc tué Marguerite Chambers pour cette raison ? Est-ce bien cela ?

– Je ne pense pas. Je ne pense pas qu'elle ait été incluse là-dedans.

– Pourquoi fut-elle la première à mourir ?

– Je ne sais pas. Je ne sais pas comment on a décidé. Je n'arrive pas à me souvenir.

Mensonge, pensa Freeman. Il s'agit d'un meurtre, nom d'un chien !

– Vous souvenez-vous du jour où vous et Gwen avez parlé de ça ?

– Je crois que c'était la première semaine de janvier.

– Vous m'avez dit, il y a quelque temps, que vous pensiez que c'était le 8 janvier que…

Elle l'interrompit :

– Quelque chose s'est passé le 8 janvier. Je ne sais pas, parce que Marguerite a été étouffée deux fois. La première fois, elle est revenue à elle. Alors, peut-être que c'était le 8.

Encore ce 8 janvier ! Pensa Freeman. Ça fait au moins dix fois qu'elle en parle. Mais ça ne correspond à rien dans les déclarations.

Il voulait en revenir à Marguerite.

– Comment savez-vous que Marguerite a été étouffée deux fois, si vous n'étiez pas présente dans la chambre ? Dites-moi ce qui s'est passé à propos de la mort de Marguerite ?

– Il y a eu deux tentatives, bien que je ne sois pas sûre de ne pas tout mélanger.

» Son mari était venu la voir. Après, Gwen est entrée dans sa chambre. Une fois, j'étais dans le couloir – je ne sais pas, je mélange les deux tentatives. Une fois, j'étais dans le couloir et quand je suis rentrée dans la chambre, j'ai vu ce qu'elle faisait. Marguerite se débattait, et Gwen la maintenait fermement à une extrémité du lit. Et je suis sortie dans le couloir. La nuit où elle est morte, je suis allée à Camelot, mais c'était la deuxième fois, je le sais. Je suis allée à Camelot et tout le reste est exact. Mais la première fois, je ne sais plus où j'étais ni ce que je faisais. Vous savez, c'est tout mélangé dans ma tête. Entre les deux tentatives, Marguerite a été très malade, elle faisait de la fièvre et avait de drôles de réactions. Ça a duré une semaine ou quelques jours.

Freeman constata que le contenu de son discours avait changé mais pas la forme. Elle passait toujours du coq à l'âne, ponctuant ses phrases de « Je ne sais pas ». Elle se souvenait des circonstances et des conversations de deux façons différentes, et les racontait simultanément : *Gwen a pu dire ou faire cela. Il se peut qu'elle ait dit ou fait ça. « Je ne sais pas » qui a fait ou dit cela.*

Tom ne pourrait jamais s'y habituer. Mais au moins, ils progressaient. Cathy ne peut plus prétendre qu'elle n'a été qu'un témoin, pensa-t-il. L'interrogatoire dura deux jours au cours desquels Tom apprit qu'il n'y avait pas eu six, mais huit victimes. Cathy ajouta les noms de Ruth Van Dyke, une bibliothécaire à la retraite âgée de quatre-vingt-dix ans, et de Wanda Urbanski, morte le 2 mars 1987. C'est en regardant la liste des personnes décédées que Cathy fit resurgir le nom d'Urbanski ; elle tentait d'expliquer ce qu'il y avait derrière les lettres M-U-R-D-E-R tout en hésitant beaucoup.

– Apparemment, j'ai dû me dire que c'était le « U » en voyant la liste, dit-elle. Mais pour Ruth Van Dyke, je ne suis pas sûre. Je me souviens avoir vu Gwen la tenir...

Ses explications étaient très floues. Elle déclara que « M » était pour Marguerite mais revint plus tard sur cette déclaration. Tout avait commencé avec Mae Mason. Un seul point restait inchangé : elles avaient été contraintes d'arrêter cette histoire de sigle morbide parce que ça devenait trop compliqué. Elles ne pouvaient pas trouver et tuer la bonne personne au bon moment.

Freeman sonda ce point de long en large, car Cathy n'avait fourni presque aucun mobile alors que ces deux jours d'interrogatoire avaient permis de reconstituer l'histoire avec un début, un milieu et une fin.

C'était Gwen qui avait eu l'idée initiale des meurtres alors qu'elles étaient au lit, un soir.

– Et puis on n'en a plus parlé. C'est revenu sur le tapis et on a simplement décidé de passer à l'acte.

Freeman demanda :

– ... Et pour planifier tout ça, de quoi parliez-vous exactement ?

– Nous parlions du fait qu'on se ferait prendre. Gwen a dit que non, parce qu'on ne serait que deux, nous deux, à être au courant. Et puis elle a dit que… Non, je crois que c'est moi… Je ne me souviens plus comment c'est venu. Peut-être que c'est moi – … Que si on commettait ces crimes alors personne ne pourrait nous séparer. Cette idée lui plaisait beaucoup parce que nous serions l'une et l'autre à jamais ensemble, voilà ce qu'on a dit. On n'a pas parlé de la façon de procéder, ou de ce que nous allions faire. On s'est juste dit que ce serait un lien éternel entre nous.

Elle lança un regard en direction de Tom, un regard qui trahissait l'embarras.

– Mon Dieu ! C'est idiot ! Mais c'est ainsi.

Il lui demanda de réfléchir à la motivation psychologique.

– Pourquoi Gwen a-t-elle tué ?

– Je ne peux que faire des suppositions. Elle aime la douleur, les choses douloureuses. Enfin, je ne sais pas. Elle a beaucoup souffert dans sa vie. Alors peut-être a-t-elle voulu faire souffrir d'autres personnes, je ne sais pas. Moi, j'ai fait ça parce que j'ai toujours eu le sentiment d'être rejetée, et que je ne voulais pas la perdre. L'aider à faire ce qu'elle avait envie de faire, peu importe quoi, me semblait juste. C'était ça *mon* sentiment.

Comme l'histoire du mot M-U-R-D-E-R ne semblait correspondre qu'à un caprice passager, Freeman essaya de savoir comment et pourquoi les victimes avaient été choisies.

– Mais pourquoi Marguerite ? Il y a deux cents patients là-bas.

Cathy secoua la tête.

– Je ne sais pas.

– Pourquoi uniquement des femmes blanches ? Pourquoi des femmes ?

Elle démentit aussitôt. Non, il y avait un homme. Gwen avait essayé de tuer un homme – Donald Randall –

mais elle n'y était pas parvenue. Il avait trop de force dans les mâchoires. Gwen lui avait dit ce soir-là qu'elle allait le tuer.

Freeman creusa pour arracher des détails sur la mort de chaque malade.

– Comment avez-vous préparé toutes les deux le meurtre de Marguerite Chambers ?

– Je ne me souviens pas comment on l'a choisie. Je ne sais plus si c'était elle ou moi. On en a parlé et puis on a décidé que ce serait elle. Je ne sais pas pourquoi. Je lui ai donné son repas du soir. Je ne sais pas si c'était la première ou la deuxième tentative, c'est flou dans ma mémoire.

Après deux ou trois autres questions, elle donna une version plus détaillée. Elle était à l'extérieur de la chambre et surveillait le couloir. Elle n'était restée dans la chambre que quelques instants, le temps que Gwen étouffe Marguerite. La première fois, Gwen n'avait réussi qu'à lui faire perdre connaissance ; elles avaient attendu mais aucune annonce n'était passée dans les haut-parleurs.

– Je me souviens qu'elle est venue me dire qu'elle était morte, et on attendait l'annonce. Il n'y en a pas eu. Alors elle est retournée voir et elle a été très choquée. Marguerite était encore vivante. Je lui ai demandé comment c'était possible et elle n'en savait rien. Elle avait sans doute repris un peu d'oxygène sans qu'elle s'en aperçoive, ou alors elle avait eu des convulsions. Enfin, on a décidé qu'il fallait le refaire et que Gwen devrait tenir plus longtemps.

» Il fallait maintenir la pression pendant plusieurs minutes avant que la mort ne survienne, ajouta-t-elle.

Freeman voulait à tout prix connaître le mobile. Pourquoi Marguerite était-elle la première ?

– J'ai l'impression que vous le savez, dit Cathy.

– Pourquoi dites-vous cela ?

– Je ne sais pas.

Il leva les mains et dit :

– Non, je ne comprends pas.

– Je ne sais pas pourquoi on les a choisies en particulier. Je ne sais pas.

Quelques minutes plus tard, elle réitéra le même refrain.

– ... Il n'y avait aucune raison particulière. Ces personnes-là ont été choisies sans raison particulière.

Sa mémoire défaillante sur des points spécifiques fonctionnait comme un stroboscope au ralenti. Mais certains thèmes restèrent inchangés pendant ces deux interrogatoires de la fin octobre, et même par la suite, dans les conversations ultérieures avec Freeman. Et ce pendant toute l'affaire.

Le premier : la serviette de toilette roulée avait été utilisée pour éviter les empreintes digitales et les marques sur le visage. Selon Cathy, Gwen s'en servait aussi pour la terroriser. Elle en laissait partout sur son passage en guise d'avertissement.

Le deuxième : Gwen Graham était une psychopathe à tendances dominatrices. Tout ce qui touchait au sexe et à la mort la fascinait. Certains patients l'excitaient sexuellement. C'est Gwen qui avait eu l'idée de tuer. Elle qui avait suggéré les méthodes et exécuté les meurtres. Au début, elle avait promis de s'arrêter après la mort de Marguerite mais la crise cardiaque de Maurice Spanogle avait été interprétée comme un signe du destin. Il fallait continuer. Gwen était dure, voire brutale, avec les patients. C'était une grande gueule dans son travail et à l'extérieur. En tuant, elle se « soulageait » les nerfs.

L'idée que Freeman s'était faite de la jeune Texane

avec toutes ses cicatrices correspondait parfaitement à ce portrait.

Le troisième : Cathy reconnaissait avoir participé au choix des victimes, mais à contrecœur. Elle s'était contentée de surveiller et de servir de complice. Ce rôle lui collait parfaitement à la peau, pensa Freeman. Malgré sa taille, elle était très fragile. Quel calvaire d'être aussi grosse, se disait-il. Gwen lui donnait toute l'attention qu'elle avait toujours désirée. Il revoyait sans arrêt cette scène où Robin Fielder était tombée à genoux devant Gwen. Il ne put s'empêcher de la raconter à Cathy.

– C'est exactement comme ça que j'étais avec elle, dit-elle.

Cathy donna force détails au fil de ces deux interrogatoires. Par contre, elle resta muette sur des points importants, tout en se rappelant le nom des sections, les équipes d'aides-soignantes, l'heure des pauses et les numéros de chambres.

Dans sa nouvelle version des faits, elle admettait avoir joué un rôle important dans la plupart des meurtres.

Belle Burkhard : d'Abbey Lane où elle se trouvait, Cathy avait écouté les bruits dans l'interphone. Le système était alors connecté avec cette chambre. Elle avait tout entendu : le froissement des draps, les râles poussés par la victime, les bruits de la lutte entre la vie et la mort. Elle avait vu Gwen retourner à Dover pour continuer son service. Elle se souvenait des hurlements de Pat Ritter quand elle avait découvert le corps.

Mae Mason : pendant que Gwen cherchait à l'étouffer dans Abbey Lane, Cathy déclara avoir intercepté la surveillante cleffe Tish Prescott et l'avoir retenue dans la section Camelot.

– Je savais que Tish Prescott aimait bavarder. Pendant le temps qu'il a fallu, j'ai inventé des ragots.

Lucille Stoddard : Cathy déclara qu'elle n'était pas de service ce soir-là. Elle ne pouvait pas dire de façon sûre si Gwen avait tué Lucille Stoddard ou non.

Ruth Van Dyke : la déclaration de Cathy fut évasive. Elle ne l'avait pas nommée dans la liste des victimes de sa section.

– Mais vous avez déclaré précédemment que vous ne saviez pas si Ruth avait été tuée ou non, souligna Freeman.

– Ruth Van Dyke ? Ah, oui ! Mais j'étais dans le couloir quand Gwen s'est occupée d'elle.

– Comment le savez-vous ? Vous l'avez vue le faire ?

– Non, je ne pense pas... je ne sais pas.

– J'avoue ne pas comprendre.

Elle était apparemment désireuse de lui plaire.

– Je ne sais pas ce que vous voulez que je vous dise.

Freeman fulminait. Bon sang ! Pensa-t-il, soit elle l'a vue, soit elle ne l'a pas vue.

Elle poursuivit :

–Je ne sais pas si je suis rentrée dans la chambre ou pas, mais vous savez, je n'ai pas assisté à la plupart des meurtres.

Myrtle Luce : Cathy fit allusion à de nouveaux critères pour tuer.

– Myrtle a été choisie parce qu'elle était difficile à soigner. Enfin, c'est peut-être une explication. Elles étaient toutes difficiles à soigner.

Edith Cook : Cathy se souvenait avoir eu son dentier en main. Le détail lui était revenu au moment où Freeman parla de l'exhumation du corps ; sans doute verraient-ils des traces de dents ? Cathy déclara avoir fait le guet dans le couloir et s'être un peu plus impliquée après le meurtre.

– Parce que Gwen pensait avoir fait une erreur, expliqua-t-elle. Elle m'a dit qu'elle l'avait peut-être étouffée avec son dentier ; j'ignore laquelle d'entre nous est allée l'enlever. Je l'ai enveloppé dans du papier et j'ai tout jeté dans la poubelle. Je ne sais plus si c'est moi qui l'ai retiré de la bouche ou quoi. Je ne me souviens plus.

Puis ils parlèrent des souvenirs qu'elle avait mentionnés précédemment. Il lui reparla du petit ballon de Marguerite sur lequel était écrit *Maman*.

– Qui a pris ce souvenir ?

– ... Je ne sais pas. Je ne m'en souviens pas.

– Où étaient-ils cachés ? Dans la maison d'Effie ?

– Deuxième étage, dans la chambre.

– Où se trouvent-ils à l'heure actuelle ?

– Ils ont été jetés il y a longtemps. Gwen s'en est occupée.

– Combien de temps a-t-elle gardé ces souvenirs ?

– Jusqu'à ce qu'elle s'en aille.

Elle détailla alors le souvenir pris à Mae Mason. C'était une maison blanche miniature, avec une porte d'entrée qui s'ouvrait. Elle dessina l'objet, qui devait avoir la taille d'un porte-clés.

– Gwen me l'a donné comme s'il s'agissait d'un cadeau. Je l'ai mis en haut, sur l'étagère.

Cathy se mit à rabâcher des phrases toutes faites qu'elle avait prononcées précédemment.

– Gwen ne m'a jamais dit qu'elle me tuerait mais quand elle est partie pour le Texas, je pensais qu'elle en était capable.

Elle avait quitté la région plus de trois mois après le dernier meurtre. Freeman arriva enfin à cette question essentielle :

– Pourquoi est-ce que ça s'est arrêté ?

Elle répondit de façon désinvolte :

– Je ne voulais plus.

Cette réponse venait contredire les déclarations où elle

disait avoir agi à contrecœur. Freeman ne lui laissa pas le temps de réfléchir et enchaîna :

– Elle était d'accord, ou ça venait de vous ?

Elle fournit alors de plus amples renseignements.

– Je ne voulais plus l'aider. Je ne voulais pas vraiment continuer après le premier meurtre, mais elle voulait que ce soit chacune notre tour. Elle disait qu'elle tuerait la première et que ce serait mon tour pour la deuxième. Mais j'en étais incapable.

– Pourquoi ?

– Je ne pouvais pas tuer. Je sais que j'ai aidé, j'ai participé au choix des victimes, mais de là à passer à l'acte, non ! Ces personnes-là... Euh... Elles étaient... Euh... je les considérais comme des gens de ma famille, je ne pouvais pas leur faire ça. *Je n'en étais pas capable.*

Freeman lui demanda si Gwen avait parlé de meurtres après avoir quitté Alpine. Cathy répondit qu'elle lui avait parlé au téléphone alors qu'elle était au Texas. Elle rapporta que Gwen avait voulu tuer un auto-stoppeur. Elle avait aussi mentionné la nursery de l'hôpital Mother Francis.

Elle m'a dit qu'elle avait eu envie de prendre un bébé et de lui écraser la tête sur la vitre.

Au terme de cet interrogatoire, elle avoua à Freeman avoir fait exprès de lui tenir des propos évasifs dans les interrogatoires précédents. Mais c'était fini maintenant. Elle pouvait même se soumettre au détecteur de mensonges si les questions étaient précises.

Elle savait parfaitement qu'en confirmant cette version des faits elle risquait une peine de prison. On l'avait prévenue qu'un faux témoignage pouvait également l'envoyer en prison.

– Si je dois aller en prison, autant que j'y aille pour ce que j'ai fait, dit-elle.

Elle avait un grand besoin qu'on la croie. La prison, dit-elle, était la pire des choses qui puisse arriver à Gwen Graham, mais « ce n'était pas ce qui lui faisait le plus peur » à elle.

– Je suis vraiment désolée pour ce qui s'est passé et je dois payer. Je ne les ai pas tuées mais je suis impliquée autant qu'elle.

Le lendemain, Tom poussa plus loin l'interrogatoire :

– Quelle est la pire des choses qui pourrait vous arriver aujourd'hui ?

– Gwen pourrait être là et vouloir me tuer.

– Et la meilleure ?

– Partir quelque part avec Jamie. Qu'on me laisse tranquille et que personne ne sache où je me trouve, ou quelque chose comme ça.

– Vous m'avez pourtant déclaré que l'instinct maternel vous était étranger et que vous n'éprouviez rien pour votre fille.

– Je sais mais j'ai beaucoup changé à cet égard en une semaine, dit-elle, et je sais pourquoi.

Oui, beaucoup de choses ont changé en peu de temps, pensa Tom. Maintenant, il avait suffisamment d'éléments pour convaincre Bill Brown, David Schieber et tous les autres qui ne croyaient pas à cette histoire. Cathy était impliquée et assurément cela pèserait son poids dans la balance. Certes, elle se montrait toujours évasive mais elle avait ressenti le besoin de soulager sa conscience, et même de payer pour les crimes.

Il allait la renvoyer chez elle et demander une entrevue avec le prosecutor. Elle ne profiterait pas de cette occasion pour s'échapper. Il le savait.

Son nouveau stratagème consistait à la mettre au défi de prouver qu'elle disait la vérité. Elle dirait ultérieurement que sa plus grande crainte était de passer pour folle.

Avant de clore cette séance, il lui demanda si elle avait réfléchi à cette date qui revenait sans cesse.

– Vous savez, ce 8 janvier ? Pourquoi était-ce si important ?

– Je ne sais plus si c'est la première fois où nous avons parlé de meurtre ou non. J'ai gardé l'annonce de la rubrique nécrologique pendant très longtemps sur mon panneau d'affichage... J'avais l'impression d'y avoir lu le mois de janvier, mais j'ai confondu.

Elle restait perplexe.

– Voyons, le 8 janvier... Je sais qu'il s'est passé quelque chose, mais quoi ?

80

Après que la police du Michigan eut quitté Tyler, Robin et Gwen parlèrent de la tournure que les événements allaient prendre.

– Ils peuvent revenir, dit Gwen.

Allongées sur le lit, elles fixaient le plafond de la chambre.

– Pourquoi ? Demanda alors Robin. Tu n'as rien fait.

Gwen avait les yeux perdus dans le vague.

– Ils reviendront.

– Mais tu n'as rien fait ! Qu'est-ce qu'on peut faire ?

– Il n'y a rien à faire. On va se préparer pour aller au travail.

Six jours après le test au détecteur de mensonges, Gwen annonça à Robin que l'hôpital Mother Francis l'avait renvoyée. La police de Walker les avait informés de la nature de l'enquête en cours.

– Ils ne veulent plus que je me présente là-bas. La direction m'a prévenue que c'était toi qui devrais venir chercher mon dernier chèque.

Robin se demanda quel tournant allait encore prendre sa vie. Que se serait-il passé si elle n'avait jamais été employée à Alpine Manor et si elle n'était jamais tombée dans les bras de Gwen Graham ?

Elle se souviendrait toujours du soir où Cathy Wood était sortie en furie de l'appartement après les avoir surprises ensemble. Robin et Gwen considéraient que c'était une date anniversaire. Elle l'avait notée dans son journal.

C'était le 8 janvier.

81

Roger Kaliniak estimait que ses attributions de détective, pour cette première année, consistaient à observer, apprendre et enquêter, bien sûr, quand on le lui demandait. Treize années de patrouille lui avaient donné suffisamment d'expérience et de connaissances pratiques pour repérer les escrocs.

Catherine May Wood en était une.

Il était un peu inquiet pour son supérieur et néanmoins ami, Tom Freeman. Il voyait bien que Tom poussait Cathy dans ses retranchements et espérait qu'il n'allait pas se retrouver piégé.

Kaliniak ne prenait rien pour argent comptant, et sûrement pas les déclarations d'un suspect. Qu'espériez-vous obtenir par là ? C'était la question clé. D'après ce qu'il avait vu, Cathy Wood était loin d'avoir la conscience tranquille. Enfin, à part ça, que voulait-elle ? Se venger de Gwen Graham ? Il y avait une autre question clé : disait-elle la vérité ?

– Rog, quand tu parles avec quelqu'un en tête à tête, tu peux développer une relation, disait Tom. Tu sais quand ils disent la vérité parce que tu les vois quotidiennement.

Peut-être Tom était-il trop bien pour elle, avait pensé Kaliniak. Malgré ses sarcasmes et son air fanfaron, Tom se souciait des autres, bien plus que la moyenne des policiers et bien plus qu'il ne voulait bien l'admettre.

– Je crois qu'il avait de la sympathie pour elle, déclara-t-il plus tard.

Ce n'était pas le cas de Kaliniak. A chaque interrogatoire, il avait l'impression qu'elle inversait les rôles, même si elle ne posait pas de questions. Il se sentait sur la défensive.

– Quand on s'adressait à elle, on avait l'impression de parler à une ombre, se souvint-il.

82

Le chef adjoint Bill Brown jeta un coup d'œil vers Tom Freeman, au volant de la voiture de service. Ils allaient à Lansing, la capitale administrative de l'Etat du Michigan. Il devinait sa frustration.

– Tom, je sais ce que tu ressens. Il est probable que ces choses-là se sont effectivement passées à Alpine, mais je ne suis pas convaincu.

En cinq années de travail commun au bureau des détectives une solide amitié s'était créée entre les deux hommes. Brown savait que Tom n'interpréterait pas à tort cette divergence d'opinions.

– C'est toi qui nages là-dedans, lui répétait-il, tu as le bénéfice des sentiments, toi seul peux y croire.

Depuis le début, l'histoire de Cathy Wood lui avait semblé surfaite, cela lui rappelait les romans noirs de Stephen King, les incohérences en moins. Si les petits détails restaient flous, le reste ne pouvait pas être crédible. Certes, les deux derniers témoignages de Cathy étaient plus probants. Dès le mois de novembre pourtant le bureau du prosecutor se moquait ouvertement de l'affaire.

– Vous n'avez rien d'autre à faire à Walker ?

Puis elle était tombée dans l'oubli. Tom continuait à recueillir les aveux de Cathy presque quotidiennement. Il lui arrivait de surgir dans le bureau de Brown pour lui faire part de ce qu'il venait d'entendre. Souvent, il n'en croyait pas ses oreilles.

– Nom d'un chien, Bill ! Tu ne vas pas me croire ! Ecoute ça !

Cathy lui dévoilait des détails intimes sur son enfance, ses parents, l'histoire de David / Debbie, les raisons de son obésité, sa dépendance totale vis-à-vis de Ken. Gwen avait été sa planche de salut.

Les confidences allèrent jusqu'à leurs exploits sexuels, leurs relations sadomasochistes. Elle lui raconta comment l'euphorie sexuelle avait atteint à son paroxysme pendant la semaine qui suivit la mort de Marguerite. Tuer était aphrodisiaque.

En dehors des blagues sur les lesbiennes qui circulaient dans les bureaux, il fallait bien admettre que les policiers ne connaissaient rien dans ce domaine. Même les plus blasés furent interloqués par les délires sexuels, la débauche et les bagarres entre filles.

Voilà en partie pourquoi ils allaient à Lansing. Ils avaient rendez-vous avec le Dr Gary Kaufmann, directeur de la section « Psychologie et science des comportements » de la police d'Etat. Peut-être allaient-ils savoir si Cathy et Gwen correspondaient au profil des criminelles.

Cathy répétait sans cesse qu'être lesbienne, c'était un style de vie. Lorsque Brown avait fouillé le mobile home de Gwen, il s'était attendu à trouver de la littérature lesbienne, tout un attirail d'objets comme des godemichés, etc. Mais il n'avait rien vu. Ce fut l'objet de la première question que Brown posa au psychologue.

– Ce sont de vraies lesbiennes, expliqua Kaufmann. Comprenez bien que des accessoires comme les godemichés représentent le sexe masculin. Ce n'est pas ce qu'elles recherchent. Etre lesbienne, ce n'est pas seulement une affaire sexuelle. C'est une vraie relation qui s'instaure entre deux personnes, exactement comme entre les hétérosexuels.

Kaufmann, fort de dix ans d'expérience dans les affaires criminelles, était visiblement intrigué par l'histoire. La question des penchants sexuels n'était pas au cœur de ses préoccupations, seul le côté psychologique retenait son attention. Il parla des « états limites », des troubles de la personnalité narcissique et antisociale. Les couples de criminels avaient souvent ce genre de profil.

– Il est fréquent de constater que l'auteur des crimes est celui qui joue le rôle dominant, c'est l'antisocial narcissique. Tandis que l'autre a un rôle plus passif, il suit le mouvement. Les « cas limites » entretiennent des relations très fusionnelles avec les autres et font tout ce qu'ils peuvent pour ne pas être délaissés.

» Nous sommes en présence d'un couple très dynamique, dit Kaufmann. Je veux dire un couple implacable, dans le cas présent, conclut-il.

Freeman relata les paroles de Cathy sur sa dépendance vis-à-vis d'autrui. Concrètement, tout ce qu'il racontait au psychologue provenait directement de la bouche de Cathy.

– Ne soyez pas surpris si Cathy est en fait plus mouillée dans cette affaire, dit Kaufmann. Il se peut qu'elle soit une grande manipulatrice tout en restant passive.

Freeman lui raconta les bagarres de Gwen, ses pulsions violentes, ses cicatrices aux bras. Kaufmann les interpréta comme une manifestation possible de son caractère antisocial. C'était peut-être une psychopathe.

– Une théorie prétend que les psychopathes ont besoin de stimuli plus nombreux pour assouvir leurs désirs. Les brûlures en sont peut-être le symptôme.

Freeman parla de ce qu'il appela le pouvoir hypnotique de Gwen sur Robin Fielder.

– C'est une question de pouvoir, expliqua Kaufmann. Le pouvoir absolu est le pouvoir de vie et de mort sur autrui. Gwen peut être une grande meurtrière.

La conversation dura deux bonnes heures.

– Donc, toute cette histoire est plausible, en conclut Tom. Il ne peut pas s'agir d'une simple fumisterie.

Kaufmann les regarda pensivement.

– Bien entendu, cette histoire est possible.

Brown et Freeman voulaient orienter différemment leurs investigations. Ils demandèrent conseil à Kaufmann. Il suggéra que Cathy passe un nouveau test au détecteur de mensonges mais cette fois-ci, il fallait la considérer comme suspecte et non plus comme témoin, ce qu'avait fait John Hulsing.

Brown se demanda si la procédure était possible. Hulsing était en retraite et la plupart des spécialistes se refuseraient à refaire ce qu'un collègue avait déjà fait.

– Je peux vous recommander quelqu'un, fit Kaufmann. Ici même à Lansing. Nous travaillons ensemble.

Il s'agissait d'un certain John Palmatier.

– Pas de problème, annonça-t-il quand il l'eut contacté. Il semble très intéressé par l'évolution de cette histoire.

Rendez-vous fut pris pour le 23 novembre.

Brown était impressionné par les explications de Kaufmann mais gardait une impression de malaise en ce qui concernait la personnalité de Cathy Wood. Il décida d'assister à la séance de tests.

– J'aimerais bien voir comment elle réagit.

Gary Kaufmann voulait être là lui aussi, pour pousser plus loin son analyse.

Cathy Wood n'était pas encore crédible mais, après deux mois d'investigations, elle devenait un sujet de curiosité.

83

Je suis un peu bête parfois. Je démarre tout de suite, je me mets à parler et avant même de savoir ce que j'ai dit, j'ai déjà dit tout ce que vous vouliez savoir.
Cathy Wood, le 24 octobre 1990

Elle essaie encore de nous bluffer, se dit Tom Freeman. Sinon, pourquoi se serait-elle dérangée jusqu'ici au lieu de téléphoner ?

– Tom, je ne veux pas y aller, dit Cathy.

On était le 23 novembre, dans la soirée. Freeman et Bill Brown l'attendaient pour aller à Lansing. Elle s'était bien habillée et maquillée pour ce test. Mais elle revenait sur sa décision.

Dans le bureau, la nervosité monta d'un cran. Tout le monde savait que cette deuxième séance pouvait faire basculer l'enquête. Si Cathy Wood ne réussissait pas ou ne passait pas le test, alors l'enquête était close. Il ne resterait plus qu'à exhumer les corps des victimes et à les autopsier, mais personne ne voudrait jamais traumatiser les familles et déclencher une réaction du public sans la certitude d'une inculpation.

Freeman n'avait jamais ressenti si vive frustration

dans sa vie de détective. Cathy jouait avec les nerfs des autres. Il éprouvait tour à tour de la pitié et du dégoût. Elle devinait ses pensées et parvenait même à le faire douter de lui-même.

– Mais non, Tom, vous n'avez pas dit ça.

Ces derniers temps, elle l'irritait au plus haut point. Il n'allait pas la supplier de se rendre au test, mais décida de lui faire sentir qu'elle était « la reine des emmerdeuses ». Il pensait que son amour-propre en prendrait un coup et qu'elle ne le supporterait pas. Si elle était aussi futée, elle n'en serait pas là.

– A vous de décider, Cathy, dit-il en simulant l'indifférence, puis l'irritation. Vous auriez pu appeler plus tôt. Cet expert s'est déplacé spécialement pour vous.

Elle réfléchit quelques secondes puis se décida :

– Bon, fit-elle en soupirant. OK ! Allons-y !

Il fallait une heure de voiture pour se rendre à Lansing. Ils en vinrent à parler de la conduite en état d'ivresse.

– Ils devraient rester chez eux plutôt que de tuer les gens sur la route, dit-elle.

L'ironie de sa propre remarque ne lui échappa pas.

– Vous avez entendu ce que j'ai dit ? Fit-elle.

John Palmatier avait, à trente-huit ans, une solide réputation au bureau de la police d'Etat du Michigan. Il ne laissait personne indifférent avec son style antimacho et ses mines de confesseur. Il avait été pilote d'hélicoptère, puis avait servi dans la police militaire au Japon et en Thaïlande. On le savait très versé dans les philosophies et les religions orientales. Dans son métier, il avait l'art d'extirper les aveux ou les confessions des gens interrogés.

– Bienvenue dans la section du lavage de cerveau, dit-il d'entrée à ses visiteurs.

La petite pièce feutrée dans laquelle ils pénétrèrent

était rassurante. Le « client », selon ses termes, s'asseyait dans une chaise de PDG juste à côté du détecteur. Cela le mettait en valeur, il devenait un peu la star, ou se sentait sur le chemin de la sérénité, prêt pour la confession. Palmatier s'asseyait dans un coin, sur une petite chaise. Il s'effaçait, en quelque sorte.

Durant l'entretien préliminaire, le « client » était assis en face de lui, devant une étagère. Au sommet, on pouvait voir des statuettes en ivoire, les trois fameux singes chinois qui signifiaient : « Ne rien voir, ne rien entendre, ne rien dire. » Derrière ces figurines étaient dissimulées des caméras. Freeman, Brown, et plus tard le psychologue, allaient tout observer de la pièce voisine. Cathy Wood resta un instant seule dans la pièce. Ils la virent se mordiller les ongles en attendant. Sur une partie de l'écran, on voyait son visage et sur l'autre, son corps.

John Palmatier entra dans la pièce et s'assit dans un coin. Cathy Wood était son deux cent quatre-vingt-onzième « client » cette année-là. Il avait déjà fait passer mille deux cent quarante-quatre tests.

Il fit quelques plaisanteries puis parla de son expérience professionnelle.

– Est-ce qu'il faut être policier pour faire ce métier ? Demanda Cathy.

– Non, mais ça peut aider.

Les officiers de police étaient des gens assez perspicaces, et puis ils connaissaient bien le contexte.

Il lui lut ses droits, conformément à la loi de l'Etat du Michigan, et lui expliqua qu'elle pouvait garder le silence. Elle montra quelques signes d'inquiétude : allait-elle être la seule inculpée, le cas échéant ? Elle était à peu près sûre d'avoir réussi le premier test, qu'allait-il se passer si elle échouait ? Et si les gens pensaient qu'elle était folle ?

Puis elle s'excusa.

– Je me sens un peu nerveuse.

Elle se mit à pleurer.

– Ne vous inquiétez pas, fit Palmatier d'une voix rassurante. Je sais par où vous êtes passée.

Il lui tendit un mouchoir en papier qu'elle tortilla sans arrêt entre ses doigts. Tout au long de cette première partie, elle ne fit que s'apitoyer sur son sort : elle pleura sur son enfance, et sur sa situation actuelle.

De nouveau, elle parla de la promesse de Freeman.

– ... Il m'a dit que personne ne croirait que j'ai fait ça, mais moi, je pense que si.

– Nous sommes intéressés par la vérité, expliqua Palmatier. Vous êtes la seule à savoir si oui ou non...

A ce moment de l'entretien, il crut bon de la calmer.

– Vous savez, j'ai parlé à beaucoup de gens dans votre situation. Et même s'ils ont tué, cela ne signifie pas nécessairement qu'ils soient mauvais. Il y a bien des circonstances atténuantes. C'est pourquoi je regarde d'abord les faits. Puis je m'intéresse aux *motivations* – ce qui en général modifie complètement ce qui s'est passé.

Il lui proposait une solution et, en un clin d'œil, changea de sujet de conversation.

– Si quelqu'un souhaite revenir dans le droit chemin, mon devoir est de le respecter. Quel âge avez-vous maintenant ?

– Vingt-six ans.

Palmatier commença à lui montrer qu'il lui restait plus des trois quarts de sa vie devant elle, mais avant qu'il ait pu finir, elle l'interrompit :

– Ouais, c'est ça. Mais je vais les passer en prison.

Il répondit que, dans ce genre de cas, les peines de prison variaient entre la perpétuité et des durées inférieures à deux ans.

– Ne pensez pas à ça. Vous n'avez pas de prise directe sur ce qui va se passer, que vous parliez ou non. Prenez une boule-de-neige qui commence à dévaler une colline. Si vous voulez l'arrêter, il faut sauter dessus, l'écraser...

Elle l'avait devancé.

– Je sais, moi, que les petites boules de neige vont grossir.

– Oui, et si vous êtes en bas de la colline, ça sera difficile de l'arrêter ! Vous n'aurez pas une chance. C'est une des raisons pour lesquelles Tom vous a amenée ici. C'est comme ça qu'il saura où il peut se situer. Il vous parlera.

Puis Palmatier lui expliqua, d'une voix très calme :

–Je ne promets rien à personne, mais il y a une chose que je ne ferai pas. Je ne vous mentirai pas. Je suis là pour aider les gens à parler plus librement qu'ils ne l'ont jamais fait.

Cathy s'inquiétait pour tous les mensonges qu'elle avait dits.

– Est-ce que les choses que j'ai faites – que je n'ai jamais dites à personne et qui me rendent nerveuse –, est-ce que ça va tout changer ?

– Je vous aiderai dans la mesure du possible.

Certaines choses lui échappaient.

– Pour des gens qui ont l'habitude de mentir, qui n'ont fait que ça toute leur vie, c'est aussi facile de mentir que de dire la vérité.

Il lui expliqua que même les menteurs invétérés savaient quand ils mentaient.

– Parfois je dis un mensonge sans y avoir réfléchi auparavant. C'est très facile... J'ai tellement eu à me cacher toute ma vie que ce n'est plus un problème.

Palmatier lui déclara qu'il avait des talents qui n'avaient rien à voir avec la détection de mensonges.

– Comme disent les poètes, les yeux sont la fenêtre de

l'âme. Et lorsque vous avez regardé dans autant de paires d'yeux que moi, vous savez y lire bien des choses.

Tom Freeman regardait l'écran. Ces méthodes ne lui plaisaient pas mais, par un ironique retour des choses, Cathy Wood se soumettait au détecteur de mensonges pour prouver qu'elle avait bien commis des crimes. Ils avaient affaire à une menteuse invétérée et espéraient tous surprendre la vérité dans ses paroles…

Cathy étudiait scrupuleusement son interlocuteur, elle semblait avoir trouvé à qui parler.

– Bill, tu te rends compte, ce mec ! Dit Freeman à Brown.

– Ouais, c'est vraiment quelqu'un.

Palmatier récolta quelques renseignements personnels sur la santé mentale et physique de Cathy en la prenant par les sentiments. Cathy Wood avait considérablement maigri ces derniers mois.

– Quel est votre poids ?

– Cent vingt-huit kilos.

– On ne le dirait pas.

Elle scruta son visage.

Elle parla de ses séances chez le psychothérapeute, pendant lesquelles elle s'était sentie stupide et laide. Elle le lui avait dit et il avait éclaté de rire.

– Il ne se moquait pas de vous. Il est probable qu'il riait avec vous, expliqua Palmatier. Parce que vous avez un joli visage.

– Oh ! Non, dit-elle d'un ton sec.

– C'est mon impression.

Elle pleurait à nouveau.

– Qu'est-ce que c'est que la vérité ? C'est ce que je vois ou ce que vous voyez ?

Elle avoua qu'elle avait parlé à Shawn Thatcher avant

qu'il ne soit interrogé par Tom. Elle lui avait demandé de ne pas dévoiler certains détails.

– Je ne veux pas que Tom perde confiance en moi. C'est le mec le plus sympa que j'aie rencontré depuis longtemps. Je crois que s'il n'avait pas été là, je serais déjà en tôle.

– Il aime que les choses soient faites correctement, expliqua Palmatier.

– C'est étrange mais je ne veux pas le décevoir. Je ne sais pas pourquoi.

– Peut-être que personne ne vous a jamais fait confiance jusqu'à présent ?

A ce moment-là, elle paraissait honnête, presque naïve.

– Ouais, il m'a dit la vérité sur presque tout. J'essaie de surprendre les gens en flagrant délit de mensonge ; lui, il ne m'a jamais menti.

La séance avait permis de révéler une contradiction qui en disait long sur son caractère. Cathy Wood recherchait l'honnêteté chez les autres et les jugeait sévèrement sur ce critère alors qu'elle avouait ne pas en être capable elle-même.

Palmatier mit le manomètre autour du bras de Cathy et lui posa un capteur sensible sur les doigts de la main droite. Puis il entoura son thorax d'une bande spéciale pour enregistrer les mouvements respiratoires.

Alors elle révéla ce que seulement une poignée de gens connaissaient de Catherine May Wood :

– La seule chose que je sache à propos de mon physique, c'est que grâce à lui je peux obtenir ce que j'veux.

– Que faisait votre père ?

Elle éclata en sanglots et déversa ses rancœurs contre lui.

– Il n'était jamais là. Et de toute façon, quand il était là, c'était horrible parce qu'il était tout le temps soûl.

– Brutal ?

– Oui.

– A-t-il abusé de vous ?

– Non.

– Il prenait son pied en tabassant les autres, quoi ! Proposa Palmatier.

– Il ne s'en souvient plus.

Le psychologue passa aux questions rituelles. Cathy restait fixée sur ses parents.

– Dans votre vie, quelle est la personne que vous avez le plus respectée ?

– Personne, répondit-elle après dix secondes de réflexion.

– A l'inverse, quelle est la personne que vous méprisez le plus ?

– Ma mère, dit-elle aussitôt.

– Pourquoi ?

– C'est-à-dire, il y a ce lien entre ma mère et mon père. Oh ! ...

Les larmes jaillirent de nouveau. Ses propos étaient moins tragiques que la façon dont elle les racontait. Elle s'était mariée avec Ken pour échapper à l'ambiance familiale. D'après elle, sa mère était beaucoup trop exigeante ; elle la chargeait de trop lourdes responsabilités, d'abord avec ses jeunes frères et sœurs, puis vis-à-vis d'elle-même.

– Ce n'était pas une bonne mère. Je pense qu'elle ne nous aimait pas. Je *sais* qu'elle ne nous aimait pas.

Palmatier essaya de la réconforter.

– Tout ce qu'elle faisait, c'était d'imposer la discipline, proposa-t-il. Pas d'amour, pas d'affection, pas de sentiments.

Elle le contredit :

– Non, la discipline, c'était pas elle qui s'en chargeait, mais mon père.

Elle raconta qu'une fois, les enfants avaient cru qu'elle était folle et en avaient parlé à leur père.

– Comment ça ?

– Elle voulait jouer avec nous, des amis étaient à la maison. Elle a piqué une crise parce qu'un gâteau avait disparu. Elle voulait qu'on la rembourse. Il fallait qu'elle ait de l'argent. C'était son truc.

Plus tard, il lui posa une autre série de questions.

– Quelle est la pire des choses qui vous soient arrivées au niveau affectif ?

– C'est quand Gwen m'a quittée, dit-elle après quelques secondes de réflexion.

– La meilleure ?

– Perdre du poids.

Elle s'était dépeinte comme une victime.

– L'entretien fait toujours un peu peur, dit-il pour la rassurer. Les gens se sentent mis à nu. Mais je n'y suis pas insensible.

Elle versa d'autres larmes.

– Tant que je souris à l'extérieur, expliqua-t-elle, les gens ne voient pas que je souffre à l'intérieur.

La discussion dura quatre-vingt-dix minutes. Il fut question de psychologie, de physiologie, des aînés au sein d'une famille, des tests de personnalité, du côté macho de certains policiers, d'éducation des enfants, de répression, de son lieu de naissance et de l'Etat dans lequel elle avait vécu. Palmatier faisait preuve d'une grande habileté sur tous les sujets et l'interrogeait tel un confesseur, avec respect et politesse. Ce n'est qu'après avoir abordé ces questions, qu'il lui demanda de donner sa version des faits à propos des meurtres d'Alpine Manor. Il précisa néanmoins que ce qu'elle avait déjà dit à la police ne l'intéressait pas.

– Mon seul intérêt est de vous aider à traverser cette épreuve. Aussi je vous demande de me raconter tout ce dont vous vous souvenez. Je me fiche du contenu.

Pendant le récit, le regard de Cathy resta baissé. Contrairement à son attitude précédente, elle ne versa aucune larme en évoquant les meurtres, les victimes et leur famille.

D'entrée, et pour la première et dernière fois de l'enquête, elle admit avoir décidé de la mort de Marguerite Chambers.

– On avait décidé de tuer quelqu'un, c'était la première. Je crois que c'est moi qui ai décidé. J'ignore si on a choisi ensemble ou si c'est moi toute seule. J'ai bien l'impression que c'est moi qui choisissais la plupart du temps.

Elle ne se souvenait plus si elle avait été témoin de la première tentative sur Marguerite, mais elle détailla les réactions qui s'ensuivirent.

– Ça n'a pas marché. Gwen est venue me dire : « Marguerite est encore vivante. » J'ai demandé comment c'était possible. Elle m'a répondu qu'elle ne savait pas. « Elle a dû réussir à reprendre son souffle ou un truc comme ça. »

– Oh ! Non, fit Cathy, imitant sa réaction du moment.

Pour la deuxième tentative, elle répéta qu'elle était dehors, dans le couloir. Elle révéla pour la première fois que les victimes étaient choisies en fonction des aides-soignantes qui s'occupaient d'elles.

Dans le cas de Margue-rite, c'était un nouveau qui ne connaissait pas encore grand-chose au service. Il venait d'être recruté.

– Gwen était dans la pièce ; la porte était fermée, les rideaux tirés… Nous avons choisi les gens en fonction de l'aide-soignante qui s'en occupait. Ce jeune était de service ce soir-là… Je suis entrée dans la chambre. Gwen était à l'extrémité du lit, en train de tenir Marguerite avec… Elle faisait du bruit. On l'entendait du couloir.

Le ton de sa voix se modifia, on aurait dit qu'elle boudait un peu ; une moue puérile.

– Je ne pouvais plus rester là, aussi j'ai dit à Gwen que je partais. C'était long.

Cathy raconta qu'elle avait failli se trahir en disant à Tish Prescott qu'elle savait que Marguerite était morte.

– Gwen a aidé à laver le corps. Elle aimait ça.

Elle parla du dépôt mortuaire où le corps fut transporté. Elle avait appelé l'employé le « coroner ». C'était le terme qu'avait utilisé la personne qui avait appelé les Hunderman, dans les minutes qui avaient suivi le décès de Marguerite.

– ... Le coroner en question aida à mettre Marguerite sur le brancard. Je n'arrive pas à réfléchir. Marguerite a été transportée au *Reyer's Funeral Home*. C'était juste derrière la maison où nous habitions. On avait dit qu'on irait la voir là-bas mais on ne l'a pas fait.

Ce fut la seule révélation. Elles devaient se relayer pour commettre les meurtres. C'était son tour.

– On passait dans les chambres et on leur pinçait le nez en bloquant la bouche pour voir leurs réactions.

Elle roula des yeux et ébaucha un petit sourire.

– Affreux, non ?

Elle reprit le fil de son histoire. Elle s'était choisie une victime, une certaine Madeline Young.

– Elle ne pouvait plus bouger, tellement elle était raide ; des crispations, je crois qu'ils appellent ça. Je lui donnais des jus de fruits tout le temps et elle me regardait. Je savais qu'elle m'entendait. Je sentais, à lui parler, que ce serait facile. C'était mon tour. Je me suis dit qu'elle ne se débattrait pas. Mais en la regardant, je n'ai pas pu. J'en étais incapable.

Ce fut de nouveau le tour de Gwen. Même si elle avait échoué.

Le récit des autres meurtres ressemblait en tout point à la déposition faite à la police de Walker. Elle n'était pas sûre pour Ruth Van Dyke. Aucun détail précis ne fut donné pour Wanda Urbanski. Edith Cook était très atteinte par la gangrène.

Palmatier voulut en savoir plus sur les malades.

– Vous aviez peut-être un peu pitié d'eux ?

– Pas de Belle. Je ne l'aimais pas. C'était tellement difficile de s'occuper d'elle. Mais Marguerite était une si jolie femme, encore jeune. Sauf qu'elle était à un stade avancé de la maladie d'Alzheimer. Pour Myrtle, on était ensemble ce soir-là. Gwen l'a tuée… Ils ont appelé sa fille et elle était sens dessus dessous « parce qu'elle aimait *tant* sa mère ». Elle est restée là tout le temps à lui tenir la main.

Elle se tourna vers le psychologue.

– Ça avait un côté excitant, vous savez ?

– Effectivement, dit-il d'une voix neutre. Vous vous avisez que vous avez le pouvoir de vie et de mort. Il n'existe pas de plus grand pouvoir sur terre.

Elle l'interrompit :

– Alors pourquoi je n'ai pas pu le faire ?

– Il est possible que vous l'ayez fait au moins une fois.

Sa voix était calme et posée. Elle le regarda droit dans les yeux.

– Non.

– Et vous craignez les conséquences d'un tel acte ?

– Non… Ils pensent que j'ai commis un meurtre ? Demanda-t-elle d'un ton incrédule, un demi-sourire sur les lèvres.

– Ils ne savent pas.

– Je vois. Non, je n'ai jamais fait ça.

Il lui expliqua alors que le meurtre et la préméditation ou la complicité de meurtre étaient sanctionnés de la même façon au regard de la loi.

– Je suis au courant.

– C'est pourquoi nous…

– Avant, dit-elle en lui coupant la parole, j'avais l'espoir que toute cette histoire serait jugée et que je pourrais aller en prison, que je n'aurais plus à me soucier des factures, des responsabilités. Mais je ne veux plus y aller, je ne sais pas pourquoi. Pourtant, je vais faire de la prison peut-être.

Palmatier parla du départ de Gwen Graham et avança l'hypothèse qu'il avait déjà présentée aux policiers de Walker. C'était peut-être une histoire montée par elle pour se venger de Gwen. Elle aurait même été jusqu'à purger une peine de prison pour cela.

– Il y a quelque chose en vous qui réclame vengeance, dit Palmatier. C'est humain. On ne veut pas être le seul à souffrir.

Cathy répondit de façon très détachée.

– Mais je me suis vengée. Quand elle vivait avec Robin, elle venait me voir et on couchait ensemble. Je jubilais en pensant à Robin. Elle me racontait des choses sur Robin et elle.

– Quelles choses ?

– Des histoires de cul. Elle était sidérée parce qu'elle ne pouvait pas lui donner d'orgasme.

Puis elle changea subitement de sujet et reparla des meurtres qu'elles devaient commettre chacune à leur tour, de la police de Walker et du détecteur de mensonges.

– Quand elle est partie, elle voulait que je continue… Mais je ne l'ai pas fait. Ô mon Dieu ! Ils pensent que j'ai tué une malade !

Elle eut un large sourire et continua, certaine de réussir le test :

– Je vais le réussir. Je vais le réussir.

Palmatier réorienta la conversation sur Gwen. Il lui rappela qu'elle avait commencé à se confier à Ken, une fois que Gwen était partie. Il s'agissait bien d'une vengeance.

Non, il se trompait. Même une fois au Texas, Gwen n'arrêtait pas de lui promettre de revenir.

– Elle était censée... être avec moi pour la vie... Et puis elle est partie. J'ai peut-être raconté aux gens qu'elle ne partirait jamais mais je n'ai pas inventé cette histoire.

Elle expliqua que d'une certaine façon, chaque crime renforçait ce lien éternel. Elles avaient en commun des secrets à partager et à garder.

Cathy repartit en digressions sur son passé : l'histoire de David/Debbie, etc. Elle ne supportait pas que Ken la touche. Il avait utilisé ses confidences sur les meurtres pour la garder sous son contrôle pendant des mois. C'était lui qui l'avait poussée à aller voir un spécialiste, mais elle n'en avait pas besoin, « pas parce que je suis homo », dit-elle.

– De quelle période parlez-vous ? Etait-ce en janvier ? Demanda Palmatier qui l'aiguilla sur les meurtres.

– Ils me parlent du 18. Mais je n'arrête pas de me dire que c'était le 8... Jusqu'au mois de mai..., ça doit être ça.

– Combien de gens sont morts entre ces deux dates ?

Elle n'était pas sûre du nombre.

Il lui tendit un piège :

– Vous avez dit avoir maintenu ces personnes, mais que vous ne pouviez aller jusqu'au bout.

Elle se contredit :

– Je n'ai jamais utilisé cette serviette de toilette. J'utilisais mes doigts, c'est tout, pour voir leurs réactions. J'ai peut-être utilisé une serviette de toilette mais quand elles se débattaient ou bougeaient, je ne pouvais pas les tenir.

Palmatier lui parla des trois plus grands laboratoires de criminologie au monde, le FBI, Scotland Yard et la Michigan State Police. Grâce à la technologie du laser, ils étaient maintenant capables de prélever des empreintes digitales sur les morts.

– Même si elle a utilisé une serviette de toilette ? Demanda-t-elle brusquement.

– Si vous compressez fortement... Répondit-il sans lui laisser le temps de réfléchir.

Il ne savait pas qu'il parlait à une passionnée de romans policiers.

Elle ne le laissa pas finir sa phrase et donna sa réponse.

– Oh ! C'est *super !*

– Il est assez probable que... Commença-t-il.

– C'est *super !* S'exclama-t-elle, ravie. Parce que mes empreintes ne seront sur *aucune* d'entre elles de toute façon.

Il l'interrogea sur les victimes qu'elle avait tenues.

– Stephen Farkus, dit-elle.

– C'est un sacré nom.

– Il ne pouvait plus bouger et je lui ai pincé le nez une fois. Il a braillé : « Laissez mon nez tranquille ! » alors on l'a définitivement écarté de la liste.

– Qui d'autre ?

– Madeline. Si j'avais dû en tuer une, ç'aurait été elle. Je ne pouvais pas. Je ne pouvais pas. Pour une raison que j'ignore. Je ne sais pas pourquoi, je disais tout le temps : C'est mon tour. C'est à moi. Je ne voulais pas que Gwen peut-être... Je ne sais pas pourquoi. Je ne peux pas deviner.

De nouveau Palmatier avança l'hypothèse que cette histoire était montée de toutes pièces. Cette fois-ci, il utilisa une méthode d'investigation qui permet au prévenu de parler de lui sans se compromettre directement.

– Quel type de personne pourrait inventer une histoire pareille, à votre avis ?

– Inventer une histoire pareille ? Oh ! Tout le monde pourrait.

– Qu'est-ce qui pourrait amener à avoir envie de commettre ce genre de choses ?

Pendant dix-huit secondes, le silence régna. Ce fut le temps de réflexion le plus long de tout l'entretien.

– Je ne sais pas, finit-elle par dire.

Palmatier précisa que l'invention d'une histoire pareille était un délit. Un juge pouvait très bien prononcer une peine de prison, la mise en détention surveillée ou l'obligation de suivre une psychothérapie.

– Qu'est-ce qui devrait arriver, à votre avis, à une personne qui inventerait quelque chose comme cela ?

Elle pesa le pour et le contre.

– Quelqu'un qui aurait inventé tout ça et serait allé jusqu'à tout raconter à la police... Ce serait quelqu'un de très malheureux, et de très seul à mon avis, qui ferait ça pour attirer l'attention sur lui. Peut-être voudrait-il vraiment aller en prison, comme moi au début ; comme ça, il n'aurait plus à s'inquiéter de rien. Mais même s'il se fiche de la prison, il peut quand même être très seul.

Sans marquer la moindre pause, elle se mit à parler à la première personne.

– Je ne sais pas comment une thérapie pourrait m'aider. Je sais que c'est possible. On n'arrête pas de me le dire. Mais quand j'y suis allée, je n'ai fait qu'écouter le médecin déblatérer pendant une heure sur ce que je devais faire...

Dans la pièce voisine, le psychologue de la police, Gary Kaufmann, était surexcité. Les réponses de Cathy à ces questions faisaient penser qu'elle s'assimilait à un faux témoin.

– Ecoutez ça ! Elle ne dit pas la vérité.

A son avis, Palmatier ne s'y tromperait pas. Elle n'allait jamais réussir cette première partie du test.

Bill Brown avait tout entendu lui aussi. Il s'enfonça plus profondément dans son fauteuil.

– Je ne peux pas m'empêcher de penser que tout est bidon.

Quant à Tom Freeman, il craquait. Tous ces commentaires l'exaspéraient. Il sortit pour allumer une cigarette et fit les cent pas devant l'immeuble du siège de la police. Un vent glacial soufflait mais il était bien trop énervé pour sentir le froid.

– Nom de Dieu ! Elle va l'avoir, marmonna-t-il. Et on aura fait tout ce travail pour rien !

84

Il était temps de passer à la partie concrète de l'examen. John Palmatier demanda à Cathy si elle voulait qu'on la teste sur des questions particulières.

– Oui, dit-elle, sur la question : « Est-ce que j'ai fabriqué cette histoire ? »

A ce moment-là, Palmatier se rattrapa comme s'il avait oublié un détail :

–Au fait, il y a quelque chose que votre mari a dit à propos du mot M-U-R-D-E-R.

Elle répondit qu'elle avait été la première à voir le registre où figuraient les noms des personnes décédées ou transférées ailleurs. Cette fois-là, elle ne mentionna pas que Gwen était avec elle.

– Je me rappelle ce soir-là, j'étais assise à côté de la surveillante et j'y ai jeté un coup d'œil. On a essayé de les tuer dans l'ordre pour pouvoir écrire ce mot.

– Vous vouliez faire une sorte de jeu, un peu comme dans un polar, c'est cela ? Demanda-t-il.

– Non, je ne crois pas. C'était idiot. Je ne sais pas – on a essayé. On n'y est pas arrivées. Mais on a essayé.

Il lui posa deux autres questions qui allaient être utilisées pour le test du détecteur de mensonges à proprement parler. Ces questions pièges étaient formulées dans le but de jeter le trouble chez la prévenue et de la pousser à mentir. Elles servaient de repères par rapport aux questions pertinentes.

La première : Vous rappelez-vous avoir vraiment menti de façon éhontée ?

– Je mens tout le temps, répondit Cathy.

La deuxième : Vous rappelez-vous avoir fait quelque chose que vous ne voulez à aucun prix dévoiler ?

– Non.

Palmatier s'absenta quelques minutes avant de lui poser les dernières questions. A son retour, elle avoua avoir volé à Alpine Manor des seringues et en avoir fait un trafic. Elle avait souvent accompagné une amie kleptomane dans les magasins. Elle avoua avoir menti à Gwen en lui disant qu'elle avait continué la série de meurtres après son départ.

Elle marqua une pause et poursuivit :

– Cette lettre... Il y a une lettre entre les mains de Tom. Voilà, on essayait d'écrire en langage codé. Cela m'embête beaucoup mais je ne l'ai pas fait. On utilisait des trucs comme ILY : *I Love You*. Enfin bref, dans une des lettres... Il y a IGTKM : *I'm Going To Kill Madeline* – Je vais tuer Madeline.

Il lui conseilla d'en parler avec Freeman après le test.

– Je voudrais réussir, c'est important. Je préfère aller en prison plutôt que les gens croient que j'ai tout inventé.

Avant de brancher le détecteur pour capter ses réactions, il lui lut les questions pertinentes, cinq sur onze au total, y compris les deux questions pièges. Elle pouvait déjà y répondre si elle le désirait.

– Avez-vous inventé cette histoire pour pouvoir renouer avec Gwen ?

– J'ai déjà échoué en répondant à celle-ci et c'était pourtant la vérité... J'ai peut-être révélé cette histoire à la police pour faire du mal à Gwen, mais je ne l'ai pas inventée pour lui faire du mal.

– Avez-vous étouffé une personne d'Alpine Manor ?

– Non. J'aime bien cette question, dit Cathy en souriant à moitié.

– Avez-vous été témoin des meurtres commis par Gwen ?

– Au travail, oui, mais pas dans la même pièce.

– Avez-vous menti à votre mari ou à vos amis en parlant de vous-même, de Gwen ou des meurtres ?

– Non.

– Y a-t-il eu une autre personne asphyxiée, dont vous n'auriez pas parlé à Tom ?

– Non.

Elle voulut retirer ses chaussures pour l'examen.

– Si vous êtes plus à l'aise ainsi…

– Quand ce sera fini, pourrez-vous me dire tout de suite comment je me suis comportée ?

– Oui, mais notez la différence : vous savez vraiment comment vous allez vous comporter et ça change tout.

Il la mit en garde contre ceux qui faussaient les tests en contractant leurs muscles.

– Pour quelle raison pourrais-je surprendre quelqu'un en train de tricher ?

– Parce qu'il ment.

– Ce serait stupide, non ? Vous voyez, vous qui avez toujours cru que vous étiez grosse ! Dit-il en la complimentant tout en branchant son appareil.

– Je *suis* grosse.

– J'ai vu des femmes ici, pour lesquelles il fallait rajouter des rallonges.

– Vous me racontez des histoires mais vous êtes sympa.

Il posa la série de questions trois fois de suite, marquant une pause entre chaque série.

Pour la première série, il lui demanda de répondre aux questions intérieurement ; elle ferma les yeux et se concentra. A la fin, elle livra un secret sur son passé :

– Il y a quelque chose que je ne veux pas garder secret. Quand j'avais treize ou quatorze ans, je me suis retrouvée dans la salle de bains avec un garçon du voisinage ; on s'amusait à se toucher, des trucs comme ça, quoi. Il devait avoir cinq ou six ans. Ça vient de me revenir.

Puis un autre :

– J'ai du mal à supporter les gosses. Même ma fille. Je me souviens d'avoir eu envie de la frapper violemment quand elle était encore petite. A l'âge de dix ans, je giflais mon petit frère si fort qu'il avait des traces de doigts sur les joues.

Le psychologue la complimenta pour cet aveu.

Ils commencèrent la deuxième série. Cette fois-ci, il fallait répondre à voix haute. Une fois l'examen terminé, il desserra le manomètre.

– Qu'est-ce que ça donne, les résultats ? Demanda-t-elle.

– Je ne sais pas encore.

Il lui demanda alors s'il y avait quelque chose qui lui revenait systématiquement en tête quand elle entendait la question piège sur les mensonges.

– Non, dit-elle en haussant la voix. Je ne peux pas vous dire ça. Je ne peux pas.

– Je veux juste vous aider à vous en sortir.

Elle changea de sujet. La question sur le fait qu'elle ait oui ou non étouffé quelqu'un l'inquiétait.

– Pourquoi suis-je aussi nerveuse lorsque vous me posez cette question ? J'ai peur d'échouer.

Puis elle répondit à la question précédente. Elle parla du fait qu'elle s'était masturbée après le départ de Gwen.

C'était un secret. Palmatier écarta cette réponse.

– Quoi de plus normal ! Fit-il.

– Vous, vous ne vous touchez pas. Vous n'avez pas la même mère que moi.

Il remit la sangle du manomètre autour de son poignet et s'apprêta à reprendre le test.

La même question l'inquiétait.

– Est-ce que j'ai étouffé quelqu'un ? Vous allez prendre en compte le fait que vous êtes au courant que j'ai bloqué le nez des malades ?

Cela l'inquiétait beaucoup.

– Evidemment.

Les questions lui furent posées dans le désordre. Il se leva pour desserrer la sangle. Cathy était gênée, visiblement.

– Mon Dieu ! je vous ai tout révélé sur ma vie ! C'est affreux.

La séance avait duré en tout environ trois heures. Elle venait d'avouer être une menteuse invétérée, avoir maltraité des enfants et des malades, avoir été complice de meurtres et avoir dissimulé des faits.

Palmatier joua son rôle jusqu'au bout.

– J'ai le regret de vous dire que vous êtes une personne complètement normale. Vous n'avez rien fait de plus que des millions d'Américains.

Elle resta un quart d'heure dans la salle à se mordiller les lèvres. Tout le monde avait les yeux rivés sur l'écran quand Palmatier retourna la voir avec les résultats du test. Il avait l'air très professionnel, mais moins sûr de lui.

– A partir de ces tests, je peux tirer trois conclusions. Je peux affirmer qu'une personne dit la vérité. Je peux dire que les tests ne sont pas probants et que je ne sais pas ce qui se passe. Je peux aussi dire qu'une personne ne dit pas la vérité. Il faut également préciser, Cathy, que toute erreur est possible.

Elle l'interrompit.

– Oh ! Non, fit-elle en gémissant.

– Rien n'est sûr à cent pour cent.

– Est-ce que je m'en suis mal tirée ?

– Non, vous avez réussi.

– *Génial !* Dit-elle en laissant éclater sa joie.

– Il y avait quelques questions sur votre passé, que je vous ai posées…

– Je ne veux pas…

– Je sais, mais chacun d'entre nous porte en soi des choses comme ça.

Elle riait ouvertement maintenant.

– Vous êtes *super*, merci beaucoup ! J'ai bien répondu à la question : « Avez-vous inventé ces histoires ? »

– Aux cinq questions.

Il suggéra que c'était le moment de tout dévoiler à Tom.

– Ô mon Dieu ! Fit-elle, vraiment soulagée. Il faut que je voie Tom.

– Restez là, je vais le chercher.

Au moment où il sortit de la salle, tout le monde espionnait sa réaction.

– Génial ! S'écria-t-elle aussitôt.

Puis elle laissa échapper un grand soupir de soulagement. A la fin de l'expiration, sa bouche s'ouvrit dans une grimace tragique. Elle leva les yeux au ciel et laissa échapper un cri de douleur manifeste :

– Aaaaaaaaaaaah !

Les larmes jaillirent, accompagnées de gros sanglots.

Palmatier rentra à cet instant et échangea quelques mots avec le psychologue Gary Kaufmann et les policiers de Walker.

– Regardez, c'est une manifestation classique.

Freeman était ravi des résultats de l'examen mais surpris par cette soudaine métamorphose de Cathy.

– Merde ! Vous avez vu ça, John ? Cette transformation quand vous êtes parti ?

– Voilà quelqu'un qui a dit la vérité. Elle pleure parce que quelqu'un la croit, expliqua-t-il calmement.

Il avait déjà vu ce phénomène chez d'autres clients.

– On appelle ça la catharsis. La libération des émotions... En quelque sorte.

Kaufmann était sidéré mais néanmoins chiffonné par le fait que John l'ait trouvée sincère. Elle lui faisait penser à un personnage de dessins animés qui inspirait la pitié. Tout le monde voulait l'aider.

– J'étais assez surpris, dirait-il plus tard. Cette femme venait de remonter le courant et elle craquait tout d'un coup parce que quelqu'un la croyait. Il y avait quelque chose qui clochait.

Palmatier rédigea un rapport officiel qu'il envoya au bureau de police de Walker et au PA du comté de Kent, ainsi qu'une cassette vidéo de la séance. L'effondrement de Cathy allait contribuer à convaincre les indécis, comme le reste de la séance.

La boule-de-neige n'allait pas tarder à dévaler la pente.

Cependant, quelques mois plus tard, on redemanderait à Palmatier ses conclusions. Son ancien collègue de la police John Hulsing voulait savoir si les résultats de l'examen pouvaient être confiés à un autre collègue. Qu'allaient-ils révéler ? En d'autres termes, est-ce que les tests avaient été passés avec succès par Cathy, ou est-ce que Palmatier y était pour quelque chose ?

– C'est un tout, dirait-il. Si quelqu'un d'autre les analysait sans connaître Cathy, il se pourrait qu'il les trouve peu probants.

Personne dans la salle ne doutait de la valeur de son jugement à ce moment-là et personne n'en douta pendant plusieurs mois. Dans ce qui allait être la pièce sans doute du dossier Alpine Manor, John Palmatier venait d'émettre une réserve.

Au moment où Tom entra dans la salle pour chercher Cathy, elle avait séché ses larmes.

– On me dit que vous vous êtes bien comportée.

Puis ils s'en allèrent. Cathy tenait dans ses mains un gobelet de café vide qu'elle voulait garder en souvenir du test. Le logo de la police d'Etat était gravé dessus.

85

Robin refusa de répondre à la question que lui posait Gwen. Non, elle n'aborderait pas ce sujet – ce qu'elle allait faire, où elle irait vivre le jour où la police viendrait. Gwen alla bouder un instant sur les marches.

– Ecoute, Gwen, ils ne viendront pas, de toute façon.

Rares étaient les disputes entre elles. Elles parlaient à voix basse : Gwen était convaincue que la police avait camouflé des micros dans le mobile home. Finalement, le sujet fut débattu un beau jour, dans un fast-food.

– S'ils viennent me chercher, je veux que tu restes vivre au Texas, dit Gwen. Si jamais ils m'emmenaient dans le Michigan, reste ici, et puis tu n'es pas obligée de dire quoi que ce soit.

Robin acquiesça.

– Le sujet est clos, d'accord ?

Gwen était son fil conducteur dans la vie. Elle pensait que personne, ni la police ni Cathy Wood, ne pouvait la lui enlever.

Le travail à l'hôpital Mother Francis était devenu stressant. Elle était obligée de travailler de jour et se doutait que la direction en avait décidé ainsi pour mieux la surveiller.

Elles n'avaient que le maigre salaire de Robin pour vivre. Gwen devait chercher du travail mais elle passait ses journées à fumer de la marijuana et à se balader en moto. Elle semblait préoccupée.

Un soir, elles allèrent voir une ancienne amie de Gwen à Tyler, et lui racontèrent la descente de police chez elles et les manigances de Cathy.

– S'il y a quelque chose que je peux faire... Déclara l'amie en question.

– Prends soin de Robin pour moi, s'il te plaît.

– Quel genre de questions vous ont-ils posées ?

– Robin leur a parlé de Cathy, expliqua Gwen.

– Ouais, et ils m'ont fait rédiger une déposition, dit Robin.

Gwen la regarda, les yeux écarquillés.

– Non ! Tu n'as pas fait ça !

Elle resta à bouder dans un coin. En rentrant ce soir-là, elle acheta un carton de bières et passa le reste de la soirée à boire et à fumer.

Robin essayait de faire face aux problèmes financiers, elle payait le loyer plus les mensualités de l'amende infligée à Gwen. En novembre, elles déménagèrent dans un petit appartement moins cher, au sud de Tyler. Et puis, Gwen finit par avouer qu'elle ne cherchait pas de travail.

– Je suis allée me présenter dans un centre de soins, mais ils m'ont proposé le salaire minimal. Je ne peux plus accepter ça après avoir gagné sept dollars de l'heure. Je préfère être au chômage.

Gwen voulait faire des études et elle s'inscrivit dans une école d'infirmières.

Elle fait de grands projets mais nous n'avons presque rien, se disait Robin. Elles dormaient sur un maigre matelas de mousse. Robin ne disposait que d'une caisse en bois pour poser sa trousse de maquillage.

Un jour, elles se rendirent à la bibliothèque. Robin feuilleta des livres sur la mode et sur l'artisanat, et Gwen se plongea dans des livres sur l'univers carcéral et dans des manuels de droit qu'elle emprunta. Elle les lisait tous les soirs. Il lui vint même à l'idée qu'elle pourrait aller travailler au Mexique avec sa sœur et son beau-frère pour des organismes d'aide bénévole.

Un soir, le nez plongé dans un de ces livres, elle s'exclama :

– Oh ! Mais ça n'a pas l'air si terrible ! Les prisons du Michigan ne sont pas les pires, apparemment.

Robin se demandait quel serait le prochain coup mijoté par Cathy. Ne l'avait-elle pas menacée dans le parking, cette nuit-là, de la faire plonger elle aussi ?

Vers la fin novembre, après avoir négligé la messe pendant des mois, Robin se rendait à l'église tous les dimanches. « Mon Dieu, aidez-moi ! » Elle priait souvent, envoyait à ses parents des images pieuses, leur disant combien elle les aimait.

Robin flairait des changements à venir.

Sa mère finit par l'appeler, elle venait d'entendre des rumeurs sur des meurtres où l'on soupçonnait des lesbiennes d'Alpine Manor.

– Robin, dis-moi, toi et Gwen, est-ce que vous… ?

Elle avait déjà posé la question dans le passé, mais Robin s'était toujours défendue. Cette fois-ci elle se dit qu'elle n'avait plus rien à perdre.

– Oui, maman.

– Est-ce que ça va ?

– Oui.

– Tu sais que tu peux revenir à la maison quand tu veux.

– Mais papa ne veut même pas me parler.

– Il est inquiet. Nous sommes tellement inquiets pour toi.

– Ne vous inquiétez pas. Promettez-moi de ne plus vous inquiéter.

Quelques jours plus tard, sa tante et sa cousine vinrent lui rendre une visite-surprise à l'hôpital. Elles rencontrèrent Gwen et déclarèrent plus tard à la mère de Robin que tout allait bien pour elle.

Quelque temps plus tard, Robin croisa Deborah Kidder, une amie de Gwen.

– Que devient Gwen ?

– Elle a été virée de son boulot.

– Quoi ? C'est pour la drogue ?

Robin l'informa de la descente de police et des horribles machinations de Cathy à Grand Rapids.

Debbie était horrifiée.

Quelques heures plus tard, Robin et Gwen reçurent un coup de fil chez elles.

– Gwen, comment as-tu pu faire ça ? Comment as-tu pu ? Cria-t-elle au bout du fil.

Mais c'était Robin qui avait décroché. Debbie insista pour parler à Gwen.

Elles parlèrent un moment au téléphone. Robin regardait le visage de Gwen. Elle se mit à rougir puis à hurler :

– Debbie, tu ne peux pas, tu n'as pas le droit !

Et elle raccrocha.

– Elle va me balancer, c'est sûr.

– Mais comment ?

Elle avait le regard lointain.

– Seules deux personnes en savent assez pour me faire ça. Toi et Debbie.

Et Lisa, pensa Robin. Mais je ne lui ai presque rien dit.

Je ne dirai rien, se disait Robin. De toute façon, personne ne comprendrait jamais ce qui pouvait pénétrer l'esprit tortueux de Cathy.

Robin contempla son amie. Gwen était repliée sur elle-même, le regard perdu. On aurait dit un animal effrayé.

– Je ne dirai rien, Gwen, je te le promets. Tu peux compter sur moi – *toujours*, lui dit-elle en tombant à genoux.

Elle l'embrassa, l'étreignit mais Gwen ne réagit pas. Finalement, Gwen lui rendit ses marques de tendresse et la serra dans ses bras. Mais au fond d'elle-même, elle était devenue insensible.

C'était la première fois que Robin voyait Gwen dans cet état.

86

Vers la fin novembre, c'en fut fini du secret qui entourait l'affaire Alpine Manor. Cette époque bénie pour les enquêteurs était bel et bien finie. Les médias avaient eu vent des meurtres et commençaient à échafauder leur histoire.

Le 28 novembre, cinquante-trois jours après la déposition de Ken, un article parut en première page du *Grand Rapids Express*. En gros titre on pouvait lire : MORTS SUSPECTES A ALPINE MANOR EN 1987. LA POLICE ENQUÊTE. Le bureau de police de Walker ne put réfuter le fait qu'une enquête était en cours.

– Quelqu'un a ouvert sa grande gueule, dit Freeman à Cathy.

Elle pensait savoir de qui cela venait. Elle raconta que, comme elle avait besoin de liquide pour une caution d'appartement, elle avait emprunté trois cents dollars à Katherine Brinkman, l'aide-soignante qui s'était fait tabasser sur la colline K-Mart. Elle lui avait raconté l'interrogatoire. Cathy n'avait pas remboursé la somme empruntée. Cette version ne fut pas confirmée par Katherine Brinkman plus tard. Mais Freeman imaginait sans peine que cette aide-soignante réglait ainsi d'anciens comptes.

Il n'était pas mécontent des résultats du détecteur de mensonges ni du fait que l'enquête devenait publique. Le bureau du PA du comté de Kent s'y intéressait enfin. La presse écrite faisait aussi avancer les choses. Le chef de la police donnait des conférences de presse. Pendant ce temps-là, Alpine Manor avait engagé l'un des grands spécialistes en relations publiques de la ville. Ils réussirent à contenir les journalistes pendant plusieurs jours, mais une décision s'imposait quant aux arrestations.

Pour Freeman, les journalistes étaient à la fois une bénédiction et une calamité. Ils vous prenaient un temps précieux et pouvaient faire peur à d'éventuels témoins. Mais ils pouvaient par ailleurs être à l'origine d'informations inédites et fournir des informateurs précieux.

Tout allait s'accélérer désormais. C'était aussi l'avis de David Schieber.

– Le compte à rebours a commencé, annonça-t-il.

Paniquée, Cathy appela Freeman du restaurant où elle travaillait. Ken Kolker, journaliste au *Grand Rapids Express*, venait de lui demander un entretien. Il avait découvert son lieu de travail.

– Ne lui dites rien, surtout, dit Freeman. Venez me voir.

En arrivant au bureau de police, elle répondit aux questions de Freeman sur le sigle IGTKM figurant au bas d'une lettre d'amour envoyée à Gwen.

Elle refusa qu'il enregistre sa réponse. Le « M » ne

voulait pas dire Marguerite mais Madeline. Cela l'inquiétait beaucoup que l'on puisse mal l'interpréter.

Elle mettait un point d'honneur à ce que l'on comprenne bien qu'elle n'avait jamais tué quelqu'un de ses propres mains. Cette distinction lui semblait vitale. Freeman se montra un peu agacé.

– Mais enfin, Cathy, vous semblez ignorer qui est en charge de l'enquête. Je ne permettrai jamais que l'on fasse cet amalgame.

Ce qu'il omit de lui dire, c'est que selon la loi, cette distinction n'avait aucune espèce d'importance. Elle était aussi répressive pour les auteurs, les complices ou les instigateurs.

Il enclencha le magnétophone. Cathy donna des explications et précisa que Madeline était morte récemment, de mort naturelle, à Alpine Manor.

Freeman essaya de la coincer à propos de Wanda Urbanski.

– Pour le « U » qui manque, cela aurait bien pu être elle, dit Cathy.

Mais ses souvenirs étaient flous. Elle se rappelait vaguement avoir vu Gwen la tenir, mais elle ignorait si elle l'avait tuée. A la fin de l'interrogatoire, Cathy demanda si elle aurait à témoigner contre Gwen Graham. Il devina que la présence des médias la rendait nerveuse.

– Je vais vérifier, dit Freeman. C'est le PA qui décide. Et puis cela dépend des avocats.

Justement, il s'apprêtait à rendre visite à Bill Forsyth et Dave Schieber. Il ne manquerait pas de le leur demander.

Elle proposa de l'accompagner.

– Cathy, ils penseraient que je suis devenu fou si je vous emmenais avec moi.

Elle lui demanda un autre service : elle voulait qu'on la prévienne par téléphone.

– Pourriez-vous me prévenir à l'avance ?
– Vous prévenir de quoi ?
– Quand vous allez m'arrêter.

Cathy Wood partit. Une autre femme attendait dans le bureau d'à côté. C'était une ancienne aide-soignante d'Alpine. Elle avait des révélations à faire sur les meurtres dont elle avait pris connaissance dans la presse.

Freeman la connaissait de nom d'après les dépositions de Cath. Elle disait qu'elle connaissait assez bien Gwen Graham, Robin Fielder et Cathy Wood.

– Cathy a bousillé pas mal de choses dans ma vie, dit-elle.

Elle déclara que Gwen lui avait dit avoir étouffé quelques malades, alors que Cathy faisait le guet dehors. Gwen lui avait présenté cela comme des cas d'euthanasie.

– Ont-elles mentionné des noms de malades ?

– Edith Cook, répondit-elle.

L'aide-soignante expliqua qu'elle n'avait jamais cru à cette histoire, jusqu'à ce qu'on en parle dans la presse.

Mais il y avait plus, bien plus.

L'aide-soignante s'appelait Lisa Lynch.

Six semaines plus tôt, Freeman avait montré les dossiers médicaux à Stephen Cohle, du laboratoire d'analyses médicales du comté de Kent. Plusieurs fois, celui-ci lui avait démontré que les chances étaient minces de trouver des preuves de l'asphyxie par étouffement, étant donné l'âge des victimes, leur état, et le fait qu'elles avaient été inhumées deux ans auparavant. Le corps de Belle Burkhard pouvait fournir plus d'indications. Son bras était soi-disant meurtri ou tordu. On savait qu'elle était catholique.

– Mais elle a été incinérée, dit Freeman.

Non seulement elle, mais aussi Myrtle Luc et Mae

Mason. Seules restaient Marguerite Chambers et Edith Cook. Les déclarations de Cathy n'étaient pas assez claires pour les cas de Lucille Stoddard, Ruth Van Dyke et Wanda Urbanski. Freeman et bien d'autres se demandaient si, pour les besoins de l'accusation, ces personnes pouvaient figurer sur la liste des victimes de Gwen Graham.

Freeman fit connaître les détails de la déposition de Lisa Lynch à Schieber, et le bureau du PA rédigea une demande officielle d'exhumation.

Preuves ou pas, s'il devait y avoir des arrestations, il fallait faire procéder à l'exhumation des corps.

– Nous y sommes contraints et forcés, déclara le PA publiquement. Il n'y aura pas de procès si nous n'en passons pas par là.

La municipalité allait devoir payer des fossoyeurs et des marbriers en heures supplémentaires et remplacer les tombes et caveaux ouverts. La facture s'élèverait à cinq mille dollars par corps.

Marguerite serait la première, comme cette nuit-là dans la section appelée Dover.

87

Bizarrement, Ken ne subit jamais de critiques ouvertes de la part de Cathy pour être allé à la police. Elle l'appela dans les deux semaines qui suivirent sa première déposition.

– Ken, je voudrais voir Jamie, dit-elle. Est-ce que je peux la prendre avec moi jusqu'à demain ?

Ken ne fut pas enchanté par cette proposition.

– Cathy, voyons ! C'est impossible. Tu t'en es foutue pendant deux ans et maintenant que ça va mal pour toi, tu veux redevenir une mère.

Non seulement ça, mais il était inquiet. Il s'imaginait qu'elle voulait dresser Jamie contre lui. Elle peut s'enfuir avec elle et quitter l'Etat, se disait-il, espérant qu'un jour elle n'irait pas chercher l'enfant à la sortie de l'école.

Elle le menaça d'aller au tribunal et de faire-valoir son droit de visite. Ken appela Tom Freeman.

– Je ne veux pas que Jamie se retrouve avec elle, dit-il au détective. Si son avocate me tombe dessus, je vous les envoie.

– Je suis d'accord avec vous, dit Freeman. Mais je dois être prudent, il me faut rester de son côté pour l'enquête en cours.

Cathy finit par laisser tomber.

Vers la fin novembre, Ken ne savait plus que penser. Il conseillait Cathy, espérait qu'elle bénéficierait de considération pour avoir coopéré avec les détectives. Il ne voulait pas qu'elle se retrouve en liberté, mais en même temps, il refusait de voir la mère de sa fille jetée en prison et punie comme une vulgaire criminelle. Malgré tout, Ken l'aimait encore.

– Mon unique but, depuis le début, a été de veiller à ce qu'elle reçoive de l'aide afin qu'elle puisse continuer à vivre une vie normale, déclarerait-il plus tard. Peut-être y aurait-il une solution de faveur, un traitement spécial décidé par la cour.

Une fois, il avoua à Cathy être inquiet parce que la police ne servait pas vraiment ses intérêts.

– Dis donc Ken, c'est toi qui es allé les voir, se moqua-t-elle.

– Il ne fallait pas te confier à moi. Tu aurais dû savoir que je ne pourrais pas vivre avec ça. Tu aurais dû te douter que j'irais.

Un silence se fit, puis elle répondit calmement :

– Non, Ken, j'ai bien fait.

Un soir de la fin novembre, elle passa le voir. Elle avait besoin d'un avocat mais ne pouvait pas bénéficier de l'aide d'un avocat commis d'office avant d'être arrêtée. Finalement, elle s'était adressée à une femme recommandée par son amie Nancy Harris.

– Je ne veux pas d'un homme. Tout ce qu'ils veulent savoir, ce sont les détails sur les rapports sexuels des lesbiennes.

Elle était convaincue qu'elle irait en prison mais qu'elle serait relâchée au bout de quelques mois.

– J'attends un coup de fil du bureau de la police, dit-elle. C'est une question de jours.

Ken lui donna deux cent cinquante dollars d'acompte. Puis elle émit le désir de voir Jamie.

– Il se peut que je ne te voie pas pendant un certain temps, Burger, dit-elle. On ne pourra pas passer Noël ensemble mais ce sera pour une autre fois. On fêtera ça plus tard, toi et moi.

Elle avait l'air d'avoir tant d'amour et d'affection à offrir, se dit Ken. Mais elle n'en a jamais pris le temps.

– Mais reste un peu, Cathy.

Elle lui manquait, malgré tout ce qu'elle lui avait fait. Il y avait encore une lueur d'espoir pour lui : était-ce elle qui l'alimentait, ou prenait-il ses désirs pour des réalités ? Que n'aurait-il donné pour revivre en famille !

Ken la raccompagna sur le pas de la porte.

A côté, sur le siège du passager, sa copine l'attendait.

Ken sentit de nouveau la colère monter en lui. Le Luv Truck disparut dans la nuit.

88

Une semaine auparavant, Jan Hunderman était

passée en voiture près du cimetière de *Rosedale Memorial Park*. Elle était avec une amie et lui avait dit que c'était là que se trouvait sa mère ; elle s'était arrêtée un moment.

Jan s'était recueillie sur sa tombe dans la section *Garden of the Gospels*. Elle avait fini par accepter sa mort. Même si son père et elle continuaient à s'interroger sur les circonstances. Jan pleurait encore en évoquant sa mère.

Un lundi en fin d'après-midi, quelqu'un frappa à sa porte. Deux détectives de Walker se présentèrent ; Ronald Westman, le propriétaire d'Alpine Manor, les accompagnait. Ils venaient de voir le père de Jan. Elle les invita à entrer.

Ai-je fait quelque chose de travers ? Pensa-t-elle. Elle imaginait une erreur dans les formulaires qu'elle avait remplis pour demander l'aide de l'Etat au sujet d'une prise en charge partielle des soins de sa mère. Pourquoi sont-ils là ?

– Nous enquêtons sur la mort de votre mère, il s'agit peut-être d'un homicide, dit Tom Freeman.

Jan n'en croyait pas ses oreilles. *Ma* mère !

– Ma mère n'a jamais quitté Alpine Manor, dit-elle.

Elle regarda Ronald Westman. Il était visiblement mal à l'aise, le dos au mur.

Et puis l'idée lui vint brutalement. Meurtre, un meurtre à Alpine Manor ?

– Je suis désolé, dit Westman.

Elle s'effondra.

– Comment ?

Tom Freeman ne donna que peu de détails.

– Nous pensons qu'elle a été asphyxiée délibérément avec une serviette de toilette.

Ils lui annoncèrent que le médecin légiste allait sans doute pratiquer une autopsie.

Jan et son père ne se quittèrent pas les jours suivants. Ils parlèrent, essayèrent de se souvenir.

Son père ne pouvait plus dormir dans son lit, leur lit de jeunes mariés. Il revivait le même cauchemar toutes les nuits : deux femmes lui tenant la tête.

Le mercredi, Jan eut la visite d'un autre policier. Les premiers flocons de neige commençaient à tomber.

– Vous êtes bien Jan Hunderman ?

– Oui.

– J'ai ici une autorisation d'exhumer le corps de votre mère et il me faudrait votre signature.

Sa mère était catholique ; au fond d'elle-même Jan voulait refuser. Le corps d'un défunt est une chose sacrée. La peur l'étreignit. Elle craignait que la police n'ait dit la vérité.

– Et si je refuse ?

– Il leur faudra obtenir un arrêté du tribunal.

Plus tard, elle apprit qu'il l'avait déjà obtenu. L'autorisation était purement formelle.

Tout allait si vite.

Le lendemain matin, son mari était en train de regarder la télévision quand soudain il s'écria :

– Jan, viens vite, ils sont en train de parler de ta mère.

Elle vit des flashs, l'allée du *Garden of the Gospels*, des images pures et impures à la fois : la neige maculée de boue, la terre noire, une pelleteuse mécanique au milieu de l'écran, le bras articulé creusant le sol, l'érable qui donnait de l'ombre sur la tombe en été.

« Le Dr Stephen Cohle, médecin légiste, a pratiqué une autopsie hier soir sur la personne de Madame Marguerite Chambers… », disait la voix du reporter.

La nuit dernière ! Jan vacilla. Quelque chose en elle se déchira. Au beau milieu de la nuit, elle s'était réveillée en sursaut. Un cauchemar. Une lumière blafarde l'aveuglait. Un appareil vert fluorescent s'avançait vers elle, hésitant et menaçant. Elle le chassa de la main comme on écarte un insecte mais rien n'y fit. Elle poussa un hurlement de terreur. Gary la secouait pour la réveiller.

C'était la lampe du légiste, se dit Jan. Au-dessus de son visage, la nuit dernière. Juste au moment où le médecin avait saisi les scalpels pour ouvrir le corps de sa mère... Jan comprit qu'elle s'était vue à la place de sa mère. Allongée sur la table d'autopsie.

Une intolérable douleur lui étreignit le cœur.

89

« Veuillez rappeler le détective Freeman au bureau de police. » Ce message sur son répondeur provoqua la colère de Dawn Male. Encore mon passé qui me colle aux fesses ! Se dit-elle.

Elle était revenue à Lakeview et travaillait maintenant de nuit comme cuisinière dans un restaurant routier. Sa vie s'était stabilisée : nouveau travail, nouvel appartement et nouvelle colocataire. Cela faisait plus d'un an et demi qu'elle avait quitté Grand Rapids, complètement fauchée et sans emploi. Tout compte fait, ce retour dans cette ville qu'elle détestait tant avait été un soulagement. Elle n'avait eu aucune nouvelle de Cathy Wood ni de Gwen Graham depuis des mois.

A la pause, juste avant le lever du soleil, elle s'assit à une table et saisit un journal laissé par un client. Les meurtres à Alpine Manor s'étalaient en gros titres sur la première page. C'était donc ça, elle comprenait mieux le message du détective. Quelques heures plus tard, elle pénétrait dans le bureau de police de Walker. C'était le jeudi 1er décembre. Les souvenirs de sa conversation avec Gwen Graham et Cathy Wood étaient intacts.

– Elles voulaient absolument que je les croie, dit-elle à Freeman. Elles sont allées jusqu'à me montrer des objets, dont une socquette, qu'elles avaient pris aux malades après les avoir soi-disant assassinées. Mais je ne les ai pas crues. Pour moi, il s'agissait d'une plaisanterie de très mauvais goût.

Elle expliqua alors comment Cathy passait son temps à mijoter des mauvais coups.

– Elle était très douée pour ça ; c'était son passe-temps favori..., un jour, vous étiez sa meilleure amie, le lendemain sa pire ennemie...

– Laquelle était le plus capable de commettre des actes violents ? Demanda Freeman.

– Gwen. Cathy n'était pas violente.

– Pourquoi Gwen ?

– Je sais qu'elle était violente.

Dawn fit deux dépositions à une semaine d'intervalle. La police semblait avoir déjà décidé qui était la plus dangereuse des deux dans le couple Wood-Graham, dirait-elle plus tard.

– Ils savaient apparemment de quoi ils parlaient et je me demande même pourquoi ils m'ont convoquée. Cathy était à leurs yeux la victime innocente de cette histoire, celle qui avait été manipulée. Peut-être que j'étais d'accord à ce moment-là.

Du point de vue pathologique, l'autopsie de Marguerite Chambers ne révéla pas grand-chose. La couverture de l'exhumation par la presse écrite fut telle que le champ d'investigation des détectives s'élargit aussitôt. Dès le jeudi, ils entendirent plus d'une demi-douzaine de témoins faisant partie de l'ancien cercle d'amis de Cathy. Leurs témoignages ne correspondaient pas au portrait de l'amante timide que Cathy avait dressé d'elle-même.

Tom Freeman interrogea Ladonna Sterns. Elle lui avoua avoir eu une brève liaison avec Cathy Wood après le départ de Gwen. Elle avait eu vent de cette menace que Cathy faisait planer au-dessus de la tête de Gwen.

– On était une bande de copines. Et puis les choses se sont dégradées... Un vent de folie s'est mis à souffler. Plusieurs d'entre nous ont quitté leur mari... On avait perdu le sens des réalités.

Ladonna avait entendu parler d'attentats à la pudeur à l'encontre de malades d'Alpine, elle avait également ouï dire que Gwen et Cathy s'étaient amusées à tripoter les tétons d'une malade pour les voir se durcir.

– Mais quand j'en ai parlé à Cathy, elle a tout nié.

Elle parla des cicatrices, des traces de griffures et de coups sur les visages de Cathy et de Gwen.

– C'était leur façon de prendre leur pied : se faire mal en faisant l'amour.

Ladonna avait vu ces étagères dans la chambre de Cathy. Elles étaient remplies d'animaux en peluche, de poupées, etc.

Les rapports sadomasochistes. Les meurtres. Les souvenirs prélevés sur les cadavres voisinant avec des animaux en peluche...

Freeman l'interrogea sur le genre de femmes auquel il avait affaire.

– Dans le couple, laquelle dominait l'autre ?

– Cathy, répondit-elle.

Par ailleurs, le portrait de Gwen restait inchangé. C'était apparemment quelqu'un de torturé et d'agressif. Fran Shadden, son ancienne amie, donna un éclairage supplémentaire sur sa personnalité. Roger Kaliniak était déjà allé l'interroger chez elle. Au bureau de police, on la questionna sur le comportement étrange de Gwen à Alpine Manor.

– A cette époque-là, nous étions encore ensemble. Un jour Gwen est revenue du centre de soins en me disant qu'elle avait ressenti une espèce d'attirance sexuelle pour une des personnes âgées.

Elle précisa par ailleurs que Gwen avait été bouleversée par la mort de sa première patiente. Fran relata des bagarres à coups de poing et les mutilations qu'elle s'était infligées par le passé. Elle parla des rixes, des vols et des casses au Texas.

– Mais je ne savais que penser. C'était peut-être de la frime, elle avait souvent cette attitude de petit mec qui joue au dur, du genre « personne ne peut me faire de mal », vous voyez.

Gwen avait de toute évidence une double personnalité.

– Il y avait deux personnes en elle, parfois gentille, douce et serviable… Et d'autres fois agressive, violente.

Fran dit au détective qu'elle pensait que Cathy Wood, Dawn Male et la plupart des filles d'Alpine Manor avaient un grain.

– Gwen Graham également, selon vous ?

Elle réfléchit et acquiesça.

– Je crois qu'au fond de moi-même, j'ai toujours pensé qu'elle était malade de la tête.

Les interrogatoires des autres aides-soignants d'Alpine ne donnèrent pas beaucoup de preuves formelles. Tous parlèrent essentiellement de leurs soupçons envers elles.

Tish Prescott, la surveillante cheffe de nuit, était maintenant à la retraite. Roger Kaliniak partit l'interroger. Effectivement, elle se souvenait parfaitement de Cathy Wood et de Gwen Graham et parla de ce sentiment de malaise que ces deux filles lui inspiraient. Elle dit également que les deux aides-soignantes ne pouvaient jamais rester là où on les avait affectées.

Brian Bruin, après avoir lu le récit de l'exhumation de Marguerite dans la presse, contacta la police. Il se présenta comme celui qui l'avait découverte morte dans son lit. Il avait également procédé à la toilette mortuaire, aidé de Gwen. Il ne se souvenait d'aucun détail suspect mais n'avait travaillé que six semaines dans l'établissement.

Kaliniak parla à Paul Lopez, l'ex-ami de Robin Fielder. Il raconta que, plus d'un an auparavant, Shawn Thatcher lui avait fait part d'une révélation que Cathy venait de lui faire : elle avait tué des malades. Il était alors allé trouver Cathy tout en refusant de la croire.

– Après que vous lui avez demandé si c'était vrai, que vous a-t-elle répondu ?

– Elle m'a dit que c'était vrai. Je lui ai demandé de quelles personnes il s'agissait mais elle s'est tue. Alors je lui ai proposé de citer des noms de malades ; elle n'aurait qu'à me dire oui ou non.

Kaliniak avait réussi un beau doublé.

– J'ai mentionné deux noms, Marguerite Chambers et Edith Cook. Elle ne m'a rien dit. Ni oui, ni non.

Il s'agissait des deux principales victimes. Lopez ignorait qu'au moment où il parlait, on était en train de procéder à l'exhumation d'Edith Cook.

– Pourquoi avez-vous cité Marguerite ?

– Je pensais qu'elle n'aurait pas dû partir si vite.

– Et Edith Cook ?

– Edith n'allait pas bien du tout, mais je ne pensais pas qu'elle mourrait si vite.

Le témoignage de Tony Kubiak n'apporta guère plus de renseignements. Il avait appris par la télévision qu'une enquête était menée par la police à Alpine Manor. Deux suspects étaient mentionnés.

– Le journaliste n'a cité aucun nom mais j'ai tout de

suite deviné que ce ne pouvait être que Cathy, dit-il. Mon ami Jessie était d'accord avec moi.

Sur le moment ils avaient également envisagé la complicité de Gwen.

– Nous étions du même avis. C'était Cathy et quelqu'un d'autre, mais pas nécessairement Gwen.

Kubiak se rendit au bureau de la police le jeudi et proposa de jeter un peu de lumière sur les faits ; il leur parla des farces qui avaient cours dans le centre et des bagarres entre les deux femmes.

– Laquelle des deux est la plus docile ? Laquelle est la plus violente ?

Kubiak, fils d'un grand journaliste de Grand Rapids, pesait ses mots.

– Docile signifie « qui obéit facilement », cela n'exclut pas nécessairement la violence, dit-il.

» Je pense que Gwen est plus violente, sincèrement, expliqua-t-il. Cathy a un caractère dominant, elle est deux fois plus grande et plus grosse que Gwen, mais je pense que Gwen est la plus violente.

Il connaissait sa réputation de bagarreuse mais n'omit pas de raconter comment il avait vu Cathy la traîner par les cheveux.

Il raconta les farces et les paris à Alpine Manor mais le magnétophone n'enregistrait plus à ce moment-là. Kubiak fit part de ses craintes car il se souvenait qu'elle l'avait mis sur sa liste noire.

– Cathy était un vrai danger, confia-t-il à Kaliniak. Elle est folle, ajouta-t-il.

Il ne parlait pas au sens médical du terme.

90

On était le samedi 3 décembre, au matin. En moins de quatre heures, la deuxième autopsie donna un premier résultat. Schieber avait tenu à y assister, tout comme à celle de Marguerite Chambers, et sa présence était un événement. Il n'y allait jamais d'habitude. Mais cette affaire-là était extraordinaire. La moindre trace d'étouffement sur le corps d'Edith Cook allait peut-être permettre d'éviter un tas de problèmes.

Stephen Cohle, le médecin légiste du comté de Kent, commença son travail à 9 h 30 du matin. La veille au soir, un service de pompes funèbres avait amené le cercueil du *Resurrection Cemetery* jusqu'à l'institut médico-légal Blodgett. Le Dr Cohle identifia le corps d'Edith Cook en notant que son nom figurait bien sur le cercueil. Elle portait des collants marrons et une robe bleue. Un rosaire était glissé entre ses doigts.

Des assistants transportèrent le corps sur le billard. L'autopsie fut complète ; le médecin pratiqua des prélèvements pour savoir s'il y avait eu empoisonnement. Il se concentra cependant sur des zones bien précises. Il enleva les traces de maquillage, regarda s'il y avait des lésions ou contusions. Il inspecta l'intérieur des paupières pour déceler éventuellement des micro-hémorragies, parfois signes d'étouffement. Il coupa les fils qui maintenaient sa bouche fermée, enleva le coton placé là lors de l'embaumement.

Tout le monde espérait qu'une preuve surgirait à l'ouverture de la bouche du cadavre. Y avait-il des traces de lutte ? Cathy Wood avait dit qu'Edith portait son dentier quand elle avait été tuée, et qu'elles l'avaient enlevé et jeté par la suite.

Schieber et le PA William Forsyth préférèrent quitter la salle d'autopsie pour parler tranquillement dans la salle d'attente. Ils s'entretinrent de la procédure à suivre. L'affaire était amplement détaillée dans le *Grand Rapids Press* et les journalistes avaient non seulement cité le nom de Marguerite Chambers, mais aussi interviewé la famille. L'édition du samedi allait révéler une autre victime : Edith Cook.

Schieber savait que les détectives de Walker étaient frustrés par la lenteur du bureau du PA à émettre des mandats d'arrêt. Cela faisait des semaines que Freeman les harcelait dans ce but. Cependant, avant que Lisa ne fasse sa déposition, interpeller Gwen comportait énormément de risques si Cathy était également inculpée.

Effectivement, l'affaire *Brutin* avait fait jurisprudence. Il en ressortait qu'à moins que Cathy n'accepte de témoigner, sa déposition au bureau de police de Walker ne pouvait être utilisée pour poursuivre Gwen Graham en justice. Ceci en vertu du principe établi, selon lequel Graham avait le droit de faire subir un contre-interrogatoire à son accusatrice. Si Cathy Wood était inculpée et choisissait de faire valoir son droit de ne pas témoigner, l'avocat de Gwen Graham n'aurait pas cette chance.

Des négociations sur sa culpabilité en échange de son témoignage si elle plaidait coupable pouvaient tout changer. Mais Cathy Wood et Gwen Graham devaient d'abord être inculpées et arrêtées. Personne n'avait rien promis à Cathy sur ce point.

– On hésitait, dirait Schieber plus tard. On espérait toujours que Gwen avouerait quelque chose. Parallèlement, Cathy subissait un interrogatoire serré pour savoir si elle ne nous cachait rien. Imaginez ce que le public aurait pensé de nous si un arrangement avait été conclu avec elle pour découvrir finalement qu'elle était l'auteur des crimes.

Enfin la déposition de Lisa Lynch leur simplifiait la tâche en ce qui concernait l'arrestation et l'inculpation.

Schieber se demandait si, la publicité aidant, Gwen Graham n'allait pas réagir bientôt.

– Combien de temps pouvons-nous laisser un meurtrier en liberté ? Demanda Forsyth. Ce serait tellement facile pour elle de s'enfuir. C'est quelqu'un qui doit facilement se fondre dans la masse.

Quels que puissent être les résultats de l'autopsie, ils venaient de décider de faire procéder aux arrestations. Les résultats de Palmatier étaient à l'origine de leur décision. William Forsyth était sûr qu'il ne s'était pas trompé.

– Je n'étais pas décidé à faire pratiquer des autopsies à moins d'avoir la conviction qu'il y avait eu meurtres, dirait-il plus tard. S'il s'était agi de ma mère, je n'aurais pas supporté que quelqu'un fasse cela.

Tom Freeman appela Cathy Wood de l'hôpital pendant l'autopsie, pour lui demander un détail sur la mort d'Edith Cook. De son côté, Cathy voulait savoir pour quoi et quand elle serait arrêtée.

– Pour quoi allez-vous m'inculper s'ils laissent tomber ? Demanda-t-elle.

– Laissent tomber quoi ? Dit-il.

– Les accusations. Vous m'avez dit que je serais arrêtée et qu'ils laisseraient tomber les accusations contre moi, mais qu'il fallait que j'aille en prison pour pouvoir témoigner contre Gwen.

Ça ne veut rien dire, se dit-il.

– Non, Cathy, je n'ai pas dit cela.

– Mais, si, Tom, vous avez dit ça !

Tom comprit qu'elle essayait encore de semer le doute dans son esprit à lui. Il se reprit :

– Non, Cathy, vous ne m'avez pas bien compris. Je n'ai jamais dit qu'on laisserait tomber les accusations. Je sais pertinemment que je n'ai pas pu vous dire ça.

Elle raccrocha.

91

– S'il vous plaît, ne me raccrochez pas au nez !

Marty Slocum, la surveillante d'Alpine Manor, reconnut l'accent texan de Gwen. Elle semblait perdue. Elle lui raconta que la police était passée la voir à Tyler. Puis elle lança une plaisanterie sur le doyen des pensionnaires d'Alpine Manor.

– Deux choses me sont venues à l'esprit quand j'ai vu les flics : l'histoire d'un chèque en bois et le fait que je n'avais pas donné son café à John Gerken.

Elles rirent toutes les deux puis Gwen redevint sérieuse.

– Cathy est de plus en plus bizarre, dit-elle en racontant les menaces que celle-ci avait proférées contre Robin sur le parking. Tout cela n'était qu'une machination animée par un esprit de vengeance. Cathy l'avait appelée au Texas pour lui dire qu'elle avait tué Deana Feenstra.

– Elle savait que j'aimais bien Deana, Marty. Elle se moquait de moi.

Puis elle ajouta quelque chose que la surveillante trouva vraiment étrange :

– Je l'aime encore, Marty. Mais je n'aime pas ce qu'elle fait.

Gwen semblait plus paumée qu'effrayée. Elle nia avoir eu quelque chose à voir avec ces meurtres.

– On a partagé beaucoup de choses, dit-elle, mais pas ça.

Cette conversation eut lieu le dimanche 4 décembre à 13 heures.

Trois heures plus tard, Danny Alexander était à l'aéroport de Tyler pour accueillir Tom Freeman qui arrivait de Grand Rapids. Il avait sur lui le mandat d'arrêt contre Gwen Graham. Ils montèrent dans une voiture de police banalisée et filèrent en direction du terrain de caravaning.

Une fois qu'elle serait sous surveillance, il était entendu que quelqu'un devrait contacter le bureau de Walker pour que l'on procède à l'arrestation de Cathy Wood.

Cathy ne serait pas prévenue par téléphone.

Freeman était sur les genoux. Cinquante-neuf jours s'étaient écoulés depuis que Ken Wood était venu faire sa déposition. Et voilà qu'il se préparait à effectuer la plus grande arrestation de sa carrière.

Il y avait de la lumière dans le mobile home, mais personne à l'intérieur. Le gardien leur annonça qu'elles étaient parties depuis un mois environ, juste après l'arrivée de la police.

– Et merde, Danny ! Tu étais censé les surveiller, non ?

Ils rebroussèrent chemin, direction l'hôpital Mother Francis, mais là aussi ils tombèrent sur un bec. Après avoir convaincu le bureau du personnel de leur montrer les fiches d'embauche, ils ne purent que constater que c'était l'ancienne adresse qui y figurait.

Freeman sentait la colère monter en lui. Il était convaincu que Gwen s'était enfuie au Mexique. Mais peut-être un mince espoir subsistait-il ? Etait-elle encore avec Robin ?

Celle-ci reprenait le travail le lundi suivant. Il ne leur restait plus qu'à prendre la voiture de Robin en filature. Avant de partir, ils s'assurèrent que les employés garderaient le secret sur leur visite.

Quelques minutes plus tard, la voiture banalisée attendait au feu rouge, sur Dawson Street, tout près de l'hôpital. Le soir tombait.

– Eh bien, mon cher Tom, on dirait que nous en sommes quittes pour une longue chasse.

Danny Alexander se tourna vers son collègue et sourit. Tom, lui, n'avait pas du tout le cœur à rire.

Alexander regarda de nouveau les feux.

– Nom de Dieu, c'est pas possible ! Tu vois ce que je vois !

– Quoi ?

– Là-bas !

Par une coïncidence extraordinaire, dans cette ville de quatre-vingt mille habitants, la Mustang de Robin arrivait juste au même moment, de l'autre côté du carrefour. Gwen était au volant.

– Danny, t'as vraiment un pot incroyable !

Ils suivirent doucement la voiture sur une vingtaine de kilomètres. Tom contacta par radio d'autres policiers en patrouille. Une voiture devait les rejoindre pour intercepter le véhicule.

Quand il arriva à la hauteur de la Mustang, Tom leur dit de stopper. Il s'approcha à pied de la Mustang. A l'intérieur, Gwen était en sweat-shirt, les cheveux en bataille. Il remarqua ses mains crasseuses. Elle venait de bricoler le moteur, comme elle le dirait par la suite.

Tom Freeman attendait ce moment depuis longtemps. Il était environ 20 heures.

– Gwen Graham, vous êtes en état d'arrestation.

En quelques secondes, Gwen se vit passer les menottes. Robin ne pouvait pas sortir de la Mustang. Tout était calculé d'avance pour éviter une nouvelle crise de nerfs.

Elle se montrait calme d'ailleurs.

– Elles en avaient déjà parlé ensemble, expliquerait Bill Brown plus tard.

Ce dernier observait Gwen. Les déclarations, le détecteur de mensonges, les autopsies, rien ne l'avait vraiment convaincu. Mais un seul regard de Gwen avait suffi.

– Elle était tellement différente de la première fois. J'ai vu la peur, la terreur dans ses yeux. Elle savait que c'était fini pour elle et essayait désespérément de trouver assez de force au fond d'elle-même pour ne pas craquer.

Vers 23 heures, Roger Kaliniak sonna à l'interphone du 108, Lexington. La silhouette imposante de Cathy apparut dans l'escalier ; elle était en chemise de nuit.

– Qui est-ce ?

– C'est Rog, Cathy.

Elle ouvrit la porte. Il y avait également le chef Walter Sprengler et deux autres policiers en uniforme. Cathy était furieuse d'être dérangée si tard le soir.

– Cathy, nous avons un mandat d'arrêt contre vous.

Elle voulut s'habiller. Ils la suivirent dans l'escalier.

Kaliniak trouva que l'ironie de ses propos était vraiment déplacée, étant donné les accusations qui pesaient sur elle.

– Vous n'allez pas me faire des misères au moins ? Minauda-t-elle.

92

Les voitures de police, les gyrophares, les policiers… Tout était si confus dans sa tête, à cet instant-là. Robin se souvenait du visage d'une femme avec sa fille à côté d'elle. Elle avait écarté les rideaux pour voir à la fenêtre ce qui se passait et assister en direct à leur arrestation.

Une fois que Gwen fut embarquée, Robin demanda aux détectives ce qu'ils avaient l'intention de lui faire.

– Vous pouvez lui apporter ses vêtements en prison.

– Où est-ce que je dois aller ?

– Vous pouvez rentrer avec nous si vous voulez.

– Où ça ?

– Dans le Michigan.

– Je n'irai nulle part avec vous. Mais où dois-je aller ? Demanda-t-elle encore.

– Pourquoi ne rentrez-vous pas chez vous ? Dit un policier.

– Où ça, chez moi ?

Robin ne savait plus qu'une chose, son adresse. Et, seule dans ce petit appartement, elle était assise, immobile, sur une chaise, et fumait cigarette sur cigarette. Avant d'aller à l'église ce soir-là, elle avait téléphoné à ses parents.

– Comment vas-tu ? Lui avait demandé sa mère.

Ils avaient tout lu dans la presse, et quelques jours auparavant, son père l'avait appelée. C'était la première fois qu'ils parlaient ensemble depuis son départ du Michigan. Au bout du fil, il pleurait.

– Il faut quitter cet endroit, lui avait-il répété.

Robin saisit le téléphone et composa le numéro de l'oncle de Gwen qui était avocat. Personne ne répondit ; elle essaya cinquante fois de suite et finalement put lui parler. Il lui conseilla de lui apporter des vêtements et quelques affaires indispensables. Robin se mit en route mais se perdit en chemin. Elle s'était toujours reposée sur Gwen. Finalement elle réussit à trouver le bureau de police de Tyler et remit le sac qu'elle avait préparé pour Gwen…

– On ne peut pas lui donner ça, lui dit-on.

– C'est la police qui m'a dit de le lui apporter, fit-elle en pleurant.

– Je me fiche de ce que l'on a pu vous dire.

– Je veux voir Danny Alexander, et Tom Freeman et Bill Brown.

– Ils ne sont pas là pour le moment.

Elle resta à faire les cent pas devant le bureau d'accueil. Le téléphone sonna. Le policier décrocha et lui tendit le combiné.

– C'est pour vous.

– Robin ? C'est Gwen. Ecoute, tout va bien. Rentre à la maison.

Elle s'assit au volant de sa Mustang mais le moteur

refusa de démarrer. Elle ouvrit le capot. Il lui était arrivé la même chose juste avant l'arrestation de Gwen. Elle fondit en larmes.

– Puis-je vous aider, madame ? Demanda un policier en uniforme.

Il tripota quelque chose au niveau de la batterie et elle put démarrer.

A minuit, elle était de retour chez elle, seule. Elle essaya de lire un peu la Bible, qu'elle avait ouverte, tout en fumant cigarette sur cigarette. La sonnerie du téléphone retentit. C'était Angie Brozak et Ladonna Sterns.

– Est-ce que ça va ?

– Non, Gwen vient d'être arrêtée.

Cinq minutes plus tard, elle reçut un autre coup de fil.

C'était son père. Elle sut plus tard que Ladonna et Angie avaient, entre-temps, appelé ses parents.

– Ma chérie, est-ce que tu vas bien ?

– Non, papa.

Elle fondit en larmes mais ces larmes-là étaient bien différentes.

– Papa, je veux rentrer à la maison.

93

L'avocat John Engman voulait savoir exactement ce que la police et le PA avaient en main pour annoncer que sa belle-mère avait été assassinée.

Il voulait obtenir un entretien avec William Forsyth et l'appela le lundi pour lui faire part de sa requête. Le PA était peu disposé à le recevoir.

– Ecoutez, ou vous me montrez ce que vous avez en main, ou je vais de ce pas au *Grand Rapids Press*.

Le week-end n'avait pas été de tout repos. Le samedi matin, sa femme et lui venaient de terminer leur petit-déjeuner lorsqu'ils reçurent un coup de fil. C'était Ronald Westman, d'Alpine, qui les convoquait à une conférence de presse à propos de l'enquête de police en cours.

– Votre mère est une des victimes probables, avait-il dit à Linda.

Toute la matinée, le téléphone avait sonné sans interruption, quand ce n'étaient pas les journalistes à la porte d'entrée.

– Ne dis rien à personne, avait recommandé John.

Ils ne voulaient pas s'adresser aux journalistes. Ils voulaient parler à la police mais aucun détective n'avait appelé.

Le dimanche, à force d'en parler, John et Linda avaient fini par écarter la possibilité d'un meurtre. Ils avaient retourné l'affaire dans tous les sens.

Le lundi, n'y tenant plus, Linda avait demandé à John de téléphoner au PA. Dès le lundi après-midi, il avait lu les pièces du dossier dans le bureau du PA John Engman appela sa femme.

– Chérie, hélas ! je crois que c'est vrai.

– John, qu'est-ce qu'on va dire à Stéphie ?

Leur fille aînée avait été tellement bouleversée par la mort de sa grand-mère qu'elle avait porté le deuil pendant trois mois.

L'ancien détective Al Van Dyke devina que la femme qui parlait au téléphone était en train de lire un papier. Elle appelait d'Alpine Manor au sujet de l'enquête de police. Elle cita le nom de plusieurs victimes probables.

– Votre mère figure aussi sur cette liste, dit-elle.

Al resta perplexe. Il était encore à son chevet quelques heures avant sa mort. Non, décidément, cette histoire était trop tirée par les cheveux. Quand il lut dans la presse la liste des victimes, il se tint encore plus sur la défensive. Il n'y a jamais eu un seul divorce dans la famille, pensa-t-il, alors un meurtre !

– Ayant travaillé longtemps, à la « Crime », j'étais terriblement gêné à l'idée qu'un membre de ma famille puisse avoir été assassiné.

Il se refusa à envisager cette hypothèse, même après avoir parlé aux détectives de Walker. Et pourtant cette histoire du mot M-U-R-D-E-R lue dans les journaux avait semé le doute dans son esprit. Sa mère aurait-elle pu être le « R » ? Ruth Van Dyke pour « R ». Mon Dieu, l'avait-il laissée seule entre les mains d'assassins ?

Tom Freeman lui annonça qu'il y avait cinq autres victimes bien plus probables que sa mère. Alors il décida de laisser les détectives faire leur travail. Cependant, quand il apprit qu'ils envisageaient une exhumation, le vieux policier réagit. Il savait qu'ils n'avaient pas besoin de son autorisation et qu'un arrêté du tribunal suffisait.

– Il est très improbable qu'elle ait été tuée, compris ? Alors, en ce qui vous concerne, j'étais à son chevet quand elle est morte.

Donald Urbanski, le neveu de Wanda, reçut deux coups de fil. L'un de la police et l'autre d'Alpine Manor. A soixante-dix ans, il était le tuteur testamentaire des biens de sa tante. Il lut son nom dans la presse.

Sa tante avait travaillé comme libraire jusqu'à soixante-quinze ans. Lorsqu'il lui rendait visite à Alpine Manor, elle en avait quatre-vingt-dix. Elle souffrait de diabète, ne pouvait plus bouger ni parler. On lui avait dit qu'elle était morte d'une affection pulmonaire.

– A peine m'a-t-on appelé pour me prévenir de cette affaire de meurtres, que cela m'est revenu, comme un flash, dit-il.

L'année qui avait précédé la mort de sa tante, Alpine Manor l'avait appelé une demi-douzaine de fois pour le prévenir que sa tante s'était blessée et avait des contusions. Une autre fois, elle s'était coupée. Ils avaient attribué cela au fait qu'elle avait dû se blesser en se heurtant la tête au montant du lit.

– Comment pourrait-elle se blesser ? Leur avait demandé Donald. Elle ne peut même pas bouger.

Nancy Hahn reçut un deuxième coup de fil du *Grand Rapids Press*, le lundi soir. C'était Ken Kolker, qui avait déjà appelé le samedi.

– J'ignore à quel sujet vous m'appelez, avait-elle dit. Je ne répondrai pas à vos questions.

Buchanan était à cent cinquante kilomètres de Grand Rapids et Nancy n'était pas au courant de ce qui défrayait déjà la chronique. C'est le journaliste qui l'avertit ce lundi-là.

– Je ne peux pas croire que personne ne vous ait contactée. Votre mère est sur la liste.

Nancy lui demanda de quelle liste il s'agissait.

En entendant ses explications, elle sentit l'air lui manquer. Quand il eut fini, elle appela aussitôt la police mais les détectives n'étaient pas là. Le lendemain elle contacta Ronald Westman qui s'excusa de ne pas l'avoir appelée.

– Je suis désolé, c'est un oubli. D'ailleurs, je ne suis pas sûr que ces meurtres aient bien eu lieu.

La nouvelle faisait maintenant le tour de l'Etat et se répandait dans toute l'Amérique. Nancy se fit la réflexion que décidément tout allait de travers, ces temps-ci. Son fils, adolescent, était alors hospitalisé pour une opération de la mâchoire. Elle ne s'entendait plus avec son mari. Et maintenant, ce sentiment de culpabilité qui la terrassait. Tout, il fallait tout revoir, tout recommencer sur d'autres bases.

Ma mère n'est pas morte en paix. Sa dignité a été bafouée, pensa-t-elle.

– A ce moment-là de ma vie, j'ai senti que tout basculait, j'étais anéantie et me répétais que je ne valais rien en tant que mère, en tant qu'épouse et que je n'avais pas été à la hauteur en tant que fille. Je pleurais sans cesse et ne pouvais plus me contrôler. J'ai dû entreprendre une psychothérapie.

Quand Ted et Maxine Luce furent contactés par Alpine Manor, ils n'en crurent pas leurs oreilles.

– Penser que quelqu'un l'a *délibérément*... étouffée. C'est horrible, faire ça à des personnes sans défense, aussi désarmées que des enfants !

La police les appela aussi. Ils furent anéantis. Ils espéraient jusqu'alors que tout cela n'était pas vrai.

Le chef de la police Walter Sprengler avait conclu un arrangement avec la direction d'Alpine Manor et avait accepté d'informer les familles des victimes.

En fait la police ignorait encore quelle serait la liste définitive. Ils avaient arrêté Gwen Graham pour le meurtre d'Edith Cook, et Cathy Wood pour les meurtres d'Edith Cook et de Marguerite Chambers.

Le mardi qui suivit l'arrestation des deux meurtrières, le *Grand Rapids Press* publia la liste de huit victimes probables. Tout au long de la semaine, les familles concernées en apprirent plus par les médias que par toute autre source. Certaines familles refusèrent catégoriquement de parler avec les journalistes. Un des neveux d'Edith Cook et sa femme se vantèrent par la suite de n'avoir jamais lâché un seul mot à la presse.

La police, comme elle le redoutait, commençait à perdre le contrôle de l'affaire. Ken Wood se mit à accorder des interviews aux journalistes. Ses propos étaient souvent cités dans les journaux. Sa femme lui avait dit qu'elles avaient fait ça « par plaisir », etc. Le projet M-U-R-D-E-R fut largement exploré et commenté. Gwen Graham avait tué pour « se libérer ». Mais nulle part on ne parlait de mobile.

– Un mobile, ce n'est pas quelque chose qui doit être prouvé, répliqua Dave Schieber à un journaliste.

Et puis le mot « lesbiennes » retint toute l'attention des journalistes. Sprengler leur annonça que les meurtres n'avaient rien à voir avec une recherche quelconque de plaisir mais que, derrière tout ça, il y avait surtout une liaison entre lesbiennes. C'était là le mobile des crimes...

Aussitôt les caméras de télévision et les journalistes convergèrent vers les bars gays de la ville. Le *Carousel* avait fermé. Les médias envahirent le *Club 67*, dans le quartier sud. Arthur Laham, le gérant, dut expulser un journaliste qui essayait de prendre des photos de ses clients installés au bar. Il se souvenait de Cathy Wood qui s'amusait à repérer les joueurs de billard qui pariaient de l'argent et les lui signalait.

Les milieux conservateurs du Michigan furent profondément choqués par les révélations de la police et, de leur côté, les homosexuels furent indignés que l'on puisse se retourner contre eux. Ils condamnaient ouvertement l'amalgame entre les crimes et l'homosexualité. L'un des porte-parole du mouvement déclara aux journalistes :

– Des comportements pathologiques similaires se retrouvent dans de nombreuses couches de la population et ce, quel que soit le milieu socio-économique. Cela n'a strictement rien à voir avec les penchants sexuels.

Les révélations dans la presse, les conversations avec les détectives et les déclarations des attachés de presse d'Alpine Manor bouleversèrent Jan Hunderman.

– Vous ne pouvez pas imaginer tout ce qui se passait

là-dedans, lui affirma un policier. Des canulars, des bagarres et même des coups de couteau dans les pneus de voiture. Des lesbiennes qui se pelotaient dans les chambres.

Jan découvrait un monde qu'elle ignorait complètement et ce qu'elle apprenait la traumatisait.

– Est-ce qu'elles faisaient ça avec des malades ? Est-ce qu'elles assouvissaient leurs besoins sexuels avec de pauvres malades sans défense ? Est-ce qu'elles auraient aussi abusé de ma mère ? Demanderait-elle plus tard.

Les médias se concentraient sur la personnalité de Cathy Wood. Tout ce qu'ils avaient pu glaner comme information, c'était sa déclaration faite sur l'honneur, attachée au mandat de perquisition utilisé à Tyler. C'était avant qu'elle ne s'implique dans les crimes. A cette époque, elle était un simple témoin aux yeux des détectives. Dans ses interviews, Ken soulignait le caractère tourmenté de sa femme, ses problèmes d'obésité, le fait qu'elle était venue libérer sa conscience en se confiant à lui. Il raconta même qu'elle avait essayé d'entreprendre une psychothérapie.

– Cet endroit est terrifiant et sordide, avait-elle dit au téléphone en parlant de la prison du comté de Kent.

La mère de Cathy plaidait sa cause également, déclarant aux journalistes que sa fille était « innocente » et que Ken avait « grossi » les faits dans sa déposition à la police.

La direction d'Alpine continuait à dresser un portrait flatteur de Cathy Wood. On demanda aux employés de ne pas répondre aux questions des journalistes. Ginny Seyferth, un attaché de presse de Grand Rapids déclara au cours d'une conférence de presse que les deux suspectes étaient des employées modèles. Personne ne mentionna leur passé de débauche, leur penchant pour l'alcool, leurs conflits permanents ainsi que les altercations de Cathy avec les malades.

Seyferth et Sprengler parlèrent du tort causé à la maison de santé. Un psychologue travaillait alors sur place pour rassurer les malades et le personnel traumatisés. On sut plus tard que l'établissement n'avait en fait perdu qu'un seul pensionnaire à la suite des révélations sur l'affaire.

Pendant ce temps-là, les détectives entendaient une tout autre version, celle donnée par un ancien employé de la maison. Selon lui, Cathy était une personne avide de pouvoir qui terrorisait son entourage. Il savait qu'elle avait refusé de donner à manger et à boire à des patients qui ne se soumettaient pas à sa volonté.

– Elle avait une double personnalité, déclara Jean Marie Grep à Roger Kaliniak. Parfois gentille et généreuse, et à d'autres moments si cruelle…

Gwen Graham restait une énigme. Le public ne connaîtrait rien de plus que le portrait d'une créature violente et dominatrice dressé par Cathy Wood. Graham était pour les gens du Michigan une étrangère, isolée dans une cellule au fin fond du Texas. Là-bas, à Tyler, pendant ce temps-là, elle se battait pour ne pas être extradée.

Seul, un journaliste parti enquêter sur place retrouva une femme qui l'avait embauchée pour distribuer des journaux de 1983 à 1985. Elle parla du tempérament triste de Gwen. Elle l'aimait bien.

– Sa vie n'était pas très facile. C'était une enfant battue, ses parents étaient divorcés et sans argent. Ils n'avaient pas grand-chose pour vivre. Ils avaient beaucoup circulé dans le pays.

Elle gardait en mémoire les brûlures de cigarette sur ses bras et les accidents de voiture de Gwen. Le sort semblait s'acharner contre elle.

94

A soixante-cinq ans, Tish Prescott partit en retraite. Mais elle eut bien du mal à trouver le repos. Alors même qu'elle venait de quitter ses fonctions à Alpine Manor, elle recevait sans cesse des coups de téléphone de menace.

Tout avait commencé quelque temps après les arrestations.

– Elles ont des amis là-bas, ne pensez pas que vous êtes quitte, disait une voix.

Les coups de fil anonymes étaient donnés juste après le coucher du soleil. C'était tantôt une voix de femme, tantôt une voix d'homme. Elle était terrorisée. Sa santé était fragile et, après ces appels, elle restait souvent longtemps avant de pouvoir récupérer ; son cœur était fatigué et elle souffrait de diabète.

Elle finit par appeler la police.

– Tish, je n'y comprends rien, lui dit Freeman. Des tas de gens ont déclaré des choses bien plus compromettantes et ils ne font l'objet d'aucune menace. Et vous qui n'avez presque rien dit d'accusateur… Non, vraiment je n'y comprends rien.

Elle contacta Nancy Cage, une avocate de Grand Rapids qui était aussi une amie de la famille. Celle-ci alla se plaindre au bureau du PA Tish figurait sur la liste des témoins éventuels, laquelle était jointe au mandat d'arrêt. Or, Cathy avait bien dit à la police qu'elle pensait que Tish Prescott s'était doutée de quelque chose, quand elle s'était attardée dans la chambre de Marguerite Chambers, le soir du meurtre.

Tish ne se souvenait de rien à ce sujet. Cependant, pensa-t-elle, le nombre de fois où je les ai surprises toutes les deux dans les chambres des malades ! Peut-être s'imaginent-elles que je sais quelque chose.

A la fin décembre, Tish reçut une citation à comparaître en tant que témoin à l'audience préliminaire de Cathy Wood, prévue pour début janvier.

Il y eut d'autres coups de fil anonymes.

– Ne pensez pas que vous êtes quitte !

Elle finit par ne plus décrocher. Deux jours avant Noël, elle se trouvait dans Hall Street, en plein quartier Est de la ville. C'était l'après-midi et elle était au volant de sa voiture. Des enfants attendaient le signal pour traverser. En arrivant au niveau de l'intersection avec Breton Avenue, elle vit dans le rétroviseur un conducteur foncer sur elle. Le véhicule la dépassa, lui fit une queue de poisson, l'obligeant à freiner brutalement. Et tous ces enfants ! Elle en tremblait encore.

Complètement choquée, elle ne put certifier si le conducteur était un homme ou une femme. Cependant, elle était certaine qu'il s'agissait d'un 4 x 4.

Elle quitta son appartement temporairement et emménagea chez Nancy Cage jusqu'à la date de l'audience préliminaire. Le 4 janvier, le tribunal entendit entre autres les témoignages de Dawn Male, de Ken Wood et du médecin légiste Stephen Cohle. Tish Prescott ne fut pas appelée à témoigner. Le juge Sherwin J. Venema décida que les preuves étaient suffisantes pour inculper Cathy Wood des meurtres de Marguerite Chambers et d'Edith Cook.

De retour chez elle, Tish Prescott fondit en larmes. Sa porte d'entrée avait été enfoncée et il y avait des empreintes de pas dans la neige. La police de Grand Rapids fit installer un système d'alarme spécial.

Il y eut encore un autre appel.

– N'imaginez pas que vous êtes quitte ! Dit la voix.

Nancy Cage s'en plaignit au bureau du PA et à l'avocate de Cathy Wood, Christine Yared.

– Voudriez-vous dire à votre cliente de faire cesser immédiatement ce jeu. Qu'elle prévienne ses amis !

Les coups de fil cessèrent peu de temps après l'audience préliminaire.

95

Tous les jours, Robin recevait une ou plusieurs lettres de Gwen, ornées de dessins naïfs : des lapins, des clowns, des ratons laveurs, un *robin* (un rouge-gorge) perché sur un arbre, un oiseau dans son nid tenant dans son bec un message « pour Robin », un lapin dansant avec une canne et un haut-de-forme.

Cette avalanche de lettres inquiétait beaucoup son père. Robin se doutait qu'il devait en subtiliser quelques-unes.

Est-ce que vraiment une meurtrière pourrait dessiner des choses pareilles ? Se demandait-elle. Gwen lui écrivait de nombreux mots d'amour :

Si je peux t'aider en quoi que ce soit, dis-le-moi, s'il te plait.

Robin lui fit parvenir un sweat-shirt et un pantalon pour Noël. Elle reçut en retour une carte que Gwen avait dessinée dans sa cellule, un sapin de Noël surchargé où elle avait écrit ces quelques lignes :

L'espoir ne veut pas dire qu'il n'y a plus de problèmes… Je suis convaincue que, petit à petit, ils disparaîtront, que les blessures se cicatriseront et que les difficultés seront surmontées… Avoir la foi, c'est croire qu'en chacun de nous il y a assez de force et de ressources pour sortir du tunnel.

Joyeux Noël. Je t'aime.

Non, décidément, ces mots ne pouvaient pas être écrits par une meurtrière, se disait Robin. Elle lisait les journaux et attendait jour après jour que quelqu'un dévoile toute cette fumisterie. Elle espérait encore que Cathy parlerait.

Elle reçut un deuxième paquet : une rose de Tyler et un sweat-shirt avec son nom inscrit en grosses lettres. C'était la sœur de Gwen qui le lui fit parvenir de sa part. A la vue des cadeaux, elle eut une crise de nerfs et se mit à hurler contre la police, contre Cathy, contre la terre entière. Sa mère accourut.

– Que se passe-t-il, chérie ?

Elle envoya balader le colis d'un geste désespéré et refusa de répondre. Elle voulait rester seule.

Elle l'était pourtant, toute la journée, jusqu'à ce que sa mère rentre du travail. Perchée sur un tabouret dans la cuisine, elle fumait cigarette sur cigarette, sous la lumière de deux spots suspendus au plafond. Elle s'imaginait être sous les lampes que la police utilisait dans les interrogatoires.

Tourmentée par sa conscience, elle ressassait inlassablement les événements. Elle regardait par la fenêtre croyant à chaque instant voir arriver les voitures de police. Elle était convaincue qu'ils viendraient la chercher un jour.

Vers décembre, elle n'était plus que l'ombre d'elle-même et ne mangeait pratiquement rien. Son père parla de l'hospitaliser. Elle finit par lui avouer qu'elle n'avait pas tout raconté à la police.

– Tu n'as qu'à leur dire la vérité, c'est tout ! Lui conseilla-t-il. Ça te soulagera.

Sa famille trouva en la personne de Bob Hiner, adjoint du shérif du comté de Kent, l'aide et le conseiller dont ils avaient besoin. Robin et Hiner se rendirent ensemble au bureau de police de Walker à la mi-décembre et elle fit une nouvelle déclaration. A Tyler, elle avait dit aux détectives qu'elle avait vu Gwen et Cathy plaisanter ensemble. Elles partageaient visiblement un secret.

– En fait, ce n'était pas vrai.

– Alors pourquoi avez-vous parlé de ça ? Demanda Freeman.

– Parce que j'étais perdue. Je ne savais plus ce qui se passait.

– Est-ce que vous lui avez demandé si, oui ou non, elle avait tué quelqu'un ? Demanda Tom.

– Oui, bien sûr.

– Et que vous a-t-elle répondu ?

– Elle m'a dit que non.

– Vous l'avez crue ?

Elle réfléchit quelques secondes.

– Oui.

– Pourquoi avez-vous hésité avant de répondre ?

– Parce que vous avez des preuves. C'est pourquoi je suis déconcertée. Je ne sais plus. Elle, elle me dit qu'elle n'a rien fait.

Des journées entières, elle avait ressassé cette histoire, seule sur son tabouret. Elle savait que la police ne croirait jamais sa version. Ils ignoraient qui était Cathy. Elle se rendait compte, d'après les articles de journaux, que personne ne connaissait le côté diabolique de sa personnalité.

Ils allaient crucifier Gwen, c'était sûr. Les marques sur son corps, les cicatrices. Elle qui avait déjà tant souffert dans sa vie ! Robin la voyait comme une sorte de Christ, victime des péchés d'autrui. Et moi, si je parle, se disait-elle, je serai Judas. Je ne veux pas être un pion entre les mains de Cathy.

Elle avait promis à Gwen, à genoux…

En janvier, elle maigrissait toujours. Il lui était devenu de plus en plus difficile d'écrire à Gwen.

Un jour, elle s'arrêta à Alpine Manor pour saluer Marty Slocum et d'autres personnes qui travaillaient là-bas. Ces collègues la complimentèrent sur sa ligne. Ce n'était pourtant pas la meilleure façon de maigrir.

– Il n'y a pas eu de meurtres, dit-elle à Marty Slocum. Pourquoi la police de Walker ne veut-elle pas comprendre ? Cathy est encore en train de manigancer quelque chose.

Robin était de plus en plus tourmentée. Les jours défilaient sans qu'elle parvienne à se ressaisir. Elle se décida à sortir de la maison. Le matin, elle prenait le courrier puis partait se promener au zoo ou ailleurs. Là, elle ruminait sur son triste sort, se disait que personne ne la comprenait. Gwen lui téléphonait de temps à autre. Au moindre coup de fil, Robin se ruait pour prendre la communication avant ses parents.

Un lundi soir, courant janvier, Gwen l'appela.

– Dis-moi, Robin, si je m'en sors, est-ce que tu reviendras à Tyler vivre avec moi ?

Tout récemment, Robin avait reçu une carte d'anniversaire pour leurs deux ans... Le 8 janvier ! Elle avait tellement réfléchi à ce que lui avait dit Gwen sur Cathy et sur les meurtres qu'elle avait fini par remettre en question ses propres convictions.

Peut-être devrais-je faire l'autruche, ne plus me torturer l'esprit avec ça, pensait-elle.

– Robin, est-ce que tu viendras ?

– Ecoute, Gwen, dit-elle calmement, je ne pense pas. Pas maintenant, en tout cas.

Le lendemain, 17 janvier, la détenue de la prison Smith County, dont la caution avait été fixée à un milliard de dollars, fit un scandale.

– Ramenez-moi dans le Michigan ! Hurlait Gwen. Je veux y retourner.

Les murs de sa cellule étaient tapissés de photos de Robin. Pour aller se laver, elle emportait toujours avec elle un portrait de Robin.

– On se douche ensemble, disait-elle.

Une demi-heure après son scandale, elle était devant le juge Bill Coats qui lui proposa un avocat d'office. Elle refusa.

– Elle voulait retourner là-bas à tout prix et ne voulait rien entendre, déclarerait-il.

Dans la salle du tribunal, Gwen Graham se réjouissait à l'idée d'être transférée à Grand Rapids, et plaisantait avec les gardiens.

96

Quant à Ken Wood, il ne supportait plus de rester assis à lire les nouvelles dans la presse. Souvent il parlait avec David Schieber, le PA adjoint, de la procédure judiciaire, des peines encourues par sa femme. Début février, Ken aborda la question des transactions possibles entre les juges, les avocats et Cathy sur sa reconnaissance de culpabilité.

Le bureau du PA était déjà en négociation avec elle à ce sujet. Dès son arrivée du Texas, Gwen Graham fut incarcérée à la prison du comté de Kent sans caution possible. Son audience préliminaire était prévue pour le mois suivant. Le PA voulait obtenir le témoignage de Cathy contre Gwen et faire ainsi l'économie d'un procès.

Ken savait que Cathy était en train de réfléchir à la proposition qui lui avait été faite. Elle lui en avait parlé à plusieurs reprises au téléphone de la prison. Cela consistait à plaider coupable pour homicides involontaires et complicité de meurtres. Elle risquait forcément une peine de prison mais conservait une chance (contrairement au meurtre avec préméditation) d'être mise en liberté conditionnelle.

– Vous a-t-elle dit quelque chose à ce sujet ? Demanda Schieber. Va-t-elle accepter ?

Ken donna son opinion.

– Je ne considère pas que plaider coupable pour homicides involontaires soit une solution valable. Ne pourriez-vous pas lui proposer mieux ?

– Vous n'y pensez pas ! Le jury pourrait penser que l'on a acheté son témoignage. Il ne manquerait plus que ça !

– Ecoutez, David, je me fiche complètement de l'affaire, ce qui me préoccupe, c'est Cathy. Je veux l'aider.

Le PA resta inébranlable.

– Ken, c'est la meilleure proposition que nous puissions faire.

Cathy appela Ken quelque temps après ; elle venait d'être transférée à la prison du comté de Montcalm, à soixante kilomètres de là. Son avocate avait demandé à ce qu'elle soit placée dans une autre prison que celle où se trouvait Gwen.

Ken lui parla de l'entretien qu'il avait eu avec Dave Schieber. Cathy blêmit.

– Comment es-tu au courant ? Fit-elle sèchement.

Il ne comprit pas pourquoi elle réagissait ainsi. Ne lui avait-elle pas détaillé le contenu de ses discussions avec David ?

– Mais comment a-t-il pu te parler à *toi ?* Il ne devait rien dire.

Christine Yared allait sur ses trente ans. Cela faisait bientôt quatre ans qu'elle était avocate et elle savait flairer les affaires intéressantes. Elle s'était forgé une certaine expérience après trois années passées à défendre la municipalité de Grand Rapids dans des affaires de délits mineurs. Elle savait que la plupart des avocats cherchaient à négocier les peines avec les juges plutôt que de se lancer dans des procès coûteux.

Christine Yared voulait que Cathy réfléchisse à l'éventualité d'un procès et à ses conséquences, souvent graves. Elle avait analysé la personnalité de Cathy, épluché la cassette vidéo de l'entretien avec Palmatier et la transcription écrite du test, ce qu'elle avait d'ailleurs été la seule à faire. D'après elle, le fait que Cathy ait avoué avoir prémédité le meurtre de Marguerite Chambers dans le test au détecteur de mensonges la rendait extrêmement vulnérable.

– Ils auraient pu facilement l'inculper de meurtre avec préméditation, déclarerait-elle par la suite.

Selon la loi de l'Etat du Michigan, la peine encourue était la prison à perpétuité, sans aucune possibilité de liberté conditionnelle ; il n'y avait pas de peine plus sévère.

Christine n'était pas sans savoir que le PA avait l'intention de requérir la peine maximale pour Gwen Graham. L'homicide involontaire représentait une bonne option pour sa cliente qui, du jour au lendemain, lui donnait la chance inouïe de s'occuper d'une des affaires les plus retentissantes de l'histoire de Grand Rapids.

Fin février, Cathy appela le bureau du PA pour déplorer que son ex-mari ait eu connaissance des détails de la proposition.

Le 20 février, Christine Yared déposa une requête, arguant que le bureau du PA avait violé ce qui normalement devait rester confidentiel entre un avocat et son client. Cela mettait en danger toute la défense. Elle demandait que l'on annule le témoignage de Ken Wood et que tous les chefs d'accusation établis soient retirés.

Il fallait sauter sur l'occasion pour négocier autre chose que l'homicide involontaire.

97

Dave Schieber observait Robin en train de fumer, ou plutôt de griller, sa cigarette. C'était leur première rencontre. Tom Freeman, le shérif adjoint Bob Hiner, Robin et lui-même étaient assis autour d'une table de conférence, dans le bureau de Bill Forsyth.

Il ne s'attendait à aucune déclaration. Il savait que Robin avait traversé de nombreuses épreuves et voulait établir un bon contact.

– Robin, je sais que c'est particulièrement traumatisant pour vous. Je ne vous bousculerai pas. Dites-moi la vérité ou ce que vous pensez être la vérité.

Elle raconta ce qu'elle savait mais ne fournit aucune preuve. Rien de substantiel. En fait, il préférait qu'elle ne dise rien qui puisse par la suite être utilisé par la défense contre elle, au moment de l'audition des témoins.

Avant la fin de l'entretien, il lui demanda un service.

– Si vous vous souvenez de quelque chose d'important, notez-le, s'il vous plaît, dit-il.

Robin ne vit Gwen qu'une seule fois – à la télévision, à sa descente de l'avion, lors de son transfert à la prison du comté de Kent. Elle portait l'ensemble qu'elle lui avait offert à Noël et avait beaucoup maigri. Robin pleura toute la nuit.

Le courrier n'arrêtait pas, posté de Grand Rapids. Les lettres de Gwen révélaient un optimisme inébranlable. Elle parlait d'une libération probable après l'audience préliminaire. Robin reçut une carte pieuse de saint François d'Assise avec cette prière au dos : « Mon Dieu, faites de moi l'instrument de votre paix. » Dans l'enveloppe, elle avait glissé une mèche de ses cheveux roux.

Robin lui répondit mais ne put jamais se résoudre à lui rendre visite. Gwen lui écrivit un petit mot :

Pas de visite aujourd'hui. J'étais surprise. J'ai haussé les épaules. Tant pis ! Je t'aime quand même.

Puis un autre :

T'ai-je perdue ? Je l'ignore. Tu es la seule à connaître la réponse. Mes sentiments ne changeront jamais, Robin... je pleurerai un peu plus, maintenant.

A cette époque-là, Robin était comme anesthésiée, incapable de réagir.

– On va vous demander de témoigner et vous devrez dire la vérité.

Les paroles de Schieber résonnaient sans cesse dans sa tête. Elle craignait de dévoiler tous les secrets qu'elle gardait au plus profond d'elle-même.

Un jour, elle reçut une citation à comparaître. Comment affronter tous ces gens, dans le tribunal ? Tout le monde va entendre mon nom. Que pouvait-elle dire ? Elle avait fait à Gwen la promesse de ne rien dévoiler.

Prise de panique, et dans un mouvement de désespoir, elle partit en ville, rentra dans une pharmacie et acheta des somnifères.

En revenant, elle plongea la main, tout en conduisant, dans le sac et avala les comprimés par poignées. Rentre vite chez toi, se disait-elle. Allonge-toi sur ton lit et oublie tout, Gwen, Cathy et Alpine Manor.

Elle se vit tout d'un coup dans le rétroviseur et ce regard sur elle-même la sauva. Tout son corps se mit à trembler.

– Je ne veux pas mourir, non, dit-elle à voix haute. Je ne veux pas mourir. Je n'ai rien fait de mal ; pourquoi aurais-je honte ? Je n'ai jamais tué qui que ce soit, je suis innocente. Pourquoi devrais-je mourir ?

Elle changea de direction et prit la route de West Catholic, son ancienne école. Elle n'avait plus le temps de contacter ses parents. Vite, il fallait qu'elle trouve son frère.

– Je ne veux pas mourir.

Son père les retrouva aux urgences de l'hôpital Butterworth.

– Je ne veux pas mourir.

– Je sais, ma chérie.

– Je veux juste qu'on m'aide.

Par un jour glacial de février, Robin retourna au zoo, elle s'assit sur un banc, tout près de la mare aux canards, son coin favori. Elle prit un papier et un crayon et commença à faire une liste.

98

Courant mars, Cathy Wood n'avait toujours pas accepté l'arrangement sur sa culpabilité et allait vraisemblablement devoir comparaître devant un tribunal. La dernière requête de son avocate avait été rejetée. Christine Yared cherchait maintenant à faire annuler les accusations de meurtres qui pesaient sur sa cliente.

Cathy savait que la police l'avait trahie. Elle s'en était plainte au téléphone à son ex-mari.

– Ken, je ne vais rien leur passer. Je purgerai ma peine pour les deux meurtres s'il le faut et laisserai partir Gwen. Ken, tu sais que je peux le faire !

Le tribunal itinérant du Kent, sous la présidence du juge Robert A. Benson, examina les plaintes de Cathy pendant deux jours lors d'une audition des témoins. Le juge allait déterminer si les déclarations que Cathy avait faites à la police de Walker pouvaient être utilisées dans son procès en instance. Pendant ce temps-là, l'audience préliminaire de Gwen avait été repoussée.

Christine Yared prétendit que la police avait outrepassé ses droits en menaçant Cathy et en lui faisant de fausses promesses. Elle demanda que l'on annule ses dépositions. Si elle obtenait gain de cause, l'argument du PA s'effondrait.

William Forsyth plaida pour l'Etat du Michigan. Il appela Roger Kaliniak, John Palmatier et Bill Brown à la barre afin qu'ils s'expliquent sur leurs divers contacts avec Cathy. Il exhiba les six documents signés de la main de Cathy prouvant qu'elle avait bien pris connaissance de ses droits.

Christine Yared essaya de prouver que le comportement de la police et du PA avait conduit Cathy à penser qu'elle n'était pas vraiment suspectée, et qu'elle avait signé lesdits documents sans y prêter attention, comme s'il s'était agi d'une simple formalité. Mais elle fit aussi mention de témoignages plus embarrassants pour la police, comme l'expédition dans le sous-sol chez les grands-parents de Cathy, Tom Freeman se faisant passer pour le petit ami de Cathy, ou les plaisanteries grossières des policiers de Walker, lors du premier interrogatoire.

David Schieber, qui allait être en définitive l'avocat général dans le procès de Gwen, dut lui-même se défendre. Christine Yared l'attaqua au sujet de cette première conversation avec Cathy, lorsqu'il l'avait questionnée sur les pratiques sexuelles des lesbiennes.

– Vous rappelez-vous l'avoir interrogée là-dessus ?

– Oui. C'était assez saisissant, d'ailleurs. Je lui ai posé pas mal de questions sur leurs pratiques sexuelles, sur son rôle dans ses rapports avec Gwen.

Il se justifia en expliquant qu'il cherchait à savoir qui dominait dans le couple.

Christine Yared aborda la question de la vidéo et de l'attitude de John Palmatier, et argua qu'il s'était présenté à elle comme un confident et un ami. Il aurait sous-entendu qu'elle pourrait peut-être faire de la prison.

Forsyth rappela Freeman à la barre pour qu'il explique l'attitude de Cathy Wood à l'issue du test de détection de mensonges.

– Elle semblait très heureuse, déclara Freeman.

– Vous a-t-elle dit pourquoi ?

– Parce qu'enfin quelqu'un la croyait.

Cathy Wood vint à la barre. C'était la première fois qu'elle comparaissait devant un tribunal en deux mois. Seules quelques mèches de cheveux encore un peu décolorées témoignaient des jours anciens où folie et fête se confondaient. Il n'y avait plus de blonde platinée, ni de vie de bâton de chaise. Ses cheveux avaient repris leur couleur naturelle, et la coupe en était très conventionnelle. Elle portait un pull rose avec un col en V et avait considérablement maigri.

Cathy Wood confirma les paroles de Freeman : « C'est celui qui se jette à l'eau le premier qui gagne. » Christine Yared lui demanda ce qu'elle avait pensé à ce moment-là.

– Je l'ai cru, parce qu'on m'a toujours dit que les policiers ne mentaient jamais.

Elle avait également fait confiance à David Schieber quand il lui avait déclaré qu'elle n'aurait peut-être pas besoin d'un avocat si elle disait la vérité. Elle déclara que Freeman l'avait convaincue de se soumettre au détecteur de mensonges, car autrement elle serait inculpée pour faux témoignage.

– C'est pour ça que j'étais si heureuse, j'avais réussi le test. Et puis je me disais que si je devais être emprisonnée, autant l'être pour quelque chose qui s'était réellement passé que de me retrouver derrière les barreaux pour un mensonge.

Elle ajouta qu'elle s'était confiée à des amis et à sa famille par acquit de conscience, mais aussi par civisme.

– J'ai dit cela à beaucoup de gens autour de moi, ça

m'obsédait. Si personne ne me croyait, j'avais peur que ça continue, là-bas, au Texas. Ça pouvait durer longtemps. Je n'avais plus le contrôle de la situation. Et il fallait arrêter.

Vers la fin, elle certifia que Freeman lui avait dit que les chefs d'accusation seraient abandonnés. La police avait manqué à sa parole.

– Voilà pour les promesses, déclara Christine Yared. Quant aux menaces, ne lui avait-on pas dit qu'elle irait en prison pour faux témoignage ?

Le juge fit connaître sa décision le 15 mars. Il précisa tout d'abord qu'il n'y avait aucune objection à ce que la police manifeste un peu de familiarité à l'égard des suspects. En deuxième lieu, il réfuta le fait que Cathy Wood ait été menacée ou contrainte à obéir. Il avait également vu la vidéo de Palmatier. Cathy y manifestait clairement sa volonté de déposer devant la police pour qu'enfin on la croie.

Le juge Benson aussi semblait la croire.

– Je ne reprocherai pas à la police d'avoir rondement mené son enquête. C'est une affaire particulièrement délicate, les victimes n'avaient aucun moyen de se défendre, les preuves font cruellement défaut. Seule votre cliente pouvait aider la police à éclaircir cette histoire, et je pense qu'elle a écouté sa conscience et a tenu à collaborer le mieux possible.

Cathy Wood sortait battue de cette audition des témoins mais forte d'une « conscience ». Cela jouerait en sa faveur dans les jours ou les mois à venir.

99

Le 19 avril, un mois plus tard, la salle du tribunal était comble ; les familles, les avocats et le public étaient rassemblés pour l'audience préliminaire de Gwendolyn Gail Graham, sous la présidence du juge fédéral Sherwin J. Venema. Le public était fasciné par Catherine May Wood. C'était le témoin vedette.

En échange de son témoignage contre Gwen Graham, le PA avait accepté qu'elle plaide coupable pour homicide involontaire et complicité de meurtre. On était revenu à la case départ, à la première proposition qui lui avait été faite avant toutes ces tergiversations.

Avec les accusations de Cathy, Gwen se retrouvait maintenant avec six chefs d'accusation : complicité de meurtre et meurtres de cinq personnes : Marguerite Chambers, Myrtle Luce, Mae Mason, Belle Burkhard et Edith Cook.

Le fait que Cathy devienne un témoin à charge faisait échouer les projets de James Piazza, l'avocat de Gwen Graham. A trente-huit ans, Piazza s'était déjà occupé de deux mille cinq cents affaires et avait plaidé à cent quarante procès, non seulement dans le Michigan, mais aussi à la cour d'assises de Detroit.

Piazza voulait baser la défense de sa cliente sur le principe juridique selon lequel l'accusation devait, comme dans toute affaire criminelle, fournir les preuves qu'il y avait bien eu mort d'homme et qu'elle était d'origine criminelle.

Mais cet argument ne tenait que si le *corpus delicti* était établi avant que l'on examine la moindre déclaration des avocats de la défense. Dans l'affaire d'Alpine Manor, les décès d'origine criminelle avaient été constatés par le médecin légiste, le Dr Stephen Cohle. Or, l'anatomopathologiste avait fait ce constat non pas à partir de constatations médicales réelles sur les cadavres, mais sur la foi du détective Freeman, lors d'une conversation avec ce dernier. Les convictions de Tom ne reposaient en fait que sur les déclarations de Cathy Wood. Les preuves de Cathy n'étant que des ouï-dire, elles devaient donc être écartées jusqu'à ce que le *corpus delicti* soit établi. Tel était l'argument de Piazza.

– Ils ne pouvaient rien établir, déclara Piazza plus tard. Ils étaient coincés.

L'audience préliminaire de Gwen avait donc été repoussée de plusieurs semaines, après que Piazza eut invoqué le *corpus delicti*. L'extraordinaire habileté avec laquelle il avait usé de cet argument expliquait en partie pourquoi on avait proposé à Cathy de plaider coupable. Telle fut l'explication avancée par David Schieber quelque temps plus tard.

Maintenant, cet argument de la défense ne tenait plus.

Avec le témoignage de Cathy contre Gwen, le problème du *corpus delicti* était tout simplement réglé.

Après le témoignage du Dr Cohle exposant les raisons pour lesquelles il avait conclu à l'homicide pour les cinq victimes, ce fut au tour de Cathy Wood de prêter serment.

Tom Freeman l'observait attentivement. Il était assis dans les rangs de l'accusation. Inquiet après le jeu interminable du chat et de la souris avec Cathy, il ne savait plus que penser. Il avait perdu ses faveurs depuis quelque temps. C'était Dave Schieber qui s'entretenait maintenant avec elle, en vue de préparer l'accusation de Gwen Graham.

– Au moment où elle est arrivée au tribunal, j'imaginais déjà le cauchemar que cela allait être, dirait-il plus tard à un ami. Qu'allait-elle pouvoir encore ajouter ?

Cathy se tenait bien droite à la barre ; la partie inférieure de son corps étant dissimulée, elle paraissait presque fragile et s'exprimait avec un filet de voix.

Gwen Graham, le visage impassible, scrutait Cathy Wood. C'était leur premier face-à-face depuis presque deux ans. Gwen portait un T-shirt à manches courtes. Durant toute l'audience, Cathy évita son regard.

– L'idée de meurtre avait germé en octobre 1986, déclara-t-elle. Au début, c'était une plaisanterie. La première victime devait être Robin Fielder.

» On a dit qu'on allait tuer des gens et elle a parlé de tuer Robin. On discutait, on plaisantait. Moi, je n'ai pas pris ça au sérieux.

Cathy attesta que la plaisanterie était devenue un véritable projet. Gwen avait l'intention d'asphyxier des malades d'Alpine Manor en les étouffant. Pendant tout son témoignage, Cathy Wood parla des crimes et de leur préparation comme si cela ne la concernait pas. Elle ne dit pas que c'était elle qui avait choisi de tuer Marguerite Chambers. Elle affirma que c'était Gwen qui en avait eu l'idée et que c'était elle également qui était retournée achever la vieille femme.

Pour la première fois de l'instruction, elle donna sa version des faits pour les heures qui suivirent le premier meurtre. Elles étaient revenues chez elle, à Effie. Gwen l'avait immobilisée sur le lit avec les sangles qui servaient aux malades.

– Elle est allée chercher des chaussettes dans la commode et les a enfilées à ses mains. Puis elle a grimpé sur le lit et s'est assise à califourchon sur moi – elle ne me tenait pas comme Marguerite mais elle a commencé à m'étouffer.

– C'était un jeu ou quoi ? Demanda David Schieber.

Les larmes jaillirent. Pendant tout son témoignage, Cathy allait faire grand usage de la boîte de mouchoirs en papier.

– Non, je… je ne pouvais pas bouger. Je ne pouvais pas ouvrir ma… Elle me muselait la bouche. Je ne pouvais que pleurer. Elle a fini par me détacher. Elle n'arrêtait pas de me dire qu'elle était désolée.

Schieber voulut savoir pourquoi elle n'était pas allée voir la police.

– Je faisais toujours ce qu'elle me disait… je ne l'ai jamais, jamais laissée tomber. Je faisais toujours ce qu'elle me disait de faire.

Et puis commença l'interminable récapitulatif des meurtres ; elle donna, pour chacun, la localisation précise dans l'établissement. Rien ne varia par rapport aux déclarations précédentes – la serviette de toilette mise en évidence pour l'intimider et l'obliger à se soumettre, elles deux en train de pincer le nez des patients pour tester leur résistance, les mots de Gwen qui faisait ça « pour soulager ses nerfs ».

– Elle paraissait toujours contente après un meurtre, dit Cathy.

Elle déclara qu'elles avaient envisagé de tuer une vingtaine de victimes.

Schieber voulut en savoir davantage sur le choix des victimes.

– Plus ça allait, moins elles étaient impotentes, de Marguerite à Belle… Belle s'est beaucoup débattue.

Cathy attesta avoir effectivement choisi Edith Cook, mais dans le but de la soulager de ses souffrances.

– Edith était si malade. Et j'ai pensé que si quelqu'un devait mourir, cela pourrait être quelqu'un… à l'agonie, qui souffrait vraiment.

C'est à ce moment-là que les médias, et en définitive tout Grand Rapids, surent enfin ce qui les avait motivées pour tuer de façon méthodique tous ces malades, du moins retinrent-ils l'explication qu'en donna Cathy.

– Après… Après Myrtle, Gwen et moi étions à la maison et je me posais des questions sur notre liaison. En fait, j'étais inquiète. Et j'ai dit qu'elle ne pourrait jamais me quitter à partir de ce moment-là. Elle m'a répondu qu'elle ne le ferait pas mais qu'elle aussi avait besoin d'être assurée que je ne la quitterais pas. Alors on s'est dit qu'il fallait tuer à tour de rôle.

Elle expliqua qu'elle avait été incapable de tuer Madeline Young.

– Quelle était votre motivation ? Pourquoi vous être impliquée ? Demanda Schieber.

– Je me disais que Gwen était la première personne à m'aimer vraiment et je ne voulais pas qu'elle parte. Je me refusais à cette éventualité. J'ai fait passer mes problèmes avant le sort des malades.

– En quoi le fait de tuer à tour de rôle pouvait-il vous empêcher de la quitter ?

– Parce que ainsi, elle pouvait me menacer de me dénoncer, tout comme je l'ai fait pour elle.

Plusieurs heures plus tard, Gwen Graham était inculpée et l'on sut qu'elle devrait répondre de tous les chefs d'accusation devant la cour d'assises. Ce ne fut cependant pas le fait le plus marquant de la journée. Une fois encore Cathy Wood fut à la une de l'actualité. Elle venait de dévoiler publiquement l'information majeure de toute cette affaire qui, déjà, versait dans le sensationnel. La population de Grand Rapids découvrait enfin le mobile de ces meurtres en série. Et les médias eurent tôt fait de trouver la formule choc :

Le couple de lesbiennes avait tué pour préserver leur « pacte d'amour ». « C'était une union à la vie, à la mort. »

Stéphanie Engman, la petite-fille de Mae Mason, assista courageusement à l'audience. Ses yeux étaient rivés sur les avant-bras de Gwen. Elle se disait que cette fille devait être vraiment malade.

C'était elle qui avait insisté pour assister à cette audience. Elle montra beaucoup de dignité. Au fond d'elle-même, pourtant, la rage l'étouffait.

A la nouvelle des meurtres, sa première réaction avait été de tout oublier. Elle s'était mise à boire pendant dix-huit jours d'affilée. Dès qu'elle voyait un journaliste s'approcher de la maison, elle hurlait. Ses études avaient perdu tout attrait, au point qu'un jour elle se leva en plein cours et quitta l'école.

En observant Cathy Wood en train de témoigner, son irritation ne fit que croître, surtout lorsqu'elle la vit essuyer ses larmes.

Comment ose-t-elle pleurer ? Se disait-elle. Si quelqu'un doit pleurer, c'est bien moi.

Avec sa sensibilité de jeune étudiante en art dramatique, elle fut frappée par deux incohérences : d'abord la différence de taille entre les deux femmes et le remords apparent de Cathy.

Comment une fille de cent cinquante kilos pouvait-elle avoir peur de Gwen Graham ? Se demanderait-elle plus tard. Comment pouvait-elle afficher des remords alors que les meurtres avaient été organisés de façon implacable ! Non, ça ne tenait pas debout.

– Elle en faisait trop, de manière évidente, dirait-elle plus tard. Elle était vraiment *trop* désolée pour être honnête.

Et puis, au fil de l'audience, sa colère augmenta tandis qu'elle regardait Gwen. Dawn Male se tenait à la barre, racontant les bagarres à coups de poing qui l'avaient opposée à l'accusée. Gwen Graham avait mis sa main devant sa bouche. Mais Stéphanie remarqua qu'elle était en train de rire.

Mon Dieu ! Elle est accusée de meurtres et la voilà en train de rire. Décidément il lui manque une case !

Jan Hunderman et Ed Chambers voulaient absolument connaître la vérité. Ils étaient venus assister à l'audience avec l'espoir de découvrir quels avaient été les derniers instants de la vie de Marguerite.

– Marguerite faisait du bruit, et elle... Son corps était agité de soubresauts, déclara Cathy Wood.

Jan ferma les yeux. Lorsqu'elle les rouvrit, elle se tourna vers Gwen Graham pour voir sa réaction. Elle aperçut alors de loin un objet qui brillait. C'était une boucle d'oreille en forme de crucifix.

Comment peut-on porter un crucifix et tuer des gens pour « se soulager » ? Ses yeux ne purent plus se détacher de cette boucle d'oreille et l'envie lui prit de l'arracher.

100

Je me fiche de ce que ces gens vont penser. Je me suis embarquée là-dedans en toute connaissance de cause. Je savais de quoi j'aurais l'air et j'imaginais sans peine les retombées pour le centre de soins. Mais je devais le faire. Du moment que Gwen ne peut plus causer de torts, j'accepte tout ce qui peut arriver désormais.
Cathy Wood, le 24 octobre 1990

Raquel Payne, une jeune femme de vingt ans, racontait à un visiteur son séjour en prison. Elle avait été la compagne de cellule de Cathy Wood en 1989, alors qu'elle purgeait une peine de réclusion de quatre-vingt-dix jours pour une affaire de récidive.

– Nous avons partagé la même cellule pendant un mois et demi. On discutait beaucoup, elle était devenue une amie. Elle répétait sans cesse : « Je ne sais rien. Je ne sais rien. » Comme le jour de ma libération approchait, je lui ai demandé si elles avaient vraiment commis ces crimes. Elle m'a répondu que non, qu'elle avait tout inventé.

» Je lui ai dit que c'était complètement fou, qu'elle allait passer tout ce temps en prison pour rien. Elle ne pouvait pas rester sous les verrous pour rien. Si personne n'avait été tué… Alors, je lui ai demandé pourquoi elle avait été aussi loin.

» ‹Parce que je l'aimais. Je l'aime et je veux être avec elle›, m'a-t-elle répondu.

» Elle s'imaginait que c'était le seul moyen… Elle savait qu'elles finiraient par aller dans la même prison. Comme ça, Gwen n'aurait personne d'autre vers qui se tourner. Tous ses problèmes seraient ainsi résolus. Elle m'a dit que la seule chose qui lui manquait, c'était son 4 x 4.

» Je l'ai crue. Je vais vous dire une chose. Cathy n'est pas la fille sympa qu'elle prétend être. Moi aussi, je le croyais, jusqu'au jour où je l'ai entendue dire à une grosse femme noire : ‹Eh ! Si t'as un problème pour sortir de là, je vais te faire passer le cul entre deux barreaux !› Par la suite, la femme n'a plus osé rien dire.

» Cathy est folle. C'est une détraquée mentale. Quand elle veut quelque chose, peu importe comment et où, vous pouvez être sûr qu'elle l'aura.

Margaret Mann, une autre jeune prisonnière, avait surpris une autre conversation où Cathy parlait de ses condamnations. C'était tout autre chose :

« Ouais, j'ai tué. Gwen faisait le guet dehors, dans le couloir. »

Jour après jour, semaine après semaine, John Hulsing suivait l'affaire dans les médias et n'en croyait pas ses oreilles. Le portrait de Cathy dépeint par les journaux était ahurissant.

En apprenant qu'elle se soumettait à un deuxième test au détecteur de mensonges, il décida de passer à l'action. John contacta l'avocat de Gwen, James Piazza. Hulsing savait qu'il prenait un gros risque, que certains de ses collègues n'apprécieraient pas sa démarche. Sur le plan personnel, sa carrière pouvait même être mise en jeu ; il travaillait comme expert-psychologue dans une prison d'Etat à l'est de Grand Rapids. S'il s'impliquait dans la défense de Gwen Graham et témoignait, la presse en parlerait et les détenus auraient connaissance de son passé de policier. La plupart de ses clients étaient des assassins ; certains avaient tué des policiers. Il ne pourrait plus établir de contact avec eux et il n'aurait plus qu'à changer de travail.

Il appela l'avocat malgré tout, et réussit à obtenir une entrevue, après plusieurs coups de téléphone sans réponse.

– Je ne comprends pas pourquoi ils continuent à instruire cette affaire, confia-t-il à l'avocat. Cathy Wood ment tout le temps.

Hulsing parla longuement du test qu'il avait fait passer à Cathy, de son échec, et du côté manipulateur de la jeune femme, notamment avec le détective Freeman. Il n'était pas étonné outre mesure qu'elle soit devenue le centre d'intérêt dans cette affaire. Narcissique comme elle était, elle devait jouir de la situation.

– Jim, dit-il à Piazza, Cathy n'a rien d'angélique, croyez-moi.

Plus les responsables d'Alpine Manor en apprenaient sur l'affaire, moins ils y croyaient. Dans les couloirs beaucoup d'histoires circulaient sur les mensonges de Cathy Wood et ses obsessions de vengeance. Jackie Cromwell et Margaret Widmaier lurent les déclarations de la police et jugèrent que cela ne cadrait pas avec les faits.

Par exemple, Cathy Wood avait déclaré avoir entendu dans l'interphone le froissement des draps et les bruits de la lutte engagée entre Gwen et Belle Burkhard. Tout un chacun dans l'établissement savait qu'il était impossible d'entendre ne serait-ce que les appels des malades, alors des froissements de draps…

– La police n'a jamais pris le temps de venir enquêter ici pour vérifier des choses aussi simples que ça, déclara Jackie Cromwell quelque temps plus tard. Personne n'a travaillé sérieusement dans cette affaire, ni la défense ni le bureau du PA.

Mais ce n'était pas tout. Marty Slocum n'avait aucun souvenir d'avoir bavardé avec Cathy dans le couloir, le soir où Mae Mason était décédée. Selon les dires de Cathy à la police, la direction n'avait pas prêté attention à la position du bras de Belle Burkhard. Elle avait parlé d'un petit cœur rouge subtilisé à une victime en guise de souvenir du meurtre, or beaucoup de patients reconnurent cet objet comme appartenant à un autre pensionnaire qui ne figurait pas sur la liste.

Si Cathy et les enquêteurs ne pouvaient s'accorder sur des détails comme ceux-là, alors comment pouvait-on espérer convaincre les gens sur la question des meurtres ?

La première liste de huit victimes n'était pas claire non plus. Un des employés avait déclaré avoir assisté Wanda Urbanski pendant plus d'une heure, jusqu'à son dernier soupir. Cathy Wood n'était pas de service quand Lucille Stoddard était décédée. Deux employés avaient veillé à son chevet jusqu'à la fin.

La direction d'Alpine Manor considérait Tish Prescott comme une râleuse invétérée, une surveillante extrêmement stricte, et personne n'avait prêté attention à ses plaintes sur Gwen et Cathy, et puis Marty Slocum n'avait jamais rien remarqué de semblable.

– Voici notre Sherlock Holmes, avait dit Jackie Cromwell en montrant Marty Slocum du doigt. C'est un véritable détective. Si quelque chose avait été suspect, elle nous en aurait tout de suite avertis.

Quant aux altercations de Cathy avec les patients, les responsables expliquèrent que l'on faisait appel à elle pour les tâches difficiles, du fait de sa taille. Elle courait, par conséquent, plus de risques de rencontrer ce genre de problèmes que d'autres aides-soignantes.

Les résultats de l'enquête décidée par le ministère de la Santé prouvèrent à la direction d'Alpine Manor qu'il n'y avait pas lieu de la suspecter de malveillances, de gestes criminels, ni de sévices sur les malades.

Cela n'arrêta pas l'instruction de l'affaire ni la publicité autour de celle-ci. Mais les responsables de l'établissement détenaient là un document solide pour leur défense.

Maureen Haverhill, coiffeuse de son état, écouta avec attention les nouvelles concernant les meurtres d'Alpine Manor. Maintenant seulement les paroles de sa cliente prenaient tout leur sens…

Ainsi donc, Lucy Vanderveen disait la vérité. Quelqu'un *avait bien essayé* de la tuer.

Maureen ne se souvenait pas des dates avec précision ; et comment aurait-elle pu savoir que Lucy avait été admise à Alpine Manor longtemps après le départ de Gwen Graham ?

Elle s'en voulait énormément d'avoir douté des confidences de sa cliente. Jamais elle ne pourrait lui demander pardon.

Lucy Vanderveen était décédée à Alpine Manor au début de l'année 1988.

101

Le procès, qui promettait d'être l'un des plus spectaculaires de l'histoire de Grand Rapids, fut repoussé maintes fois, jusqu'en été. James Piazza cherchait à tout prix à étoffer son dossier tandis que Dave Schieber se familiarisait avec le témoin vedette.

Piazza recherchait des renseignements tous azimuts. Il avait envoyé son enquêteur à Alpine Manor pour interroger les aides-soignants et les infirmiers ; il lut et relut les procès-verbaux des interrogatoires, et demanda à des experts indépendants d'analyser tous les dossiers médicaux des victimes.

Intimement convaincu de l'innocence de Gwen, Piazza avait enquêté dans la maison de santé et rien de ce qu'il y avait entendu ne correspondait avec le portrait de monstre impitoyable que Cathy avait dressé de Gwen. Comme tout un chacun à Grand Rapids, il avait vu les images chocs de l'exhumation du cercueil diffusées et rediffusées à la télévision. Il était persuadé que la publicité faite autour de cette affaire, plus que les faits eux-mêmes, avait convaincu le bureau du PA de poursuivre la procédure.

– Je pense que le PA et l'attorney étaient coincés. Après avoir obtenu l'autorisation d'exhumation, rien ne pouvait plus les arrêter, ils devaient continuer.

Aucune preuve n'était apparue, pas la moindre empreinte, pas le moindre cheveu sur les cadavres. Rien. Pas même ces souvenirs dont on parlait tant. L'accusation n'avait même pas de cadavres pour trois des chefs d'accusation. Ils avaient été incinérés. Le seul témoin dont l'honnêteté pouvait être mise en doute, Cathy Wood, ne pouvait donner précisément son emploi du temps. Elle prétendait avoir vu Gwen Graham en train de tuer une malade mais n'était pas restée dans la chambre jusqu'au bout. Tout le reste n'était que ouï-dire.

En juin, Piazza déposa une requête pour demander une expertise psychiatrique sur la personne de Cathy Wood, cette pièce pouvant être versée au dossier de la défense dans le procès de Gwen. Il parla de sa double personnalité, des témoignages qui la présentaient comme une menteuse invétérée. Mais Roman Snow, le juge fédéral du Kent, récusa la requête. Piazza essaya de se procurer les dossiers de l'ancien psychologue de Cathy. Le juge Snow les examina en détail à huis clos et déclara à Piazza qu'il n'y avait rien dedans qui puisse permettre de confondre le témoin.

Piazza rétorqua que c'était à la cour d'en décider mais là encore, il ne fut pas entendu.

David Schieber déclara aux journalistes que les accusations de Piazza contre sa cliente étaient sans fondement.

– Je lui ai parlé et elle va très bien.

En fait, il se gardait bien de leur dire qu'il l'invitait au restaurant tout en préparant sa défense. Il la fit chercher à quatre reprises par le détective Freeman pour s'entretenir avec elle. Freeman se demandait si c'était régulier de dîner avec une accusée dans une affaire criminelle, et cela ne lui plaisait guère.

Schieber admit plus tard qu'il n'était pas impossible qu'il ait été manipulé par Cathy Wood.

– Il y avait un élément humain qui entrait en ligne de compte, dirait-il plus tard. J'ai appris à la connaître. Elle était intelligente, drôle, avec un côté vulnérable, enfin, c'était une femme très normale sur bien des points. On peut même dire très sympathique pour une meurtrière, je présume.

Le plus grand détracteur dans l'affaire d'Alpine Manor, Schieber, était maintenant acquis à la cause de Cathy

Wood. Il était littéralement sidéré par la fabuleuse mémoire dont elle faisait preuve, plus de trois ans après les événements.

Pendant ce temps-là, à la prison fédérale de Montcalm, Cathy se vantait d'avoir une influence sur l'attorney. L'une de ses codétenues n'était autre que Dawn Male. Elle purgeait là une peine de prison pour conduite répétée en état d'ivresse. Cathy lui avait dit qu'elle avait Schieber à sa botte et qu'elle pouvait le faire venir à la prison quand elle voulait.

– Elle savait qu'elle avait un ascendant sur lui, confia Dawn Male plus tard. Elle lui demandait des petites faveurs comme des stylos, du papier, des livres. Et il obéissait.

En trente années de magistrature, Roman Snow avait acquis une réputation de juge impartial, toujours au courant des dernières évolutions du droit pénal. Il était connu pour rester sur ses positions, somme toute assez sûres, et n'aimait pas que ses jugements soient revus par la cour d'appel.

A la fin août, on sut que Gwen Graham comparaîtrait devant un tribunal présidé par le juge Snow et que le procès débuterait le 11 septembre.

Dix jours avant cette date, Piazza surprit tout le monde en déposant une nouvelle requête. Il venait de demander à David Schieber de soumettre Gwen Graham au détecteur de mensonges. L'examen devrait être pratiqué par la police d'Etat, tout comme on l'avait fait pour Cathy Wood. Le PA rejeta la requête.

– Nos experts nous ont dit qu'il s'agissait d'une psychopathe, dit-il. Le test ne donnera aucun résultat probant.

Gwen y fut pourtant soumise, le 29 août, dans un cabinet privé d'experts médicaux. Elle le réussit en répondant à cinq questions sur les meurtres. Le 1er septembre, Piazza, l'avocat de la défense, déposa une requête en annulation, motivée par les résultats du test concernant les chefs d'inculpation de Gwen pour meurtres. Bien que de tels examens ne puissent être utilisés comme arguments devant un jury, Piazza cita des affaires où leurs résultats avaient néanmoins servi à formuler des requêtes, notamment dans de grandes affaires nationales.

Le juge rejeta la requête, et lorsque Piazza informa la presse de cette dernière, le bureau du PA critiqua violemment son attitude, susceptible selon lui d'influencer le jury. Ce à quoi Piazza répondit qu'il n'avait pas de leçon à recevoir de leur part à ce sujet.

– Qui a prévenu les médias de cette affaire ? Ce n'est pas moi. On ne peut pas me reprocher de vouloir influencer le jury.

Tout le monde avait entendu parler de l'affaire. Les deux lesbiennes défrayaient la chronique, Ken Wood passait à la télévision dans des émissions grand public, et dans le cabinet d'avocats de Piazza, on faisait des gorges chaudes sur les « gouines de la mort ».

Les groupes homosexuels se plaignaient de l'exploitation médiatique de l'événement alors qu'en même temps les journaux et la télévision souhaitaient visiblement garder leurs distances avec le procès.

– Nous n'avons pas pris position dans cette affaire parce que c'était avant tout un problème de santé mentale. Les militants homosexuels ne sont ni malades ni timbrés, figurez-vous.

Dans la salle du tribunal, Gwen Graham se trouvait pratiquement seule. Aucun de ses proches ne s'était dérangé. Sa mère était au Texas et son père en déplacement. Ses anciennes amies d'Alpine Manor allaient servir de témoins ; seule Fran Shadden avait prévu d'assister au procès.

La dernière requête de Piazza fut de demander que le procès se déroule ailleurs, compte tenu de la publicité faite autour de l'affaire. Le juge attendit avant de se prononcer. Il y avait plus de deux cents jurés disponibles dans le comté de Kent.

– Voyons d'abord si nous pouvons constituer un jury ici.

Le 7 septembre, Cathy Wood accepta de plaider coupable devant le juge Robert A. Benson, du Kent, consacrant ainsi son arrangement avec l'accusation. Le juge prononcerait son verdict après le procès de Gwen Graham. Quand il lui demanda si elle prenait cette décision de plein gré, elle fondit en larmes.

102

Au 33, Monrœ Avenue s'élève une imposante façade de pierre. Une volée de marches monte à l'intérieur du palais de justice. Le décor a visiblement souffert des épreuves du temps mais aussi de la colère et de la rage de certains citoyens mécontents. Sur les murs du hall d'entrée, on peut encore déchiffrer quelques graffitis grossiers mal effacés.

Le procès de Gwendolyn Gail Graham était donc prévu pour la fin de l'été 1989. Elle allait comparaître devant le tribunal pour cinq chefs d'inculpation de meurtre et, cette année-là, il n'y avait eu au total que six homicides dans toute la ville de Grand Rapids.

Lorsque Tom Freeman alla chercher l'accusée dans la cellule d'attente, à l'arrière du tribunal, il trouva la jeune Texane terrorisée, le dos au mur.

– Sortez-moi de là, suppliait-elle. S'il vous plaît !

Une énorme cuvette de toilettes occupait un coin de la cellule…

Trente-sept personnes sur les soixante présélectionnées avaient déjà été écartées par le juge et les deux avocats. Finalement, un jury de douze personnes plus deux remplaçants fut constitué. Onze hommes et trois femmes. La procédure « d'ouï-dire » pour sélectionner les jurés dura un jour et demi.

Tom Freeman était assis à côté de David Schieber sur les bancs de l'accusation. De l'autre côté se tenaient Piazza et Gwen Graham. Gwen portait une chemise rayée et un pantalon gris, ses cheveux d'un blond roux étaient longs maintenant et son visage, avec son nez retroussé, aurait pu être agréable sans ces sourcils broussailleux qui lui barraient le front. Elle garda durant tout le procès son air boudeur et maussade.

Le 13 septembre, dès l'ouverture du procès, les deux jeunes et brillants avocats du barreau donnèrent une idée de ce qu'allait être la bataille d'arguments dans la procédure contradictoire. L'attorney, blond aux yeux bleus, était un homme du coin. Piazza, grand brun aux yeux noirs, était d'origine italienne.

C'était un homme consciencieux, aimant l'innovation en matière de droit pénal, comme il l'avait prouvé par ses nombreuses requêtes. A ses moments perdus, il jouait du blues dans de petites formations. Il connaissait de ce fait le monde noctambule des marginaux et les tensions qui existaient entre les gens de ce milieu.

C'était un avocat très demandé. Quand il fut contacté pour défendre Gwen Graham, il rentrait d'un congé bien mérité, juste après avoir clos une affaire.

Schieber, lui, détestait perdre, c'était un ambitieux. Dans ses loisirs, il pratiquait la course à pied. Il visait une carrière de magistrat et avait une assez haute opinion de lui-même.

– Je réussis dans le métier d'attorney général, et j'aime ça.

Il venait de gagner le procès O'Brien, le tueur du terrain de golf, et avait le vent en poupe. Chaque coup de marteau du président de séance avait été filmé par les chaînes de télévision. Or, conformément aux dernières réglementations en vigueur dans l'Etat du Michigan, il était désormais impossible de filmer les procès. De ce point de vue, Schieber avait donc un énorme avantage sur Piazza : il était connu du grand public.

Il avait également une revanche à prendre sur l'avocat de la défense, ce Piazza qui l'avait battu dans un procès pour vol à main armée.

Avec l'expérience de ses dernières plaidoiries, il savait qu'un procès devait se dérouler un peu comme une pièce de théâtre, avec un début, un moment de tension et une fin. Il fallait aussi compter sur deux surprises : une bonne et une mauvaise. Accepter la première en cadeau et s'attendre à la deuxième.

Schieber commença par prévenir les jurés de la spécificité de l'affaire, et du caractère particulier des inculpées.

– Vous ne pouvez pas comprendre le déroulement de cette affaire sans avoir une idée de la personnalité des deux protagonistes.

Plus précisément, il parla de Cathy Wood. Il prévoyait de mettre l'accent sur sa dépendance vis-à-vis d'autrui, son obésité, sur le fait qu'elle était prête à tout pour l'amour de cette femme, même à couvrir des meurtres.

Piazza, lui, raconta une tout autre histoire au jury. Cathy était une menteuse invétérée, une grande manipulatrice, un impitoyable témoin à charge ; elle semblait prête à tout pour assouvir sa vengeance. Sa conviction était qu'il n'y avait eu aucun crime, ou alors qu'ils avaient tous été perpétrés par Cathy Wood. Gwen Graham n'était que la victime des machinations machiavéliques de Cathy.

– Nous ne vous demandons pas de juger ces personnes

suivant leur moralité ou leur style de vie, mais d'écouter leurs témoignages. Vous allez entendre parler d'amour, de jalousie, de haine, vous allez entendre parler de vengeance, rien d'autre que ce qui anime également les relations hétérosexuelles. Des sentiments identiques vont être dévoilés devant vous pendant ces quelques jours de procès...

Avec Jackie Cromwell, son premier témoin, Schieber ne perdit pas de temps. Il n'avait pas aimé la façon dont elle l'avait reçu, plus tôt ce matin-là. Elle devait parler des horaires des deux aides-soignantes et de leur présence à Alpine Manor au moment des meurtres. Quand elle s'avança à la barre des témoins, il négligea l'aspect « horaires » : les équipes de personnel soignant et les attributions de chacun. Il l'interrogea sur la définition des handicaps à cent pour cent, définition qui s'appliquait à toutes les victimes. Il ne voulait pas prendre le risque qu'elle parle trop longtemps.

– Un malade handicapé à cent pour cent a donc besoin d'une assistance médicale complète...

Elle était très tendue et réclama un verre d'eau.

Schieber aborda le sujet de l'homosexualité parmi le personnel aide-soignant d'Alpine Manor.

– Etiez-vous au courant des préférences sexuelles de la plupart de vos aides-soignantes, à cette époque ?

– Non, pas du tout.

Le deuxième témoin ne resta pas plus longtemps à la barre. C'était Gary Hunderman, le gendre de Marguerite Chambers. Il déclara avoir reçu un coup de téléphone d'Alpine Manor, ce fameux soir. Au bout du fil, une personne très pressée lui avait annoncé le décès de sa belle-mère.

– Vous rappelez-vous à qui vous avez parlé... Etait-ce une infirmière, une aide-soignante, un médecin ou un responsable ? Demanda Piazza en contre-interrogatoire.

– Non, elle n'a pas dit son nom.

Pendant toute la matinée, Piazza eut l'air préoccupé, déconcentré. Avant la pause du déjeuner, il prit la parole pour se plaindre du dérangement occasionné par la photographe.

– Monsieur le président, pourriez-vous demander à la photographe de bien vouloir cesser de prendre des photos. Je suis personnellement considérablement gêné par le cliquetis de son appareil.

L'avocat représentant le journal pour lequel travaillait la photographe bondit sur ses pieds et défendit sa cliente.

Schieber se joignit à la polémique et déclara qu'une grande partie des témoins homosexuels désiraient garder l'anonymat et pouvoir témoigner sans être visés systématiquement par les objectifs des appareils photo.

– Il me paraît normal de demander qu'on ne soit plus dérangés…

L'ambiance dans le tribunal devenait houleuse ; des murmures parcoururent la salle.

Le juge régla le problème en demandant à la photographe de bien vouloir s'éloigner au fond de la salle et de se plier aux volontés de chaque témoin.

On attendait, pour l'après-midi, le témoin vedette du procès.

– La séance est levée, dit le juge Snow.

103

Un murmure parcourut l'auditoire. L'accusation venait d'appeler Catherine May Wood à la barre.

Cathy Wood apparut. Elle était l'image même de la contrition : coiffure conventionnelle, presque austère, col roulé blanc et chemisier clair. Seules quelques mèches décolorées étaient encore visibles sur sa nuque…

Schieber lui demanda tout d'abord de détailler au jury l'arrangement sur sa culpabilité.

– Quel genre de peine encourez-vous ?

Sa voix était à peine audible :

– La perpétuité.

– Y a-t-il autre chose que vous voulez préciser quant à cet arrangement ?

– Que Gwen et moi ne soyons jamais dans la même prison.

– Qui est à l'origine de cette requête ?

– C'est moi.

Il interrogea d'abord Cathy sur son passé, l'épisode David / Debbie. L'adolescente victime de sa naïveté.

– Quel genre de jeune fille étiez-vous à quatorze ans ?

– Je ne quittais pas la maison et je passais mon temps à lire, seule dans ma chambre.

Piazza se leva, il ne pouvait accepter que le jury soit apitoyé d'emblée par ce genre d'anecdotes.

– Monsieur le président, je suis désolé d'interrompre le témoin mais je ne vois pas le rapport entre ces histoires d'adolescence et le fond du procès d'aujourd'hui.

Le juge Snow se tourna vers Schieber :

– Pourriez-vous vous expliquer sur ce point ?

– Afin de mieux comprendre l'affaire, nous devons cerner la personnalité de Catherine Wood. Certains faits de son passé, aussi douloureux ou pénibles soient-ils, doivent être connus. Ces événements et certains aspects de sa liaison avec Miss Graham sont utiles pour expliquer la dynamique de ce couple, pour savoir comment et pourquoi tout cela s'est passé.

Le juge Snow passa outre.

– Vous pouvez poursuivre, dit-il à Schieber.

Malgré les fréquentes objections de Piazza, Schieber réussit à détailler toute l'histoire, y compris le godemiché utilisé par David/Debbie. La salle était pétrifiée. Les pratiques sexuelles, l'homosexualité, les déboires d'une adolescente…

– Tout ceci a marqué ma relation avec Ken, raconta Cathy. La première fois que nous sommes sortis ensemble, il m'a emmenée dans son appartement et j'ai commencé par lui baisser le pantalon, juste pour vérifier si c'était un garçon ou une fille. Après je suis partie. Il était très surpris, mais c'était… Il fallait que je le fasse.

Cathy raconta son mariage, sa grossesse, sa prise de poids, son isolement. Sa terreur à l'idée de sortir de la maison. Son embauche à Alpine Manor. Sa séparation d'avec Ken. Dawn Male. Les tromperies. Tout le monde l'avait trompée.

Et puis Gwen Graham, leur rencontre et leur liaison.

– Est-ce que cette personne est présente aujourd'hui dans la salle ?

– Oui.

– Pourriez-vous nous la montrer, s'il vous plaît.

Elle leva doucement son index. L'accusée lui décocha un regard furieux.

Cathy Wood décrivit sa découverte du *Carousel*, son nouveau cercle d'amis : Ladonna Sterns, Angie Brozak, Robin Fielder, Paul Lopez.

– Gwen Graham vous a-t-elle, un jour, fait part d'une envie inhabituelle ?

– Oui.

– Laquelle ?

– Elle voulait tuer quelqu'un.

Elle prétendit que cette conversation avait eu lieu en octobre 1986.

– Quelle fut votre réaction ?

– J'ai cru qu'elle plaisantait, et elle m'a dit : « On n'a qu'à tuer Robin. » Et j'ai dit : « Oh ! Non. Elle est trop gentille. »

D'autres victimes étaient envisagées, dit-elle, y compris Katherine Brinkman. Wood répéta qu'elle croyait à une plaisanterie.

– Autour du nouvel an, Gwen m'a dit qu'elle avait envie de tuer un malade d'Alpine Manor, poursuivit-elle. On était à la maison. J'ai juste… C'est à peu près tout. Je n'y ai pas prêté beaucoup d'attention.

Elle parlait d'une voix tellement basse que les jurés devaient tendre l'oreille.

Plus tard, elles eurent une autre conversation à ce sujet, au lit.

– Je lui ai demandé comment elle comptait faire. Elle m'a dit alors qu'elle voulait… Qu'elle allait les étouffer avec un oreiller, et elle s'est reprise et a dit qu'ils pourraient tourner la tête, aussi elle utiliserait une serviette de toilette pour leur maintenir la bouche et le menton. Je lui ai demandé pourquoi, et elle a dit pour garder… parce que avec la pression, il pourrait y avoir des contusions ou des marques de dents.

– Lui avez-vous demandé qui elle avait l'intention de tuer ?

– Je ne crois pas.

– Lui avez-vous demandé pourquoi ?

Schieber prenait toutes les précautions. Il arrivait petit à petit à la question centrale qui était restée sans réponse malgré les centaines de pages de procès-verbaux, d'interrogatoires et autres déclarations reçues durant l'instruction : *Qu'est-ce qui a suscité le premier meurtre ?*

– Non, je ne pense pas qu'à ce moment-là je lui aie demandé la raison, peut-être parce que… Non, je ne pense pas.

– Pourriez-vous nous expliquer pourquoi vous ne lui avez pas posé la question ?

– Non.

Schieber changea de sujet.

– Que pourriez-vous dire sur votre liaison à ce moment-là ?

– Je l'aimais. Je pensais qu'elle m'aimait.

– Entre vous, à votre avis, qui était celle qui dominait ?

– Elle.

C'était un point important de l'accusation. Cathy Wood *devait* être soumise. Après tout, l'attorney lui avait fait une faveur. Elle devait bien avoir une raison pour n'être pas allée voir la police.

Pendant l'heure qui suivit, Cathy Wood donna son ultime version des faits. D'une voix laconique, elle fournit d'amples détails sur les endroits où Gwen et elle se trouvaient au moment des crimes. Pas une fois on n'entendit le refrain : « Je ne sais pas. »

– Il y a eu deux tentatives sur Marguerite Chambers, dit-elle.

Cette fois-ci, et contrairement à ce qu'elle avait dit à John Palmatier, elle n'insinua pas que c'était elle qui l'avait choisie.

– Gwen est revenue et m'a dit qu'elle allait s'occuper de Marguerite. Elle avait besoin de plus de temps. Aussi, il fallait que je vienne faire le guet.

Cathy se mit à pleurer. L'image de cette coïnculpée habillée tout de blanc était étonnante.

– Elle était au pied du lit et tenait une serviette-éponge contre la bouche de Marguerite et une autre en dessous de son menton. Elle était en train de l'étouffer et Marguerite faisait du bruit…

– Avez-vous vu Marguerite bouger ?

– Oui, elle avait des soubresauts.

Gwen avait aidé pour la toilette de la morte, dit-elle au jury. Gwen et elle-même avaient soulevé le corps pour le mettre sur un brancard. Cathy ajouta quelques détails sordides dignes d'une psychopathe.

– Je tenais sa tête et quand nous avons soulevé le corps, elle a basculé, j'ai cru qu'elle allait ouvrir les yeux et j'ai regardé Gwen, qui était en train de rire. Elle m'a souri.

En rentrant à la maison, elle s'était mise à boire du Jack Daniel's. Elle avait peur de prendre une douche, d'aller au sous-sol.

– Je pensais que Marguerite s'y trouvait et qu'elle m'attraperait.

Elle raconta aux jurés les sangles, le lit, Gwen sur elle essayant de l'étouffer. Elle leur montra comment elle lui tenait le nez et la bouche.

– Ce soir-là… J'ai compris ce qu'avait ressenti Marguerite… Il fallait que j'arrête ça… Ou que je dise quelque chose.

Schieber essaya de prouver que Cathy Wood avait peur de la brutalité de Gwen. Au dire de Cathy, elle avait cherché à l'étouffer trois fois. La deuxième fois, elle l'avait mordue. La troisième fois, Gwen avait sorti son fusil. Elle donna, en public et pour la première fois, sa version des faits. Les rôles étaient inversés par rapport à ce que Gwen avait raconté à Robin et à Linda.

– Qu'est-ce qui est arrivé, cette fois-là ?

– Elle m'a visée avec le fusil.

– Vers où a-t-elle pointé l'arme ?

– Là… Au… Vers le vagin.

– Etiez-vous nue ?

– Oui.

L'auditoire était muet, personne ne bougeait. Certains se déclareraient en aparté plus écœurés par ce qui se passait dans cette maison d'Effie que par les meurtres d'Alpine Manor.

Cathy parla des marques de cigarette sur les avant-bras de Gwen, des bagarres avec Dawn Male et de la scène avec son mari.

– Quand Marguerite est morte, Gwen m'a promis que cela ne se reproduirait plus. Mais après la mort de Maurice, elle a recommencé.

Et puis ce fut au tour de Myrtle Luce. Cathy raconta une anecdote macabre.

– On était seules dans Abbey Lane, et c'était la pause. On s'est mises à parler de nos liaisons passées. Et puis on a dressé une liste. Moi, je l'ai finie assez vite.

– Combien de personnes aviez-vous inscrites ?

– Trois, et Gwen n'avait toujours pas fini. Elle s'est levée tout d'un coup et m'a dit : « Je vais m'occuper de Myrtle. »

– Qu'avez-vous fait à ce moment-là ?

Cathy hésita, et le leitmotiv des « Je ne sais pas » reprit.

– Je ne sais pas si j'ai fait un tour ou si je suis restée assise au bureau. Je ne me souviens pas.

La seule chose dont elle se souvenait, c'était que Myrtle était morte et qu'en rentrant dans sa chambre, elle avait vu sur le lit la carte de visite de Gwen, la serviette de toilette roulée.

– Elle les laissait partout, sur mon chariot, au travail, dans la maison, parce qu'elle savait que ça me faisait peur.

– Avez-vous eu une conversation avec Miss Graham après la mort de Myrtle ?

– Hum… Oui, et c'est là que je lui ai demandé pourquoi.

– Quelle fut sa réponse ?

– Elle m'a dit que ça la soulageait. Elle était toujours très heureuse après.

– Et vous, comment vous sentiez-vous ?

– Très mal.

Cathy reniflait, se passait la main dans les cheveux et gardait les yeux baissés.

Mais elle n'avait rien fait pour arrêter les meurtres.

– Je voulais qu'elle soit heureuse.

Après le meurtre de Mae Mason, Gwen lui offrit un porte-clés. Puis, il y eut d'autres souvenirs : un ballon rouge où était écrit le mot « Maman », en souvenir de Marguerite, une chaussette de Myrtle. (Plus tard, elle parla d'une boucle d'oreille et d'un mouchoir, mais sans préciser si les objets appartenaient à Belle Burkhard ou à Edith Cook.)

Cathy précisa que Belle s'était débattue, d'après ce qu'elle avait entendu dans l'interphone. Gwen lui avait dit par la suite qu'elle lui avait abîmé un bras.

Cathy avoua qu'elle avait choisi Edith Cook comme victime ; elle avait pitié d'elle à cause de la gangrène de sa jambe. Puis elle avait jeté le dentier de la malade.

Schieber lui demanda comment elle réagissait après ces meurtres.

– Dans un sens, je faisais comme si de rien n'était. Mais il y avait tellement de choses… Ken, le travail, les voisins, et puis cela, et je fermais les yeux.

L'accusation aborda le problème du mot M-U-R-D-E-R (elle dit qu'elle ne savait pas qui était à l'origine de ça), l'idée de tuer à tour de rôle, son incapacité de tuer Madeline. Puis Schieber exhiba la pièce à conviction n° 1 : une lettre adressée à Gwen signée de la main de Cathy où on pouvait lire le sigle IGTKM (*I'm Going To Kill Madeline*).

– On était censées tuer chacune à notre tour, et ainsi dépendre totalement l'une de l'autre.

Cathy pleurait de nouveau. Elle avait le nez rouge.

– J'étais si perdue, tout le monde sortait avec tout le monde. Alpine Manor, c'était un vrai… Tout le monde couchait à droite à gauche. Et je me disais que ce serait son tour. Je ne voulais pas qu'elle me quitte ; voilà pourquoi j'ai dit ça.

– Etes-vous sûre que vous aimiez Gwen d'un vrai sentiment d'amour ?

– Oui.

– Légitime et fort ?

– Oui.

Il lui demanda si elle pouvait comparer ses sentiments avec ce qu'elle avait éprouvé avant pour Ken ou pour Dawn.

– Non, je n'ai jamais aimé quelqu'un comme j'ai aimé Gwen.

– Pourquoi les meurtres se sont-ils arrêtés après la mort d'Edith Cook ?

– ... Gwen a quitté Alpine Manor quelque temps après et elle est partie travailler dans d'autres établissements.

En fait, il s'agissait d'une période de presque trois mois, mais plutôt que de s'attarder sur les dates, ils parlèrent de la planification des meurtres.

– Avez-vous, vous-même ou Gwen, planifié d'autres meurtres ?

– Au centre de soins ?

– Où que ce soit.

– Dawn et Angie.

Cathy s'expliqua. Gwen sortait avec Angie. Elle la poussait à dire des « choses dégoûtantes » au téléphone, tandis que Cathy écoutait à l'autre bout.

Piazza fit une objection, qui fut acceptée.

– L'emprise qu'exerçait Gwen sur les autres est un facteur important dans cette affaire.

Objection rejetée.

Schieber reformula la question :

– Aviez-vous prévu de tuer Angie ?

– Gwen et moi ? J'ai écouté ce qu'elle me disait... Je savais ce que je devais faire.

Cathy expliqua qu'elle devait se cacher dans les buissons dans le parc de Fish Ladder tandis que Gwen attirerait Angie à cet endroit. Gwen devait se procurer un couteau et tout le monde penserait que c'était le mari d'Angie ou Ladonna Sterns qui l'avait tuée.

– Je devais l'aider... à la poignarder.

Quant à Dawn Male, il fallait s'en débarrasser, dit Cathy, en citant les propres paroles de Gwen. C'est pourquoi elles lui avaient parlé des souvenirs et les lui avaient montrés.

– Elle allait mourir, donc cela n'avait aucune importance.

Finalement, Schieber revint aux malades.

– Vous êtes-vous résolue un jour à écrire ce que vous aviez fait toutes les deux ?

– Oui.

L'accusation exhiba une autre feuille de papier dont Piazza et lui avaient parlé avant la séance, en dehors de la présence des jurés. C'était un document saisi à Tyler pendant la fouille du mobile home de Gwen. C'était le moment fort du témoignage de Cathy.

La pièce à conviction n° 2 était un poème écrit sur le bloc-notes de la maison de santé.

Je peux t'aimer tant et tant
Tu es vraiment géniale
Je ne peux plus attendre,
Cet après-midi est trop loin.

Et quand on se réveillera
Je t'embrasserai
Tu seras dans mes bras
Oh ! Gwen, j'ai besoin de toi.

Oh ! Dis-moi, jure-moi
Que tu seras à moi, toujours
Pour l'éternité et cinq jours.

– Reconnaissez-vous cette écriture ?
– C'est la mienne.
– A qui s'adresse ce poème ?
– A Gwen.
– Y a-t-il un vers ou une phrase qui ait un sens particulier, à la lumière de ce que nous venons de dire ?
– Pour l'éternité et cinq jours.
– Expliquez-nous la signification de cette phrase.
– Quand nous nous sommes rencontrées, nous avions dit que nous ne nous quitterions jamais. Et quand un malade est mort… Mais ce n'était pas le premier… Après la mort de plusieurs malades, cela devait durer toute l'éternité. Le nombre de jours correspond au nombre de malades tués. Cela a été écrit après la mort du cinquième, mais je ne sais pas si on avait inclus Maurice dans ce chiffre.

Quelques heures auparavant, dans la salle d'audience, le juge avait entendu une explication plus précise. Il avait voulu lire le poème en dehors de la présence du jury. Cette révélation arrachée au témoin sonnait comme le titre d'un roman à l'eau de rose.
– Que signifie cette expression ? Avait demandé le juge.
– Cela signifie que cinq personnes sont mortes… Chaque fois qu'un patient mourait, c'était pour l'éternité et un jour en plus, aussi je sais que ceci a été écrit après le cinquième meurtre…

A 16 h 12, Cathy quitta la barre après trois heures et demie de témoignage larmoyant. Certains jurés s'étaient même assoupis. Ils ne furent pas mécontents quand le juge leva la séance.

104

Le lendemain matin, Jim Piazza se lança dans le contre-interrogatoire de Cathy Wood.

– Miss Wood, quand vous avez... Vu ou appris la mort de Marguerite Chambers, vous vous êtes immédiatement précipitée pour prévenir l'une des infirmières ou des responsables... pour expliquer ce qui venait de se passer, n'est-ce pas ?

– Non.

– Ah ! Vous êtes allée prévenir la police, alors ?

– Non.

Pour chaque victime, il posa la même question.

– Vous n'avez rien dit concernant des malveillances ou des gestes criminels ?

– Non.

Ils parlèrent des amies auxquelles elles s'étaient confiées.

– Et pourtant, quand la police vous a interrogée, quatorze mois plus tard, vous avez dit, dans votre première déclaration, que rien de tout cela n'était vrai, est-ce exact ?

– Euh... J'ai déclaré que tout cela n'était qu'une farce...

Sans en démordre, l'avocat de la défense poursuivit. Cela faisait des mois qu'il préparait ce contre-interrogatoire. Il lui demanda de lire à haute voix ses déclarations et souligna une à une les contradictions. Il aborda aussi la question des négociations passées entre elle et l'accusation. Elle admit alors qu'elle pensait, à ce moment-là, que les chefs d'accusation seraient abandonnés. Piazza souligna le fait qu'elle pouvait être libérée dans dix ans. Cathy attesta qu'elle avait eu peur, au cours des interrogatoires, d'être internée dans une clinique psychiatrique.

Quand Piazza parla de la séance chez le psychothérapeute, Dave Schieber chercha visiblement à l'arrêter, il regarda le juge Snow mais celui-ci laissa faire la défense.

– Quand on a évoqué les relations sexuelles de Cathy à l'âge de quatorze ans, je ne voyais pas très bien le rapport avec l'affaire, mais puisqu'il s'agit de comprendre la personnalité du témoin, il me semble que les jurés doivent savoir qu'elle a bien été vue par un psychiatre et un psychologue lors de son incarcération, et même avant…

Piazza mentionna que c'était d'ailleurs l'accusation qui en avait parlé en premier.

Cependant le juge Snow ne l'autorisa pas à développer l'argument.

Piazza retourna alors aux questions essentielles. Il précisa que Cathy Wood avait déclaré n'avoir vu aucune victime mourir, que les initiales des noms cités ne pouvaient reconstituer le mot MURDER. Il parla des menaces proférées par elle à l'encontre de Robin et de Gwen. Puis il en vint à la question de la domination. Il lui demanda son poids et sa taille, puis se tourna vers Gwen.

– Levez-vous, Gwen, s'il vous plaît.

Gwen Graham se mit debout, les épaules rentrées, les bras ballants.

– Elle mesure environ un mètre soixante, est-ce exact ?

– Je ne sais pas.

– … Et vous aviez peur de cette femme ?

– Oui.

Piazza parla du fusil.

– N'est-il pas vrai, Miss Wood, que vous avez ligoté Gwen Graham. Que c'est vous-même qui avez saisi le fusil, l'avez enfoncé dans son vagin et l'avez menacée de la tuer, si elle vous quittait ?

Elle nia.

Piazza enchaîna en évoquant les intentions de meurtre sur la personne d'Angie Brozak. N'avait-elle pas dit une fois à son mari Ken Wood: «Je me demande quel effet ça doit faire de poignarder quelqu'un»?

Elle nia encore.

– Que signifient les initiales I-G-T-K-M ? Cela voudrait-il dire : *I'm Going To Kill Myself.* (Je vais tuer quelqu'un) ?

– Non.

Y avait-il encore des souvenirs qu'elle puisse montrer au jury ? Lui demanda-t-il encore.

L'avocat de la défense s'employa alors à aiguiller les jurés vers une autre explication possible.

– Miss Wood, n'est-il pas vrai que vous répandiez le bruit que Gwen Graham avait... Assassiné des gens... Non pas parce que c'était vrai, mais parce que vous ne vouliez pas que quelqu'un d'autre vous la prenne ?

– Non, dit-elle.

– Pas d'autre question, monsieur le président.

Dave Schieber reprit ses questions et demanda à Cathy à qui elle avait avoué les crimes. L'une des réponses prit l'attorney par surprise.

Elle admettait avoir eu peur de la police. Mais une fois engagée, elle voulait que la vérité soit connue.

– Pourquoi ?

Elle répondit de manière très laconique.

– Quand elle était en train d'assassiner les malades et que je ne faisais rien, je me sentais déjà assez mal, mais quand, une fois au Texas, elle m'a dit un jour au téléphone qu'elle voulait écraser le visage d'un bébé...

– Objection, monsieur le président, fit Piazza. Ce témoignage est contre les intérêts de ma cliente.

Le jury fut prié de quitter la salle d'audience. Le juge voulait entendre ce qu'elle avait à dire. Elle lui raconta que Gwen travaillait dans un hôpital au Texas, et qu'elle lui avait dit qu'elle aimait se rendre dans le service d'accueil des nourrissons parce qu'elle voulait en prendre un et lui écraser la tête contre la vitre.

– Elle voulait faire quoi ? Demanda le juge.

– Lui écraser la tête contre la vitre. Ecraser la tête d'un bébé. Il fallait que je fasse quelque chose, ce qui allait m'arriver ne m'importait plus.

Son explication fit la une des journaux. Cependant, les jurés ne purent ni entendre ni lire cette déclaration. Pour les gens qui connaissaient la chronologie des événements, le raisonnement de Cathy Wood ne tenait pas debout. Graham aurait dit cela plus d'un an avant que Wood ne se rende au bureau de la police.

Le jury reprit sa place. Cathy Wood expliqua pourquoi elle avait employé le mot de « farce » pour qualifier les crimes.

– ... Si quelqu'un nous entendait parler, c'est ce que nous devions dire.

Avant de quitter la barre, peu avant midi, Schieber essaya d'éclaircir une des contradictions :

– Après qu'elle vous a quittée, vous avez dit que vous vouliez revivre avec elle ?

– Oui.

– Et que vous aviez peur d'elle. Comment expliquez-vous cela ?

Elle l'expliqua de façon très psychanalytique.

– Les relations violentes étaient normales pour moi, je croyais presque que c'était comme ça qu'elles devaient être. C'est le seul mode relationnel que je connaisse. Alors je voulais qu'elle revienne.

Gwen Graham raconta à quelques personnes ce qui s'était passé pendant la pause-déjeuner.

– Ils nous ont ramenées à la prison pour manger. Elle était en bas et moi en haut. En redescendant, au moment de partir, on passe devant deux cellules d'attente. Et là, je l'ai aperçue du coin de l'œil. Nos regards se sont croisés. Elle s'est mise à ricaner. Ouais ! Si je n'avais pas su que la porte était fermée, je serais rentrée… Ça aurait fait l'effet d'une bombe dans le procès, mais ça m'aurait été égal.

L'audience reprit avec le témoignage du Dr Cohle. Il ajusta ses lunettes et passa en revue les autopsies de Marguerite Chambers et d'Edith Cook. Puis il expliqua les méthodes employées pour déterminer si les victimes avaient succombé à une asphyxie. Il fallait rechercher des traces évidentes : des blessures autour ou à l'intérieur de la bouche, une fracture du nez.

– … Des traces d'hémorragie, aux yeux ou sur toute autre partie du visage, suite aux efforts de la victime pour respirer.

Il était également possible qu'il n'y en ait pas.

– Ces traces ne sont visibles que dans le meilleur des cas. Il se peut aussi que rien ne se voie, particulièrement sur des sujets âgés sans défense, ou sur des enfants en bas âge.

Et c'était le cas de Marguerite Chambers et d'Edith Cook. Il était impossible de déterminer avec certitude la cause de la mort d'après les résultats de l'autopsie. Il avait remarqué une dent dans la bouche d'Edith Cook mais aucun signe de lutte n'était visible. Aucune éraflure. Aucune trace de frottement.

Cependant le Dr Cohle souligna qu'il n'existait pas de preuve pathologique formelle pour certifier que la mort avait été naturelle. Madame Chambers souffrait de la maladie d'Alzheimer mais n'était pas morte des suites d'une crise cardiaque, comme c'était mentionné sur le certificat de décès.

– … Elle aurait pu vivre encore plusieurs mois, voire plusieurs années, affirma-t-il.

Edith Cook présentait bien un rétrécissement au niveau des artères coronaires, mais son état n'était pas critique.

– Je ne dis pas qu'elle n'aurait pas pu en mourir, mais c'est assez improbable, ajouta le légiste.

Au contre-interrogatoire, Piazza souligna que trois corps n'avaient pu être examinés. Seuls deux des cinq certificats de décès avaient été modifiés. Il n'avait pu modifier les autres, n'ayant pu examiner les corps. Le Dr Cohle attesta que c'était à la suite d'une conversation avec Tom Freeman qu'il avait inscrit la mention « homicide » sur ceux de Madame Chambers et de Madame Cook. Il admit que sans cela il aurait laissé la mention « mort naturelle », et reconnut qu'il avait été influencé dans sa décision.

– Si l'information donnée par Mr Freeman était incorrecte, votre avis l'est aussi, n'est-ce pas ? Demanda Piazza.

– Parfaitement.

Avec les contre-interrogatoires de Cathy et du Dr Cohle, Piazza venait de marquer des points. Il avait déjà donné assez d'éléments de réflexion pour semer le doute dans l'esprit des jurés.

Le jeudi après-midi, puis le lundi suivant, défilèrent les témoins de l'accusation. Onze autres témoins déposèrent et aucun ne fournit d'éléments nouveaux susceptibles de compenser le manque de preuves matérielles.

L'aide-soignante Pat Ritter ne se rappelait pas avoir vu quelque chose d'anormal sur le bras de Belle Burkhard. Elle se souvenait uniquement de la nervosité de Cathy au moment de la toilette mortuaire.

Puis ce fut le tour d'Angie Brozak, suivie de Ladonna Sterns. Angie Brozak était paralysée par la peur. Elle avait parlé à Schieber juste avant l'audience.

– Pourquoi suis-je appelée à témoigner ? Je ne sais rien. Je ne peux rien dire de bien sûr Cathy.

Schieber lui dit qu'il avait besoin de son témoignage pour établir la complicité de meurtres et qu'il devait démontrer certains faits. En fait, l'attorney l'interrogea sur sa vie familiale et ses rapports sexuels. Elle dut expliquer à la barre qu'elle avait quitté son mari, vécu avec Ladonna Sterns et connu Gwen Graham.

– Une question amusante, dit-il. Avez-vous couché avec l'une d'entre elles ?

Elle bégaya. La salle était pleine à craquer. Pourquoi lui parlait-il de sexualité ? Etait-ce la seule préoccupation de cet homme que de dévoiler devant tout le monde sa vie privée ?

Angie Brozak attendait avec impatience le contre-interrogatoire de Piazza pour révéler certains aspects de la personnalité de Cathy. Mais elle resta sur sa faim. En effet, Piazza n'estima pas nécessaire de l'interroger.

Ladonna Sterns également était prête à témoigner contre Cathy mais la police n'avait pas semblé intéressée par leurs deux témoignages, et Piazza, de son côté, n'avait même pas répondu aux multiples coups de fil qu'elles avaient passés à son bureau.

Ladonna Sterns, en tant que témoin à charge, ne put être d'un grand secours pour Gwen.

Un autre témoin, Tony Kubiak, chercha à parler à Piazza en dehors de la salle d'audience. Il avait remarqué que les procès-verbaux de son interrogatoire ne reflétaient pas exactement ce qu'il avait déclaré. Certains mots n'avaient pas été repris et le sens de sa déposition était modifié. On pouvait penser qu'il était du côté de l'accusation.

La Cathy Wood qu'il connaissait était une psychopathe.

Schieber voulait le témoignage de Kubiak mais Piazza le refusa. Il vint quand même à la barre, conformément à la procédure judiciaire, mais Schieber ne put l'interroger. Piazza commença :

– Serait-il juste de dire que Cathy avait le rôle dominant dans ce couple ?

– Oui.

Il raconta comment il avait vu Cathy traîner Gwen par les cheveux dans leur maison.

Il décrivit les manigances et les complots de Cathy.

– Elle se mêlait de la vie privée des gens mariés ou des autres couples, et passait son temps à semer la zizanie, en racontant des sornettes sur les uns et les autres. Elle voulait détruire les liens qui unissaient les gens.

– Vous dites « elle ». Qui était l'instigatrice de tout ça ?

– Je parle de Cathy.

Schieber négligea le contre-interrogatoire ; il ne tenait pas à ce que Kubiak reste plus longtemps à la barre. C'était lui la mauvaise surprise.

Ken Wood vint ensuite raconter sa version, puis Lisa Lynch, qui cita les aveux de Gwen. Dawn Male parla des souvenirs exhibés sous son nez. Schieber appela ensuite un témoin qui venait de l'extérieur.

– Monsieur le président, j'appelle Deborah Kidder à la barre, s'il vous plaît.

Deborah Kidder se présenta devant les jurés. Elle était enseigne de vaisseau de la marine américaine, basée à Orlando, en Floride. Elle attesta que Gwen lui avait avoué avoir tué des malades.

– Vous a-t-elle dit combien ?

– Six. Elle a donné les noms mais je ne m'en souviens pas, c'était il y a longtemps.

– Vous a-t-elle dit qui étouffait les malades ?

– C'est elle.

– Vous voulez dire Gwen ?

Deborah Kidder acquiesça.

Lors du contre-interrogatoire, Piazza essaya de diminuer l'impact de cette déposition.

– Vous pensiez qu'elle vous racontait des histoires, n'est-ce pas ?

– Oui, monsieur.

Quelques minutes plus tard, Schieber l'interrogea à nouveau.

– Quand elle vous a raconté cela, est-ce qu'elle avait l'air de plaisanter ?

– Non, pas vraiment, non.

– Est-ce que quelqu'un riait parmi vous ?

– Non.

– Merci. J'en ai fini, monsieur le président.

L'accusation n'avait plus qu'un témoin à appeler. A ce moment-là, Jim Piazza pensait encore que la défense de sa cliente était en bonne voie. Tout laissait penser que l'affaire entière pouvait très bien n'être qu'une farce. C'était l'argument principal de sa défense. Lors du contre-interrogatoire, n'avait-il pas clairement établi, devant les jurés, que Gwen et Cathy aimaient l'une et l'autre jouer avec les sentiments d'autrui ?

Dave Schieber, de son côté, était de plus en plus sûr de lui. Il n'avait pas prévu que la déposition de Deborah Kidder aurait un tel impact. Le fait que la défense se concentre sur sa cliente renforçait encore son optimisme. Et il avait réservé une surprise de taille à Piazza.

105

Robin aurait normalement dû fêter ses vingt-trois ans mais ce jour-là, elle était convoquée au tribunal pour témoigner au procès de Gwen.

Huit mois auparavant, elle avait tenté de se suicider. Elle avait suivi plusieurs séances de psychothérapie qui avaient porté leurs fruits. Pendant les séances, il avait été question d'Alpine Manor, de sa relation avec Gwen, de Cathy, mais elle n'avait rien dit de compromettant. Elle ne voulait pas que son psychothérapeute se retrouve mêlé à cette histoire. Ils parlaient de liens familiaux, de loyauté, d'amitié, et de la culpabilité qu'éprouvent les gens qui ont tenté de se suicider.

Il lui faisait suivre des séances de relaxation et l'aidait à se défaire des images obsédantes de Gwen et de Cathy, et à se débarrasser de cette tension interne qui l'habitait depuis son installation au Texas.

– Robin, lui disait-il doucement, il faut vous libérer de ce passé, le laisser derrière vous.

Après plusieurs mois de séances, elle avait enfin retrouvé le goût du bonheur et la confiance en elle qu'elle avait perdus depuis si longtemps.

C'est de son propre chef qu'elle décida de retourner à la police pour faire deux autres déclarations. Elle avait repris du poids et travaillait comme secrétaire dans le bureau de son père. Elle se décida alors à écrire à Gwen.

Fais ce que tu as envie de faire. (Tels étaient les mots de Gwen dans une de ses dernières lettres.) *Si tu veux dire la vérité, vas-y. Cela ne me fera pas mal.*

Tous ceux qui l'aimaient lui apportaient leur soutien. Robin avait renoué avec Lisa Lynch. C'était elle qui devait venir la chercher pour la conduire au tribunal. Bob Hiner, l'ami et le conseiller de la famille, l'attendait là-bas pour l'accueillir.

– Mais si, tu peux le faire, Robin ! Lui répéta Lisa dans la salle de bains alors qu'elle se préparait.

Avant de quitter la maison ce matin-là, elle pleura un bon moment puis se ressaisit. A ce moment-là, elle ne savait toujours pas si Gwen était innocente ou coupable. Je ne connais peut-être pas la vérité, se dit-elle, mais je sais ce qui a été dit.

A son arrivée, David Schieber voulut s'entretenir à part avec elle.

– Il va falloir que vous la regardiez et que vous la montriez du doigt, dit-il.

– Non, je ne pourrai pas.

– Il le faut.

– Je la regarderai mais je ne pourrai pas la montrer du doigt. Est-ce que je pourrai décrire ses vêtements à la place ?

Elle devait témoigner juste après Lisa Lynch. C'était elle le dernier témoin.

Robin attendit dans une petite salle, à l'écart des journalistes et de la foule. Soudain, Dave Schieber pointa son nez dans l'entrebâillement de la porte.

– Allons-y ! C'est à nous.

C'était comme dans une série policière à la télévision. La bousculade. Les journalistes. Les caméras. L'attorney qui hurlait :

–Ma cliente a le droit de ne pas être filmée !

Les portes s'ouvrirent devant elle, la salle était pleine, elle crut qu'elle allait s'évanouir. Les gens se retournaient sur son passage. Tout de suite, elle sentit le regard de Gwen sur elle.

Elle baissa les yeux et s'avança derrière Dave Schieber, jusqu'à la barre. Elle prêta serment.

Ses mains tremblaient, elle se retourna et chercha des yeux ses parents.

– Robin, quel âge avez-vous ?

– Vingt-trois ans.

– Depuis quand ?

– Aujourd'hui.

Schieber regarda le jury. Elle suivit son regard. Tout le monde souriait. Elle aurait pu jurer que l'attorney lui souhaitait « bon anniversaire ». Cela lui donna un peu de courage et elle se sentit plus à l'aise.

Il la questionna sur le travail à Alpine Manor, et lui demanda si elle connaissait Cathy Wood et Gwen Graham.

– Est-ce que ces personnes sont présentes dans la salle d'audience ?

– Je vois Gwen.

– Montrez-la-nous, s'il vous plaît.

Robin se tourna vers Gwen, mais il lui fut impossible d'affronter son regard. Que devait-elle penser d'elle à ce moment-là ? Elle se disait sans doute qu'elle la trahissait ? Elle sentit son bras droit se lever et réussit à pointer l'index dans sa direction.

– Elle est là, dit-elle, la voix tremblante.

Voilà, je l'ai fait. Elle regarda dans la salle, aperçut son père qui lui fit un signe d'approbation en souriant. Tom Freeman aussi souriait.

Alors qu'elle racontait aux jurés le début de sa liaison avec Gwen, un sourire lui vint aux lèvres. Un sourire qui ne devait rien à ses souvenirs.

Elle se rendait tout simplement compte qu'elle avait réussi une épreuve, et c'était déjà quelque chose.

Un instant, cette expression inquiéta Schieber.

– Excusez-moi, monsieur le président… Robin, pourquoi souriez-vous ?

– Je souris, c'est tout.

Elle se reprit. Elle était prête pour d'autres questions.

Le sourire disparut bientôt. Des larmes ruisselèrent sur son visage à l'évocation de certains souvenirs douloureux.

– Y a-t-il eu un moment où Gwen vous a parlé de faits et gestes inhabituels ?

– Devant le restaurant *Family Foods*, dit-elle.

Elle raconta leur conversation dans la voiture.

– On était assises et on parlait. C'est alors qu'elle m'a avoué avoir tué six personnes. Elle s'est mise à pleurer, et moi aussi, j'ai pleuré.

– Vous rappelez-vous le nom des personnes qu'elle a mentionnées ?

Robin prit son temps et sembla réfléchir intensément. Elle savait que l'auditoire était suspendu à ses lèvres.

– Marguerite Chambers, Edith Cook, Mae Mason.

En moins d'une heure, ils évoquèrent deux années de sa vie. Elle parla des menaces de Cathy sur le parking, du fait que, ce soir-là, Gwen était repartie, de la conversation dans le mobile home de Lisa, du départ au Texas, des plaisanteries de Gwen, et de la soirée barbecue avec Deborah, qu'elle décrivit en détail.

– ... Et elle nous a dit le nom des victimes, et qu'elle avait... Qu'elles avaient gardé des souvenirs. Elle a déclaré que c'était elle qui tuait et que Cathy restait à faire le guet dans le couloir.

– A-t-elle ajouté autre chose ?

– Elle a dit que... Elle a parlé de Belle Burkhard. Ça avait été dur parce qu'elle se débattait et que son bras avait été abîmé.

– A-t-elle parlé d'Edith ?

– Elle a dit qu'elle avait jeté son dentier dans la poubelle, et que la seule façon de prouver tout ça était de...

Piazza fit objection. Robin n'avait toujours pas posé un regard sur Gwen.

Objection rejetée.

Robin poursuivit sa déposition :

– Elle a dit que la seule chose qui prouvait tout ça, c'était qu'Edith avait encore une dent et qu'il y aurait peut-être une blessure ou une trace de morsure dans sa bouche.

Robin parla de la première fois qu'elle avait eu affaire à la police, et de l'état d'esprit dans lequel elle se trouvait à ce moment-là.

– Etiez-vous amoureuse de Gwen à ce point ?

– Oui.

Robin n'était pas la seule à pleurer. Gwen aussi essuyait ses larmes de la main.

– Comment Gwen se comportait-elle avec vous ?

– Elle me traitait comme une reine.

– Est-ce qu'elle vous a jamais ligotée ?

– Non... je ne voulais pas.

– Qui avait le rôle dominant entre vous ?

– Gwen.

L'avocat voulait savoir ce qui s'était passé après le départ de la police.

– Lui avez-vous demandé des explications ?

– Non, c'est elle qui m'en a donné.

C'était vrai. Elle avait ressassé cette conversation maintes fois déjà, dans la cuisine. C'était le lendemain de la visite des policiers de Walker. Elle se revoyait avec Gwen dans le mobile home, en train de se préparer pour aller au travail. Gwen était très perturbée. Quelque chose avait changé.

– Tu ne les as pas vraiment tuées ? Lui avait-elle demandé alors.

Des larmes coulaient sur le visage de Gwen.

– Si, avoua-t-elle.

Ce jour-là, elle n'avait pas voulu comprendre. Elle refusait de la croire.

– Ce n'est pas vrai, avait insisté Robin.

Gwen l'avait saisie par les épaules et l'avait secouée.

– Si, je l'ai fait, Robin. Je t'assure. Je sais que tu ne peux pas me croire mais je l'ai fait.

Puis, elle s'était effondrée sur le lit en hurlant :

– Les flics vont revenir !

Dans la salle d'audience, Robin entendit la voix de David Schieber.

– Que voulez-vous dire ?

Il fallait qu'elle le leur raconte, qu'elle le leur dise. Elle leur épargna les détails.

– Je n'arrêtais pas de lui répéter que je ne la croyais pas mais elle me soutenait qu'elle l'avait fait.

– Qu'elle avait fait quoi ? Insista Schieber.

– Qu'elle avait tué ces malades.

L'accusation fit en sorte que tout le monde entende bien.

– Après la descente de police, elle a admis qu'elle avait tué ?

– Oui.

Elle avait tué et je ne voulais pas la croire, pensa Robin.

Elle répondit encore à quelques questions, sur leur déménagement, les livres empruntés à la bibliothèque.

– Qu'a-t-elle dit ?

– Elle n'a pas dit grand-chose. Elle essayait de trouver une porte de sortie.

– Qu'est-ce que vous voulez dire ?

– Elle ne voulait pas être la seule à supporter toutes les charges.

Schieber demanda si elle avait mentionné d'autres crimes.

– Oui, elle a dit qu'elle et Cathy avaient eu l'intention de tuer Angie.

Toutes ces conversations lui revenaient en mémoire, mais sous un jour nouveau. Schieber l'interrogea sur les victimes d'Alpine Manor.

– Quand elle disait : « J'ai tué six personnes », est-ce qu'elle donnait les noms ?

– Oui.

– Et c'étaient toujours les mêmes ?

– Oui.

– A-t-elle dit une fois que c'était Cathy qui tuait ?

– Non.

Ce fut au tour de Piazza. Robin fut surprise que le contre-interrogatoire ne dure pas plus longtemps ; à peine dix minutes.

– Vous ne croyiez pas ce qu'elle vous racontait, n'est-ce pas ? Sinon, vous seriez allée voir la police, est-ce exact ? Demanda Piazza à un moment donné.

– Oui.

Puis ce fut fini. Elle entendit Piazza prononcer ces mots :

– J'ai fini, monsieur le président.

Robin regarda le jury puis se tourna vers la salle. Tous ces gens. C'est vrai, c'est la réalité. J'ai dit la vérité : Gwen a tué ces personnes. C'est une criminelle, et Cathy aussi.

Elle en était maintenant persuadée. Toutes ces farces, ces détails macabres, c'était pour la terroriser ou la pousser à bout. Elle comprenait tout, enfin ! Les conversations… Tout collait. Elle imaginait les mobiles. Elle voyait à présent pourquoi Angie et elle étaient des victimes potentielles. Nous retenions toute l'attention de Gwen. Toutes les deux, on représentait des menaces pour Cathy.

« On devait te tuer, lui avait dit Gwen, un jour. Mais je ne l'aurais pas laissé faire, tu étais trop gentille. »

Robin avait compris le stratagème. Comme elle ne voulait pas me tuer, Cathy avait décidé que Gwen tuerait – des vieux, des malades, des gens sans défense. Elle se souvenait des paroles de Gwen : Cathy avait proposé de tuer des gens alors qu'elles faisaient des mots croisés. La première victime, c'était Marguerite Chambers. Elle était décédée le 18 janvier, c'est-à-dire dix jours après que Cathy les eut surprises ensemble, Gwen et elle.

Quelques minutes plus tard, elle quitta la salle d'audience par la petite porte, accompagnée de Bob Hiner. Elle entendit le juge lever la séance. Dans le couloir, elle vit les jurés passer un à un devant elle. Leur regard était dur à soutenir. Que pouvaient-ils bien penser d'elle ?

Puis Gwen arriva, encadrée par les auxiliaires de justice. Robin sentit que quelqu'un l'entraînait dans une autre pièce. Mais elle eut le temps de voir Gwen tendant le cou dans un effort désespéré pour la voir, et de l'entendre crier :

– Je t'aime encore, Robin. Je t'aime quand même.

Elle l'entendit crier tout le long du couloir.

– Laissez-moi partir ! Laissez-moi partir !

Puis, un hurlement guttural se fit entendre. Gwen fut emmenée de force par les huissiers.

David Schieber ferma la porte du bureau derrière lui. Le silence régnait. Robin alluma une cigarette, sans dire un mot. Elle pleurait doucement.

– Ça va, Robin ? Vous avez été sensationnelle, s'exclama Schieber. Vous avez été mon meilleur témoin, peut-être le meilleur que j'aie jamais eu !

Elle tira longuement sur sa cigarette, regarda l'avocat et hocha la tête.

Gwen Graham se débattit tout le long du chemin jusqu'à l'ascenseur. Une fois les portes fermées, elle cria de toutes ses forces. Plus tard, on appela un psychiatre pour la calmer.

Dans l'ascenseur qui descendait dans les entrailles du palais de justice, elle semblait ne pas comprendre le tort que venait de lui causer Robin avec son témoignage accablant. Mais ce n'était pas ce qui avait provoqué sa crise de nerfs.

– Je venais de prendre conscience que je ne la reverrais jamais, déclara-t-elle plus tard.

106

Jim Piazza passa la journée du mardi à se remettre de ses émotions : il venait de vivre le cauchemar de tout avocat de la défense quand il voit un témoin à charge, qui normalement a toutes les raisons du monde de venir en aide à l'accusé, ruiner sa défense.

C'est volontairement qu'il avait écourté son contre-interrogatoire. Il ne voulait pas qu'elle enfonce encore plus sa cliente. Néanmoins, l'ensemble de sa défense parut étonnamment bref, si l'on considère le temps de préparation qu'il lui avait fallu. A 9 h 50, il appela son premier témoin. Il avait terminé peu après midi.

Quatre témoins défilèrent à la barre. Le dernier prévu n'était autre que Gwen. Pour sa propre défense, elle avait souhaité venir elle-même à la barre.

Piazza appela le Dr John N. Campbell, médecin-chef à Alpine Manor. Il était également le médecin d'Edith Cook.

– D'après ce que vous saviez d'Edith Cook, et après avoir examiné les résultats d'autopsie du Dr Cohle, auriez-vous modifié le certificat de décès ou l'auriez-vous laissé tel quel ?

Il répondit qu'il aurait laissé la mention « arrêt cardiaque ».

L'avocat demanda s'il aurait été averti par le personnel infirmier dans l'éventualité d'une mort suspecte, qu'il s'agisse de celle d'Edith Cook ou de toute autre malade en général.

– Si cela avait été le cas, oui, j'aurais très certainement été averti.

Piazza lui demanda s'il y avait eu une augmentation du nombre des décès à cette période de l'année.

– Pas à ma connaissance. Je me souviens juste de la moyenne des décès dans la maison de santé.

Au contre-interrogatoire, Dave Schieber lui demanda de décrire le comportement habituel des médecins de l'établissement lors des décès.

– Vous n'êtes pas venu examiner le corps de cette personne, n'est-ce pas ?

– C'est exact.

Schieber lui demanda si cela le dérangeait.

– Non, ce n'est pas ça. Normalement – quand une personne meurt dans une maison de santé, l'infirmière appelle le médecin et le corps est transporté au dépôt mortuaire, mais on ne va pas l'examiner, à moins qu'il n'y ait une raison particulière à cela.

Piazza appela Marie Dougherty une ancienne aide-soignante d'Alpine. Elle raconta aux jurés comment elle avait trouvé Mae Mason inerte dans son lit. Le corps était dans la même position que lorsqu'elle l'avait quittée. Elle ne tarit pas d'éloges sur le professionnalisme de Gwen Graham et parla longuement de la mesquinerie de Cathy Wood. Elle déclara qu'elle avait quitté l'établissement à cause de cette dernière.

– Connaissiez-vous ses penchants sexuels ?

– Oui.

– Etait-ce là la raison de votre antipathie ou bien étaitce à cause de son attitude en général ?

– A cause de son attitude. Je me fichais de ses tendances sexuelles.

– Etait-elle plutôt dominatrice ou plutôt soumise ?

– Plutôt dominatrice.

Piazza appela le témoin suivant, John Hulsing, expert-psychologue auprès des services de police, spécialiste de la détection de mensonges. Le juge Snow ne l'autorisait pas à parler des résultats mais il pouvait citer des passages de son entretien avec Cathy Wood. Il se présenta aux jurés, mentionna ses vingt-cinq années de carrière comme ancien officier de police, et sa spécialisation actuelle.

– Nous parlons de la mort de Marguerite Chambers. Que vous a dit Cathy Wood sur ce qu'elle avait vu ?

– Elle m'a dit qu'elle avait vu Gwen en train d'étouffer Marguerite Chambers.

– A-t-elle modifié cette déclaration par la suite ?

– Oui... Elle m'a dit qu'elle n'avait pas vu Gwen Graham en train de la tuer mais que c'était elle qui lui avait dit de le faire.

– Elle a donc changé sa version des faits ?

– Oui.

Piazza demanda ce qu'elle avait dit au sujet des lettres M-U-R-D-E-R.

– Pendant l'entretien, je lui ai demandé si Gwen et elle avaient parlé de ça. « Avez-vous discuté du mot MURDER et décidé de tuer les personnes dont le nom commençait par les lettres qui composent ce mot ? » Elle m'a répondu qu'elle avait dit cela mais qu'elles ne l'avaient pas fait.

Il n'y eut pas de contre-interrogatoire, ni de Marie Dougherty ni de Hulsing.

Il était exactement 11 heures du soir. Gwen Graham prit place à la barre. Les épaules rentrées et la démarche incertaine. Elle était vêtue d'un pantalon gris et d'une chemise bleu pastel. Maquillée très légèrement, elle était assez féminine.

A la onzième question, Piazza aborda le problème de son adolescence et de ses cicatrices sur les bras. Il voulait que le jury voie en elle non pas une détraquée sadomasochiste, mais une victime.

– En grandissant, n'avez-vous pas eu des problèmes avec votre père ?

– Si.

– Quel genre de problèmes ?

– Pourriez-vous répéter la question ?

Elle parlait à voix basse, avec l'air maussade de quelqu'un qui boude.

– Quels problèmes avez-vous rencontrés avec votre père quand vous avez grandi ?

– Sexuels... Des problèmes sexuels, je ne trouve pas d'autre mot.

– Votre père a-t-il abusé de vous quand vous étiez plus petite ?

– Oui, monsieur.

Ils parlèrent des brûlures sur les bras.

– Pourquoi avez-vous fait cela ? Et quand ?

– J'avais seize ans. Je voulais me venger.

– Vous venger de qui ?

– De mon père.

– Pourquoi ?

– Pour ce qu'il m'avait fait. C'était la seule chose qui lui faisait mal comme il m'avait fait mal.

Ils parlèrent du passé à Tyler, de sa décision de venir à Grand Rapids et de trouver du travail. La plupart du temps, elle répondait par oui ou par non. Elle parlait de façon très hachée, jamais plus de deux ou trois mots à la fois. Piazza lui avait conseillé de faire répéter la question si elle n'en comprenait pas bien le sens. Elle prit son conseil au pied de la lettre.

– A un moment, Cathy Wood et vous-même êtes devenues amantes ?

– Oui.

– Pourriez-vous nous dire dans quelles circonstances ?

– Je ne comprends pas votre question.

Ils parlèrent de cette liaison et de celles qu'elle avait eues avec d'autres personnes.

– Pendant que vous viviez avec Cathy Wood, avez-vous eu des aventures avec d'autres personnes ? Et lesquelles ?

– Angie Brozak. Dawn Male. Robin Fielder.

– Est-ce que Cathy l'a su ?

– Oui.

– Quelle a été sa réaction ?

– Elle était furieuse.

Ils évoquèrent les jeux machiavéliques de Cathy, la façon dont elle montait les gens les uns contre les autres, en leur donnant de fausses informations.

– Etiez-vous à l'origine de ses manigances ? Est-ce que vous rentriez dans son jeu ?

– Je rentrais dans son jeu. Je la suivais, oui, c'est ça.

Quant à la conversation avec Dawn Male au sujet des meurtres, ce n'était qu'un jeu aussi, une façon de lui faire peur, dit-elle.

Elles avaient raconté cela à un certain nombre de personnes de leur entourage. C'était un jeu « malsain » qui revenait souvent.

C'était là l'argument clé de la défense.

– Avez-vous tué quelqu'un à Alpine Manor ?

– Non.

Elle fronça les sourcils. Il était difficile de savoir avec certitude si elle boudait, si elle était en colère ou si elle était tout simplement dépassée par les événements.

Elle parla de sa séparation d'avec Cathy.

– Pourquoi êtes-vous partie ?

– A cause de Robin, mais surtout parce que je ne supportais plus ses jeux, ses manigances. J'en avais marre. Je ne la supportais plus.

– De quels jeux parlez-vous ?

– Des jeux de Cathy. Cette manie de faire du mal aux autres, de jouer avec leurs sentiments. Ça dépassait les bornes.

Cathy avait essayé de l'empêcher de quitter le Michigan, dit-elle. Elle raconta au jury la scène des menaces et son retour avec Cathy dans la maison d'Effie. Elle lui avait avoué sa liaison avec Robin, qui durait depuis longtemps. Cathy avait insisté pour coucher avec elle une dernière fois.

– Ce n'était pas anormal pour nous de nous attacher sur le lit. Alors j'ai été d'accord.

– Qui vous a attachée ?

– Cathy.

– Continuez.

– J'avais… Mon fusil était dans la maison. Elle l'a pointé vers moi et a enfoncé le canon… Elle l'a enfoncé dans mon vagin.

– Cathy a fait ça ?

Elle donna alors une des plus longues réponses de toute sa déposition.

– Oui… Elle a fait ça… Pendant que j'étais ligotée, et elle m'a dit qu'elle allait me tuer, et elle a ajouté : « Non, peut-être que ce serait mieux si je t'obligeais à me regarder me flinguer. » Là, elle s'est mise à pleurer, et elle a retiré le fusil. Elle est partie après, sans me libérer. J'avais peur qu'elle ne soit allée voir Robin. Au bout de trois heures, elle est revenue et m'a détachée…

Graham parla également de ses aveux à Lisa Lynch et à Deborah Kidder. Oui, elle avait parlé de meurtres mais les témoins avaient oublié un point important, d'après elle. Elle déclara leur avoir dit : « *Cathy* a dit qu'elle avait tué six personnes. »

– … Cathy a effectivement dit à un moment donné que j'étais avec elle.

Mais elle reconnut avoir parlé des meurtres à Robin quand elles vivaient au Texas.

– Vous rappelez-vous ce que vous lui avez dit alors ?

– Je lui ai dit que j'avais peur que Cathy ne commette l'irréparable. J'avais peur qu'elle ne se venge, comme elle nous en avait menacées.

– Avez-vous nié devant Robin avoir assassiné des gens ?

– Oui.

– Pourquoi avez-vous emprunté des livres sur le système judiciaire et les prisons à la bibliothèque de Tyler ?

– Parce que j'avais peur.

– Peur de quoi ?

– De ce qui allait se passer si j'avais peur que ça se... Je n'y croyais pas mais si ça devait arriver...

Quelques questions plus tard :

– Y a-t-il quelque chose de vrai dans toutes ces histoires de meurtres à Alpine Manor ?

– Non.

– Savez-vous si Cathy Wood a, oui ou non, tué quelqu'un ?

– Je ne crois pas, mais je n'en suis pas certaine. Je ne pense pas.

Piazza exhiba les pièces à conviction n°s 1 et 2, la lettre, et le poème écrit sur le bloc-notes d'Alpine Manor.

– Savez-vous ce que signifient ces lettres IGTKM ?

– Non, je n'en sais rien. Ça fait si longtemps.

– Et cette expression : « Pour l'éternité et cinq jours » ?

– Pour l'éternité et le nombre de mois où nous avons été ensemble...

– Donc, si je comprends bien, un jour est égal à un mois ?

Elle hocha la tête.

– Hum. Oui, c'est ça.

Schieber attaqua son contre-interrogatoire en demandant si elle avait le rôle dominant dans le couple.

– Non, c'était Cathy.

– Voudriez-vous nous dire comment vous pouvez en être si sûre ?

– Parce que c'était comme ça.

Par la suite, son manque de clarté empira, surtout lorsqu'il s'attacha aux détails de leur vie amoureuse. Gwen ponctuait toutes ses réponses de « monsieur », en signe de respect, à la façon des gens du Sud. Elle avait un sens de la logique très particulier, et ses déclarations révélèrent aux jurés pas mal de contradictions.

– Pendant votre liaison avec Cathy, étiez-vous attirée par elle ?

– Oui, monsieur.

– Cette relation vous satisfaisait-elle pleinement ?

– Non, monsieur.

– Non ? A partir de quand ne vous a-t-elle plus satisfaite ?

– Je ne l'ai jamais été.

– Pourquoi continuiez-vous à vivre ensemble ?

– Parce que je l'aimais, dit-elle, étonnée, comme si c'était évident pour tout le monde.

– Pourquoi cette relation ne vous satisfaisait-elle pas ?

– Parce que Cathy était malheureuse.

– Ma question est donc : Etiez-vous satisfaite ?

– Non, monsieur.

– Pourquoi ?

– Parce que j'étais malheureuse qu'elle ne soit pas heureuse.

– Pourquoi êtes-vous restées ensemble ?

– Parce que j'aimais Cathy.

Visiblement déroutée par le raisonnement de Schieber, Gwen marquait de longues pauses avant de répondre.

Il lui parla d'infidélités. Elle admit avoir avoué à Cathy qu'elle avait couché avec Dawn et Angie.

– Pourquoi deviez-vous lui raconter cela ? Quel avantage y avait-il à ce qu'elle soit au courant ?

– Par honnêteté envers elle.

Mais elle ne lui avait pas avoué son aventure avec Robin, lui fit-il remarquer.

– Pourquoi ? Est-ce que Robin est un cas spécial ?

– Oui, Robin est une fille à part.

Dans la salle d'audience, un témoin écoutait attentivement cette déposition. Très vite, John Hulsing s'avisa que Gwen Graham devait se battre contre plus fort qu'elle, contre quelque chose qui la dépassait complètement, intellectuellement et psychologiquement.

L'ancien policier devenu psychologue ne savait pas si elle était coupable ou non. Mais il savait qu'elle n'avait pas les moyens de se défendre. Derrière la barre, son attitude reflétait l'ébahissement et une sérieuse déprime.

Schieber continuait à s'acharner.

– Qu'est-ce qui a bien pu vous pousser à vouloir à tout prix prouver à Dawn que ces histoires de meurtres étaient vraies ?

– Rentrer dans le jeu de Cathy, tout simplement.

– Cela vous semblait amusant ?

– A Cathy et à moi.

Schieber n'en revenait pas.

– Le fait d'assassiner des pauvres femmes dans un centre de soins vous paraissait drôle ?

– Non, le fait de fiche la trouille à Dawn.

– Comment cela pouvait-il faire peur à Dawn ?

– Vous êtes seul dans une pièce avec deux personnes qui vous annoncent qu'elles ont assassiné des gens. Vous allez avoir peur, non ?

Schieber répondit avec hauteur qu'il y avait bien d'autres réactions possibles.

Piazza bondit sur ses pieds et demanda à l'avocat de cesser de faire de l'esprit.

Schieber porta l'estocade. Il utilisa une bonne vieille ficelle du métier : une méthode de réquisitoire connue de tous les gens du barreau qui consiste à citer les témoins les uns après les autres, de façon à submerger l'accusé et à l'« isoler » en quelque sorte.

– Alors, le témoignage de Lisa Lynch est faux ?

– Oui, monsieur.

– Est-ce que Deborah Kidder a tort quand elle dit que vous lui avez avoué avoir commis des meurtres ?

– Je n'ai pas dit cela.

– Alors son témoignage est faux ?

– Cette partie-là, oui.

Puis il s'attaqua au témoignage de Robin. Schieber rencontra quelques difficultés car Gwen ne s'en souvenait que très partiellement. Elle n'avait fait que la contempler, expliqua-t-elle plus tard, lors d'un entretien privé.

– Vous rappelez-vous ces paroles, je cite : « Gwen m'a dit qu'elle admettait que ce n'était pas une farce, que tout cela était vrai et qu'elle avait tué » ? Vous souvenez-vous avoir dit cela ?

– Si je me souviens ? Oui, monsieur.

– Est-ce vrai ?

– Non, monsieur.

– Pourriez-vous nous expliquer pourquoi Robin aurait dit cela ?

– Je ne comprends pas.

– Comment ? Vous ne comprenez pas ?

– Je ne peux pas vous expliquer…

En conclusion, l'avocat donna son explication sur le mobile probable des meurtres. Il avait lu les déclarations de Fran Shadden relatives aux conflits entre Gwen et sa mère.

– Avez-vous dit effectivement à Fran que vous méprisiez votre mère ?

– Non, monsieur.

– Je vous pose la question autrement. Avez-vous déclaré à Fran que vous aviez un sentiment d'amour et de haine mélangés à l'égard de votre mère ?

– Non, monsieur.

– Qu'est-ce qu'il est juste de dire, alors ?

– Que ma mère et moi avons eu des problèmes quand j'ai grandi. Mais que maintenant nous nous entendons bien.

Schieber fit une pause et jeta un regard en direction du jury.

– Je suppose que pour faire ce que vous avez fait, il faut vraiment avoir beaucoup souffert.

Gwen fronça les sourcils.

– Je ne comprends pas de quoi vous voulez parler.

– Au fond de vous-même, au moment où vous commettiez ces crimes, qui étiez-vous réellement en train de tuer ?

– Objection, monsieur le président, coupa Piazza. Ce n'est pas une question.

Schieber n'avait plus besoin d'en poser, d'ailleurs. Il avait fini.

Dans son réquisitoire, David Schieber reprit l'ensemble des faits, l'air condescendant et le verbe haut.

– ... Cette histoire n'est pas représentative des mœurs homosexuelles. Ici, nous avons affaire à une dynamique relationnelle destructrice, à deux personnes qui se stimulent et se nourrissent l'une de l'autre pour mieux détruire autour d'elles. Cela peut tout à fait se produire dans un couple hétérosexuel.

Il évoqua les thèmes abordés pendant tout le procès. Gwen Graham, l'instigatrice des meurtres. Cathy Wood, la soumise, craignant de perdre celle qu'elle aimait. Il admit que Cathy était loin d'être irréprochable.

– Nous n'avons jamais prétendu qu'elle était blanche comme neige, qu'elle n'avait pas trempé elle aussi dans cette affaire. Nous sommes en présence d'un couple qui possédait un formidable pouvoir destructeur.

» Cependant, il faut reconnaître un certain talent à Gwen. Elle a planifié de main de maître cette série de meurtres, de telle sorte qu'il n'y ait aucune trace. Pas une seule empreinte. Pas une seule blessure. Pas une seule preuve à l'autopsie. Aucun témoin. Et enfin, pas de cadavres pour trois des homicides.

» ... Il s'agit là du crime parfait. Sans mobile. Sans explication. Le meurtre pour le meurtre. Pas d'appât du gain. Pas de vengeance à assouvir. Le mobile reste étonnamment impersonnel. Cathy disait que Gwen était heureuse après avoir tué, que cela la soulageait.

» Nous ne connaissons pas suffisamment Gwen pour comprendre pourquoi elle a agi ainsi. Mais nous savons une chose : elle présente un dédoublement de la personnalité. Elle est attentionnée, appréciée dans son métier, et elle est agressive, violente, bagarreuse ; cet aspect d'elle-même fait qu'elle n'hésite pas à ligoter Cathy sur son lit et à tenter de l'asphyxier pour lui montrer le pouvoir qu'elle a sur elle. Puis à la menacer, à lui enfoncer le canon d'un fusil dans le vagin... Qui peut comprendre les motivations de tels gestes ? Elle-même les ignore peut-être. Mais il est clair, d'après ce que nous avons entendu, qu'elle a toutes les raisons d'être mentalement perturbée.

Il termina le réquisitoire en évoquant ses deux témoins principaux. Il savait alors que Piazza allait sans tarder argumenter sur le manque de preuves.

– Vous avez entendu comme moi le témoignage de cette jeune femme qui affirme que Gwen la traitait comme une reine. Gwen ne peut la soupçonner de mentir. Gardez cela en tête, mesdames et messieurs. Et pensez aussi au lieu où sera Cathy Wood ces prochaines années… Elle n'est pas dupe, vous vous en souvenez : « Je sais que je ne serai pas remise en liberté provisoire, mais que je risque d'en prendre pour dix ans. »

Schieber promena son regard sur chaque juré, l'un après l'autre.

– Quelle meilleure preuve peut-il y avoir que cela ?

Dans sa plaidoirie, Jim Piazza consacra une demi-heure à pilonner les arguments de l'accusation sur le caractère dominateur de Gwen Graham et à mettre en pièces la crédibilité de Cathy.

– Je me demande si quelqu'un, dans l'assemblée ici présente, prendrait le risque de sauter en parachute s'il savait que c'était Cathy Wood qui l'avait plié…

Où étaient les souvenirs ? Où étaient les collègues de travail qui se doutaient de quelque chose ? A quel moment y avait-il eu une augmentation des décès dans l'établissement ?

– Venons-en aux preuves matérielles… L'accusation n'a pas apporté la moindre preuve qui aurait permis de prouver que Gwen travaillait aux heures et aux lieux des crimes… Avez-vous entendu cela du côté de l'accusation ? Non.

A un autre moment, il précisa :

– Nous avons soi-disant cinq meurtres, et aucun témoin visuel ne s'est présenté, pas une seule personne neutre qui puisse dire quelque chose, à l'exception de Cathy Wood.

» … Mesdames et messieurs les jurés, cette femme n'a cessé de vous mentir. Qui essaie-t-elle de tromper ? Elle essaie de vous leurrer, comme elle l'a toujours fait avec son entourage ! Ne la laissez pas s'en tirer à si bon compte !

Cathy Wood. Cathy Wood. Il martelait sa plaidoirie du nom de Cathy Wood. Piazza essaya de spéculer sur les motivations de Robin Fielder. Sur ce qu'elle avait dit avoir entendu après l'arrivée de la police. Une telle confusion régnait dans son esprit à ce moment-là ! Sans doute avait-elle mal entendu ses paroles ou les avait-elle interprétées ?

Il termina sa défense en s'acharnant sur Cathy Wood.

– Elle plaide coupable. Est-elle coupable de faits inexistants ? L'accusation nous a dit qu'il était nécessaire de connaître la personnalité des accusées ; je ne suis pas sûr que nous ayons réussi. Ni que nous y parvenions un jour. Les gens sont bizarres, ils font des choses bizarres... Peut-être a-t-elle plaidé coupable parce qu'elle l'est réellement.

Piazza était focalisé sur elle, de même que Ken Wood, Dawn Male et tout le groupe qui gravitait autour d'elle... tout comme la police, l'attorney, les médias... Et toute la population de Grand Rapids. Il n'était certes pas le premier à être captivé par cette aide-soignante de vingt-sept ans qui ne gagnait même pas le salaire minimum.

La plupart du temps, elle n'était même pas présente dans la salle d'audience. Même le procès de Gwendolyn Gail Graham semblait s'articuler autour de la personnalité de Cathy Wood.

107

Le jury, composé de neuf hommes et trois femmes, se réunit pendant trois quarts d'heure le mardi après-midi, juste après le procès. Le lendemain, les familles concernées et une bonne partie de l'auditoire attendaient dans le hall du palais de justice que le jury décide du sort de Gwendolyn Gail Graham. Toute la matinée, les jurés délibérèrent. Parmi eux, il y avait un machiniste, une caissière, une ouvrière d'usine, une représentante d'une compagnie de téléphones, un cuisinier, un ingénieur, un gérant de fast-food, des gens simples de Grand Rapids.

Pendant les pauses, les jurés s'échappaient discrètement. L'un d'eux, allant déjeuner, croisa à plusieurs reprises la voiture de police qui transportait Gwen Graham de la prison du comté de Kent au palais de justice. Il savait qu'elle l'avait vu et fut profondément perturbé par cette rencontre. Il s'imaginait qu'elle le retrouverait un jour. D'autres jurés passèrent la pause à se demander qui pouvaient bien être les parents de Gwen, parmi le public venu assister au procès. Ils se rappelèrent qu'elle n'avait pas eu le moindre regard pour la salle. Personne, parmi ses proches, n'était venu à son procès. Une fois le verdict rendu, certains jurés s'esquivèrent discrètement du palais de justice, par peur des médias ou d'éventuelles réclamations. Au début, la tâche leur avait semblé impossible et, à l'issue des plaidoiries, ils demandèrent au juge Snow s'ils pouvaient obtenir les procès-verbaux des débats afin de les étudier. Mais c'était très difficile, voire même impossible, et il valait mieux qu'ils parlent des témoignages entre eux.

Ils firent un tour de table et donnèrent chacun à leur tour leurs impressions sur l'affaire. Les sentiments étaient partagés à propos de Cathy Wood ; pour certains, elle était une victime, d'autres la suspectaient de cacher son jeu.

– Elle me fait de la peine, déclara Scott Russel, trente-quatre ans, ingénieur. On dirait qu'elle a voulu donner un sens à sa vie mais qu'elle s'est toujours trouvée au mauvais endroit au mauvais moment, avec les mauvaises personnes. Je pense qu'il y a du bon en elle.

Vicki Karczewski, trente et un ans, représentante d'une compagnie de téléphones, ne partageait pas du tout cette opinion.

– Tout a pu être combiné par cette fille, elle est du genre à avoir besoin de ce pouvoir. Enfin, il fallait être deux pour inventer une pareille histoire, et Gwen a joué le plus grand rôle.

Mary Schild, ouvrière de trente-quatre ans, trouvait la version de Cathy complètement invraisemblable.

– Je n'arrive pas à croire à cette histoire de David/Debbie. Comment peut-on être leurrée à ce point ? Il faut vraiment être naïve ! Je suis convaincue que des meurtres ont été commis mais ce n'est pas Cathy qui m'en a convaincue.

Beaucoup de jurés s'accordèrent sur le fait qu'ils ne seraient jamais arrivés à prendre une décision sur la foi de son témoignage. Robin, quant à elle, les avait complètement sidérés.

– Je n'arrive pas à comprendre ce qu'elle faisait avec ces gens-là, dit Russel.

Vicki Karczewski déclara plus tard :

– Quand elle est entrée dans la salle, on a vu cette toute jeune fille, autrefois normale, entraînée malgré elle par une mauvaise femme et qui n'avait rien à y gagner. Elle ne regardait même pas Gwen Graham. On voyait bien qu'elle était encore blessée. C'est normal qu'il lui ait été difficile de témoigner contre Gwen. Elle luttait pour ne pas perdre sa dignité, pour retrouver une vie normale.

Le mardi, ils avaient failli, à deux voix près, décider à l'unanimité du sort de Gwen. Le lendemain, ils demandèrent au juge si le greffier pouvait leur lire le témoignage de Cathy Wood. Mais, apprenant que cela allait durer trois heures, ils se ravisèrent et reprirent le tour de table.

Ils étaient nombreux à penser que Gwen Graham n'aurait jamais dû témoigner. Elle réfléchissait trop avant de répondre aux questions de David Schieber. Ils avaient tous remarqué ses contradictions et ses phrases sans queue ni tête. Elle n'avait guère été convaincante. Certains doutaient même qu'elle ait des cicatrices sur les bras.

– Si c'était vrai, pourquoi ne nous les a-t-elle pas montrées ? Demanda un juré plus tard.

– Ce procès n'avait pas de substance, aucun coup de théâtre, rien de concret, déclara Russel, élu plus tard président du jury. Il s'agissait avant tout d'étudier les dépositions des témoins, et nos convictions. Il y avait pourtant une cohérence dans tous les témoignages, les mêmes noms revenaient. Il nous a semblé que si elle avait commis un seul crime, elle les avait tous commis.

Les délibérations durèrent presque six heures au total.

La salle d'audience était comble. Des gens étaient même debout dans le couloir central. Gwen Graham attendait en mâchonnant un chewing-gum. Elle arrêta de mastiquer quand on appela le président du jury. Il lut les verdicts.

– « Coupable. »

Le mot résonna six fois dans la salle. Coupable de meurtre avec préméditation pour cinq victimes et de complicité de meurtre.

Graham ne cilla pas. Elle regardait devant elle, impassible. Immobile. Elle n'eut aucune réaction visible.

L'accusée fut emmenée, menottes aux poignets. Jim Piazza lui donna une petite tape sur l'épaule au passage. Elle garda la tête baissée et disparut.

Le public quitta la salle, en silence, abattu comme à la fin d'un film dérangeant. Les reporters et les cameramen attendaient dans le hall.

Jan Hunderman fut une des premières à quitter la salle… Son père, Ed Chambers, et elle avaient assisté à tout le procès. Elle avait été profondément dégoûtée par la façon dont la presse écrite avait couvert l'événement. Il n'y en avait eu que pour Cathy Wood, Gwen Graham et les lesbiennes. Presque aucune mention des victimes. Dans certains articles, les malades avaient été qualifiés de « légumes ». Dans d'autres, un journaliste affirmait que les victimes avaient été tuées dans leur sommeil.

Mais le témoignage de Cathy Wood sur sa mère avait au moins prouvé le contraire. Maintenant justice était rendue.

Il y eut quelques commentaires à chaud.

– Ma mère peut reposer en paix, maintenant, déclara-t-elle aux journalistes.

Ed Chambers, bouleversé, marmonna des injures à l'adresse des aides-soignantes.

– Il faudrait fusiller ces salopes.

Puis il s'éloigna. Il ne voulait pas qu'on le voie en train de pleurer.

Linda Engman, élégante dans un tailleur rouge seyant, était entourée par les journalistes.

– Si seulement on avait la peine de mort dans le Michigan !

Cette réaction n'engageait qu'elle. Linda doutait en fait que ce verdict puisse soulager la peine de sa fille, manifestement traumatisée par les événements.

D'autres familles se gardèrent de venir au procès, préférant le silence. Les Luce regardèrent les reportages à la télévision et c'est ainsi qu'ils apprirent le verdict.

L'attaché de presse d'Alpine Manor fit connaître la réaction officielle de l'établissement sur les marches du palais de justice.

– Bien que nous ayons encore du mal à croire que tout cela se soit véritablement passé dans nos murs, et maintenant qu'un verdict a été rendu, nous gardons confiance en notre système judiciaire. La procédure continue, d'ailleurs. Notre principal objectif est d'assurer le bien-être de nos patients et de leurs proches. Nous veillerons à garantir la qualité des soins et à offrir notre soutien aux malades.

Cathy Wood avait également son porte-parole en la personne de Me Yared. D'après la déclaration qu'elle fit à la presse, elle semblait avoir remporté une victoire.

– Nous sommes contentes du verdict. Je suis très satisfaite pour Cathy et pour les familles des victimes.

Ce jour-là, dans le hall du palais de justice, une seule personne parla au nom de Gwen Graham. Elle s'appelait Fran Shadden. Les journalistes purent l'interroger alors qu'elle sortait d'une cabine téléphonique d'où elle venait d'annoncer le verdict à la mère de Gwen.

– Oh ! Non, avait-elle dit tout simplement en apprenant la nouvelle.

Fran pensait que son ancienne amie avait des problèmes, mais de là à être une criminelle ! Les témoignages ne l'avaient absolument pas convaincue. La colère faisait vibrer sa voix.

– Je suis scandalisée, déclara-t-elle à un reporter de la télévision. Je ne comprends pas comment quelqu'un peut être condamné sans preuve, en se basant uniquement sur des ouï-dire, des ragots inventés par une bande de lesbiennes qui passent leur temps à se jouer des autres, de toute façon. C'est ignoble !

Nancy Hahn aurait voulu assister au procès mais son fils l'en avait dissuadée. David Schieber lui avait dit que Belle, sa mère avait été la seule à opposer une résistance. Elle ne savait pas si elle aurait pu supporter d'entendre le récit détaillé de ses derniers instants.

Plus tard, elle sembla le regretter. Un soir, elle reçut un

coup de fil d'une inconnue qui avait lu son nom dans les journaux. Elle lui expliqua que sa mère était aussi résidante à Alpine Manor. Nancy l'écouta, quand elle lui dit que sa mère la suppliait d'appeler la police et affirmait que des aides-soignantes essayaient de tuer des gens. Mais elle ne l'avait pas crue.

Elle était bourrelée de remords, comme Nancy, et aurait aimé faire quelque chose pour tenter de réparer le tort causé.

J'aurais dû aller la voir plus souvent, j'aurais dû m'occuper d'elle, être plus proche d'elle. Ces questions la tourmentaient sans cesse. Y avait-il eu plusieurs tentatives ? Combien de nuits atroces avait-elle passées à guetter le moindre bruit ? A s'attendre au pire ?

Un journaliste l'appela juste après le verdict et elle prononça ces quelques paroles qui en disaient plus long que tout le reste :

– Je suis satisfaite du jugement qui a été rendu, mais je ne peux pas dire que je me sente mieux. Je me sens tellement coupable de l'avoir laissée dans cet établissement. J'aimerais tant qu'elle soit ici, parmi nous.

Une journaliste de Grand Rapids qui couvrait le procès appela un écrivain qui envisageait d'écrire un livre sur l'affaire d'Alpine Manor.

– Vous allez avoir du mal à écrire ce livre, dit-elle. On se demande si tout cela s'est réellement passé. Sans oublier ces victimes qui n'attirent pas particulièrement la « sympathie » ; leur état était si catastrophique. Elles allaient mourir, de toute façon !

Meurtre ou pas, cette journaliste avait tort.

Le souvenir des victimes était bien vivant dans la mémoire des gens.

108

Plus la date du procès de Cathy approchait, plus Ken Wood se méfiait du traitement qui serait réservé à son ex-femme. Ils vont la mettre sous les verrous, un point c'est tout, se disait-il.

Il se battait pour remettre de l'ordre dans sa vie et cumulait des tas de petits boulots pour s'en sortir. Il était loin des quarante mille dollars annuels qu'il touchait autrefois chez General Motors. Cathy l'avait prévenu que sa mère allait se battre pour obtenir la garde de Jamie. Or, les services sociaux versaient une allocation de soutien à la personne qui obtenait la garde.

– Quoi que tu fasses, Ken, ne laisse pas ma mère prendre Jamie. Elle veut l'avoir pour l'argent de l'aide sociale.

Ken se doutait aussi que son ex-belle-mère couvait une vengeance contre lui parce qu'il avait parlé à la police. Des mois durant, elle ne rendit pas une visite à sa petite-fille. Mais il arrivait aussi à Ken de se retrouver sur la défensive, quand Cathy lui reprochait d'empêcher sa mère de voir Jamie.

Le même cinéma recommençait. Pat contre Ken, Cathy au milieu, l'éternel conflit.

– Un jour, tu verras, tout s'arrangera, avait-il dit à sa fille. Nous pourrons tourner la page et ce sera bien.

L'avocat de Gwen Graham lui avait reproché publiquement d'avoir voulu exploiter les faits dans son propre intérêt. On le soupçonnait d'avoir monnayé sa présence dans des émissions grand public. Il n'y avait pas pensé mais aurait bien aimé que quelqu'un paie pour tout le mal qui avait été fait.

Il fut invité dans des débats télévisés sur les meurtres en série, au côté de psychologues experts médico-légaux. Il y rencontra les familles des victimes d'un célèbre assassin, un certain Donald Harvey. Il eut l'occasion de voir une vidéo réalisée sur Harvey à la prison et fut saisi d'angoisse en voyant sur le visage de cet ancien aide-soignant le même regard dur et perdu qu'il connaissait à Cathy.

Et pourtant il n'hésitait pas à la défendre à la moindre occasion. Il essayait d'expliquer la métamorphose brutale qui s'était opérée chez elle.

– Moi, je connaissais une Cathy gentille, drôle. Je connaissais la jeune fille, la mère et parfois la femme. Et puis il y a eu un déclic, une cassure. Les gens n'ont pas le droit de la juger, parce qu'ils ne la connaissent pas.

Souvent, il en doutait lui-même.

– Parfois, je ne sais plus que penser, déclara-t-il un an et demi après le procès. Il m'arrive de la détester et d'avoir pitié d'elle. Et puis je me dis que je suis le seul au monde à vouloir la défendre.

Juste avant le procès, il s'était effectivement fait son avocat, dans une lettre adressée au juge du comté de Kent, Robert A. Benson, celui qui avait accepté que Cathy plaide coupable :

... J'espère que cette lettre, la plus importante que j'aie jamais écrite, sera aussi la meilleure, compte tenu de l'enjeu...

Je sais que l'on va faire pression pour qu'elle soit condamnée à une lourde peine, étant donné la nature et le nombre des crimes.

Il y a plusieurs mois, quand je suis allé à la police, j'étais en quête d'aide, d'aide pour Cathy. Cela fait dix ans que j'essaie de l'aider. Au début, j'avais décidé d'aider cette jeune fille de dix-sept ans et je pensais l'aimer suffisamment pour lui faire oublier tous les mauvais souvenirs de son passé qu'elle ne m'avait pas avoués. C'était une erreur de mes vingt ans peut-être, ou l'erreur d'un jeune homme en quête d'amour et qui voulait vraiment compter dans la vie de quelqu'un d'autre. Mais je ne pouvais pas lutter contre les secrets que Cathy gardait pour elle... Même si, à certains moments, j'arrivais à me convaincre que le temps arrangerait tout et qu'elle finirait par oublier le passé, qu'elle apprendrait enfin à aimer le présent et la vie avec notre fille et moi-même.

Il parla au juge de la mère « insensible et froide » de Cathy, de son père violent, de sa famille « sans amour ».

Elle ne pouvait même pas sentir que ma fille et moi-même voulions lui donner notre amour.

Il insista sur le fait qu'il la connaissait mieux que personne :

Je sais que Cathy ne supportait pas les obligations d'une vie familiale. Elle craquait sous le poids de ses problèmes passés, elle se sentait délaissée par les gens en qui elle avait confiance et dont elle dépendait. Et l'influence de Gwen, les excès de boisson dus à la déprime, tout cela l'a empêchée d'y voir clair. Cathy a besoin de notre aide, pas de notre colère ni de notre violence.

La lettre qui suivit reflétait assez bien le sentiment général de ceux qui, à Grand Rapids, dans le Michigan et dans tout le pays, avaient suivi l'affaire.

Cathy est coupable d'avoir attenté à la vie de plusieurs personnes, ou du moins de ne pas avoir empêché Gwen de le faire. Mais quelles vies ont-elles réellement prises ? Les victimes étaient à moitié mortes. Elles ne pouvaient plus apprécier quoi que ce soit et étaient condamnées à plus ou moins longue échéance. En apprenant la mort des leurs, les familles n'ont-elles pas été soulagées ? Leur proche ne souffrirait plus... Leur calvaire avait pris fin. Je sais qu'elles n'avaient pas le droit de se mettre à la place de Dieu et d'ôter la vie... Mais quand vous déciderez du nombre d'années que Cathy va passer ou perdre en prison, ne devrait-il pas être égal à ce qui a été enlevé aux victimes ?

Il termina en évoquant sa fille, dernière victime de l'affaire :

Cela fait trois ans, souligna-t-il, que ma fille n'a pas eu sa mère auprès d'elle.

Il ne précisa pas pour quelles raisons.

109

Monsieur l'attorney. Je voulais vous remercier de m'avoir aidée. Est-ce que cela vous semble bizarre ? Vous recevez sans doute des centaines de lettres tous les jours ! Vous m'avez aidée bien plus que vous ne le pensez !
Cathy Wood, le 15 novembre 1989

Ken Wood n'était pas le seul à écrire au juge avant qu'il ne prononce la peine de Cathy Wood. Il reçut des appels à la clémence de la part des prêtres de la prison, d'une amie de sa mère et d'une ancienne collègue de travail.

Certaines lettres rejetaient toute la faute sur Gwen. Cathy s'était fait des alliés en prison. Ils parlaient d'une véritable transformation. Elle était soi-disant devenue gentille et attentionnée, « prête à servir Dieu et son prochain », écrivit même un prêtre.

Il reçut également une critique de la part d'un groupe qui militait pour la défense des personnes âgées en maisons de soins. L'auteur vilipendait des propos tenus par Ken Wood rapportés dans la presse sur ces personnes âgées « qui attendaient la mort ». Cette lettre était un plaidoyer pour que le juge reste sourd aux paroles de ceux qui l'exhortaient à la clémence.

Le juge Benson reçut aussi des témoignages de la famille de Cathy, dont une lettre de sa sœur et de sa mère. Conseillée par l'avocate de Cathy, une de ses tantes, Judith Terpstra, écrivit au juge. Elle relatait une anecdote assez poignante sur la façon dont le père traitait sa fille :

... Elle devait avoir trois ou quatre ans et avait demandé si elle pouvait avoir une autre part de salade de fruits. Son père avait empilé sur son assiette tout ce qu'il avait pu trouver de nourriture sur la table et lui avait ordonné de tout avaler en la traitant de « gros cochon ». Elle s'était mise à pleurer et il l'avait giflée. Moi, je leur ai dit que j'étais chez moi et qu'elle pouvait faire comme elle voulait, mais il a insisté et elle a fini par tout avaler pour lui faire plaisir.

Elle parlait du père de Cathy comme d'un homme très « soupe au lait » qui éduquait sa fille comme son propre père l'avait éduqué. Cathy n'avait pas reçu beaucoup de marques d'affection quand elle était petite, et son enfance n'avait pas été très heureuse :

Les enfants s'habillaient, se lavaient et préparaient leur petit-déjeuner seuls. Ils recevaient des instructions sur ce qu'ils avaient à faire dans la journée, sur les tâches à accomplir, puis ils devaient quitter la pièce. Cathy était une enfant charmante et intelligente mais sans affection. Quand elle s'est mariée, je ne l'ai plus beaucoup vue. Elle s'était mise à prendre du poids. Elle avait l'air d'aller bien, bien qu'un peu renfermée. Elle avait parfois des fous rires intempestifs.

Le 11 octobre, Catherine May Wood se présenta pour la troisième fois devant le juge Benson. Elle ne parla pas mais fit lire par son avocate une déclaration dans laquelle elle exprimait son repentir.

Je suis sous surveillance policière, seule depuis plus de dix mois… Cette intense solitude m'a permis de revivre mon passé, de me regarder en face et d'analyser en profondeur mes problèmes. Cela m'a beaucoup appris mais je sais que le fait de demander pardon ne suffit pas. Les mots sur le papier sont peu de chose pour exprimer mon remords et ce sentiment de culpabilité m'accompagnera toute ma vie. Voilà ce qui me tourmente vraiment, avec le fait que je ne pourrai voir mon enfant grandir. J'ai été embarquée dans cette histoire mais je ne cherche pas d'excuses, ni à accuser qui que ce soit à ma place dans cette affaire. Je ne cherche pas la pitié des autres, je dois faire face à mes responsabilités et suis prête à assumer les conséquences de mes actes.

Conformément à la loi, le juge Benson pouvait prononcer la perpétuité. Elle pourrait alors éventuellement bénéficier d'une libération conditionnelle d'ici à dix ans.

Mais la commission compétente n'octroyait plus de telles libérations. Une audience publique était également requise au préalable.

Le juge Benson se tourna vers le PA adjoint :

– Avez-vous quelque chose à ajouter au sujet de la peine ?

– Juste ceci, monsieur le président. Madame Wood a donné entière satisfaction et a coopéré pleinement avec la justice. Elle nous a apporté son témoignage pour servir ce que nous croyons intimement être la vérité.

Schieber expliqua qu'il avait déposé une demande au Bureau d'application des peines pour que Cathy soit incarcérée dans une prison fédérale, loin de Gwen.

Le juge évoqua les lettres de recours qu'il avait reçues et poursuivit :

– Plusieurs facteurs entrent en ligne de compte dans ma décision. Vous avez montré sincèrement, et j'en suis convaincu, que vous regrettiez vos actes, ce qui est important… Je suis également convaincu, d'après votre histoire, d'après ce que nous avons eu l'occasion d'entendre lors de l'audition des témoins, d'après ce que nous lisons dans la presse, que vous êtes une personne soumise, que vous n'avez rien d'un leader, mais cela n'excuse en rien vos actes. Cela ne les justifie pas. Devant un tribunal, cela vous met dans une situation un peu différente.

» Sans vous, toute cette affaire n'aurait jamais été éclaircie, et je vous en sais gré. Cette sentence a surtout valeur de sanction car je ne pense pas que vous ayez besoin de réhabilitation particulière. Si vous étiez libre demain, vous n'iriez certainement pas refaire la même chose, j'en suis persuadé.

Le juge Benson condamna Cathy Wood à des peines de réclusion respectives de vingt et quarante ans pour homicide involontaire et complicité de meurtres. Les deux peines seraient purgées simultanément.

Cathy Wood pourrait donc bénéficier de la liberté conditionnelle dans seize ans, c'est-à-dire en 2005.

Il n'y eut pas d'appels à la clémence, pas de soutien des membres de la famille et pas de surprise lorsque Gwendolyn Gail Graham fut condamnée à son tour, vingt et un jours plus tard.

Un enquêteur du Bureau d'application des peines avait établi un rapport préalable pour le juge Snow, une simple formalité. La loi stipulait que certaines peines devaient être appliquées pour les homicides volontaires. Ce rapport contenait les lettres des familles des victimes, qui voulaient voir Gwen sous les verrous. L'enquêteur vérifia le casier judiciaire de Gwen, sur lequel ne figurait que l'histoire de chèques sans provision à Tyler. Il nota les signes d'automutilation, l'usage de drogue et d'alcool, les sévices sexuels. Contactée à ce sujet, la mère de Gwen déclara ne pas être au courant de ce qui s'était passé entre sa fille et le père de celle-ci.

Dans le rapport, Gwen Graham clamait son innocence. L'enquêteur la décrivit comme une personne « soumise et coopérative » mais également « dépressive ».

– Je suis furieuse. Je suis tellement en colère que je ne peux pas y croire. Je ne peux pas croire que ces gens-là soient revenus et m'aient déclarée coupable de ces crimes. Je ne suis pas coupable. C'était une plaisanterie poussée trop loin. Je baisse les bras, mais un jour, on découvrira que je suis innocente et je sais que je sortirai de prison.

L'enquêteur accepta la réclusion à perpétuité mais recommanda qu'un psychothérapeute s'occupe de l'accusée.

– Elle n'a jamais été analysée ni soignée par des psychiatres ou des psychothérapeutes. Elle présente des troubles psychologiques profonds. Il conviendrait de tenter de les traiter avant qu'elle ne puisse apprendre à fonctionner normalement, que ce soit dans un milieu carcéral ou pas.

Le 1er novembre, Gwen Graham refusa de parler devant le juge Snow. Il prononça la peine de réclusion à perpétuité pour chacun des chefs d'accusation, et une autre pour complicité de meurtre.

Il n'y avait aucune possibilité de remise en liberté conditionnelle. Seules une révision du procès en appel ou une grâce prononcée par le gouverneur pourraient peut-être un jour rendre la liberté à Gwendolyn Gail Graham.

110

Je ne cherche pas à expliquer mes actes pour attirer la sympathie. Cela m'est égal si les autres ne m'aiment pas.
Cathy Wood, le 24 octobre 1990

Une compagne de cellule, Pam Durfee, âgée de vingt ans, qui purgeait une peine légère pour chèques sans provision, expliqua à un visiteur le comportement de Cathy Wood pendant les deux mois qu'elle passa à la prison de femmes de Huron Valley.

– Cathy, une amie et moi-même étions devenues assez proches, les trois mousquetaires, vous voyez ? On faisait pas mal de choses ensemble. Et puis j'ai entendu des rumeurs qui circulaient, que Cathy faisait circuler... Et je ne savais que penser. Elle dressait les gens les uns contre les autres.

» Elle mentait pour obtenir ce qu'elle voulait. Elle n'avait pas d'argent, d'après ce qu'elle disait, alors elle allait voir une telle et le tour était joué : elle avait emprunté dix dollars. Cathy ne remboursait jamais. Et puis un beau jour, on s'apercevait qu'elle avait une télé dans sa cellule et un casier et... On était là... Hé ! Qu'est-ce qui se passe ? On ne comprenait rien. On lui avait toutes refilé quelque chose, des trucs personnels, de la nourriture, du savon, des cigarettes, du shampooing. On l'avait aidée et elle nous avait utilisées.

» Puis Cathy s'est mise à draguer Patty. Patty était très séduisante. Cathy a commencé à se servir d'elle, à lui demander de l'argent... à comploter, à lui faire du chantage aux sentiments : ‹Je t'aime›, ‹j'ai besoin de ça›, vous voyez le genre ? Patty n'avait jamais eu de relations avec des femmes et Cathy l'a vraiment déboussolée. C'était incroyable, ce qu'elle lui faisait faire. Elle abusait d'elle physiquement, profitait de son fric, n'arrêtait pas de lui dire : ‹Je t'aime›, et Patty aimait entendre ça. Seulement un jour, elle lui a jeté en pleine figure : ‹Salope, fous le camp !› Patty a été complètement terrassée... Cathy venait nous montrer aussi des articles de journaux sur l'affaire et s'en vantait. Je n'étais pas au courant à l'époque et je ne sais pas grand-chose à ce sujet, d'ailleurs.

» De temps en temps – ça, c'est le système de la prison –, on a l'occasion de fumer un joint. Oh ! Pas souvent, peut-être une ou deux fois par an. On était dehors et on a décidé de faire fumer Cathy sans le lui dire. On savait qu'elle n'aimait pas être défoncée. On lui a dit que c'était juste une cigarette roulée et on l'a laissée fumer toute seule. Tout d'un coup, elle s'est mise à parler, à parler sans pouvoir s'arrêter.

» Elle a dit des trucs complètement effrayants. Je me demande encore comment on peut s'acharner à ce point sur quelqu'un. Elle nous a dit : ‹Eh oui, j'ai tué ces gens, je l'ai bien eue, cette salope !› On a essayé d'en savoir plus, parce qu'elle s'était mise à vider son sac. Une des copines lui a demandé ce que Gwen avait fait de mal. ‹Gwen a cassé avec moi, lui a-t-elle répondu... Alors elle a su ce qu'était ma vengeance.› Elle parlait très sérieusement et elle a ajouté : ‹Je vais le lui faire payer, je vais la réduire au silence – Non ! Tout ça parce qu'elle t'a quittée ? Mais tu sais, c'est la vie, ça !› Après cet épisode, ma copine et moi, on n'est jamais plus restées avec elle.

Peu de temps avant Noël, Cathy était allée prendre son courrier près du centre de surveillance. Dans le hall, elle aperçut Gwen Graham. Elle chercha refuge dans le quartier des geôliers. C'était une zone interdite aux prisonnières. Elle se mit à hurler à pleins poumons.

Les autorités avaient effectivement envoyé Gwen Graham à Huron Valley avant que les arrangements ne soient conclus pour le transfert de Cathy Wood dans une prison fédérale. Les gardiens ne comprenaient rien à ce qui se passait. Il y avait une telle différence de taille entre les deux.

Le lendemain, lors d'un entretien avec le directeur de la prison, Cathy Wood demanda à être placée sous la protection de l'administration pénitentiaire. Elle lui présenta une analyse concise et claire de sa situation : sa malchance, ses déboires, le harcèlement sexuel de la part de son ex-mari, et conclut en expliquant les motivations psychologiques de sa liaison avec Gwen Graham.

– Elle était très convaincante, se rappela le directeur. Une femme savante qui s'exprimait dans un jargon spécialisé comme si elle voulait rivaliser avec moi.

Il lui accorda ce qu'elle demandait.

A Grand Rapids, les médias avaient été alertés. La presse clama à grands cris que Cathy Wood et Gwen Graham se retrouvaient dans la même prison. Le *Grand Rapids Press* fit paraître un éditorial consacré aux manquements de David Schieber.

Le 1er février 1990, Cathy Wood fut transférée à la prison fédérale de Lexington, dans le Kentucky.

111

Huron Valley était une prison moderne, construite sur un seul niveau, entourée par un mur couronné de barbelés. Gwen Graham avait du mal à s'adapter à l'univers carcéral, aux autres détenues. Elle se retrouvait souvent « en cellule d'isolement » pour avoir enfreint le règlement intérieur, ou s'être battue. Elle s'engageait pleinement dans des relations affectives avec d'autres prisonnières.

Les visites étaient rares ; ses parents vivaient à des centaines de kilomètres de là. Au début, Fran Shadden et une de ses amies se déplaçaient souvent pour lui rendre visite. Mais jamais Gwen n'atteignit la limite des quatre visites mensuelles.

Au cours d'une visite de Fran, Gwen accepta à contrecœur de recevoir un journaliste. De leur première rencontre, il retint sa timidité maladive, et sa façon de pouffer de rire comme une gamine. Elle accepta de lui parler régulièrement et de se confier un peu plus. Toujours d'une politesse très stricte, elle arrivait même à plaisanter avec son interlocuteur.

Il n'était pas rare qu'elle accorde à Cathy Wood le bénéfice du doute : elle se gardait de dénigrer son ancienne amie en évitant les remarques incendiaires ou les critiques trop sévères, et répétait souvent que c'était « une fille très malheureuse ». Ses sentiments pour celle qui l'avait fait boucler étaient visiblement partagés.

– Parfois, j'irais bien l'étrangler si je pouvais, disait-elle. Puis, à d'autres moments, je me demande si on ne serait pas ensemble de nouveau, si elle était détenue ici.

J'éprouve toujours des sentiments pour elle – pas tous bons, pas tous mauvais.

Mais elle n'en démordait pas. Elle était innocente et n'avait assassiné personne.

En un an d'enquête sur l'affaire d'Alpine Manor, jamais on ne la surprit en flagrant délit de mensonge. Elle admit que les circonstances étaient contre elle et reconnut avoir eu des comportements bizarres dans le passé. Sa phobie de l'eau, ses pulsions morbides et ses cauchemars de cadavres flottants.

Le journaliste proposa à Gwen de faire des recherches sur les points qui pourraient prouver son innocence, mais elle n'en trouva aucun. La plupart du temps, elle se satisfaisait d'avoir un peu de compagnie, de pouvoir plaisanter et confier ses frustrations à quelqu'un. Gwen s'était portée volontaire pour suivre, en prison, une formation de peintre en bâtiment. Elle arrivait souvent exténuée aux entretiens, de la peinture plein les cheveux et les mains abîmées par les produits.

C'était une personne facile à interviewer, et pourtant elle refusait systématiquement que l'on fouille du côté de ses parents.

– Je ne veux pas leur faire de mal, disait-elle pour se protéger.

Elle s'accusait d'avoir été têtue, différente des autres enfants, dure, un « vrai monstre », disait-elle en parlant d'elle-même.

– Je ne voulais pas que ma mère m'embrasse, me tienne dans ses bras. Je n'aimais pas ça, je ne sais pas pourquoi, parce que maintenant, j'adore.

Il y avait deux personnes distinctes en elle. L'une qui dessinait des croquis naïfs, écrivait des poèmes à l'eau de rose et avait des peurs enfantines. L'autre qui buvait du Jack Daniel's, se battait dans la rue, aimait les pratiques sexuelles sadomasochistes et ignorait la douleur physique. Elle se contredisait souvent en parlant des autres :

– Paul Lopez, oui, il est sympa, un ami, c'est sûr !

Et puis, quelques minutes plus tard :

– Non, je ne l'aime pas, ce qu'il a fait à Robin est dégueulasse.

Mais elle ne se rendait pas compte de ses contradictions et l'on comprenait mieux pourquoi le jury n'avait pas cru à sa déposition.

Lorsqu'on lui posait certaines questions sur sa mère, elle se murait dans de longs silences. Elle rougissait et ses pupilles se dilataient. Elle semblait vraiment oppressée et exprimait sans cesse son angoisse d'être prise pour une malade mentale.

– Vous pensez que je suis barjo ?

– Et vous ?

– Eh bien je me demande… Des fois, j'ai fait des trucs tellement barjo sur moi. Je ne sais pas, vraiment.

Quant aux traces de brûlures sur ses bras, elle avoua en avoir fait dix en un soir.

– Vous savez, au procès, j'ai dit que c'était à cause de mon père mais ce n'est qu'une supposition. En fait, je ne sais pas pourquoi j'ai fait ça.

Gwen se sentait insensible aux choses, elle n'avait pas l'impression d'exister. Elle disait que lorsque le bout incandescent de la cigarette s'approchait de sa peau, elle « ressentait quelque chose ».

On lui demanda si elle acceptait de rencontrer un psychologue qui pourrait évaluer sa personnalité et lui proposer des réponses.

– Est-ce que cela m'aidera dans cette affaire ?

– Peut-être.

Elle accepta.

Le Dr Abramsky travaillait déjà comme expert en médecine légale et était consulté pour les affaires criminelles les plus importantes dans le Michigan. Il bénéficiait d'une certaine popularité parmi les avocats, non seulement du fait de ses vingt années d'expérience, mais aussi grâce à sa capacité à s'exprimer simplement et clairement devant les tribunaux. Il connaissait bien le contexte pour avoir été contacté au début de l'affaire d'Alpine Manor, au sujet d'une éventuelle évaluation de la personnalité de

Cathy Wood. En guise de préparation à l'examen de Gwen Graham, il lut les comptes rendus du procès, regarda la vidéo du test de Palmatier. Au cours de ses deux déplacements à Huron Valley, il interrogea Gwen Graham et lui fit passer une série de tests psychologiques standards, généraux et projectifs.

Au cours de l'entretien préalable, Gwen réussit à confier quelques éléments personnels de son passé, le fait que son père ne l'appelait que par : « Hé, toi ! » Elle lui raconta sa peur panique d'être avalée par le tourbillon de la chasse d'eau. Elle avait vu son père plonger la tête de sa mère dans les toilettes.

– Ils s'amusaient, je crois, dit-elle.

Elle parla des automutilations, de ses jeux et pratiques sexuels, et révéla qu'elle trouvait excitant que Cathy essaie de l'étouffer en faisant l'amour.

Les résultats des tests objectifs, traités par ordinateur, donnèrent l'image d'une jeune femme perturbée. Hostile, amère, triste, sujette à de graves crises d'agressivité, susceptible d'avoir de sérieux problèmes relationnels, uniquement capable de raisonnements primaires, attirée par le danger, sans crainte des punitions, souffrant de traumatismes dus à des sévices divers. De l'extérieur, elle pouvait paraître agressive, dominatrice mais sur le plan émotionnel, elle était dépendante et soumise.

Abramsky trouva les tests projectifs encore plus révélateurs. Il lui fit passer le test de Rorschach. Gwen devait dire ce qu'elle voyait devant une série de taches d'encre symétriques. Ses réponses n'étaient guère spontanées. Elle ne voyait pas ce que la plupart des personnes projettent classiquement, c'est-à-dire des visages, des têtes d'animaux. Seule une grande tache polychrome suscita une réponse nette et claire :

– Un monstre avec un bébé dans le ventre, dit-elle en pouffant de rire.

Cette euphorie, selon Abramsky, révélait qu'elle venait de briser des mécanismes de défense.

Puis il passa au TAT, un autre test projectif, mais qui utilisait des dessins moins abstraits. Gwen trouva plus facile de traduire ses visions et ses sensations. Il expliqua plus tard que ce test se compose d'une douzaine de dessins noir et blanc représentant chacun des scènes ambiguës. Gwen devait décrire ce qui se passait et ce que les gens étaient censés penser dans ces situations, etc.

Une femme, en train de réfléchir, le menton posé sur la main : elle pense à ce qu'elle faisait quand elle était petite fille, elle a vieilli maintenant et il faut qu'elle fasse le ménage.

Une femme accompagnée d'une fille plus jeune : elle n'aime pas ce qu'on lui dit. Il faut qu'elle arrête de jouer à la poupée. Mais elle ne veut pas.

Le psychologue nota que Gwen était totalement bloquée par rapport aux comportements adultes, quels qu'ils soient.

Les dessins représentant des scènes d'agressivité en dirent long sur la personnalité de Gwen.

Un homme debout devant le corps meurtri d'une femme prostrée sur un lit : il a la tête entre les mains comme s'il ne pouvait supporter cette vision, à moins qu'il ne soit anéanti parce qu'il vient peut-être de faire.

– Pourquoi est-il si bouleversé devant une femme toute nue ? Demanda Gwen. Il devrait s'asseoir. Elle va s'endormir.

Abramsky conclut que le chagrin ou la culpabilité lui étaient étrangers.

– Elle y est insensible, déclara-t-il. C'est un registre qu'elle ne connaît pas. En fait, tout cela n'est pas sérieux pour elle. Elle souffre d'immaturité affective.

Devant l'image d'un homme tirant sur une femme, elle répondit qu'il ne jouerait plus jamais avec des pistolets.

– La notion de morale prend forme dans l'esprit humain au fur et à mesure que l'individu grandit, expliqua-t-il. Au début, on situe le mal par rapport à une punition. Plus tard, on intègre les principes d'éthique, les exigences sociales, etc. Son sens moral reste très peu développé.

Abramsky interpréta l'ensemble des réponses aux tests, il dressa un bilan psychologique de Gwen, puis le proposa à d'autres spécialistes de médecine légale, au cours d'un séminaire privé. Ils furent unanimes sur le fonctionnement psychique de la jeune femme. Elle était de toute évidence un cas limite. Ce type de personnalité était la conséquence de troubles affectifs vécus dans les toutes premières années de la vie et qui avaient des répercussions jusqu'à l'âge adulte. Il existait aussi des « états limites » chez des sujets capables de raisonnements élaborés, mais leurs problèmes étaient identiques. Quelque chose d'essentiel avait oublié de se produire dans le développement affectif de Gwen. Le lien mère-fille, dans le cas de Gwen, était fondamental. La carence affective maternelle avait été déterminante.

– Si la relation mère-fille ne s'établit pas, le développement psychologique de l'enfant est stoppé. Les « états limites » recherchent toute leur vie ce lien affectif qu'ils n'ont jamais connu.

» Ils vivent des histoires passionnelles très intenses qui se terminent toujours très mal, car le fondement nécessaire à tout développement affectif est absent.

Gwen avait la capacité émotionnelle d'un petit enfant qui peut aimer et haïr une personne en même temps.

Ce qui allait avec un moi faiblement développé.

– Le rapport au réel de ce type de personnalités est fragile. Elles ont parfois l'impression de ne pas exister. La rupture d'un lien relationnel peut entraîner une déstructuration complète de leur psyché. Elles sont démunies en cas de conflit. L'automutilation, le fait de s'infliger des brûlures, est symptomatique. C'est une façon de se prouver qu'on existe, qu'on est en contact avec la réalité.

Concrètement, Gwen avait commencé à se mutiler au moment où elle avait compris que le lien avec son père était brisé, c'est-à-dire après l'inceste. Mais elle présentait déjà des désordres psychiques graves avant ce drame.

– Son moi n'est pas constitué, rien n'est solide autour d'elle ; la sensation de pouvoir être avalée par le trou d'évacuation de la douche est typique chez l'enfant, et normale. Mais son moi se développe ensuite et sa phobie régresse.

Gwen avait beaucoup de difficulté à s'adapter au réel, à vivre avec les autres. Elle ne comprenait pas pourquoi leurs voisins d'Effie avaient été dérangés par les coups de feu tirés dans le jardin.

– Elle est incapable de se situer dans un groupe social. Il lui est pratiquement impossible de se mettre à la place des autres.

Cela pouvait expliquer sa situation actuelle.

– N'ayant pas de sens développé de la culpabilité, ni d'émotions adultes, elle est vraisemblablement capable de tuer. Un enfant de trois ans n'a aucun sentiment de culpabilité quand il arrache les ailes d'un papillon. Il n'a pas conscience de la mort. Cette immaturité affective a déteint sur tous ses comportements et rendu sa vie sexuelle très perturbée. A la différence d'un psychopathe, qui brise sciemment les règles sociales, elle est fondamentalement amorale. Pensez qu'elle a le développement affectif d'un enfant de deux ans et demi, et vous comprendrez mieux son fonctionnement. Le fait de nier les accusations n'est-il pas la fuite la plus évidente ?

D'après la nature des meurtres d'Alpine Manor, Abramsky donnait une autre explication que celle qui avait été avancée à Grand Rapids.

– Toutes ces manigances, ces histoires de M-U-R-D-E-R ne cadrent absolument pas avec le fonctionnement de Gwen. Ces crimes en série sont l'œuvre d'un esprit plus élaboré. Il faut quelqu'un de brillant, de manipulateur, capable de concevoir, de planifier. Cathy se cache là derrière.

» Gwen s'exprime de façon plus primaire, plus impulsive, elle se bat dans la rue et extériorise son agressivité, mais elle ne peut rien projeter. Elle a pu tuer tous ces gens mais ce n'était pas elle l'instigatrice. Gwen était comme une enfant, dépendante de son amie. Elle a dû y voir une forme de jeu, l'aspect ludique autour des crimes est d'ailleurs bien présent : codes secrets, jeux de cache-cache sous les lits des malades. L'acte n'était pour elle qu'une prolongation du jeu.

Dans son analyse, Abramsky reparla des résultats du Rorschach.

– Les esprits primaires réussissent mal ce test. Ils se renferment, répugnent à révéler ce qu'ils voient. Gwen a très peur de ce qui est enfoui au fond d'elle-même.

L'image du monstre avec un bébé dans le ventre était très révélatrice. Elle représentait la mère qu'elle désirait tant voir, et la souffrance due à la rupture du lien mère-fille.

– Les meurtres étaient une forme de pacte d'amour, mais pas de nature homosexuelle. Ils représentaient l'union, le lien symbolique entre Gwen et sa mère adoptive. Elle faisait exactement ce que sa « mère » lui disait, pour en obtenir les faveurs. Et Gwen jouait. Oui, le monstre représente bien la mère de Gwen, mais je pense qu'il représente aussi Cathy Wood.

112

La mère de Gwen, Linda, expliqua qu'elle n'avait pas pu assister au procès par manque d'argent.

Elle tenait un magasin, son deuxième mari travaillait dans le bâtiment et ils vivaient dans un mobile home.

A vingt-deux ans, elle avait déjà trois enfants. Son mari lui disait toujours qu'il ne fallait pas tenir les enfants dans ses bras, parce que cela les rendait capricieux. Maintenant, elle savait que c'était faux, elle avait vu une émission de télé sur ce thème.

Elle affirmait qu'elle cherchait à comprendre et voulait essayer d'expliquer aux autres le comportement de sa fille.

– Est-ce que ça vous aiderait à comprendre, si je vous disais que je l'ai frappée avec du fil électrique quand elle avait dix-huit mois ? Elle criait et pleurait, comme tous les bébés, mais je ne comprenais pas ce qui n'allait pas. J'ai perdu mon sang-froid. Les vrais conflits ont commencé à l'adolescence, expliqua-t-elle. Elle montrait une telle obstination ! Mais nous avons réglé ça. Les seuls ennuis qu'elle a eus avec la police, c'est qu'elle ne payait jamais pour ses excès de vitesse, c'est tout. Quand elle a emménagé avec Fran Shadden, Gwen m'a avoué que son père lui avait fait des avances. Je ne savais pas si elle me racontait ça pour le mettre dans l'embarras ou si c'était pour me blesser. Il fallait beaucoup d'autorité avec Gwen. Mais nous n'avons jamais exagéré.

Plus tard, elle confia que plus elle regardait en arrière, plus elle se sentait coupable.

Mack Graham vivait en Oklahoma. Sa deuxième femme

l'avait quitté après l'arrestation de Gwen, le laissant seul pour s'occuper de leur petite fille devenue sourde-muette à la suite d'une maladie. Il y avait des espoirs de guérison et il avait pris un an de congé pour s'occuper d'elle.

Mack avait rendu visite à Gwen à la prison du comté de Kent et espérait s'installer un jour dans le Michigan.

Il n'approuvait pas les fréquentations de Gwen.

– Elle s'est toujours fait exploiter par les autres.

Il savait ce que sa fille avait raconté sur lui au procès.

– Si je dis une chose, c'est ma fille qu'on jugera mal. Si j'en dis une autre, c'est moi. Aussi je préfère la laisser raconter ce qu'elle veut.

Il admettait qu'il avait commis des erreurs sur les méthodes d'éducation de ses enfants, mais il avait essayé de faire de son mieux à l'époque.

– Ma femme était jeune, elle avait déjà deux enfants et un troisième en route. Ce n'était pas possible de la laisser tout faire. Elle a eu des problèmes avec Gwen dès le départ. Bébé, Gwen ne voulait pas qu'on la prenne dans les bras. Elle nous repoussait. C'était très dur pour ma femme, elle n'a pas eu le temps de régler ce problème ; Corey est née onze mois et demi après Gwen. Corey ne nous repoussait pas, elle a pris la place de Gwen. Plus tard, Gwen a été élevée à la dure, à la campagne. Il y avait des punitions, des coups de ceinture, puis en grandissant, ça ne marchait plus. Elle a eu sa dernière correction à dix-huit ans.

Mack ignorait évidemment que sa fille présentait déjà des troubles mentaux, et que sa personnalité ne pouvait pas s'épanouir.

113

Quand les gens me rencontrent, ils pensent tous que je joue la comédie. Même l'attorney me dit qu'il a peur de cette autre réalité que je lui dissimule. J'essaie de lui faire comprendre qu'il me serait difficile de jouer la comédie, surtout si longtemps.
Cathy Wood, le 29 décembre 1989

Après le procès, des psychologues et des psychiatres continuèrent à s'intéresser à la dynamique du couple Cathy Wood-Gwen Graham.

Cathy refusa de les aider. Après le verdict, elle s'enferma dans sa coquille.

– Me Schieber m'a crue, et le jury aussi ; c'est ce que je voulais, je ne veux pas revenir là-dessus, dit-elle aux nombreuses personnes qui venaient l'interviewer.

Dans son anthologie parue en 1986, *Unmasking the Psychopath*, le psychologue Robert D. Hare suggère une liste de vingt critères correspondant à la personnalité du psychopathe :

1. Aisance d'expression/charme superficiel.
2. Sens aigu de son importance.
3. Tendance à s'ennuyer/besoin de stimulants.
4. Menteur invétéré.
5. Manipulateur.
6. Absence de culpabilité.
7. Affects superficiels.
8. Sans cœur/inadaptation au milieu.
9. Tendance à profiter des autres/à vivre en parasite.
10. Absence de contrôle sur soi-même.

11. Comportement sexuel instable.
12. Problèmes de comportement précoces.
13. Incapacité à faire des projets à long terme.
14. Impulsivité.
15. Irresponsabilité.
16. Incapacité à se remettre en cause.
17. Instabilité dans les relations affectives.
18. Délinquance juvénile.
19. Refus du sursis / de la liberté conditionnelle.
20. Multiples passages à l'acte délinquant.

La psychopathie et son origine – ou sociopathie, ou étude des personnalités asociales – ont fait l'objet de maintes études ces dernières années. Certains médecins y voyaient autrefois l'incarnation de « l'esprit du Mal ».

Les impressions des hommes comme Schieber – qui trouvait à Cathy un côté très humain –, n'étaient pas forcément contradictoires avec le fait que sa personnalité correspondait à la plupart des critères de Hare.

On sait depuis longtemps que le psychopathe est extrêmement doué pour simuler les émotions, les sensations, le niveau de conscience qu'il n'a pas.

Le psychiatre Hervey Cleckley, dans son livre *The Mask of Sanity*, écrit à ce sujet :

On peut observer chez l'individu de ce type des expressions du visage, des nuances dans la voix et d'autres signes qui expriment pour nous les convictions, les émotions et le vécu normaux, tels que nous les connaissons et que nous les supposons en chacun de nous...

Michael Abramsky et, avant lui, John Hulsing avaient cerné dans le comportement de Cathy des éléments révélateurs de troubles narcissiques de la personnalité.

Dans la troisième édition du *Diagnostic and Statistical Manual of Mental Disorders (DSM, 3)*, l'*American Psychiatric Association* établit une liste de neuf critères. La présence de cinq d'entre eux indique et confirme l'affection.

1. Hypersensibilité aux critiques avec sentiments de rage, de honte ou d'humiliation (même non exprimés).
2. Capacité à utiliser les autres à des fins personnelles.
3. Inflation de la personnalité, exagération des réalisations ou talents personnels, échecs fréquents des projets.
4. Sentiment de l'exclusivité de ses problèmes.
5. Fantasmes de pouvoir, de gloire, de succès, de beauté et d'amour.
6. Désir de se distinguer des autres, certitude qu'on lui doit le respect.
7. Avide de compliments.
8. Inadaptabilité ; incapacité à reconnaître et à expérimenter ce que les autres ressentent.
9. Sentiments de jalousie et d'envie.

Dans un ouvrage sur les troubles de la personnalité narcissique, le psychiatre James F. Masterson écrit qu'on ignore encore pourquoi la personnalité d'un individu s'arrête au stade du narcissisme infantile.

Il souligne également l'importance du rôle de la mère, de ses défaillances, comme dans les troubles des « états limites ».

Michael Abramsky précisa qu'il n'était pas rare qu'un individu présente les deux pathologies. Un psychopathe peut présenter des tendances narcissiques. Ce sont deux types de personnalités manipulatrices.

– Les psychopathes « intelligents » ont l'extraordinaire capacité de définir les besoins d'autrui pour les exploiter pour leur propre compte. Ces besoins peuvent être nobles, par exemple un jeune homme désire aider un adolescent en difficulté avec ses parents, ou un jeune attorney désire gagner un grand procès sur une affaire criminelle très médiatisée.

Un an après le procès, les conclusions d'Abramsky sur la personnalité de Gwen Graham poussèrent l'expert-psychologue Gary Kaufmann, de la police du Michigan, à revoir son analyse de Cathy Wood. La crise de nerfs de Cathy à l'issue de l'examen de Palmatier – cette scène qui l'avait perturbé – tout s'éclairait.

Cathy Wood pleurait sur son sort.

– C'est une attitude psychopathique typique que de se sacrifier pour faire tomber l'autre, déclara Kaufmann. Le jeu manipulatoire devient plus important que l'issue du processus. C'est un risque que le psychopathe ressent comme une forme d'excitation.

Kaufmann analysait le rôle central de Cathy dans cette affaire sous un autre jour.

– Ce que j'ai remarqué par la suite, dit-il, c'est que chez quelqu'un comme elle, qui cumulait les échecs, deux buts étaient atteints en une fois : elle avait manipulé qui elle voulait et avait satisfait son narcissisme.

Abramsky, Kaufmann et bien d'autres qui connaissaient l'affaire envisageaient à présent un autre scénario. Rendue vulnérable par les révélations de son mari à la police, Cathy avait dû vouloir jouer gros jeu. Tout en se conformant à ses premières déclarations, elle semblait avoir projeté sa propre personnalité sur celle de Gwen Graham. De l'avis de ceux qui les connaissaient toutes les deux, les descriptions de son ex-amante données par Cathy à la police, au juge et aux jurés correspondaient plus à son propre caractère qu'à celui de Gwen Graham.

N'avait-elle pas dit qu'elle était rentrée boire du Jack Daniel's après le meurtre de Marguerite Chambers ? Et puis qu'elle avait eu pitié d'Edith Cook ? Elle l'admit longtemps après que Gwen eut avoué elle-même ce meurtre. Il y eut aussi le récit de cette odieuse agression sexuelle avec le fusil, où elle avait inversé les rôles.

Cathy aimait surtout mentir pour se valoriser, avait dit Ken Wood. C'était une des raisons pour lesquelles il était convaincu que sa femme n'avait pas inventé cette histoire.

– Admettre les meurtres ne la valorisait pas.

Cependant, quand la presse et d'autres commencèrent à dépeindre Gwen sous les traits d'une manipulatrice, du cerveau de l'affaire et de l'assassin, voilà qui la valorisait à ses propres yeux. Elle avait inversé les rôles à plusieurs reprises et cela collait avec sa version des faits. Prétendre qu'Angie Brozak disait des obscénités au téléphone était typique de Cathy, et non de Gwen. Il y avait beaucoup de jeux téléphoniques dans cette affaire, des appels anonymes aux familles des victimes. Toutes les aides-soignantes marquées d'une croix – Angie Brozak, Dawn Male, Robin Fielder – étaient des ennemies de Cathy, et non de Gwen. Mais elles avaient bien quelque chose en commun. Toutes les trois attiraient Gwen et représentaient des obstacles, par conséquent, pour Cathy.

Outre le fait que les victimes pouvaient incarner l'image de la mère pour Cathy, elle avait d'autres mobiles pour concevoir et diriger la série de meurtres. Le secret partagé avec Gwen compensait la menace que représentait pour elle le charme de Robin Fielder. Cathy Wood avait admis avoir maltraité des enfants dans un endroit où les pensionnaires étaient effectivement traités comme des enfants. Elle méprisait les aides-soignantes qui étaient attentionnées. A l'extérieur d'Alpine Manor, sa vie n'était que désordre et agitation, mais à l'intérieur, elle avait le contrôle, le pouvoir. Les meurtres « devaient continuer », non seulement après la lutte entre Gwen et Maurice Spanogle, mais également après la violente bagarre qui avait opposé Cathy et Ken, à Effie. Bien après que Gwen eut quitté l'établissement, il y avait eu des indices de sévices sur les malades.

– L'ultime pouvoir, déclara le psychologue Kaufmann, n'est-il pas le pouvoir de vie et de mort sur un individu ?

Cathy Wood avait pu manipuler Gwen Graham et en faire l'instrument de sa volonté, et l'unique auteur des meurtres. Gwen avait été amenée à tuer des animaux, des chiens : le rôle lui convenait parfaitement.

Dans un article paru dans l'édition d'avril 1990 de l'*American Journal of Psychotherapy*, le psychiatre Theodore B. Feldmann et deux experts-psychologues présentèrent une étude sur les facteurs annexes, dans les crimes violents :

Notre expérience en médecine légale nous conduit à penser que dans beaucoup d'actes criminels, un facteur annexe précipite le geste… Le facteur en question peut être une personne ou des personnes qui influencent l'auteur. Il semble que dans la plupart des cas, ce soient des individus présentant des troubles narcissiques ou des «états limites» qui soient pressentis.

La sensation de soulagement ressentie par Gwen était probablement plus réelle qu'imaginaire. Selon le Dr Feldmann, les « états limites » et les personnalités narcissiques, soumises à d'importants stress, ont des accès traumatisants d'angoisse de désintégration – comme, en l'occurrence, la phobie de Gwen d'être avalée par la bouche d'évacuation de la douche –, ce traumatisme peut être atténué, du moins temporairement, par un acte violent.

Dans tous les cas, la violence passagère permet à la personne de restructurer provisoirement sa personnalité, écrivirent Feldmann et ses collègues. C'est fréquent dans les affaires de meurtres en série.

114

Les articles de presse ! Est-ce qu'on a publié ce que j'ai vécu à quatorze ans, quand je suis sortie avec ce garçon qui était une fille ? Est-ce qu'il y a un intérêt à remonter si loin dans le temps ? C'est un élément important. Ô mon Dieu ! Et dire qu'il a fallu que je raconte des choses pareilles !
Cathy Wood, le 29 décembre 1989

Pat, la mère de Cathy, était en train de ratisser les feuilles de son jardin en écoutant la musique de la fanfare municipale de Comstock Park qui répétait dans la rue.

Un an après le procès de Cathy, elle avait divorcé de son deuxième mari. Son fils vivait avec elle et elle était entourée de trois chiens et de cinq chats.

– Ce sont mes enfants, dit-elle au visiteur en l'invitant à rentrer. *J'adore* les animaux.

Pat avait déménagé toute la maison d'Effie après l'inculpation de Cathy. Elle parlait des tonnes de livres que sa fille avait accumulés et dont elle s'était débarrassée.

– Quand elle était petite, c'était difficile de la punir en l'envoyant dans sa chambre car elle adorait lire, confia-t-elle au visiteur, avec un grand éclat de rire.

Elle n'était pas du tout d'accord avec le portrait de

Cathy dépeint par sa belle-sœur. Non, Cathy n'avait été ni délaissée ni martyrisée.

– Mon ex-mari n'a jamais brutalisé les gosses comme ils ont eu l'air de l'insinuer dans la presse. Je travaillais et j'élevais mes enfants normalement. Il y a eu des fêtes organisées pour eux, ils faisaient du patin à roulettes. J'ai fait de mon mieux. Ils ont appris le respect, la politesse, peut-être ai-je trop insisté ? *Je ne sais pas*, dit-elle en insistant exagérément sur ces mots. Mon premier mari était un imbécile doublé d'un alcoolique, ça, c'est sûr ! Mais les enfants ne le voyaient presque pas. Il dormait le jour, travaillait la nuit, et moi la journée. Peut-être a-t-il été dur avec eux quand je n'étais pas là, mais pas devant moi ! Il m'aimait et me craignait, vous savez. A l'école, Cathy n'a jamais souffert de railleries du fait de son obésité. Non, elle manquait un peu d'assurance mais c'est tout. Qui aurait pu se moquer d'elle ? Avec son gabarit, elle aurait écrasé ceux qui auraient essayé !

Quelques jours avant cette visite, Pat avait vu la vidéo de Palmatier et réagi calmement en entendant les paroles de sa fille.

– Vous savez, on fait toujours du mal à ceux que l'on aime. Oui, j'aime jouer avec les enfants, j'ai toujours aimé ça. Peu de mères faisaient comme moi ; je participais à leurs jeux. Oui, j'essayais toujours de me mettre à leur portée, de rire avec eux.

Elle avait remarqué que le téléphone sonnait toujours pour Barb et non pour Cathy. Elles n'étaient pas pareilles. Cathy lisait ou jouait aux échecs dans son coin. Pat reconnaissait que l'incident David/Debbie les avait vraiment perturbées, sa fille et elle.

Ken était très possessif, elle ne l'aimait pas. Elle alla jusqu'à prétendre qu'il faisait chanter Cathy à propos des meurtres.

– Seul l'argent l'intéressait et quand Cathy n'en a plus eu, il l'a balancée.

L'inculpation de sa fille, son emprisonnement et toute cette affaire la révoltaient.

– J'aurais dû la mettre en face de ses responsabilités plus tôt, dit-elle. Elle ne payait pas ses factures, ni son loyer, alors je l'ai virée de la maison un beau jour.

En se rappelant la scène, Pat éclata de rire. Elle sortit à ce moment-là des albums de photos pour les montrer au visiteur. Ils étaient remplis de clichés de Cathy enfant, adolescente, en robe de mariée, devant sa maison, avec les chiens, etc.

Puis elle se leva pour en chercher un autre.

– Attendez, fit-elle avec un large sourire. J'ai oublié de vous montrer *le plus beau*.

A l'intérieur, il n'y avait que des photos de ses chiens.

Ken Kolker, le journaliste du *Grand Rapids Press* qui avait couvert l'affaire, avait vraiment exploité l'événement en long et en large. Une fois les coïnculpées sous les verrous, il rédigea une synthèse des faits qu'il intitula : « Amitiés fatales ». Le dossier parut dans une édition du dimanche au début de l'année 1990.

Kolker se reposait chez lui quand le téléphone sonna.

– Bonjour, ici David/Debbie, dit une voix pleine de mépris.

C'était un scoop ! Comment allait-il pouvoir l'exploiter ? Cela ne cadrait pas avec le reste.

La femme, au bout du fil, avait lu toute l'histoire et fulminait.

Oui, elle connaissait bien Cathy Wood mais personne n'était au courant de ce qui s'était passé. Il n'y avait jamais eu la moindre histoire d'amour entre elles. Elle était la petite amie d'une des copines de Cathy. Elles n'étaient donc que des connaissances. Elle insista sur un important point de détail : Cathy avait toujours su qu'elle n'était pas un garçon. Elle ne s'en était jamais cachée.

– Cet épisode n'était pas une invention de la part de Cathy mais bien une interprétation de la réalité, déclara Kolker plus tard. Là, une fois de plus, elle avait juste déguisé la vérité.

L'histoire David/Debbie n'était qu'un autre de ses demi-mensonges.

115

Je t'aimerai toujours, Cathy, et je réparerai le tort que je t'ai causé.
Gwen Graham, le 8 septembre 1987
dans une lettre écrite de Tyler

Stéphanie Engman envoya le journal du dimanche à travers la pièce. Elle saisit tout ce qui lui tomba sous la main et le jeta par terre.

Une fois calmée, elle regarda le *Grand Rapids Press* étalé sur la moquette, et la photo des deux inculpées qui semblaient la dévisager.

L'article était intitulé « Amitiés fatales ».

Elle venait de lire ces lignes sur la pathétique histoire d'une jeune fille obèse qui manquait d'assurance. Elle pleurait de rage.

– Tout le monde était désolé pour cette fille qui était complice de l'assassinat de ma grand-mère, dit-elle plus tard à un ami. Désolé ! Quand je pense que tout ça n'était qu'un jeu sadique, un jeu pour le plaisir et pour le pouvoir !

Nana disait tout le temps : « Eh bien, ma chérie, il faudra changer ça, n'est-ce pas ! » Le premier réflexe de la jeune fille fut d'écrire à la rédaction. Mais elle renonça en imaginant la foule de journalistes qui ne manqueraient pas de se masser à la porte de sa maison.

Il y avait bien des choses à changer, en effet. Peu après le procès, elle abandonna ses études. Il fallait qu'elle trouve une façon de vivre en accord avec elle-même et avec les autres. Cathy Wood et Gwen Graham lui avaient non seulement pris sa grand-mère mais aussi sa confiance dans les gens, sa candeur de jeune fille.

– Je dois essayer de leur pardonner, mais pas oublier.

Il devait y avoir une solution.

– Ce n'est pas drôle de vivre avec de la haine, confia-t-elle à une amie. C'est épuisant.

Son père, John Engman, conseil judiciaire, soumit à tous les membres de la famille des contrats à signer par lesquels ils s'engageaient à assister à toute audience pour le pardon ou la remise en liberté de Gwen Graham ou de Cathy Wood. Engman était convaincu que sa belle-mère avait été assassinée et le témoignage sur le souvenir de Mae Mason était à lui seul suffisant. Il se souvenait du porte-clés représentant une petite maison blanche décrit par Cathy. Les enfants s'amusaient avec ce porte-bonheur de Maisy.

Bientôt, d'autres avocats et hommes de loi s'intéressèrent à l'affaire. Nancy Hahn fut la première, les Engman ensuite, puis les Hunderman, à décider d'intenter une action en justice. L'avocat de N. Hahn avait reçu un appel d'une collègue, du nom de Nancy Cage, qui lui proposait de faire l'enregistrement vidéo d'une déposition. Une ancienne responsable d'Alpine Manor, cardiaque et très malade, souhaitait lui confier ce qu'elle savait sur les problèmes de manque de personnel et lui parler de ses plaintes répétées à la direction, à l'encontre de Gwen Graham et de Cathy Wood. Elle s'appelait Tish Prescott.

Au départ, John Engman n'était pas très disposé à attaquer en justice, et puis il vit la vidéo.

– Je ne peux pas vous dire combien j'étais furieux. C'est la pire des choses que de vivre avec ce sentiment de culpabilité. Je vais le faire, même si je dois y passer ma vie entière.

Sari, la petite-fille des Engman, remarqua un jour à table que tout le monde coupait la parole à son grand-père de quatre-vingt-neuf ans. Il n'allait pas aussi vite que les autres convives. Et s'il parlait peu, c'était peut-être à cause de ça, dit-elle à sa mère. Il savait bien que personne ne l'écoutait.

– Regarde-moi, lui dit-elle un jour. Moi, je t'écoute.

Les Hunderman allèrent voir un prêtre avant de prendre une décision.

– Intenter un procès n'est pas dans l'esprit protestant, mais si c'est votre sentiment, il faut faire ce qui vous paraît juste.

Pour Thanskgiving, Jan reçut un bouquet de fleurs de la part du directeur d'Alpine Manor, puis un autre pour Noël. Et puis ce fut terminé.

– Du point de vue émotionnel, dit-elle, un procès ne résoudra rien du tout. Mais je pense que ce sera très utile pour beaucoup de fondations hospitalières.

D'autres enfin voulaient tout simplement connaître la vérité.

Un an après le procès, Westman vendit Alpine Manor et le nouvel acheteur rebaptisa le lieu *St. Mary's Living Center*. Beaucoup de choses changèrent dans la décoration et l'agencement intérieurs.

Linda Engman souffrait en silence ; elle n'était pas du genre à sangloter sur l'épaule de son mari. Elle connaissait les insomnies, les nuits entières à réfléchir et à ressasser les souvenirs, les images chocs qui hantaient sa mémoire.

– Surtout ne pas entrouvrir cette porte du souvenir,

disait-elle. Il faut la refermer tout de suite si on ne veut pas devenir fou.

Dawn Male changea du tout au tout, elle devint plus sobre, trouva un travail et un appartement dans sa ville natale. Avec le temps, elle voyait l'affaire d'Alpine Manor sous un autre angle.

– Cathy Wood nous captivait toutes parce que nous n'avions aucune dignité. Je suis désolée que tout ça soit arrivé à Gwen. Mon enfance a sûrement été plus rose que la sienne. Mais j'ai été aussi maltraitée et j'ai beaucoup souffert au niveau affectif. Je suis contente que cela ne me soit pas arrivé à moi. Mais ça aurait pu tout aussi bien être moi. J'étais aussi vulnérable que Gwen. Maintenant je *vois* qui est Cathy.

Dawn vivait à Lakeview et n'imaginait pas retomber dans cette déchéance. Elle travaillait dans un autre centre de soins, mais s'apprêtait à passer un concours d'entrée dans la police. Un an après le procès, elle doutait encore que les meurtres aient été vraiment commis. A son avis, Gwen avait été victime d'un coup monté. Angie Brozak, Ladonna Sterns, Tony Kubiak et bien d'autres étaient du même avis. Cette histoire ne cadrait pas avec Cathy et ses mensonges et la Gwen Graham qu'ils connaissaient.

– Pourquoi Cathy aurait-elle risqué de gâcher sa vie de la sorte ? Moi, je vous le dis : soit le jeu n'est pas fini et il y a une autre histoire par-derrière, soit le jeu est fini, et il y a eu un raté, auquel cas elle s'est trompée quelque part et maintenant elle est coincée.

Ils se demandaient si Cathy n'allait pas tenter un autre coup en prison.

Robin Fielder essaya de travailler comme aide-soignante quelque temps, mais un jour une employée la vit alors qu'elle était en train de laver un patient, et se planta devant elle.

– Je sais qui vous êtes, dit-elle, l'air furibond. J'ai assisté au procès et vous êtes aussi coupable que les autres. Soit vous démissionnez, soit je clame sur tous les toits qui vous êtes.

Robin tremblait comme une feuille en présentant sa démission devant la directrice.

– Ce n'est pas juste, dit-elle. Je n'ai rien fait de mal.

Elle finit par laisser tomber ce métier et suivit une formation en informatique. La page était tournée.

– Je suis sûre que Cathy est à l'origine de ce drame, dit-elle. Elle m'a fait du mal, elle a fait du mal à ma famille. Elle a fait du mal aux malades, aux familles des malades, à la famille de Gwen et à la sienne. Elles auraient dû purger la même peine. Elle est aussi coupable que Gwen.

Cependant, l'espoir de vivre des jours meilleurs l'animait de nouveau.

La culpabilité et la condamnation étaient au centre des discussions dans le bureau de police de Walker. L'affaire leur avait laissé à tous un goût amer. Kaliniak et les autres étaient déçus sans l'avouer.

– Je ne pense pas que Freeman soit cent pour cent satisfait non plus.

Tom Freeman voulait en savoir plus sur Gwen.

– Merde ! je voudrais bien qu'elle se confie à moi ! Dit-il à un autre enquêteur. J'aimerais bien savoir s'il y a eu d'autres meurtres.

Un jour, il reçut une lettre de Cathy Wood :

Je crois que j'ai compris comment fonctionne la police. J'espère quand même qu'il y avait une part de sincérité dans ce que vous m'avez dit.

En post-scriptum, elle avait ajouté ces quelques mots : *Un jour, il faudra que vous me laissiez vous battre au billard.*

David Schieber recevait également des lettres de la prison. Dans une de ces lettres, Cathy dénigrait le policier de Walker. Et pourtant, seule sa ténacité avait réussi à faire exploser l'affaire.

Si on cherche le mot «policier» dans le dictionnaire, ce ne sera certainement pas lui qui sera cité en exemple.

Elle remerciait vivement le PA d'avoir intercédé pour qu'elle soit transférée dans une prison fédérale. Sa compagne de cellule étant française, elle s'était mise à apprendre le français.

Ici, nous ne sommes jamais enfermées dans nos cellules et je suis traitée comme les autres. Tout le monde s'est montré gentil avec moi. Cela m'aide beaucoup pour obtenir ce que je veux.

En réponse, Schieber lui envoya une lettre où il parlait de son travail et des nombreux dossiers qu'il avait en main. Puis ils correspondirent régulièrement.

J'aimerais tellement avoir un père comme vous, lui écrivit-elle un jour.

Seize ans, c'est un sacré bout de chemin, mais peut-être que c'est ce qu'il faut pour me retrouver. Un jour, quand vous serez un juge célèbre, je pourrai venir vous voir travailler.

Quelque temps après le procès, Bill Brown, le chef adjoint de la police, prenait son café dans son bureau en réfléchissant sur la conclusion du procès.

– La plupart des gens pensent que ce sont ceux qui ont manié la gâchette qui sont les pires ; les auteurs du crime en quelque sorte, mais dans le cas présent, Gwen n'a fait qu'exécuter. Sans Cathy, rien n'aurait eu lieu. Qui devrait écoper de la plus longue peine ? Là, il n'y a pas de choix possible. Dans cette histoire, c'est celui qui se jette à l'eau le premier qui l'emporte. On dit aussi : C'est le buffle le plus lent qui boit l'eau boueuse. C'est comme ça que les choses se passent.

Gwen Graham arriva dans la salle des visites en tenue de prisonnière – pantalon et veste blancs. C'était l'uniforme des détenues en cellule d'isolement.

Elle demanda des nouvelles de Robin.

– Comment va-t-elle ?

Son visiteur hocha la tête.

Elle demandait souvent des nouvelles de son amie, quelquefois avec des larmes dans les yeux. Jamais elle n'avait réfuté les accusations de Robin en plein procès.

– Je ne dénigrerai jamais Robin, disait-elle. Non, jamais.

Par ailleurs, elle persévérait à tout nier.

– Non. Non. Non et non. Je n'ai tué personne.

L'interlocuteur lui demanda d'imaginer ce qui se passerait si c'était quelqu'un d'autre qui était incarcéré.

– Est-ce que cette personne avouerait si elle avait vraiment tué ces gens ?

– Pourquoi est-ce qu'elle ne le ferait pas ?

– Parce que son dernier atout n'existerait plus. Quelqu'un d'autre aurait alors le contrôle total de sa vie.

– Cathy Wood a déjà pris ma vie. Le fait que je suis ici prouve qu'elle me contrôle complètement.

Elle réfléchit plus intensément et dit :

–Non, elle ne le ferait pas. Elle ne dirait rien.

Au début de l'entretien, elle demanda où en était son appel. Cela faisait un an déjà que la procédure avait été lancée et aucune réponse ne lui était encore parvenue. On y demandait une révision du procès, notamment sur la question de la recevabilité du témoignage de Cathy Wood, car le tribunal n'avait pas exigé d'expertise psychiatrique.

Dans l'éventualité d'un autre procès, est-ce qu'elle accepterait de plaider coupable pour obtenir un allégement de la peine ?

– Non, il n'en est pas question. Si je faisais partie d'une commission de remise en liberté et que quelqu'un avoue avoir tué six personnes, je ne dirais « pas question ».

Six personnes. Marguerite Chambers. Myrtle Luce. Mae Mason. Belle Burkhard. Ruth Van Dyke. Edith Cook. Six personnes qui étaient mortes en si peu de temps, au début de l'année 1987.

– Il est probable que l'appel sera rejeté, souligna l'interlocuteur.

Gwen baissa les épaules, le regard fixé sur le mur en béton devant elle. Elle semblait blessée, perdue, anéantie.

– Alors, qu'est-ce qui va m'arriver ? Est-ce que je vais rester ici toute ma vie ?

Cinq condamnations à perpétuité ! ... C'est bien plus que l'éternité pour une simple mortelle.

Note de l'auteur

Ce livre est un récit véridique. Ce n'est en aucun cas une version romancée de l'affaire d'Alpine Manor. Pour le rédiger, il nous a fallu consulter plus de vingt-cinq mille pages de documents et écouter des centaines d'heures de conversations enregistrées. Nous nous sommes entretenus, mon assistant et moi-même, avec plus d'une trentaine de personnes, parmi lesquelles Catherine May Wood et Gwendolyn Gail Graham. J'ai également rencontré le Dr Michael Abramsky, psychologue expert en médecine légale, qui a analysé le comportement et la personnalité de Gwendolyn et essayé de tracer son schéma psychologique. D'autres documents ont été consultés, dont les minutes du procès et des interrogatoires de police, les fiches médicales des malades, les dossiers et le planning horaire du personnel d'Alpine Manor. Nous avons adopté une véritable démarche journalistique et comparé les informations chaque fois que c'était possible. Nous avons tenu à respecter l'anonymat souhaité par certaines personnes en les appelant par un nom fictif. Celui-ci apparaît en italique à la première mention dans le livre. Par ailleurs, certains patients d'Alpine Manor non concernés par cette affaire de meurtres ont tenu à n'être mentionnés que par leur prénom, pour préserver leur vie privée.

Table des matières

DANS LA MÊME COLLECTION

Les ombres d'un dossier	Roger Colombani
Monsieur Landru	Christian Gonzalez
Prédateur	Jack Olsen

A PARAÎTRE

Cruelle incertitude	Joe McGinniss
Des jouets cruels	David France
Edward Gein, le Psycho	Gilbert Gallerne
Faute de preuves	Vincent Bugliosi
L'affaire de Broglie	Jacques Béal
L'affaire Pauline Dubuisson	Serge Jacquemard
L'affaire Ranucci	Karin Oswald
L'affaire Simone Weber	Christian Gonzalez
L'affaire Christian Ranucci	Maurice Périsset
La Bande Bonny-Laffont	Serge Jacquemard
La malle sanglante	Gérard Chauvy
La tuerie d'Auriol	Alex Panzani
Le fils illégitime	Jack Olsen
Le Massacre de Pantin	Christophe Claro
Le monstre de Milwaukee	Don Davis
Le monstre de Rostov	Pierre Lorrain
Les diaboliques d'Urcel	Isabelle Horlans
Les sœurs Papin	Robert Le Texier
Marie Besnard, l'empoisonneuse	Elisabeth Campos
Meurtre sur une île déserte	Vincent Bugliosi
Nicolas II	Pierre Lorrain
Petiot, docteur Satan	Serge Jacquemard
Reality show	Timothy Benford
Sacco et Vanzetti	Robert Le Texier
Sacrifices humains à Matamoros	Gilbert Gallerne
Spaggiari	Gilbert Picard
Ted Bundy, le beau monstre	Serge Jacquemard
Tous les amants de Vicki	Joyce Milton
Waco, la secte en Feu	Gilbert Picard